⊕PUS

CRÍTICA

OPUS

INGENIERÍA FINANCIERA,

MANIPULACIÓN *de* PERSONAS

y el AUGE *de la* EXTREMA DERECHA

en el SENO *de la* IGLESIA CATÓLICA

—

GARETH GORE

Traducción castellana de
Efrén del Valle

Obra editada en colaboración con Editorial Planeta - España

Título original: *Opus. The Cult of Dark Money, Human Trafficking, and Right-Wing Conspiracy inside the Catholic Church*

Opus
Ingeniería financiera, manipulación de personas y el auge de la extrema derecha en el seno de la Iglesia católica
Gareth Gore

© Gareth Gore, 2024
© de la traducción, Efrén del Valle, 2024

Créditos de portada: © Math Monahan
Adaptación de portada: © Genoveva Saavedra / aciditadiseño
Fotografía del autor: © Rachel Ferriman

© 2024, Editorial Planeta, S. A. – Barcelona, España

Derechos reservados

© 2024, Ediciones Culturales Paidós, S.A. de C.V.
Bajo el sello editorial CRÍTICA M.R.
Avenida Presidente Masarik núm. 111,
Piso 2, Polanco V Sección, Miguel Hidalgo
C.P. 11560, Ciudad de México
www.planetadelibros.us

Primera edición impresa en esta presentación: octubre de 2024
ISBN: 978-607-569-849-6

Impreso en los talleres de Corporación en Servicios Integrales de Asesoría Profesional, S.A. de C.V., Calle E # 6, Parque Industrial Puebla 2000, C.P. 72225, Puebla, Pue.
Impreso y hecho en México / *Printed in Mexico*

En memoria de mis padres, Dorothy y Jimmy

Introducción

Cuando el Banco Popular se desmoronó repentinamente en las primeras horas del 7 de junio de 2017, la atención se centró, como es natural, en los afectados por la que sería una de las mayores quiebras bancarias jamás vistas en Europa.[1] La televisión española retransmitió escenas de clientes enfurecidos frente a sucursales cerradas de todo el país, blandiendo pancartas y exigiendo respuestas y prisión para los responsables. Los reporteros entrevistaron a pensionistas llorosos que lo habían perdido todo en la quiebra: hombres y mujeres mayores que habían confiado los ahorros de toda su vida a un banco en su día considerado uno de los más sólidos y rentables del mundo.[2] La prensa financiera buscó otro ángulo, centrándose en inversores supuestamente expertos como Pimco y Anchorage Capital, que habían perdido cientos de millones de euros de la noche a la mañana.[3] Todo el mundo se hacía la misma pregunta: ¿Cómo pudo desaparecer de un día para otro un conocido prestamista español, una institución con noventa años de imponente historia, propietaria de otro banco en Estados Unidos y con oficinas en lugares tan lejanos como Shanghái, Dubái y Río de Janeiro?

Pero los medios de comunicación no hicieron mención de la mayor víctima de todas. Durante más de sesenta años, un tenebroso grupo de hombres que habían jurado una vida de celibato y autoflagelación controló en secreto el banco y se aprovechó de sus cargos para desviar miles de millones de euros. Esta es la historia jamás contada de cómo esos hombres secuestraron el Banco Popular y lo transformaron en un cajero automático para el Opus Dei, la controvertida institución religiosa a la que pertenecían, transformando ese movimiento religioso minúsculo y secreto en una de las fuerzas más poderosas de la Iglesia católica, financiando la creación de una amplia red de reclutamiento dirigida a niños y adolescentes vulnerables y creando una cabeza de puente en el mundo de la política estadounidense. El Opus Dei se convertiría así en una organización secreta pero fundamental que se ocultaba tras la erosión de los derechos reproductivos y otras libertades civiles. En un mundo obsesionado con las teorías de la conspiración —de QAnon y Bilderberg—, esta es una historia real de abuso, manipulación y codicia envuelta en el manto de la santidad.

Yo fui uno de los periodistas que cubrieron la quiebra del Banco Popular y —como todo el mundo, según parece ahora— me perdí la parte más importante de la historia. Me había pasado casi toda la década anterior informando sobre las crisis bancarias que habían asolado Europa en los años posteriores a la debacle económica mundial de 2008. Mi trabajo me había llevado a Francia, Alemania, Grecia, Italia, Portugal, Rusia, España, Suecia y Turquía para escribir sobre las distintas crisis, entrevistando a las personas que dirigían los bancos e hilvanando la historia a través de conversaciones con reguladores, banqueros centrales, abogados, inversores y gente corriente. Al principio cubrí la noticia del Popular de manera muy parecida. De entrada, la quiebra me resultaba demasiado familiar: la típica historia de ambición desmedida, mala toma de decisiones, la arrogante creencia de que los riesgos estaban controlados y falta de voluntad para reconocer los errores hasta que era demasiado tarde. Pero, cuanto más profundizaba en el relato, menos sentido parecía tener. Muchos aspectos del ascenso y caída del Banco Popular simplemente desafiaban cualquier explicación lógica, incluso para un periodista financiero experimentado. Poco a poco, se hizo evidente que faltaban piezas enormes del rompecabezas.

Me mudé a Madrid para seguir investigando. Había vivido allí como corresponsal de Bloomberg una década antes, cuando informé sobre el espectacular auge y caída del país. Diez años después, la ciudad estaba tal y como la dejé, pero con una notable diferencia. El nombre del Banco Popular, antaño un elemento habitual en todos los barrios, había desaparecido. La entidad llegó a tener más de dos mil sucursales en todo el país, trescientas de ellas en Madrid, por lo que era casi imposible pasear por cualquier zona de la capital española sin ver su logotipo morado, reconocible al instante por millones de españoles. Pero, aunque el Popular había desaparecido de las calles, su nombre seguía vivo en los periódicos. La quiebra del banco se había convertido en un atolladero legal que dio lugar a más de un centenar de demandas judiciales,[4] la mayoría relacionadas con sus trescientos mil accionistas, que habían visto cómo se esfumaban sus inversiones.[5] Otras demandas fueron interpuestas por los acreedores del banco, a quienes se adeudaban miles de millones. Uno por uno, me reuní con los grupos descontentos. Deseosos de que la prensa internacional se hiciera eco de su lucha, todos parecían dispuestos a hablar.

O casi todos. En esas conversaciones estuvo ausente la parte más afectada de todas: el mayor accionista del banco. Enigmáticamente bautizado como la Sindicatura, el grupo se remontaba a un pacto entre caballeros de los años cuarenta,[6] y controlaba casi el 10 % del banco cuando este quebró,[7] una participación valorada en más de dos mil millones de euros en su punto álgido.[8] Sin embargo, pocas semanas después de la quiebra, la principal empresa de la Sindicatura notificó discretamente a las autoridades su disolución.[9] Mientras los demás accionistas del banco libraban una batalla pública para recuperar su dinero, el oscuro grupo que había controlado la entidad parecía decidido a salir de escena. Aquello me despertó la curiosidad; empecé a investigar más a fondo y pronto descubrí que la Sindicatura era mucho más de lo que parecía a simple vista. En el epicentro del consorcio había una empresa llamada vagamente Unión Europea de Inversores, que resultó ser un nido de muñecas rusas apiladas de tal forma que ocultaban al verdadero beneficiario de ese gigantesco *holding*. Cada una de las muñecas tenía nombres que sonaban bastante inocentes: Fondo para la Acción Social, Instituto de Educación e Investigación, Fundación para el Desarrollo y la Cooperación Internacional o Fondo para la Cooperación Social. Pero, a medida que estas se iban desapilando y colocando unas junto a otras, empezaban a observarse similitudes curiosas. Muchas de ellas compartían los mismos accionistas y las dirigía el mismo grupo de hombres aparentemente intercambiables. Hasta casi cien millones de euros anuales se desviaban del banco a través de esa red.[10]

Empecé a darme cuenta de por qué la Sindicatura tenía tanto interés en guardar silencio y de por qué la empresa que estaba detrás había solicitado su disolución mientras otras luchaban de manera tan pública por la justicia: tenía un secreto que ocultar.

Mi labor me llevó al pequeño y lujoso municipio suizo de Crans-Montana, situado en los Alpes y famoso por sus pistas de esquí y sus residentes ultrarricos. Me encontraba allí para entrevistar a Javier Valls-Taberner, que llevaba más de cuarenta años en el banco, quince de ellos como presidente junto a su hermano mayor, Luis.[11] Si alguien podía ayudarme a llegar al fondo del misterio del Banco Popular era él, pensé. Javier me recibió en la puerta de su refugio alpino con una sonrisa radiante y un cálido apretón de manos. Nos habíamos conocido meses antes en Madrid y parecía realmente agradecido de que hubiera ido hasta allí para verle. Había accedido a pasar los tres días siguientes concediéndome entrevistas sobre su etapa en el banco.

Desde el principio quedó claro que adoraba a Luis, fallecido años antes. Me contó historias de su juventud, de cómo se habían disfrazado de campesinos para escapar de la Barcelona desgarrada por la guerra, de su exilio en Italia y de la muerte de su padre, un político muy respetado. A sus ochenta y nueve años, tenía la voz débil y su salud estaba en claro declive tras el reciente diagnóstico de una enfermedad rara de la sangre. Pero le brillaban los ojos cuando recordaba que él y su hermano habían convertido el Popular —un banco regional aletargado con apenas un puñado de oficinas— en un actor global. Los dos hermanos eran muy diferentes: mientras que Luis era un miembro devoto del Opus Dei, una organización católica conservadora, y había jurado una vida de castidad, pobreza y obediencia, Javier era bien conocido en los círculos bancarios de Madrid como un *bon vivant* al que le gustaba viajar, la buena comida, el buen vino y las buenas fiestas.

—Tenían apodos para los dos[12] —me dijo entre risas—. Nos llamaban Opus Dei y Opus Night.

Volvimos a reunirnos la mañana siguiente a primera hora y nos pusimos manos a la obra. Lo primero en mi lista de tareas era entender qué era realmente la Sindicatura. Se lo pregunté sin rodeos.

—Era una sindicatura falsa. Hubo en su época una sindicatura pero nosotros quitamos todo lo que era jurídico. La sindicatura consistía en... todos los que tenían acciones y querían, lo único que se comprometía... es que la sindicatura votara a favor del consejo. Y hubo mucha gente. Y jugaron también porque se duplicaron un poco la sindicatura. Pues la sindicatura eran las accionistas más importantes... pero a veces les contaron como accionistas individuales y como sindicatura.

Lo que me explicó Javier equivaldría a una falacia a gran escala. Se trataba de un grupo de inversores que se habían unido sistemáticamente para influir en votaciones importantes de la entidad a fin de evitar cualquier responsabilidad real sobre la gestión del Banco Popular. Pero ¿por qué? Javier, ya anciano y con la salud muy mermada, no mostró ningún reparo en admitir ese abuso de poder manifiesto. Además, tenía una espina clavada. En 2006, pocos días después de la muerte de su hermano mayor, había sido destituido sin contemplaciones.[13] Tras cuatro décadas al frente del Popular, Opus Night había dejado de ser útil para los verdaderos agentes de poder que manejaban el banco.

Su destitución coincidió con la repentina aparición de la Unión Europea de Inversores, la enigmática empresa que me había llamado la atención por primera vez en Madrid.

—La Sindicatura perdió el carácter cuando se portaron mal conmigo y con Luis, y muchos se salieron. Y estos crearon una sociedad que se llamaba Unión Europea de Inversiones.

—Pero, espera, ¿quiénes son *estos*? —pregunté.

—Fue totalmente controlado por el Opus. Esto era Opus cien por cien. Que es un poco lo que sustituyó a la sindicatura que ya no era sindicatura.

Javier me habló entonces de los últimos días de su hermano.

—Cuando Luis estaba un poco más enfermo y estaba ingresado en un hospital procuraba que yo no fuera a verlo. A mí procuraba apartarme, ya en vida de Luis, porque yo creo que ya tenían hecho una especie de complot en el Opus diciendo: el día que se muera Luis, el otro fuera.

—Pero ¿por qué no querían que lo visitaras?

—Porque estaba influenciado por el Opus. No querían que yo le pudiera decir algo de algunas cosas (o que el me pudiera decir algo de otras). Ya, en los dos años estos cuando Luis ya no estaba... yo notaba... ya estaba sentenciado... ya había un complot dentro del Opus. Tenían todo controlado más o menos. Yo creo que ya tenían trazada la idea de que el día que este se muera, todo para el Opus. Vamos.

—¿Crees que Luis era consciente de lo que pasaba?

—Yo no sé si él fue consciente o no, o si fue consciente y no podía decir nada.

Era obvio que Javier se sentía dolido al recordar los últimos días de su hermano y su despido del banco. Me contó que en aquel momento no podía evitar pensar en Roberto Calvi, el banquero italiano que había sido asesinado a principios de los años ochenta, según la leyenda, a manos de gente cercana al Opus Dei. Temiendo por la seguridad de su familia, decidió abandonar España, donde los tentáculos de la organización eran profundos, y trasladarse a Suiza. Desde su casa de los Alpes, había visto con una mezcla de tristeza y alegría por el mal ajeno cómo el banco que él y su hermano habían hecho crecer se derrumbaba, llevándose consigo la red de intereses del Opus Dei que lo había apuñalado por la espalda años antes.

Aunque mi padre se había criado como católico romano —sus abuelos eran irlandeses y pasó gran parte de su infancia al cuidado de monjas en un sanatorio para niños enfermos—, poco a poco se fue desilusionando con la implacable obsesión de la Iglesia con la culpa, y decidió criar a sus hijos libres para que se formaran sus propios juicios morales sobre el mundo. A consecuencia de ello, yo no sabía casi nada de la Iglesia ni del Opus Dei cuando empecé a investigar la quiebra del Banco Popular, pero pronto decidí ponerme al día. Leí con voracidad y hablé con miembros actuales y antiguos para tratar de entender la organización. Después de lo que me había contado Javier sobre ellos, los miembros del Opus Dei que habían trabajado y vivido con Luis Valls-Taberner, a los que este había acusado de manipular la enfermedad y muerte de su hermano para hacerse con el control del banco, resultaron ser amables y comunicativos, y estaban encantados de que un periodista de Inglaterra se interesara por el difunto banquero, al que claramente veneraban.

Sin embargo, había algo que me pareció extraño. Casi todas las conversaciones empezaban de la misma manera: con el miembro del Opus Dei explicando que todos los que formaban parte de la organización actuaban con total libertad y que cualquier cosa que hicieran —ya fuera en los negocios, en la política o en general— era por iniciativa propia y no tenía nada que ver con la Obra —el sobrenombre con que es conocido el Opus—. Después de la cuarta o quinta versión de esta perorata, empecé a preguntarme si a aquellos hombres —porque todos eran hombres— les habían indicado lo que tenían que decir. Lo raro era que todos y cada uno hicieran esa declaración sin que nadie se lo pidiese, antes incluso de que hubiéramos empezado a hablar de lo que había hecho realmente Luis Valls-Taberner. ¿Por qué sentían la necesidad de prologar nuestra conversación con ese descargo de responsabilidad, antes incluso de que yo hubiera preguntado nada? Poco podía imaginar que esa aclaración previa se convertiría en una tornada casi constante en mis conversaciones con miembros del Opus Dei durante los años siguientes.

Recién alertado por cualquier cosa que guardara relación con la Obra, me llamó la atención un artículo de Associated Press sobre un grupo de 42 mujeres de Argentina que alegaban haber sido reclutadas por el Opus Dei cuando eran niñas y obligadas a trabajar como esclavas, cocinando, limpiando y fregando los baños durante décadas sin percibir un salario.[14] Presentaron una denuncia ante el Vaticano por supuesta explotación laboral, abuso de poder y abuso de conciencia. Exigían una compensación económica, el reconocimiento de su sufrimiento, medidas disciplinarias para los responsables y una disculpa formal del Opus Dei. Aunque obviamente sentí lástima por aquellas mujeres, la historia no parecía tener relación con mis investigaciones. Pero todo cambió en una visita posterior a los archivos del Banco Popular, que desde entonces habían caído en manos de una entidad rival, la cual había comprado sus activos tras la quiebra.[15] Era mi tercera visita al archivo, situado en un parque empresarial junto a una autopista costera del norte de España, desde que conseguí acceder a él el año anterior. Mientras hurgaba entre montañas de cajas, me topé con un fichero «no oficial» separado de la colección principal del Popular. El archivo en cuestión había sido descubierto en una mansión en las montañas de las afueras de Madrid que en su día era propiedad del banco y en la cual había vivido Luis Valls-Taberner. Me enteré de que habían enviado a uno de los archivistas a la mansión para recuperar esa colección «extraviada» y organizar su traslado, pero este descubrió que alguien había estado allí antes que él para purgar el misterioso fichero.[16] Sin embargo, lo había hecho apresuradamente, por lo que aún podían quedar documentos de interés para mí enterrados en pilas de papeles aparentemente desorganizados.

A lo largo de tres días rebusqué entre los montones. En mi último día en el archivo —aquella noche debía tomar un vuelo de regreso a Londres— descubrí un grueso documento con las palabras «Balance de cooperación internacional» en la portada.[17] El informe vinculaba al banco con más de sesenta empresas aparentemente inocuas de todo el mundo, incluida una relacionada con la supuesta esclavitud de las 42 mujeres de Argentina.[18] A finales de los años ochenta y principios de los noventa, se habían enviado millones de dólares a todo el mundo, con registros de las transacciones separados de los archivos oficiales del Banco Popular y aparentemente obviados por quienes fueron enviados a purgar el fichero oculto. Al comprobar la lista de receptores —en países como Australia, Camerún, Irlanda, Nigeria y Filipinas— descubrí que muchas de esas empresas dirigían «centros de formación profesional» similares a las implicadas en el escándalo de Argentina. Dichas escuelas reclutaban activamente a niñas que vivían en algunos de los países más pobres del mundo para someterlas a una vida de servidumbre. Me había topado con una gran operación para atraer a esas jóvenes para trabajar al servicio del Opus Dei en todo el mundo. En visitas posteriores encontré otras piezas del rompecabezas: registros de millones de dólares canalizados a través de una de las filiales del banco en Suiza a cuentas en Panamá, Liechtenstein y Curazao,[19] paraísos fiscales para el secretismo y el blanqueo de dinero, que estaban directamente controladas por figuras destacadas del Opus Dei en Estados Unidos, México y otros lugares. Pronto empecé a darme cuenta de que la historia iba mucho más allá de un banco español. Se trataba de una red de regalos ocultos que se había utilizado para catapultar al Opus Dei a la escena mundial. Con el tiempo, los hilos se extenderían hasta el Vaticano, el mundo de la política estadounidense y la repentina desaparición de un hombre cincuenta años antes.

La mañana del 20 de mayo de 2023, el padre Charles Trullols dirigió con orgullo a la congregación del Centro de Información Católica por las calles de Washington D. C., en la que, según preveía, sería una tradición anual de procesión eucarística en el corazón de la capital de Estados Unidos.[20] Elegantemente ataviado con vestiduras que solían reservarse para los días festivos, el sacerdote español no quitaba ojo de la custodia dorada que llevaba ante sí mientras avanzaba por la calle K sobre pétalos esparcidos por la acera, flanqueado por curas y monaguillos que sostenían un dosel blanco sobre su cabeza.[21] Trullols había concebido la procesión como una muestra de fe y un recordatorio de la presencia de Dios, incluso en aquella ciudad tan impía. «Tengo absoluta fe en las muchas gracias que Dios concederá a nuestro país cuando la presencia real de Cristo recorra las calles de Washington —dijo—. La procesión expresará nuestra creencia en que Jesús está pasando y otorgando su amor y ayuda a todos nosotros.»[22]

Muchos de los asiduos a la misa diaria de mediodía en el Centro de Información Católica —políticos, abogados y miembros de grupos de presión que iban a comulgar durante la pausa para comer— se habían tomado muy en serio las palabras del padre Charles. Casi quinientas personas habían dedicado parte de su fin de semana a aquel acontecimiento especial.[23] A medida que avanzaban por la calle 17.ª en su ruta de dos kilómetros rumbo a la avenida Connecticut y por delante de la Casa Blanca, la multitud iba detrás guardando un respetuoso silencio y deteniéndose para arrodillarse y rezar en dos paradas del trayecto. El padre Charles dirigió sus oraciones y pidió a Dios que acudiera en ayuda de Estados Unidos.

Esa era la cara amable, pública y aceptable del Opus Dei que el padre Charles, como capellán del Centro de Información Católica, se había encargado de proyectar a los políticos, los abogados y los miembros de grupos de presión que cruzaban sus puertas cada día. Situada en el corazón de la ciudad —una virtud celebrada por una placa azul que presumía de ser el tabernáculo más cercano a la Casa

Blanca—, la modesta capilla y librería era un escaparate para el Opus Dei en la ciudad más poderosa de la tierra. Durante cuarenta años, el Centro de Información Católica había difundido el mismo mensaje incontrovertido que había atraído a innumerables washingtonianos a su seno. Ese mensaje —que los católicos sirven mejor a Dios esforzándose por alcanzar la santidad en todo lo que hacen, ofreciendo su trabajo cotidiano y aspirando a la excelencia en su vida profesional— había calado hondo entre los creyentes de la ciudad, muchos de los cuales habían luchado durante largo tiempo con la cuestión de cómo vivir su fe en aquella ciudad profundamente transaccional y amoral. Miembros del Congreso, jueces del Tribunal Supremo y figuras destacadas del mundo de las finanzas, el derecho y el periodismo se habían sentido atraídos por ese sencillo mensaje a lo largo de los años. Su éxito había transformado el área metropolitana de Washington en la mayor comunidad del Opus Dei en Estados Unidos, formada por ochocientos miembros e innumerables simpatizantes.[24]

De Colombia a Japón y de Nigeria a Sri Lanka, ese es el rostro que el Opus Dei proyecta al mundo: una aglomeración de católicos corrientes, la inmensa mayoría casados y con hijos, que son médicos, abogados y profesores inspirados a vivir su fe en la vida cotidiana. Apoyándose en la legitimidad que le confiere la Iglesia —en los años ochenta, el Opus Dei fue elevado al estatus único de prelatura personal por el papa Juan Pablo II y su fundador, el sacerdote español Josemaría Escrivá, fue canonizado y proclamado «santo de la vida ordinaria» dos décadas después—, la organización se presenta a sí misma como nada más que una guía espiritual para los miembros de la fe que buscan un modo de servir a Dios en su vida diaria. A través de las páginas web que el Opus Dei mantiene en los 66 países en los que opera y la literatura que se distribuye en el Centro de Información Católica y en cientos de centros similares de todo el mundo, los testimonios de los miembros subrayan este mensaje: cómo la organización y las enseñanzas de Escrivá les han inspirado a vivir su fe. «La Obra, como la llaman los fieles del Opus Dei, es parte de la Iglesia y la Iglesia es familia y madre —relata un alto miembro brasileño—. San Josemaría hablaba de la gran familia de la Obra. A mí me gusta pensar en la Obra como una familia de familias.»[25] La organización asegura que casi noventa mil personas —de muy diversos orígenes, culturas e idiomas— se han sentido inspiradas a seguir los caminos del Opus Dei, caminos que supuestamente fueron comunicados al fundador directamente por Dios durante un retiro en Madrid en octubre de 1928. Algunos comparten sus testimonios de cómo, desde el cielo, san Josemaría ha intercedido en su vida cotidiana para resolver problemas, sanar enfermedades e inspirarlos a ser mejores católicos.

No obstante, tras esa fachada de fe e inspiración profundas hay un trasfondo en la organización que pocos conocen, incluidos los miembros más antiguos. Mientras que el 90 % de sus miembros llevan una vida cristiana respetable, en casa con sus familias y esforzándose por vivir su fe más profundamente, en el corazón de la organización existe un cuerpo de élite que tiene una vida muy controlada. Tras hacer votos de castidad, pobreza y obediencia, ese grupo vive de acuerdo con un conjunto distópico de normas y reglamentos, un proyecto orwelliano de sociedad establecido por el fundador y oculto a las autoridades del Vaticano. Los miembros normales tienen prohibido leer esos documentos, que se guardan bajo llave en las residencias donde conviven los miembros célibes para que solo los consulten sus superiores, que abusan de su autoridad para controlar la vida de quienes están a su cargo. Nueve mil miembros llevan esa existencia de oración y adoctrinamiento controlada de cerca, donde casi todos los movimientos están meticulosamente prescritos y vigilados, donde el contacto con amigos y familiares está restringido y supervisado, y donde sus vidas personales y profesionales están sujetas a los caprichos y necesidades del movimiento.

Viven en comunidades cerradas y segregadas, y actúan como células clandestinas en casi todas las grandes ciudades del mundo, siguiendo un detallado y subrepticio manual de reclutamiento elaborado por el fundador y orientado a un único objetivo: extender la influencia de la organización entre los ricos y los poderosos. Constantemente presionados por sus superiores para que generen más y más «vocaciones», esos miembros de la élite son animados a seguir un manual de estrategia común a muchas sectas religiosas para generar más seguidores y acrecentar el poder y alcance del Opus Dei.

19

Los reclutas potenciales son seleccionados cuando aún son niños, y se los incita a entablar amistad con los miembros actuales a través del «bombardeo de amor» (se denominan así las demostraciones de atención y afecto para tratar de influir en alguien). Luego, los miembros recopilan e intercambian información sobre los objetivos con el fin de provocarles una «crisis vocacional» diseñada para empujarlos a unirse. Una vez dentro, se separa a los reclutas de sus familias y se controla minuciosamente su vida hasta que se vuelven dóciles y sumisos, momento en el cual se dedican a reclutar a más miembros.

En su tarea, ese cuerpo de élite cuenta con la ayuda de una red clandestina de fundaciones y empresas, en cuyo núcleo estuvo en su momento el Banco Popular, que canalizan millones de dólares por todo el mundo hacia iniciativas destinadas al reclutamiento y la expansión de la influencia de la Obra en la sociedad. El Opus Dei niega que controle parte alguna de esa red, pero se trata de una ficción legal diseñada para proteger a la organización de cualquier escándalo y eximirla de responsabilidad para con los miles de personas cuyas vidas controla y de las que abusa. Esa red clandestina de dinero, gran parte de la cual obedece a la estrecha relación de la organización con el dictador español Francisco Franco, ha permitido al Opus Dei comprar poder e influencia en seis continentes: de Santiago a Estocolmo, de Los Ángeles a Lagos y de Ciudad de México a Manila. Públicamente, está afiliado de manera oficial a diecinueve universidades, doce escuelas de negocios, 275 escuelas de primaria y secundaria, 160 escuelas técnicas y de hostelería, 228 residencias universitarias e innumerables clubes juveniles y campamentos de verano.[26] De forma encubierta, sus tentáculos se extienden mucho más allá, hasta el tejido mismo de nuestra sociedad civil supuestamente laica.

El Opus Dei goza de privilegios especiales de los que ninguna otra organización dentro de la Iglesia católica ha disfrutado y que durante años le han permitido funcionar eficazmente al margen de la jerarquía habitual, brindándole una libertad sin precedentes para operar donde le plazca, sin tener que rendir cuentas ante nadie más que el papa. Esos poderes especiales se le concedieron a principios de la década de 1980, en un momento en que el Vaticano estaba sumido en graves problemas económicos y en medio de rumores sobre el papel del Opus Dei en un enorme rescate financiero a la Santa Sede. Dichos privilegios catapultaron al grupo a las altas esferas de la Iglesia católica, lo legitimaron entre los fieles, impulsaron sus esfuerzos de reclutamiento y facilitaron la canonización de su fundador.

Desde la década de 1990, el Opus Dei ha explotado esa legitimidad para aliarse con fuerzas conservadoras dentro de la Iglesia, especialmente en Estados Unidos. Esto ha abierto la puerta a los multimillonarios y al dinero negro, que en los últimos años —y especialmente tras la quiebra del Banco Popular en 2017— se han convertido en un medio fundamental para que el Opus Dei sostenga esa red oculta. A pesar de todo lo que dice sobre su lealtad al Vaticano, la Iglesia y las enseñanzas de Jesucristo, al Opus Dei no parece preocuparle que muchas de las fuerzas conservadoras que ahora abraza en Estados Unidos sean abiertamente hostiles al papa, llegando incluso a socavar su autoridad y conspirar contra él. La fachada que se vende a la gran mayoría de sus miembros, esto es, defender la doctrina de la Iglesia y ofrecer orientación espiritual para que los católicos vivan su fe, es falsa. Lo único que mueve al Opus Dei es el culto a su fundador y su propia expansión. Sus métodos y prácticas han lavado el cerebro incluso a sus propios dirigentes, que una y otra vez se han mostrado reacios e incapaces de reformarse, incluso cuando se les han presentado pruebas indiscutibles de abusos y coacciones en sus filas. La Obra es un peligro para sí misma, para sus miembros, para la Iglesia y para el mundo.

Durante décadas, la organización ha actuado con impunidad, pero hay indicios de que el cerco empieza a cerrarse. En julio de 2022, el papa Francisco intentó frenar por primera vez a la organización mediante un *motu proprio*, un decreto personal que degradaba a la institución dentro de la jerarquía eclesiástica, y le encargaba que «actualizara» sus estatutos.[27] Pocos se dieron cuenta en aquel momento, pero era una forma delicada de decir al Opus Dei que pusiera orden en su casa. Al ver que la organización hacía caso omiso, Francisco emitió un segundo *motu proprio*, esta vez erradicando la autoridad de la Obra sobre sus miembros y sentando las bases para la intervención directa del Vaticano si no se reforma.[28] Se avecina una lucha encarnizada entre el Opus Dei y las fuerzas progresistas de la Iglesia católica.

Opus ahonda en los orígenes de esta institución religiosa secreta, cuestionando su historia oficial y vinculando directamente su ascenso al secuestro del Banco Popular. En el centro de esta historia se encuentra Luis Valls-Taberner, un destacado financiero español a quien se sigue considerando uno de los más grandes banqueros de su generación. Como el hombre que dirigió el Popular durante casi cincuenta años antes de su muerte en 2006, se le atribuye la transformación del banco, que pasó de ser un pequeño actor con solo un puñado de sucursales a convertirse en una potencia mundial que inspiraba el respeto de sus homólogos. Pero también era un hombre con una doble vida. De día cultivaba con esmero su imagen de magnate, celebrando audiencias en su opulento ático, donde recibía a políticos y titanes de la industria. Por la noche se retiraba a su austera habitación en los alojamientos del Opus Dei a las afueras de Madrid, donde se cambiaba el traje por ropa informal y se ceñía al muslo un cilicio —una pequeña cadena con pinchos— para recordar el sufrimiento de Cristo. Allí planeaba cómo servirse de su propio banco y de sus accionistas a los que supuestamente se debía, dirigiendo una red de empresas que aparentemente canalizaban miles de millones desde España a cuentas en paraísos fiscales y operaciones del Opus Dei en todo el mundo, tal y como quedará acreditado a lo largo del manuscrito y de sus numerosas citas.

Este libro ofrece una panorámica del movimiento, sus técnicas predatorias de reclutamiento, el maltrato psicológico infligido a sus miembros y el control que ejercen sobre su vida cotidiana. Asimismo, explora las prácticas medievales de mortificación corporal que se imponen a los miembros, así como los ritos y rituales diarios —desde duchas frías hasta dormir sobre tablones de madera— que siguen observando en la actualidad. También arroja luz sobre la apresurada canonización del fundador, a pesar de la enorme resistencia de muchos miembros de la Iglesia.

Sin embargo, esta no es solo una historia sobre el pasado. El libro también explora el gran imperio que el Opus Dei controla en la actualidad. En Nueva York, Murray Hill Place se eleva diecisiete plantas desde la esquina de la avenida Lexington con la calle 34.ª. El edificio carece de señalización, y solo tiene una entrada discreta a cada una de las dos calles adyacentes: una para hombres y otra para mujeres, que tienen prohibido mezclarse en el interior. Detrás de las paredes de ese edificio anónimo funciona una máquina de lavado de cerebro bien engrasada: aislados de sus familias y del mundo exterior, docenas de jóvenes reclutas son sometidos a un riguroso horario de oración, introspección y mortificación corporal. A los que tienen estudios universitarios se los anima a buscar trabajos bien remunerados en el mundo del derecho o las finanzas y a entregar todos sus ingresos a la orden. Los hombres sin titulación universitaria no suelen ser admitidos, aunque la organización recluta activamente a mujeres con menos estudios —algunas de ellas adolescentes—, a las que se empuja a una vida de servidumbre, con agotadoras jornadas de quince horas limpiando y cocinando, y durmiendo por la noche sobre tablones de madera. Es una escena que se repite en todo el mundo: Londres, Nairobi, Sídney, Tokio y numerosas ciudades más. Esos centros residenciales se nutren de una red de escuelas y universidades, donde los adolescentes son educados utilizando solo los libros aprobados por los sacerdotes del Opus Dei y donde se recortan los contenidos «inapropiados» de periódicos y revistas. La televisión e Internet están censuradas. Mientras tanto, en Roma, los líderes del movimiento llevan una existencia opulenta en la palaciega Villa Tevere, donde cada mañana se conmemora la vida de san Josemaría en una solemne ceremonia a las doce.

Por último, el libro plantea preguntas importantes sobre las fuerzas que conforman nuestra sociedad y arroja luz sobre algunos de los actores ocultos que acechan bajo la superficie. Ahora que se aproxima el centenario de la organización, se presenta la oportunidad de reevaluar el Opus Dei y demostrar que la Obra es el epicentro de una conspiración real.

1

La Sindicatura
Madrid, junio de 2004

La mañana del 24 de junio de 2004, un grupo de empresarios con semblante serio se reunió en el sótano de la sede del Banco Popular, en el centro de Madrid, para aprobar formalmente las cuentas del ejercicio anterior. La junta anual de accionistas era un acontecimiento tedioso pero inmutable en el calendario empresarial, un requisito legal que debía dar a las decenas de miles de inversores que poseían acciones del banco la oportunidad de hacer preguntas, plantear inquietudes y, en general, pedir cuentas a los hombres que dirigían el Popular.[1] Durante años, solo se habían cumplido de boquilla esos requisitos, optando en su lugar por celebrar la reunión a puerta cerrada en la sala de juntas de la séptima planta, donde los responsables aprobaban las cuentas sin debate alguno.[2] Durante años, los reguladores habían hecho la vista gorda, pero recientemente habían empezado a hacer preguntas y aplicar las normas de manera más estricta. Las medidas reflejaban una revolución más amplia que se extendía por toda la sociedad española tras el 11-M, que había tenido lugar tres meses antes, cuando —en un cínico intento de mantenerse en el poder— el Gobierno del Partido Popular habían mentido al país sobre una serie de atentados que habían matado a 193 personas en varios trenes madrileños solo unos días antes de las elecciones generales, culpando de la atrocidad a los terroristas vascos en lugar de los islamistas que protestaban por el papel de España en la guerra de Irak. El tiro les había salido por la culata y les hizo perder unas elecciones que estaban a punto de ganar, además de desatar una ira generalizada contra la élite corrupta. Con José Luis Rodríguez Zapatero, el nuevo presidente socialista, que prometía una sociedad basada en la transparencia, los hombres allí reunidos temían lo que pudiera significar la inminente revolución para ellos y para el secreto que el Banco Popular había mantenido oculto durante más de cincuenta años.

El cambio de paisaje no podía llegar en peor momento. Luis Valls-Taberner, presidente y cabeza visible del Popular desde finales de los años cincuenta, llevaba meses sin aparecer en público. Don Luis, como respetuosamente lo llamaban todos en el banco, había cumplido setenta y ocho años unas semanas antes. Aunque no le gustaban los cumpleaños —prefería felicitar a la gente el día de su santo y no por el aniversario de su nacimiento—, los últimos habían sido fatídicos indicadores del deterioro gradual de su estado de salud.[3] El presidente había pasado su septuagésimo sexto cumpleaños recuperándose de una intervención quirúrgica de urgencia en el estómago y el septuagésimo séptimo, preparándose para otra intervención en la que se le extirpó un tumor encima del ojo izquierdo. Los años empezaban a pasarle factura: más recientemente, sus movimientos se habían vuelto cada vez más lentos y torpes, y había empezado a sufrir mareos y visión borrosa, síntomas de la enfermedad de Parkinson en estado avanzado.[4] Pero, en lugar de dimitir o nombrar un sucesor, don Luis había optado por quedarse y ocultar su maltrecha salud. Aunque seguía acudiendo a su despacho religiosamente —llegaba a las nueve de la mañana, a menudo con una barba incipiente, pues prefería afeitarse en la oficina para poder pasar más tiempo en casa leyendo la Biblia—, don Luis seguía brillando por su ausencia.[5] En años anteriores, era frecuente ver al presidente por el edificio, parándose a charlar con los empleados de a pie, llamándolos por su nombre de pila o preocupándose de recordar pequeños detalles sobre la comunión de un niño, un familiar enfermo o los apuros de su equipo de fútbol favorito, al tiempo que recababa información sobre el banco, qué departamentos estaban trabajando duro, qué requería atención o quién estaba holgazaneando.[6] Ahora esos paseos habían cesado casi por completo.[7]

Aquella farsa se prolongó varios meses. Pero no hacía mucho habían empezado a ocurrir cosas que amenazaban con transformar el problema relativamente benigno de la existencia hermética del presidente en una crisis más grande. La primera señal de que algo iba mal se produjo a finales de 2003 cuando, justo una semana antes de Navidad, once miembros del consejo fueron despedidos de manera fulminante.[8] El banco intentó hacer creer que los ceses obedecían a una reducción del número de miembros del consejo planeada desde hacía tiempo. Sin embargo, unas semanas más tarde, uno de los mayores accionistas del banco anunció de forma inesperada que vendía la totalidad de su participación, de unos 340 millones de euros.[9] La noticia fue una gran sorpresa, sobre todo porque el inversor acababa de comprar la participación y lo había hecho a bombo y platillo, anunciando la compra como el comienzo de una nueva alianza que prometía un futuro apasionante para ambas partes.[10] Es comprensible que un cambio tan brusco suscitara intensas especulaciones. ¿El inversor había decidido vender después de ver lo que ocurría realmente a puerta cerrada? ¿Había llegado a la conclusión de que don Luis no era apto para dirigir el banco? La liquidación también arrojó una luz diferente sobre el despido masivo de más de un tercio del consejo unos meses antes. Ahora se hablaba de un golpe fallido contra el presidente, que se negaba a retirarse y atender a razones. ¿Estaba un anciano confundido al frente de uno de los mayores bancos de España? ¿Por qué se le permitía seguir? ¿Por qué el resto del consejo no había hecho nada para remediar la situación?

A lo largo de la primavera, las especulaciones sobre la idoneidad de don Luis para seguir en su puesto habían restado más de mil millones de euros al valor del Popular.[11] En la banca —un negocio basado en infundir confianza a los clientes y convencerlos de que su dinero está a salvo— la incertidumbre puede ser muy peligrosa. Por un lado, el bajo precio de las acciones de la entidad podía convertirla en un blanco fácil y abrirla a una adquisición hostil por parte de un rival más grande o un fondo buitre. Dada la necesidad de mantener a raya al beneficiario secreto del banco, ese escenario era claramente inaceptable. Y lo que era aún más preocupante: si la confianza de los inversores seguía evaporándose y se extendía a los cinco millones de clientes del banco, el Popular podía enfrentarse muy rápidamente a una crisis importante. En tal situación, no debía descartarse un pánico bancario.

El cohesionado equipo que rodeaba al presidente ideó un plan para acallar los rumores y proyectar una imagen de normalidad y de apoyo firme de los miembros del consejo a don Luis.[12] Teniendo en cuenta los nuevos requisitos para celebrar una reunión real de accionistas, en lugar del encuentro a puerta cerrada de los miembros del consejo en la séptima planta, los directivos del banco decidieron matar dos pájaros de un tiro: hacer que el presidente pronunciara un discurso en la reunión anual, que podría ser grabado y distribuido a los medios de comunicación. La reunión ya estaba marcada en el calendario, por lo que no había necesidad de inventarse un pretexto para la súbita aparición del presidente después de tantos meses. De hecho, reforzaba muy bien el mensaje que intentaban transmitir: que todo continuaba igual. Habida cuenta de lo que estaba en juego, el equipo también decidió tomar algunas precauciones. El discurso de don Luis fue lo más breve posible y se lo imprimieron en letra grande y a doble espacio para ayudar a su visión borrosa.[13]

Aquella mañana habían celebrado un ensayo en el auditorio a modo de preparación. Vestido elegantemente con un traje de lana oscura, camisa blanca y corbata azul estampada, don Luis había pronunciado el discurso sin ningún problema, para gran alivio de todos los presentes.[14] La lista de invitados también se había reducido al mínimo. Aunque la reunión se había trasladado de la sala de juntas al auditorio, situado en el sótano, el elenco de asistentes era prácticamente el mismo de siempre. En una clara violación de todas las normas, habían mantenido alejados a los accionistas más pequeños, es decir, los que podían montar una escena o hacer preguntas difíciles.[15] La sala estaba a menos de una cuarta parte de su capacidad: solo había veinte[16] de los más de setenta mil accionistas.[17] El auditorio era un mar de caras amigas, hombres elegidos para el consejo por el propio don Luis a lo largo de los años precisamente por su discreción y su disposición a hacer la vista gorda ante el gran secreto del banco.

No obstante, todas esas precauciones serían en vano: la reunión fue un desastre desde el principio. Al subir al escenario, don Luis tropezó en las escaleras y cayó.[18] Parecía un poco agitado, puede que avergonzado, pero estaba bien. Le ayudaron a sentarse. Durante un rato se hizo el silencio, tanto en el escenario como entre el público. Nadie sabía qué decir.

El primero en romper el mutismo fue Ángel Ron, sentado inmediatamente a la derecha de don Luis.[19] Ron, un gallego corpulento de cejas espesas y pobladas, barbilla hendida y sonrisa pícara, era el director general del banco, el hombre al mando del día a día. A pesar de la diferencia de edad, ambos mantenían una excelente relación. Ron era una de las pocas personas del Popular que seguía viendo a don Luis con regularidad y almorzaban un par de veces por semana. Ron sentía debilidad por su jefe, que lo había elegido para hacer grandes cosas desde muy joven, y a lo largo de los años le había confiado algunos de los asuntos más difíciles y delicados del banco como una prueba de su competencia y discreción. Ron la había superado con éxito y, dos años antes, había sido nombrado director general con tan solo treinta y nueve años.

—Empieza..., lo tenemos aquí en el guion —dijo Ron atentamente, señalando las enormes palabras del texto preparado para don Luis—. Empieza dando la bienvenida.[20]

—Sí, dando la bienvenida —terció una voz amable desde el otro lado.

Era Francisco Aparicio, conocido por todos como Paco. Aparicio se había incorporado al consejo del banco a finales del año anterior.[21] Paco, un hombre delgado, de nariz prominente y ojos pequeños y penetrantes, era abogado de profesión, aunque su especialidad era un misterio. En el circuito judicial no era muy conocido. Parecía dedicar la mayor parte de su tiempo a trabajar para enigmáticas fundaciones benéficas. No tenía experiencia en dirigir un banco, pero, por alguna razón, don Luis había decidido nombrarlo no solo secretario del consejo, sino también secretario del comité ejecutivo, ambas funciones críticas en el día a día del banco. Tal vez percibiendo la sorpresa entre quienes lo rodeaban, don Luis había pedido a la gente que tratara a Aparicio como a uno de los suyos.[22] No fue difícil: ayudado por su cautivadora simpatía y su sonrisa contagiosa, Paco se había convertido rápidamente en una figura popular.

Aun así, planeaba cierto misterio sobre el nuevo secretario del consejo. Era un secreto a voces que Luis y Paco vivían juntos. Ninguno de los dos hablaba abiertamente de su vida fuera del banco, pero se sabía que ambos eran miembros del Opus Dei, una rama ultraconservadora y hermética de la Iglesia católica, y que vivían en una logia exclusivamente masculina del movimiento situada al norte de Madrid. Allí llevaban una existencia oculta ligada a los votos de celibato, pobreza y obediencia, y debían seguir un horario estricto de misas, rituales y silencios.[23] El nombramiento de Paco como secretario del consejo había sido una jugada arriesgada: durante décadas, en los círculos madrileños el Popular había sido calificado como el «banco del Opus Dei», debido a la adscripción religiosa de su presidente. Don Luis solía mofarse de tales acusaciones, señalando a los muchos miles de empleados de la entidad que no tenían nada que ver con el movimiento religioso. Para contrarrestar los rumores, incluso había prohibido a los pocos miembros del Opus Dei que trabajaban allí que se saludaran a la manera tradicional: en latín; una persona decía *Pax* (paz) y la otra respondía *in aeternum* (por toda la eternidad).[24] Aun así, era difícil zafarse de aquella reputación y, hasta cierto punto, se había interiorizado. Los responsables del comedor habían dejado de servir carne los viernes de Cuaresma, no porque nadie se lo hubiera pedido, sino porque pensaban que podía molestar al Opus Dei. [25] Si el personal no estaba seguro de quién estaba al mando, no era de extrañar que la rumorología madrileña se llenara de especulaciones sobre los vínculos entre el Popular y el movimiento religioso. El nombramiento de Paco corría el riesgo de alimentar esas habladurías. Sin embargo, dada la urgencia de un traspaso de poderes sin fisuras, esa óptica ya no era tan importante.

Luis cogió el guion que tenía delante, levantó la mano izquierda para colocarse las gafas y empezó a leer mentalmente las primeras líneas de su discurso. Luego hizo una señal a Ron para que encendiera el micrófono: estaba listo para empezar.

—Muy buenas tardes —dijo.

No era un buen comienzo; todavía era por la mañana.[26] Por suerte, la mayor parte del público no había oído nada porque don Luis había agarrado el micrófono justo cuando empezaba a hablar, provocando una ensordecedora erupción de interferencias que inundó la sala. Los allí reunidos se llevaron las manos a los oídos.

En un claro estado de nerviosismo, Paco y Ron cogieron el micrófono, lo acercaron al presidente y lo colocaron sobre unos documentos que tenía delante. El movimiento del equipo reverberó en una serie de chasquidos que resonaron por toda la sala.

—¿Se oye seguro? —dijo don Luis—. ¿Y ahora? —Una breve pausa—. Bienvenidos a la Junta —dijo por fin Luis. Después sonrió, hizo otra pausa y miró lentamente alrededor de la sala antes de volver la vista al guion que le habían dicho que siguiera—. Desde hace muchos años, nos reunimos la última semana de junio...

El presidente arrastraba claramente las palabras.

Los presentes en el auditorio se miraban nerviosos unos a otros.

—No solo nos reunimos, no solo para, no solo para cumplir con la ley, sino también para tener puntualmente informada a la sociedad civil, como venimos haciendo a lo largo de todo el año, para que pueda aprobar, censurar o abstenerse acerca de la gestión social del banco.

Sus palabras eran lentas, casi dolorosas, y cada pocos segundos hacía un extraño movimiento lateral con la mandíbula. Paco, sentado a su izquierda y obviamente incómodo por lo que estaba ocurriendo, se quitó las gafas y miró a don Luis, dispuesto a intervenir. Conocía la fragilidad de la salud del presidente. En su residencia se habían realizado varias modificaciones para hacer frente a sus dificultades: habían instalado un ascensor y, tras algunas caídas recientes, habían cubierto el ladrillo visto de la escalera con un grueso acolchado para mayor seguridad.[27]

—Si en enero se presentaron las cuentas de año anterior —prosiguió Luis— y durante cinco meses se han analizado y discutido, ahora en junio, con los deberes hechos —miró por encima de las gafas—, hay pocos asuntos [...] —una larga pausa— para debatir.

Al parecer, Luis percibió el malestar que reinaba en la sala y hojeó el guion con nerviosismo.

—Como son párrafos cortos, hago pausas para distinguir unos temas de otros —apostilló como extraña explicación a su dificultad para terminar la frase anterior.

Entre los hombres reunidos en el auditorio, la vergüenza era palpable. Aunque ninguno se hacía ilusiones de que parte de la junta anual se dedicara a pedir cuentas a la dirección, si se corría la voz, su complicidad en aquella farsa podía ser perjudicial. Eran vástagos de la industria, grandes abogados, la *crème de la crème* de la élite económica española, y tenían reputaciones en las que pensar. Pero también formaban parte de lo que don Luis solía llamar su «núcleo duro», integrado por aliados firmes e inquebrantables con los que se podía contar para proteger los intereses del banco y el poder real que había detrás de él.[28]

Aunque el presidente permitía —alentaba, según algunos— que el Popular fuera descrito en los medios de comunicación como el banco de los hermanos Valls-Taberner, en realidad él y su hermano Javier tenían pocas acciones. A la entidad también le gustaba ensalzar una participación del 9 % propiedad de Allianz, el gigante alemán de los seguros, que había comprado el banco en los años ochenta. Aun así, nadie mencionaba el verdadero poder que había detrás del Popular. Su mayor accionista en realidad era una misteriosa alianza de inversores no identificados y conocidos colectivamente como la Sindicatura.[29] Varios estratos de empresas —todas registradas en la misma dirección que el banco y todas dirigidas por la misma lista de hombres enigmáticos y sin rostro— hacían difícil averiguar quién era exactamente el propietario final, el beneficiario último de esa enorme participación. En los últimos años, esa participación había generado cientos de millones de euros solo en dividendos. Rastreando el flujo de dinero a través de las diversas capas de empresas, parecía que los beneficiarios eran fundaciones caritativas con un elemento en común: sus vínculos con el Opus Dei.

Sin embargo, después de cincuenta años, ese plan corría peligro. En el seno del Popular se estaba librando una encarnizada lucha de poder que amenazaba con sacar a la luz —y posiblemente cortar de raíz— el flujo constante de fondos al Opus Dei. El lento deterioro de la salud de don Luis había despertado las ambiciones, largo tiempo dormidas, de algunos de los más altos directivos del banco. Solo en los dos últimos años había sido testigo de intentos de rebelión por parte de dos de sus lugartenientes más cercanos. Ahora que don Luis estaba envejeciendo, aislado en su despacho y apartado de la política del banco, habían hecho su jugada. Los miembros del consejo empezaban a pensar en la sucesión, en quién

—y qué— podría ser el siguiente, y aparecieron fisuras en el tejido del consejo. Esas brechas entrañaban el riesgo de erosionar el poder de la Sindicatura e interrumpir el trasvase de dinero al Opus Dei.

Mientras don Luis proseguía su discurso, se refirió a la delicada cuestión de la sucesión, que se cernía amenazadoramente sobre la sala.

—Debemos procurar que no se dañe la obligada unidad de dirección en la empresa. En una empresa... —dijo— los criterios...

Una vez más, la sala se llenó de ruidos eléctricos. Don Luis había golpeado el micrófono al pasar una página. Al cabo de unos segundos, el estruendo cesó. La sala esperó a que reanudara su discurso. Y esperó. Y esperó. En el escenario, el presidente pasó a la página anterior y volvió a la siguiente. Parecía perdido. A ambos lados, Ron y Paco se volvieron hacia él con una mirada de ansiedad.

—Los criterios...

Don Luis intentó continuar, pero volvió a desubicarse. Miraba sin comprender el guion que tenía delante y movía nerviosamente la mandíbula de un lado a otro. Paco se acercó a él y le señaló dónde estaba. Tras unos segundos de silencio incómodo, el presidente empezó a hablar de nuevo, pero volvió a perderse. Estaba claro que tenía dificultades. Cada palabra parecía un verdadero esfuerzo. Lo que pretendía ser una afirmación de poder, una demostración de unidad, estaba degenerando rápidamente en una farsa. Su autoridad se desvanecía. Era obvio que don Luis se estaba convirtiendo en un lastre para los presentes, para el banco y para el Opus Dei.

Don Luis se fue a casa a primera hora de la tarde, tras haberse ausentado del largo almuerzo para los miembros del consejo de administración que tradicionalmente seguía a la junta general anual. Desde la sede del Popular, en el centro de Madrid, había veinte minutos en coche hasta Mirasierra, un barrio de lujo situado en la periferia norte de la ciudad, donde compartía residencia con una docena de hombres que, igual que él, vivían como miembros numerarios del Opus Dei. Ubicado en una esquina en la que confluyen dos calles tranquilas, el moderno complejo residencial de ladrillo rojo parecía corriente, sin pretensiones.[30] Quizá el único rasgo distintivo era su tamaño: la casa era la más grande del barrio. A la izquierda, detrás de una valla, había una piscina de doce metros de largo, una pista de tenis y otra de pádel donde los hombres que vivían en la residencia podían desahogarse.

Los numerarios eran el cuerpo de élite del Opus Dei. Mientras que la inmensa mayoría de los miembros —los supernumerarios— llevaban una vida aparentemente ordinaria, viviendo en un hogar familiar corriente con su esposa e hijos, un grupo selecto al que pertenecía don Luis había decidido consagrar su vida entera al Opus Dei, y había hecho votos de pobreza, castidad y obediencia al movimiento.[31] La residencia estaba dividida en dos partes: el edificio principal, donde vivían los numerarios varones, y un edificio más pequeño donde tenían sus habitaciones las numerarias auxiliares —las mujeres que cocinaban y limpiaban para los hombres—, con su entrada independiente a la vuelta de la esquina, junto a la basura. Las dos construcciones estaban conectadas por un doble juego de puertas interiores, cada una con una cerradura diferente. El director de la residencia masculina tenía una llave para abrir una puerta, mientras que la directora encargada de las numerarias auxiliares tenía la llave de la otra.[32] Era un sistema infalible diseñado para crear un sello hermético entre las dos residencias. La mezcla de sexos estaba estrictamente prohibida.[33] Aunque ocupaban el mismo edificio, el fundador había dejado instrucciones específicas para que vivieran como si estuviesen a varios kilómetros de distancia. Las puertas se abrían a horas determinadas para que las mujeres sirvieran la cena o limpiaran, y luego se cerraban con llave toda la noche. Durante la limpieza diaria de la residencia masculina, los hombres no solo debían desalojar sus habitaciones, sino toda la planta de la casa para evitar encuentros accidentales.[34] Ni siquiera se permitía el contacto físico entre el director y la directora. Cualquier conversación para coordinar las comidas o la limpieza debía mantenerse a través de un sistema telefónico interno.[35] Ni siquiera entonces les estaba permitido utilizar el nombre del otro.[36] Para asuntos más complicados, se permitía pasar una nota por debajo de la puerta, aunque tenía que estar mecanografiada y sin firmar como medida de seguridad para evitar que se formaran vínculos personales, por ejemplo, ver el nombre o la letra de la otra persona.[37]

El coche se detuvo en el garaje de la residencia y Luis subió en el ascensor hasta la segunda planta. Una vez allí, recorrió un corto pasillo y giró a la izquierda. Abrió la puerta de su habitación, escasamente amueblada: una cama, una mesita sencilla, un escritorio con una silla y un sillón. Sobre la cama había una imagen de la Virgen María, una decoración obligatoria, a la que los numerarios debían saludar —bastaba con un simple movimiento de los ojos— cada vez que entraban o salían.[38] Después de saludar a la Virgen, Luis cerró la puerta tras de sí y empezó a cambiarse la ropa de trabajo por algo más cómodo.[39] Antes de volver a ponerse los pantalones, se ató un cilicio y ajustó la cadena con pinchos al muslo. Los numerarios debían llevarlo dos horas al día como piadosa costumbre de castigo destinada a mantener el cuerpo en estado de servidumbre y recordarle el sufrimiento de Cristo.[40] El cilicio a menudo dejaba pequeños agujeros en la carne, lo cual podía resultar embarazoso al bañarse en público y hacía aún más justificable el tener una piscina privada. La mortificación era un principio central del Opus Dei y se fomentaban los actos regulares —por pequeños que fueran— a lo largo del día, ya fuera darse una ducha fría o beber café sin leche. Una vez a la semana, los hombres debían dormir sobre una tabla de madera; las mujeres lo hacían todas las noches porque se las consideraba más sensuales y, por tanto, debían hacer un esfuerzo extra para evitar la tentación. Los sábados, la disciplina suponía una mortificación adicional: un látigo en forma de cuerda que los miembros golpeaban por encima de los hombros contra la espalda mientras entonaban una oración a la Virgen María: «Dios te salve, Reina y Madre». De vez en cuando, dicha práctica dejaba manchas de sangre en la pared.

Después de cambiarse, Luis bajó a la capilla. Treinta minutos de oración por la tarde eran una parte fija del «plan de vida» que debían seguir los miembros, y Luis —aun siendo el ajetreado presidente de un gran banco— no era una excepción. Las normas, como se las conocía internamente, habían sido establecidas por el fundador y eran una parte fundamental de la vida dentro del Opus Dei. A los miembros se les indicaba que las siguieran meticulosamente, además de honrarlas y defenderlas como curso irrefutable del camino que Dios había trazado para ellos.[41] Las normas regulaban la vida de cada numerario desde la mañana hasta la noche. Todos debían levantarse al amanecer y ofrecer a Dios el primer minuto del día, lo cual hacían arrodillándose, besando el suelo y pronunciando *Serviam* —significado latino de «yo sirvo»— en voz baja. Luego había media hora de oración por la mañana, seguida de una misa en latín y la comunión. Incluso en el trabajo, las normas continuaban. Los numerarios debían recitar la oración del ángelus a mediodía, tomarse un tiempo para la introspección personal y rezar el rosario. Lo ideal era que se abstuvieran de hablar durante tres horas después de comer, aunque en la oficina no siempre era posible. Después del trabajo, había otra media hora de oración, normalmente seguida de estudio religioso, un texto especialmente elegido por el director espiritual, así como algo extraído de la Biblia. Antes de dormir, los miembros se arrodillaban junto a la cama con los brazos extendidos, rezaban tres avemarías y rociaban la cama con agua bendita. A continuación, cada uno de ellos debía guardar un estricto silencio hasta la mañana siguiente. El horario era tan preciso y exigente que se imprimían tarjetas especiales para que los miembros marcaran su cumplimiento a lo largo de un mes, y el director podía revisarlas en cualquier momento. Cada minuto del día parecía estar contado. Cualquier momento libre debía dedicarse a atraer a nuevos socios, cuyos progresos comprobaba periódicamente el director. Los numerarios apenas tenían un momento para pensar por sí mismos.

Las tardes en la residencia eran tranquilas. Los escasos días que llegaba pronto del trabajo, a Luis le gustaba estirar un poco las piernas, y a veces daba un pequeño paseo entre sus obligaciones «familiares». También era un ávido lector, pasión que intentaba compartir con los otros hombres con los que vivía. Aunque estaba prohibido que los numerarios se hicieran regalos, por pequeños que fueran, tenía la costumbre de comprar libros para la residencia y colocarlos en el salón para los demás miembros.[42] Su benevolencia a veces era motivo de frustración para el director, jefe nominal de la residencia y encargado de hacer cumplir las normas que rigen todos los aspectos de la vida cotidiana.

Muchas tareas del director giraban en torno al mantenimiento del aparato de control sobre los residentes: debía revisar los periódicos cada mañana para censurar cualquier material sensible,[43] y llevar registros minuciosos sobre lo que ocurría en la residencia, que se compartían con la sede regional del Opus Dei en Madrid.[44] Otras tareas tenían más que ver con obsesiones y paranoias particulares del fundador, que, a pesar de llevar muerto casi treinta años, seguían determinando la vida diaria en todas las residencias del Opus Dei en el mundo. El director estaba obligado a cerrar el suministro de gas todas las noches,[45] a guardar bajo llave los reglamentos internos en su despacho para que no cayeran en malas manos,[46] y a elaborar informes periódicos para las sedes regionales detallando cuánto se gastaba en comida.[47] Existía un elaborado sistema para enviar esos informes. No se podía confiar en el correo ordinario, por lo que las comunicaciones con las sedes regionales debían entregarse en mano.[48] Para las residencias de Madrid, eso no suponía un gran problema, pero los que vivían más lejos tenían que enviar numerarios como mensajeros. Como guiño a la paranoia del fundador en torno a la seguridad de las comunicaciones —y a fin de garantizar que nunca se filtrara nada comprometedor—, las directrices se habían actualizado para especificar que ni el correo electrónico ni el teléfono debían utilizarse para comunicarse con la sede regional.[49]

Con frecuencia, los libros que Luis llevaba a casa ponían al director en una difícil tesitura. Lo que los numerarios podían y no podían leer estaba estrictamente controlado, y se asignaba a todos los títulos una clasificación de entre 1 y 6: 1 determinaba que un libro podía ser leído por cualquiera, y se elevaba a 6 para un libro prohibido a menos que el jefe del Opus Dei hubiera concedido un permiso especial. Gustave Flaubert, James Joyce, Jack Kerouac, Stephen King, Doris Lessing, Karl Marx, Toni Morrison, Harold Pinter, Philip Roth, Bertrand Russell, Gore Vidal y Tennessee Williams eran algunos de los cientos de seises. Un departamento especial en Roma se encargaba de emitir las calificaciones, que se registraban en una enorme base de datos y se distribuían en CD-ROM a todas las residencias del Opus Dei en el mundo.[50] Desgraciadamente para el director, los títulos que Luis adquiría en la librería eran tan nuevos que Roma aún no había clasificado muchos de ellos, cosa que lo ponía en un brete. De vez en cuando, el director tenía que hacer desaparecer algunos de los libros que Luis llevaba a casa para no mancillar moralmente a otros miembros. Pero aquel no era el único acto de subversión de Luis. Oficialmente, a los numerarios solo les estaba permitido ver una película al mes, e incluso entonces, esta debía ser aprobada por Roma.[51] Pero Luis veía habitualmente películas en el proyector de su despacho.[52] Era un secreto a voces y algo que no se habría tolerado entre los demás residentes,[53] a quienes se animaba a delatarse unos a otros incluso por las infracciones más leves como un acto afectuoso de «corrección fraternal».[54]

Sin embargo, a Luis no lo ataban en corto. A otros numerarios, sus superiores les habían dicho expresamente que lo dejaran en paz.[55] Había una buena razón para no contrariarlo. Años atrás, la opresión de la vida diaria en la residencia se había vuelto excesiva, cosa que lo llevó a pasar la mayor parte de la semana viviendo solo en las montañas. Normalmente no se permitía algo así, pero la comisión regional había llegado a la conclusión de que, dada la importancia de Luis para las operaciones financieras del Opus Dei, era más prudente hacer la vista gorda que arriesgarse a enfadarlo y provocar su marcha. Aun así, siete años antes, Luis se había visto obligado a abandonar su independencia cuando la policía dio la voz de alarma por un presunto complot de ETA para secuestrarlo en el refugio de montaña. Desde entonces, Luis había vuelto a la residencia a regañadientes.

En el segundo piso había un cuadro de san Nicolás de Bari. Nacido en el seno de una rica familia griega en el siglo III, cuentan que obró muchos milagros: calmó una tormenta en el mar, salvó a unos soldados de una ejecución injusta y destruyó un árbol poseído por un demonio. Pero quizá sea más conocido por haber salvado la virtud de tres hermanas, cuyo padre, antaño devoto, había malgastado el dinero de su dote tras sucumbir a las tentaciones del mal y, a consecuencia de ello, se enfrentaban a una vida de prostitución casi segura. Una noche, san Nicolás, al tanto de la situación, arrojó por la ventana de la familia una bolsa con monedas de oro, que el padre utilizó como dote para casar a su hija mayor. Luego, el santo repitió ese generoso acto con las otras dos hermanas. Al tercer intento, el padre lo sorprendió, pero había jurado guardar el secreto. Con el paso de los años, la historia se convirtió en parte del folclore, y san Nicolás pasó a ser más conocido como Santa Claus. Dentro del Opus Dei, también se había convertido en una figura venerada. Desde el principio, su fundador, Josemaría Escrivá, había pedido a Nicolás su intercesión en las necesidades económicas del movimiento y había estipulado claramente que en cada residencia colgara un retrato del santo.[56] Además, Nicolás tenía un significado particular en la residencia de Mirasierra. Cuando era joven, don Luis, que al igual que el santo de Bari había nacido en una familia rica, se había comprometido a liberar al fundador de cualquier preocupación económica.[57] Tuvo tanto éxito en su empeño que Escrivá se refería jocosamente a Luis como «mi san Nicolás».[58] Es evidente que el fundador del Opus Dei no consideraba irónico que las bolsas de monedas de oro que generaba aquel san Nicolás moderno se utilizaran para someter a mujeres jóvenes a una vida de servidumbre en lugar de liberarlas. Al propio Luis le gustaba regodearse en ese apodo pasando sus pocas semanas libres del verano visitando santuarios de toda España que estaban dedicados al santo de Bari.[59]

Hacia las nueve de la noche, los hombres se reunían en el comedor para una cena sencilla preparada por las mujeres que vivían al lado. Mientras comían, comentaban pequeñas anécdotas del día, aunque Luis apenas hablaba de su trabajo en el banco. Ciertos temas estaban estrictamente prohibidos: los numerarios no podían hablar bajo ninguna circunstancia de la gestión del Opus Dei.[60] Esa regla era otra forma de asegurar la disciplina del grupo, de impedir debates abiertos sobre las meticulosas normas que regían cada aspecto de su existencia común y de evitar que se formara cualquier disensión colectiva entre los residentes. Se suponía que el director era la única persona que sabía cómo funcionaba realmente la maquinaria de gobierno del Opus Dei. Pero en la residencia de Mirasierra, las cosas eran distintas. Dada su importancia dentro del movimiento, Luis a menudo sabía más que el director y viajaba con frecuencia a Roma para reunirse con los miembros del consejo general.

Gran parte de la conversación durante la cena —y después, en el salón— giraba en torno al reclutamiento de nuevos miembros. Se esperaba que todos los numerarios estuvieran preparando constantemente a nuevos reclutas para unirse a las filas. Cada uno de ellos debía estar trabajando de manera activa en unos quince candidatos, y cada noche, alrededor de la mesa, se ponían al día sobre lo cerca que estaba cada uno de esos jóvenes de «silbar», la jerga interna para solicitar la incorporación al Opus Dei. A diferencia de la Iglesia católica, que estaba abierta a todo el mundo, la Obra era muy exigente con sus miembros. Era importante que los futuros miembros proyectaran la imagen correcta, no necesariamente de piedad o devoción, sino de éxito mundano. A los numerarios les daban instrucciones específicas para que se mantuvieran alejados de cualquier persona de carácter nervioso, incluyendo, curiosamente, a cualquiera con un historial de sonambulismo.[61] También se les advertía que tuvieran cuidado con quien pudiera experimentar dificultades físicas para vivir como parte de una «familia».[62] Eso significaba evitar a cualquier persona con una discapacidad evidente, y se hacía eco de los comentarios hechos años antes por el líder del Opus Dei en una reunión en Italia, durante la cual había dicho que el 90 % de los niños discapacitados nacían de padres que no habían mantenido sus cuerpos «limpios» antes del matrimonio.[63] Los reconocimientos médicos eran preferibles antes de admitir formalmente a un candidato; de ese modo, el Opus Dei podía estar seguro de que nadie se convertiría en una carga económica.[64] También se les aconsejaba que no eligieran a personas con malas notas,[65] ni a nadie que fuera ilegítimo.[66] A los numerarios les decían que los niños podían convertirse en «aspirantes» a partir de los catorce años y medio, y les recordaban que no era obligatorio consultar previamente a sus padres.[67] Esos asuntos debían ser remitidos a la comisión regional para su asesoramiento.[68] A Luis, por su parte, le gustaba visitar una residencia universitaria cercana, donde solía dar a los jóvenes una lección de etiqueta mientras pelaba una naranja con una cuchara.[69] No está claro cuántos nuevos reclutas consiguió de esa manera, aunque, dado el impacto que tuvo su trabajo en el banco en las campañas de reclutamiento del Opus Dei en todo el mundo, no lo presionaban demasiado para que obtuviese resultados.

Tras la cena y la tertulia en el salón, llegaba el momento del último ritual comunitario del día: el rezo de las preces, un conjunto de oraciones escritas en latín que había ideado el fundador y que eran específicas del Opus Dei. Una vez más, los hombres bajaban a la capilla, tomaban posiciones en los bancos y se arrodillaban al unísono.

—*Ad Sanctum Iosephmariam Conditorem nostrum* —cantaba el sacerdote.

A San Josemaría, nuestro fundador.

—*Intercede pro filiis tuis ut, fideles spiritui Operis Dei, laborem sanctificemus et animas Christo lucrifacere quæramus* —coreaban al unísono los numerarios arrodillados.

Intercede por tus hijos para que, fieles al espíritu del Opus Dei, santifiquemos nuestro trabajo y tratemos de ganar almas para Cristo.

Después de las oraciones por el papa y el obispo local, los numerarios entonaban una oración cuyo claro propósito era subrayar la importancia de la unidad —y la obediencia— dentro del grupo.

—Todo reino dividido contra sí mismo será asolado —cantaba el sacerdote.

—Y ninguna ciudad o casa dividida contra sí misma permanecerá en pie —respondían los hombres.

—Recemos por nuestros benefactores —continuaba.

—Concede la vida eterna, Señor, a todos los que nos hacen el bien a causa de tu nombre —cantaban en respuesta los numerarios arrodillados—. Amén.

La oración, en la que se pedía por la vida eterna de los bienhechores del Opus Dei, era particularmente conmovedora para el presidente del Banco Popular. Desde el punto de vista económico, Luis era el mayor benefactor de la historia del movimiento: había sido la fuente de su estabilidad financiera durante casi cinco décadas. Su derecho a la vida eterna era notable. Pero no estaba nada claro si el sistema que había creado, la red oculta de empresas que cada año generaban millones para el Opus Dei, duraría más que él en la tierra. Mientras se arrodillaba en aquella cálida tarde de junio, Luis debió de saber que su tiempo —al menos en el banco, y posiblemente en este mundo— estaba tocando a su fin.

—*Pax* —cantó el sacerdote, situado al frente.

—*In aeternum* —respondieron.

A 6.500 kilómetros de distancia, en Washington D. C., otra destacada figura del Opus Dei también había desaparecido misteriosamente del ojo público. Charles John McCloskey III era un sacerdote de cincuenta años que se había criado en Falls Church, Virginia, una pequeña ciudad a las afueras de la capital estadounidense. De rostro juvenil, ojos azules penetrantes, cejas negras pobladas y pelo prematuramente gris peinado hacia un lado, el padre C. John —como lo conocía todo el mundo— era una figura popular entre la élite católica de la ciudad. Como sacerdote sin parroquia, vivía en una residencia para numerarios del Opus Dei en Kalorama Heights, un barrio acomodado en el que se alojaban diplomáticos y personas influyentes.[70] Wyoming House era una mansión de cuatro plantas construida en los años veinte, con doce dormitorios y diez cuartos de baño,[71] y contaba entre sus vecinos con las embajadas de Tailandia y Yemen.[72] La propiedad había sido adquirida un par de años antes mediante una donación de varios millones de dólares procedente de una fuente no revelada.

Sus condiciones de vida no eran el único aspecto poco convencional de la existencia sacerdotal del padre McCloskey. Había empezado en Wall Street, donde trabajó para Merrill Lynch como operador durante el auge y caída del mercado de valores a finales de la década de 1970. Se pasaba el día llamando a clientes potenciales y perfeccionando las tácticas de venta agresiva que más tarde lo convertirían en uno de los reclutadores más eficaces del Opus Dei.

Profundamente religioso, McCloskey se había unido a la Obra de joven, y al principio había intentado —como la mayoría de sus miembros— servir a Dios como laico con un trabajo normal, en su caso en Wall Street. Sin embargo, abandonó repentinamente su puesto en el verano de 1978, tras recibir una carta de Álvaro del Portillo —que había sido nombrado presidente general del Opus Dei tras la muerte del fundador unos tres años antes—, en la que afirmaba que el movimiento necesitaba que se hiciera sacerdote. Tales pronunciamientos de Roma no eran inusuales para miembros numerarios como McCloskey, que con frecuencia se veían obligados a cambiar súbitamente de ciudad o abandonar su carrera profesional para satisfacer las últimas necesidades del movimiento. Así era una vida de obediencia.

Primero fue a Roma, donde llegó a una ciudad que aún lloraba la inesperada muerte de Juan Pablo I, fallecido a los 33 días de su papado. Su funeral se celebró un par de días después de la llegada del estadounidense.[73] A continuación se trasladó a Pamplona, sede de una universidad del Opus Dei financiada por Luis Valls-Taberner y el Banco Popular, y principal lugar de formación de los sacerdotes afiliados al movimiento. Trató de racionalizar el abandono de su carrera en términos seudoeconómicos. «No huía del malvado mundo de Wall Street [...] sino que cambié de ocupación profesional para servir de otra manera —explicaba—.[74] Supongo que también podría decirse que, en el sacerdocio, me estaba dedicando a vender un producto mejor, en el que los beneficios son infinitos.»[75]

Tres años después, McCloskey fue ordenado sacerdote en una ceremonia en Torreciudad, un gran santuario del Opus Dei en Secastilla (Huesca), a la que asistieron sus padres y una tía y un tío que habían llegado desde Falls Church.[76] A continuación, los cinco viajaron en coche las seis horas que mediaban hasta Madrid, donde visitaron la sede española del Opus Dei, situada pocas manzanas al norte del Banco Popular. Tras regresar a Estados Unidos, McCloskey se instaló en una residencia de numerarios en el Upper West Side de Nueva York antes de trasladarse a Princeton en 1985 para ejercer de capellán universitario. Allí no tardó en labrarse una reputación de defensor a ultranza de los valores católicos tradicionales: un sacerdote conservador y fiel a las normas que exponía opiniones controvertidas sobre la anticoncepción, el aborto y la homosexualidad con la fanfarronería característica de Wall Street.

«Un católico liberal es un oxímoron», explicaba a los estudiantes, a la vez que les aconsejaba qué clases tomar y cuáles evitar, basándose en su propia evaluación de la perspectiva teológica del profesor que impartía el curso, así como de la coincidencia de sus puntos de vista con los suyos propios y los del Opus Dei.[77] McCloskey era consciente de la ardua batalla a la que se enfrentaba en un campus de la Ivy League, donde a los estudiantes les interesaba más escuchar a Madonna o AC/DC que la palabra de Dios. Cuando hablaba con otros sacerdotes que habían sido destinados a África o Asia, se refería jocosamente a su capellanía como «el territorio pagano más exótico para una misión».[78]

No siempre fue tan frívolo respecto de sus dificultades para conectar con los estudiantes, a los que describía con resentimiento como un «grupo enrarecido de personas» criadas por «familias pequeñas marcadas por el egoísmo anticonceptivo».[79] En ocasiones, su visión de la población de Princeton adquiría tintes sombríos. «Los valores de la élite laica universitaria son radicalmente anticristianos —advertía—. Son los precursores de la cultura de la muerte. Crean la cultura de la muerte. Aquí es donde se plantan las semillas. Basta con ver el ambiente que se respira: hedonista, naturalista y laicista.»[80] Como cabría esperar, su agresividad y sus modales molestaban a muchos en el campus. Un grupo de estudiantes empezó a reunirse periódicamente para pedir su despido.[81] Durante cinco controvertidos años, McCloskey resistió. La gota que colmó el vaso fue una disputa pública con una cómica por su número sobre sexo seguro y feminismo. En 1990, McCloskey sería expulsado finalmente.[82] Aunque no fue muy lejos: se mudó a una residencia de numerarios situada en la calle Mercer, a diez minutos a pie del campus principal, que acababa de ser adquirida por el Opus Dei después de que su anterior propietaria —una anciana— apareciera asesinada en el sótano.[83] Desde allí, continuó con su capellanía no oficial.

En 1998, McCloskey recibió una llamada telefónica de sus superiores del Opus Dei que anunciaría su gran oportunidad.[84] A la prelatura se le había confiado recientemente una librería pequeña y poco concurrida y una capilla contigua en el centro de Washington D. C. Pero el sacerdote enviado a dirigirla había caído enfermo y necesitaban un sustituto. A pesar de su fama de incendiario, o tal vez gracias a ella, McCloskey fue elegido para el puesto. A principios del año siguiente, a la edad de cuarenta y cuatro años, se trasladó a la capital estadounidense para convertirse en director del Centro de Información Católica (CIC), decidido a transformarlo en un vibrante espacio espiritual, intelectual y político muy distinto del lugar somnoliento y en gran medida irrelevante que era en aquel momento.

McCloskey no tardó en dejar su impronta y convirtió al catolicismo —concretamente a la interpretación ultraconservadora del Opus Dei— a numerosas personalidades de Washington. Durante sus primeros años en la capital, McCloskey fue responsable de la conversión de Newt Gingrich, presidente de la Cámara de Representantes, de Robert Bork, candidato al Tribunal Supremo, y de varios congresistas y de expertos políticos de alto nivel como Robert Novak y Larry Kudlow.[85] Pronto, los fieles acudían en tropel a la misa de mediodía en el CIC, que estaba convirtiéndose rápidamente en un quién es quién de la élite católica de Washington. En el centro de todo estaba McCloskey, que oficiaba las misas, confesaba y dirigía espiritualmente a su rebaño, al que animaba a seguir su «Plan de lectura católica para toda la vida». El centenar de libros de la lista —que incluía títulos de Dante, J. R. R. Tolkien y el fundador del Opus Dei— podían encontrarse en la librería del Centro de Información Católica.

Los devotos no eran lo único que afluyó durante aquellos años; al poco, también empezó a llegar el dinero. Además de políticos de peso, McCloskey convirtió a varios grandes nombres del mundo de los negocios, entre ellos el directivo editorial conservador Alfred Regnery, Lewis Lehrman, financiero y excandidato a la alcaldía de Nueva York, y Mark Belnick, asesor jurídico de Tyco International. Rebosante de dinero, McCloskey trasladó el Centro de Información Católica a un local más grande situado en la calle 15.ª.[86]

En muy poco tiempo, el CIC volvió a quedarse pequeño, y en abril de 2002 se trasladó a un local más espacioso en la calle K, ubicándose así en el corazón del amplio sector de grupos de presión que intentaban influir en senadores y congresistas. El traslado coincidió con un enorme escándalo en la Iglesia católica. Todo empezó con una serie de artículos de *The Boston Globe* que sacaron a la luz abusos sexuales a menores durante varias décadas e implicaban a cinco sacerdotes de la ciudad. La noticia causó indignación y el procesamiento de los cinco implicados. Pero el escándalo no se detuvo ahí: en los meses siguientes aparecieron más víctimas. El equipo Spotlight del *Globe* continuó con su investigación y descubrió una gran cortina de humo que tenía su origen en la cúpula de la archidiócesis: el propio cardenal se vio implicado y dimitió. Finalmente, más de quinientas víctimas presentaron demandas contra 150 sacerdotes.

McCloskey, que nunca rehuía de polémicas, vio la oportunidad y pronto se convirtió en el clérigo al que acudían los periodistas que querían «equilibrar» el debate, los que buscaban a alguien que defendiera a la Iglesia. Al poco, sería un habitual de la cobertura televisiva sobre el escándalo de abusos sexuales de Boston, y apareció en el espacio *Nightly News* de NBC, en la CNN, en la MSNBC y en programas como *Crossfire*, *Dateline* y *Meet the Press*. Era una estrategia arriesgada que podría haber resultado contraproducente, pero su defensa de la Iglesia ante la creciente reacción pública solo pareció elevarlo dentro de la camarilla conservadora católica. Muchos consideraban que su estilo descarado y combativo era necesario desde hacía tiempo en la batalla contra el liberalismo que se libraba en la sociedad en general y dentro de la Iglesia, con el Opus Dei en el extremo derecho de esa lucha. Para sus partidarios, McCloskey personificaba el despertar de la misión evangelizadora original de la Iglesia, que ganaría millones de nuevos conversos y devolvería al catolicismo sus raíces tradicionalistas. «La ironía es deliciosa —decía McCloskey sobre los católicos liberales que apoyaban el derecho al aborto o las uniones civiles de homosexuales—. Ese tipo de gente, esos supuestos católicos, no estarán ahí dentro de veinte o treinta años.»[87]

Por eso fue una gran conmoción cuando, en la cúspide de su fama, McCloskey desapareció repentinamente de Washington a finales de 2003. Ya no celebraba misa ni se confesaba, ni acudía al Centro de Información Católica, el vibrante espacio espiritual e intelectual que había transformado casi sin ayuda de nadie. Al principio, muchos atribuyeron su ausencia a posibles problemas de salud: McCloskey tenía una difícil relación con el alcohol que se remontaba a sus días en Princeton. Pero luego la gente empezó a sospechar que había algo más. ¿Quizá el Opus Dei, conocido por su secretismo y discreción, se había cansado de su descaro? ¿Tal vez la sede central de Roma había visto el cariz que estaba tomando el escándalo de abusos sexuales en Boston y había llegado a la conclusión de que la defensa que hacía McCloskey de los sacerdotes acusados era un lastre?

Esas teorías eran erróneas. En realidad, McCloskey había huido discretamente del país tras las acusaciones que pesaban sobre él por agresión sexual. Una feligresa lo había denunciado por primera vez hacía más de un año. La víctima, una mujer de cuarenta años y miembro del Opus Dei, había acudido al padre C. John en busca de ayuda para sus problemas conyugales. Él le ofreció consejo en su despacho del CIC. Pero, en varias ocasiones, durante y después de esas sesiones, la agredió sexualmente, poniéndole las manos en las caderas, apretándose contra ella, besándole el pelo y acariciándola.[88] «[El padre] irradiaba santidad, bondad, afecto y carisma —afirma—. Me convenció de que necesitaba que me abrazaran, y por supuesto que lo necesitaba, pero necesitaba que me abrazara mi marido, no él.»[89] También le hizo preguntas detalladas sobre su vida sexual con su marido, y a veces le olía el aliento a alcohol.

La víctima recordaba que pensó: «¿Estoy loca? Esto no puede estar pasando. Él sabía qué botones apretar y luego simplemente me dejó ir y fue con su sotana hasta el escritorio y preguntó: "¿Cuándo le gustaría concertar la próxima cita?"». Después de una agresión, ella expresó vergüenza y culpabilidad por lo ocurrido durante una confesión posterior con McCloskey, y él la absolvió de sus pecados sin reconocer los suyos. Durante ese tiempo, siguió concediendo entrevistas defendiendo a sacerdotes acusados de agresión sexual y apelando a que se respetara su intimidad. Finalmente, la víctima acudió a otro sacerdote del Opus Dei, que le dijo que no se lo contara a nadie y que él «lo solventaría».[90]

Durante más de un año después de que la mujer denunciara por primera vez las agresiones al sacerdote del Opus Dei en Virginia, no pareció ocurrir gran cosa.[91] McCloskey continuó su trabajo en el Centro de Información Católica. «Amo al Opus Dei —dijo la mujer de la que abusó—, pero me vi atrapada en ese encubrimiento. Fui a confesarme pensando que había hecho algo para tentar a ese hombre santo a cruzar los límites.»[92] Sin embargo, cuando otro sacerdote la animó a emprender acciones legales contra McCloskey, la Obra se vio repentinamente sacudida.[93] Temiendo lo peor para el padre C. John y para la propia organización, McCloskey fue trasladado a Londres, donde se organizó todo para protegerlo en una residencia opusdeísta en los frondosos suburbios de Hampstead. McCloskey tenía una tapadera para todo el que preguntara: decía que estaba de año sabático y que había viajado a Europa a escribir un nuevo libro sobre evangelización, aunque nunca se lo comunicó a su rebaño de Washington.[94]

En realidad, el Opus Dei estaba muy interesado en mantener en secreto cualquier noticia sobre la desaparición de McCloskey.

Las acusaciones contra su sacerdote más conocido no podían llegar en peor momento. La denuncia inicial se había producido pocas semanas después de la canonización de su fundador. Era un momento de madurez para el Opus Dei, un sello de aprobación del Vaticano, una legitimación de la santidad del movimiento y de su fundador, que a partir de entonces sería conocido como san Josemaría. La canonización prometía dar al Opus Dei, que ya contaba con unos noventa mil miembros en todo el mundo, un impulso real, sobre todo en Estados Unidos, un país largamente codiciado por el recién consagrado fundador. Después de cinco décadas intentando —sin éxito— ganar influencia en Estados Unidos, la Obra, a través del padre McCloskey, había irrumpido por fin en los pasillos del poder. Justo antes de que salieran a la luz las acusaciones, McCloskey se jactaba en *The New York Times* de la creciente importancia del movimiento en Estados Unidos: «Cada vez se ve como algo más normal —aseguraba—. El Opus Dei tiene un don para tratar con gente influyente».[95]

Sus avances en el país no se limitaban a Washington. En Nueva York, la Obra acababa de inaugurar una nueva sede nacional, un edificio de ladrillo y piedra caliza con diecisiete plantas en la esquina de Lexington con la calle 34.ª y que, con un coste de setenta millones de dólares, simbolizaba sus ambiciones para Estados Unidos.[96] En todo el país se habían creado un centenar de organizaciones sin ánimo de lucro que poseían cientos de millones de dólares en activos: plataformas de lanzamiento regionales para que el movimiento reclutara más almas para su misión y soldados en la lucha por condicionar el debate público en torno al aborto, el matrimonio entre personas del mismo sexo y la oración en las escuelas.

Las acusaciones contra McCloskey ponían todo eso en peligro. Precisamente en el momento en que el Opus Dei había alcanzado la cima de su poder —político, económico y eclesiástico—, se había visto afectado por sendas crisis en Washington y Madrid que amenazaban los cimientos sobre los que se había construido esa influencia. En España, el movimiento se enfrentaba a la lucha por asegurar la red financiera que había impulsado su crecimiento global durante cincuenta años y que se había utilizado para asegurar su influencia en la escena política y en el Vaticano. En Washington, se enfrentaba a la batalla por mantener su presencia en los pasillos del poder, su influencia en la configuración de la legislación y su posición en la guerra que se avecinaba contra la élite liberal. Entonces cayó otra bomba: en Francia, un magistrado ordenó una redada en la sede del Opus Dei en París relacionada con una investigación en curso sobre la posible esclavitud de mujeres jóvenes que habían sido reclutadas para cocinar y limpiar para miembros numerarios en viviendas dirigidas por el movimiento.[97]

El legado de san Josemaría pendía de un hilo.

2

El negocio familiar
Madrid, abril de 1927

El joven sacerdote bajó del tren y se abrió paso ansiosamente entre la multitud que poblaba el andén. José María Escrivá llegaba con dos semanas de retraso a su nuevo trabajo en la iglesia madrileña de San Miguel.[1] El rector le había escrito un mes antes pidiéndole que, ante la proximidad de la Semana Santa, se presentara cuanto antes.[2] Con los papeles en regla y una carta de recomendación del arzobispo, el joven de veinticinco años estaba listo para salir de Zaragoza hacia su nuevo trabajo en la capital, pero sus planes se vieron frustrados en el último momento por una carta de la cancillería local en la que le informaban de que debía pasar la Semana Santa sustituyendo a otro sacerdote en un pequeño pueblo a seis horas de distancia. Sospechaba que era una treta de la archidiócesis para molestarlo. «Me enviaron allí para fastidiarme», protestaba.[3]

Aunque se apresuró a jugar la carta de la víctima, sus superiores tenían todo el derecho a sentirse frustrados con él. Poco después de ser ordenado sacerdote, le habían ofrecido un destino idílico: un pueblecito a las afueras de Zaragoza, donde sus principales tareas serían confesar a los campesinos y la gente del pueblo, ungir a los enfermos y presidir bodas, bautizos y comuniones. Pero a las seis semanas había solicitado el traslado a la ciudad.[4] Era la segunda vez en dos años que rechazaba los pequeños trabajos parroquiales que la mayoría de los sacerdotes de su edad habrían aceptado. A pesar de su juventud, Escrivá ya mostraba aires de grandeza.

Mientras corría por la estación, no sabía cómo reaccionaría su nuevo jefe ante el retraso de dos semanas. No era el mejor comienzo: no solo no había llegado pronto a Madrid tal como le habían pedido, sino que se había perdido la Semana Santa. De cara rechoncha, con el cabello repeinado hacia atrás y gafas redondas de montura metálica, Escrivá parecía mucho más joven de lo que era, más un seminarista adolescente que un sacerdote. Pero lo que le faltaba en experiencia lo compensaba con creces en estilo. Cuidaba con especial esmero su aspecto, un hábito que provocaba grandes burlas en el seminario, donde le había costado hacer amigos y de vez en cuando se metía en peleas con otros aprendices, que lo llamaban burlonamente «el señorito».[5] La vanidad era un rasgo heredado de su padre, que pasaba los domingos paseando por el río con bombín y bastón.[6] Tales demostraciones públicas de grandeza eran un guiño a una época perdida de la familia Escrivá: su padre había entrado en bancarrota cuando José María tenía doce años, lo cual no solo obligó a la familia a vender su casa y renunciar a sus cuatro criados, sino también a abandonar su ciudad natal, Barbastro, en busca de trabajo. Esa caída en desgracia culminó cuatro años trágicos para José María, durante los cuales fallecieron tres de sus hermanas menores en muy corto tiempo. Los acontecimientos afectaron profundamente al muchacho y lo llevaron a preguntarse por qué Dios infligía tanto sufrimiento a personas buenas y devotas mientras otras familias menos piadosas vivían libres de tales penurias. «Comprendí que Dios de alguna manera los había de premiar en la tierra, ya que luego no podría premiarlos en la eternidad —concluía—. También se ceba el buey que irá al matadero.»[7] Su razonamiento denotaba una persistente sensación de petulancia y superioridad moral y una personalidad un tanto oscura.

Desde la estación fue directamente a San Miguel, aunque su prisa por llegar quizá obedecía más a la culpa que al entusiasmo por su nuevo trabajo. El padre José María tenía una confesión que hacer: sus motivos para trasladarse a la capital no eran del todo devotos. En realidad, había solicitado el puesto en San Miguel como pretexto para obtener los permisos necesarios para trasladarse de una diócesis a otra y así poder dedicarse a su verdadera pasión: un doctorado en Derecho.[8] El trabajo, que consistía en dar la misa de primera hora de la mañana a cambio de un estipendio diario de cinco pesetas y media —equivalente a unos veinte euros en la actualidad—, encajaba perfectamente con sus planes de estudio

52

e incluso le dejaría tiempo libre para enseñar Derecho a estudiantes universitarios y ganar un poco de dinero extra. Escrivá tenía dudas sobre el sacerdocio. Como muchos chicos que crecen en provincias, no había entrado en el seminario por un fuerte deseo de pertenecer a la Iglesia, sino como un camino hacia una vida mejor y para tener oportunidades fuera de su ciudad natal.[9] «Yo nunca pensé en hacerme sacerdote, ni en dedicarme a Dios», confesaba.[10] Aunque se esforzaba por proyectar una imagen de clérigo devoto, siempre inmaculadamente vestido con la sotana negra, su aspecto exterior ocultaba una ardiente ambición de ser alguien y una profunda incertidumbre sobre su futuro en la Iglesia.

Tras presentarse al rector, se alojó en un hotel situado a poca distancia y, en los días posteriores, se fue instalando en la capital y se matriculó en los cursos pertinentes de la Universidad Central. Pronto encontró un alojamiento más barato: una pensión para sacerdotes propiedad de un grupo de mujeres aristocráticas que habían decidido ayudar a los pobres tras un peregrinaje a Lourdes. José María no tardó en congraciarse con aquellas señoras ricas. Las Damas Apostólicas del Sagrado Corazón de Jesús, como se hacían llamar, acababan de obtener permiso para abrir su propia capilla, y quedaron tan prendadas de Escrivá que al poco le ofrecieron la capellanía. La ambición se impuso a cualquier lealtad u obligación con el rector de San Miguel, que había esperado pacientemente su tardía llegada desde Zaragoza. En julio, presentó su renuncia. Solo llevaba allí dos meses.

El traslado a las Damas Apostólicas puso por primera vez a Escrivá en contacto con la pobreza real. Aunque le gustaba lamentarse de la situación económica de su familia, su escasez era solo relativa a la buena vida que habían disfrutado en otro tiempo.[11] Incluso después de su caída, los Escrivá llevaban un estilo de vida que distaba mucho de las terribles condiciones de los barrios bajos de Madrid, donde muchos miles de personas se enfrentaban a una lucha diaria por la existencia y donde reinaban la falta de vivienda, la desnutrición y las enfermedades. Las Damas Apostólicas habían creado una serie de escuelas y comedores sociales, y parte de las tareas del joven capellán consistía en ir a los arrabales de la ciudad para ungir a los enfermos o dar clases de catecismo.[12]

Las mujeres también lo reclutaron para uno de sus proyectos favoritos: una campaña contra lo que consideraban propaganda anticatólica de la izquierda. El trabajo consistía en contrarrestar el discurso sobre los derechos de los trabajadores y la justicia social con lecturas de la Biblia y salvaguardar a la Iglesia de las afirmaciones de que era defensora de un orden político brutalmente injusto.[13] Escrivá se entregó de lleno a esas «misiones apostólicas».[14] Aquel fue un primer indicio de su voluntad de proteger a la Iglesia a toda costa, aunque eso significara hacer oídos sordos ante el sufrimiento que lo rodeaba.

Escrivá no permitía que su trabajo en los barrios marginales le ocupara todo el tiempo. Durante su primer año en Madrid, realizó dos cursos de doctorado: uno sobre Historia del Derecho internacional y otro sobre Filosofía del Derecho.[15] También aceptó un trabajo de profesor en una academia privada por las tardes, y le quedaba tiempo suficiente para dar clases particulares a estudiantes de Derecho en su casa.[16] Pronto, su situación económica mejoró notablemente: podía permitirse un piso en Chamberí,[17] un barrio acomodado con grandes espacios abiertos.[18] A finales de 1927, su madre, Dolores, su hermana mayor Carmen y su hermano Santiago, de ocho años, se trasladaron a Madrid para vivir con él.

Aun así, la presión de compaginar tres trabajos y un doctorado empezó a pasarle factura y, en poco tiempo, sus estudios —que lo habían llevado a la capital— fueron decayendo. Las notas de su primer año fueron mediocres y en segundo curso empezó a quedarse rezagado.[19] Desde la muerte de su padre cinco años antes, él era el principal sostén de la familia, y sobre sus hombros recaían las perspectivas de los Escrivá. Su madre también le presionaba. De pequeño, José María había enfermado repentinamente, y un médico le había advertido que el niño no pasaría de aquella noche. Ella había rezado a la Virgen María, prometiéndole que si salvaba a su hijo lo llevaría a un santuario de Torreciudad, situado a unos veintidós kilómetros de distancia. Al día siguiente, José María se recuperó milagrosamente. «Para algo grande te ha dejado en este mundo la Virgen, porque estabas más muerto que vivo», le recordaba a menudo.[20] Así pues, no era de extrañar que sintiera la presión de hacer algo en la vida.

En septiembre de 1928 se fue a un retiro. Pensaba aprovechar el tiempo para reflexionar sobre su futuro y se llevó un fajo de papeles: apuntes que había tomado a lo largo de los años sobre la vida y la fe. Llegó un domingo por la noche y, liberado del trabajo y los estudios, empezó a adoptar el ritmo diario del retiro: se levantaba a las cinco y se acostaba a las nueve, con un programa de charlas a lo largo de la jornada. Al tercer día, volvió a su habitación después de la misa matutina para leer algunos de sus documentos. Lo que sucedió a continuación le cambiaría la vida. Durante años, las notas le habían parecido un batiburrillo de ideas dispares sin un nexo claro. Había rezado a Dios en busca de claridad, pero sin éxito. De repente, aquella mañana todo se aclaró: Escrivá vio los contornos de un nuevo modo de servir a Dios.[21]

En los días siguientes, todavía en el retiro, comenzó a formular las líneas generales de lo que acabaría siendo el Opus Dei, la Obra de Dios. En su epicentro estaba la idea de una llamada universal a la santidad. Imaginaba una hermandad secular de hombres —«Nunca habrá mujeres, ni de broma, en el Opus Dei»—,[22] que servirían a Dios esforzándose por alcanzar la perfección incluso en las tareas más cotidianas. «Lo extraordinario nuestro es lo ordinario: lo ordinario hecho con perfección —escribió—. Sonreír siempre, pasando por alto —también con elegancia humana— las cosas que molestan, que fastidian: ser generosos sin tasa. En una palabra, hacer de nuestra vida corriente una continua oración.»[23] Al principio, la visión de Escrivá para el Opus Dei era profundamente cristiana y abarcaba ideas como la compasión, el perdón y la caridad. Pero, con el paso de los años, esa visión se vería deformada por la necesidad de hacer crecer y controlar el movimiento.

Desde el principio, sostuvo que Dios le había enviado la idea directamente, pero su visión se basaba en gran medida en fundamentos más terrenales. La noción de una hermandad secular no era nada nuevo; los jesuitas ya tenían varias congregaciones que intentaban extender la espiritualidad de la orden más allá de su clero.[24] El momento de la visión también era bastante conveniente, una respuesta clara a un debate sobre la intransigencia y la complicidad de la Iglesia en los problemas sociales del país. Escrivá era muy consciente del atractivo de un nuevo catolicismo esencial entre quienes cuestionaban la actuación de la Iglesia y buscaban una manera de volver a las enseñanzas fundamentales de su fe. Sin embargo, mantenía que su visión provenía de Dios y solo de Dios. «Se necesita una imaginación de novelista loco de atar o una fiebre de cuarenta grados, para, con la razón humana, llegar a pensar en una Obra así —escribió en su diario—. De no ser de Dios, sería el plan de un borracho de soberbia.»[25]

A pesar de su convicción de que el Señor le había hablado directamente, durante los cuatro años siguientes Escrivá apenas hizo nada por materializar la voluntad de Dios. En lugar de eso, alternó sus tres trabajos con los estudios de Derecho. De vez en cuando, hablaba de su idea del Opus Dei con quienes lo rodeaban.[26] A veces, después de clase, llevaba a sus alumnos a un bar de la localidad, pero sus esfuerzos evangélicos dieron pocos frutos. En 1929, el año después de su visión, solo dos personas expresaron tímidamente su interés en unirse al Opus Dei, aunque una de ellas era su adjunto en la iglesia, que podía sentirse incómodo diciendo que no a su jefe.

Tal vez frustrado por no haber conseguido reclutar a nadie en los dieciséis meses transcurridos desde la visión, en febrero de 1930, Escrivá tuvo una epifanía durante una misa oficiada en casa de una de las aristócratas que conocía y decidió abandonar su anterior oposición a que las mujeres se unieran al Opus Dei.[27] En los cimientos del movimiento empezaba a aflorar ya una contradicción. Por un lado, Escrivá insistía en que la visión que había tenido en octubre de 1928 vino directamente de Dios y estaba plenamente formada. «Recibí la iluminación sobre toda la Obra, mientras leía aquellos papeles», explicaba.[28] Pero, por otro lado, se mostraba dispuesto a introducir cambios en esa visión divina con fines prácticos y de reclutamiento. Evidentemente, la palabra de Dios era maleable.

Sin embargo, ni siquiera ese cambio de actitud logró captar adeptos. En un momento dado, Escrivá se desesperó tanto con su propio fracaso que pidió a una moribunda que intercediera por él cuando llegara a la otra vida.[29] Por esa época, su estado de ánimo parecía oscilar de un extremo a otro. A veces se sentía inspirado y recordaba aquella mañana de octubre como el momento que cambió su vida. «Consideraba yo por la calle, ayer tarde —escribió—, que Madrid ha sido mi Damasco, porque aquí se han caído las escamas de los ojos de mi alma [...] y aquí he recibido mi misión.»[30] Otros días pensaba en abandonar por completo el sacerdocio. Escrivá decidió olvidarse de la Obra de Dios y solicitar un puesto de funcionario.[31] Incluso la intervención directa del Señor parecía insuficiente para calmar las exigencias contrapuestas de su fe, su ambición mundana y su familia.

El dinero, o la falta de él, pronto se convirtió en una obsesión. Aunque llevaba una vida cómoda, distaba mucho de la opulencia de la que había disfrutado la familia en otros tiempos, un contraste muy comentado por su madre. Con un generoso sueldo de 2.500 pesetas al año, el puesto de funcionario habría sido un gran paso en la dirección correcta.[32] Pero su solicitud no prosperó. Al no encontrar un trabajo decente en el mundo civil, empezó a buscar vacantes eclesiásticas. Su decisión de cambiar de trabajo probablemente no respondía solo al dinero; también coincidió con un cambio drástico en el panorama gubernamental. En abril de 1931, un orden político brutalmente injusto fue aniquilado en pocos días. La izquierda ganó las elecciones municipales por goleada y pidió la abdicación del rey Alfonso XIII, que había presidido años de incompetencia y corrupción. A los dos días se había ido. Se proclamó así la Segunda República, encabezada por un nuevo gobierno dedicado a mejorar la vida de millones de españoles. Con las clases trabajadoras recién empoderadas contra sus antiguos opresores, los barrios bajos de la ciudad serían un lugar aún más peligroso para un joven sacerdote. Escrivá, al igual que el rey, pudo intuir hacia dónde soplaba el viento. Era prudente buscar otra posición y abandonar la primera línea.

A pesar de haber visto con sus propios ojos las condiciones de las chabolas, Escrivá se sentía horrorizado con las prioridades del nuevo régimen. «¡La Virgen Inmaculada defienda a esta pobre España! —escribió—. ¡Dios confunda a los enemigos de nuestra Madre la Iglesia! Madrid, durante veinticuatro horas, fue un inmenso burdel [...] Parece que hay calma. Pero la masonería no duerme.»[33] Se obsesionó con las teorías conspirativas de derechas que afirmaban que la declaración de la república era un complot secreto urdido por un tenebroso grupo de judíos, masones y comunistas que querían derrocar a la Europa cristiana.[34]

El 10 de mayo, con la tensión en aumento, un malentendido sobre el presunto asesinato de un taxista a manos de un grupo de monárquicos desembocó finalmente en violencia en la ciudad.[35] Al principio se dirigió principalmente contra símbolos promonárquicos, incluido el periódico *ABC*. Pero al día siguiente, la multitud se volvió contra otros símbolos de la opresión. Una iglesia jesuita ubicada en el centro de la ciudad ardió hasta los cimientos. En sus paredes calcinadas alguien escribió con tiza las palabras «Justicia para el pueblo contra los ladrones» en letras gruesas. Durante tres días, la violencia contra la Iglesia estalló en todo el país: más de cien edificios —iglesias, monasterios, conventos y colegios religiosos— acabaron incendiados. «Comenzó la persecución», escribió en su diario.[36]

Un mes después de la quema de iglesias, su búsqueda de trabajo por fin dio sus frutos. A Escrivá le ofrecieron una capellanía en el convento de Santa Isabel, en la periferia oriental de la ciudad. No era lo idóneo, ya que el puesto era temporal y no conllevaba un sueldo, cosa que suponía un golpe para la economía familiar, pero lo mantendría alejado de los barrios bajos.[37] Su marcha provocó un desencuentro con las mujeres de las Damas Apostólicas, que pudo tener su origen en lo que ellas consideraban un abandono de sus deberes.[38] Su vida en Santa Isabel era indudablemente más cómoda: en los meses posteriores tuvo más tiempo para desarrollar sus ideas sobre el Opus Dei. Movido por los acontecimientos que lo rodeaban, la que había sido una visión relativamente benigna de las creencias cristianas fundamentales empezó a evolucionar hacia algo más oscuro, político y casi miliciano. Al principio, Escrivá describía su perspectiva del Opus Dei como un ejemplo para los demás, una inspiración para que todo el mundo —sin importar su posición en la vida— pudiera dedicar sus acciones cotidianas a Dios.[39] En la primavera de 1931, en medio del creciente descontento con la élite gobernante, esa visión había evolucionado ligeramente para subrayar la importancia de la oración, de mantenerse firmes ante la tentación y de permanecer fieles.[40] No obstante, un año después, tras la oleada de incendios de iglesias y violencia contra miembros del clero, su esquema para el Opus Dei se transformó. En sus escritos de la primavera de 1932, Escrivá afirmaba que ser miembro de la Obra significaba ofrecer la vida a Dios: lealtad total al movimiento, obediencia incondicional y renuncia a cualquier derecho individual.[41] Explicaba que el Evangelio había dado pistas claras sobre esa vocación, pero que el verdadero significado del mensaje había sido malinterpretado por los estudiosos de la Iglesia durante casi dos milenios.[42] Pero ahora lo entendía. «A la Obra no venís a buscar nada —escribió—, venís a entregaros, a renunciar, por amor de Dios, a cualquier ambición personal.»[43] La evolución de su pensamiento fue una clara reacción a los acontecimientos del momento y a su obsesión con las teorías conspirativas que se arremolinaban en torno a él. Aunque aún no tenía seguidores, estaba trazando un plan de batalla para un «ejército» de fieles, una llamada a las armas contra los masones, los judíos y los comunistas.[44]

Tras su falta de éxito a la hora de reclutar adeptos a través de su trabajo pastoral diario, Escrivá optó por cambiar de rumbo, inspirándose en los jesuitas, que recientemente habían abierto una academia donde los alumnos de Derecho podían estudiar y practicar su fe con seguridad, lejos de la violencia del campus.[45] Escrivá decidió hacer lo mismo. A finales de 1932, pidió dinero prestado y trasladó a su familia a un piso nuevo más grande donde podía ofrecer clases y círculos de estudio con regularidad. A las pocas semanas ya tenía dos nuevos reclutas. Vigorizado, empezó a formular planes para una academia a gran escala y a reclutar activamente a posibles tutores. Los planes le dieron una nueva motivación tras cuatro años de esfuerzos infructuosos. Se fue de retiro en junio de 1933 y, en una página titulada «Acción inmediata», decidió dedicarse por completo al Opus Dei. «Debo dejar toda actuación, aunque sea verdaderamente apostólica, que no vaya derechamente dirigida al cumplimiento de la Voluntad de Dios, que es la Obra. Propósito: He llegado a confesar semanalmente en siete sitios distintos. Dejaré esas confesiones, excepto los dos grupitos de muchachas universitarias.»[46] Una vez más, las ambiciones se anteponían a sus deberes sacerdotales.

Su determinación coincidió con un cambio repentino en la fortuna de la familia. Su tío, también sacerdote, falleció repentinamente y dejó dos propiedades a su madre. Poco después de ese golpe de suerte, Escrivá alquiló otro piso a corta distancia de la casa familiar, en lo que sería la nueva sede de la academia. En las semanas posteriores se iniciaron los trabajos de decoración y acondicionamiento del nuevo local. En Navidad, Escrivá desveló el nombre: la academia se llamaría simplemente DYA, por «Dios y Audacia», aunque pidió que el nombre siguiera siendo un secreto para quien no perteneciese a su círculo inmediato de reclutas.[47] Por el contrario, se decía que las tres letras significaban «Derecho y Arquitectura», las dos materias principales que se impartirían allí. Desde el principio, Escrivá optó por ocultar lo que ocurría realmente a puerta cerrada. El primer centro del Opus Dei, que planeaba utilizar para reclutar universitarios incautos para su movimiento, se presentó al mundo como una mera academia laica.

DYA abrió sus puertas el 15 de enero de 1934. Aunque ya habían pasado meses desde el inicio del curso académico, no tuvo problemas para atraer alumnos. Al igual que los jesuitas, Escrivá aprovechaba la gran demanda de clases particulares entre los estudiantes de Derecho y Arquitectura de la ciudad, lo cual no era de extrañar, tal vez debido a las grandes reformas educativas impulsadas por el gobierno, que habían provocado una escasez de personal cualificado. Durante los tres primeros meses, un centenar de estudiantes franquearon sus puertas para asistir a clase.[48] Treinta de ellos se apuntaron también a las clases extraescolares de formación espiritual impartidas por Escrivá. Después, él se reunía a menudo con los alumnos y les explicaba cómo podían mejorar su vida a través del Opus Dei. En esos tres primeros meses, siete estudiantes más solicitaron el ingreso, con lo que el número de socios alcanzó las dos cifras. Cada semana, Escrivá celebraba una reunión especial con el pequeño grupo y les pedía que empezaran a llamarle «Padre» en lugar del «don José María» que usaban otros estudiantes de la academia.[49] También les decía que cuidaran unos de otros. Se estaba creando un nuevo círculo interno semioculto.

El Padre pronto tuvo planes más ambiciosos para el grupo. Basándose en sus observaciones de los estudiantes que entraban cada día por las puertas de la academia —y tomando nota de qué métodos funcionaban y cuáles no—, empezó a recopilar un conjunto detallado de lo que él llamaba «instrucciones» para su pequeño pero creciente número de miembros.[50] Fue la primera de lo que con el tiempo se convertiría en docenas de instrucciones que ascendían a cientos de páginas, todas escritas por el fundador, y que dictarían todos los aspectos de la vida dentro del Opus Dei, controlando las actividades diarias de sus miembros y restringiendo su contacto con el mundo exterior. En el primero de esos documentos, titulado *Instrucción acerca del espíritu sobrenatural de la Obra de Dios*, fue donde por primera vez Escrivá puso por escrito lo que significaba pertenecer al Opus Dei. Se refería a los «tiempos de borrasca» que estaban viviendo, que exigían hombres y mujeres «de buena voluntad decididos, con miras sobrenaturales, a dar la batalla a los enemigos de Cristo».[51] Desde el principio quedó claro que el Opus Dei era profundamente político en su esencia; era una postura reaccionaria contra las fuerzas progresistas que estaban transformando la sociedad. A su lista de oración y expiación, el fundador añadía ahora un deber adicional exigido a sus seguidores: la acción.[52] Escribió que el movimiento formaba parte de «una milicia»[53] de «apóstoles» que cumplían «un mandato imperativo de Cristo».[54] Sus palabras eran un grito de guerra para jóvenes conservadores deseosos de defender a la Iglesia y hacer retroceder algunas de las reformas progresistas de los últimos años. «La enfermedad es extraordinaria, y extraordinaria es también la medicina —afirmaba Escrivá—. Somos una inyección intravenosa, puesta en el torrente circulatorio de la sociedad para que vayáis [...] a inmunizar de corrupción a todos los mortales y a iluminar con luces de Cristo todas las inteligencias.»[55]

Unas semanas más tarde, Escrivá elaboró su segundo documento de instrucciones, que contenía una guía detallada que sus seguidores podían utilizar para atraer más almas al Opus Dei. El dosier, titulado *Instrucción sobre el modo de hacer proselitismo*, se convertiría en un modelo para los miembros del Opus Dei en las décadas siguientes, un manual secreto de reclutamiento oculto al mundo exterior, incluidas las autoridades vaticanas.[56] Escrivá ordenó a sus seguidores que centraran sus esfuerzos en los jóvenes y evitaran a quienes tuviesen más de veinticinco años, ya que las personas mayores tendían a ser de costumbres fijas, aunque tal vez obedecía simplemente a que eran menos susceptibles de ser reclutadas, por lo que cada vez se parecía más a una secta religiosa.[57] Les advertía que desconfiaran de las personas que hacían demasiadas preguntas.[58] A los miembros se les pedía que actuaran de forma encubierta y que empezaran por plantar semillas en la mente de la persona que se había convertido en su objetivo.[59] Basándose en sus propios métodos, Escrivá llegó a sugerir que sus seguidores organizaran visitas benéficas o charlas culturales como pretexto para reunir a la gente, aunque advertía del peligro de intentar reclutar a mucha gente a la vez.[60] «No tratéis ¡nunca! de captar un grupo —decía—. Las vocaciones han de venir una a una, deshaciendo, en su caso, aquel grupito con prudencia de serpiente.»[61] Indicaba a los miembros que dijeran a quienes mostrasen interés en unirse al Opus Dei que se lo guardaran para ellos. «Aconsejad a los nuevos *que callen* porque su ideal es como una lucecica recién encendida [...] y puede bastar un soplo para apagarla en su corazón.»[62] También había que animar a los reclutas a distanciarse de sus familias.[63] Cualquier persona que tuviera dudas debía dirigirse a un sacerdote del Opus Dei; por aquel entonces, Escrivá era el único cura dentro del movimiento, pero incluso en 1934 tenía planes para ampliarlo mucho más. Si se resistían a reunirse con uno, animaba a sus seguidores a inventar un pretexto para el encuentro y a presentar al sacerdote como un experto en leyes, historia o literatura que podría ayudarlos profesionalmente o con sus estudios.[64] Debían dirigirse a los hombres más destacados en su campo,[65] aunque las ambiciones de Escrivá para el Opus Dei eran tales que añadió que también habría que reclutar a hombres mediocres a medida que el movimiento creciera, ya que serían necesarios para cubrir puestos internos dentro de la organización.[66] Asimismo, animaba a los reclutadores a utilizar cualquier recurso que tuvieran a su disposición, incluyendo fondos públicos y edificios gubernamentales. Con un número de miembros que apenas alcanzaba las dos cifras, Escrivá había creado un sistema que sustentaría su expansión durante los siguientes noventa años: un sistema basado en el secreto y el engaño.

Escrivá concluyó que había llegado el momento de reunir a sus seguidores bajo un mismo techo. Decidió abrir una residencia de estudiantes antes de que comenzara el siguiente curso académico, y convenció a su madre de que vendiera las dos propiedades que acababa de heredar para invertir las ganancias en su nueva aventura. La residencia facilitaría a los miembros el seguimiento del programa de vida espiritual, como le gustaba llamarlo a Escrivá, que había empezado a formular.[67] Cada día había media hora de oración por la mañana, seguida de misa y comunión, rezo del ángelus y el rosario, lecturas espirituales y otra media hora de oración por la tarde, visita a la eucaristía, súplicas, exámenes de conciencia y otras oraciones a lo largo de la jornada.[68] Ese programa intensivo ocupaba gran parte de los días de sus miembros y les dejaba poco tiempo para salir y servir a Dios en sus trabajos cotidianos, como se les había dicho que harían. En lugar de eso, su vida era cada vez más aislada, y cada vez más dependiente del Opus Dei y su joven fundador.

Luego estaba la mortificación. Su fracaso a la hora de hacer despegar la Obra había pasado factura a Escrivá en los años transcurridos desde que recibió la llamada, y a veces había recurrido a la mortificación corporal como expiación. Sus allegados se sentían alarmados por el uso incesante de esa disciplina —un látigo en forma de cuerda, al que añadía trozos de metal y de hoja de afeitar para aumentar el sufrimiento— en sus momentos más bajos. Aunque la disciplina había sido utilizada a lo largo de los siglos por varias órdenes, como los cistercienses y los capuchinos, en la década de 1930 había caído completamente en desuso entre los sacerdotes corrientes como Escrivá, y desde luego entre los católicos seculares. Utilizaba esa disciplina tres veces por semana, con azotes adicionales una vez cada dos semanas y también en días festivos.[69] Además, utilizaba varias veces al día el cilicio alrededor del muslo: dos veces antes de comer y luego por la tarde. Los martes usaba otro, que se ceñía a la cintura. Los sábados ayunaba, aunque a menudo encontraba cualquier excusa para privarse de comida o agua. Parte de la mortificación —el ayuno, el cilicio alrededor de la cintura— estaba relacionada con una creciente obsesión por su peso, que había ido en aumento. «Precisamente, creo que he de luchar contra la gula», explicaba.[70] En un momento dado, su confesor empezó a preocuparse por su salud y tuvo que prohibirle ayunar.[71]

Las sangrientas sesiones de disciplina también habían empezado a alarmar a sus allegados. En casa de su madre, abría los grifos para amortiguar los chasquidos del látigo y limpiaba cuidadosamente una vez que había terminado.[72] Pero ella seguía encontrando manchas de sangre en el suelo y las paredes. Cuando aceptó darle el dinero para la academia, expresó su preocupación. «Bueno, hijo: pero no te pegues ni me hagas mala cara», le suplicó. Pero los actos diarios de mortificación continuaron, y Escrivá pedía a sus seguidores que hicieran lo mismo: debían llevar el cilicio todos los días, dormir en el suelo tres veces por semana y observar un ayuno total —sin pan ni agua— una vez a la semana.

Pronto se dio cuenta de que el dinero de su madre no bastaría para pagar la nueva residencia del Opus Dei, y ordenó a los miembros que volvieran con sus familias —aquellas de las que los había animado a alejarse— y les pidieran dinero. Ese distanciamiento selectivo —apartarse de la familia, salvo cuando se necesitaban ingresos— se convertiría en un tema recurrente para los miembros del Opus Dei. «El internado. Es necesario —escribió—. Nos movemos, pero, hasta ahora, no hay pesetas. Ayúdanos: pide y haz pedir. Debemos tener mareado a nuestro Padre Dios.»[73] Al poco tiempo, Escrivá estaba en condiciones de alquilar tres pisos en la calle Ferraz, a dos pasos de la universidad. En las semanas siguientes, dos de los pisos se convirtieron en residencias para veinticinco estudiantes y el otro fue transformado en aulas, una nueva ubicación para la academia. A finales de octubre, todo estaba listo. «Se ha abierto el curso en DYA —dijo Escrivá— y espero que serán muchos los frutos sobrenaturales, y de cultura y formación católica, que han de obtenerse en esta Casa.»[74]

Las cosas no salieron según lo planeado. Tras la victoria de la Confederación Española de Derechas Autónomas, una coalición católica, en las elecciones generales de finales de 1933, las tensiones habían aumentado de nuevo en todo el país. Estallaron por todo el territorio protestas esporádicas de la izquierda, espoleadas por contraprotestas de la derecha. José María Gil-Robles, líder de la CEDA, convocó una concentración en el palacio real de El Escorial. Un grupo de veinte mil hombres acudió a la cita, que parecía un mitin nazi, y juró lealtad a Gil-Robles con cánticos de «¡Jefe!

¡Jefe! ¡Jefe!». El ejército sofocó brutalmente una revuelta popular en Cataluña y una huelga de mineros en Asturias. Ante la agitación política que estallaba en todas partes, el gobierno juzgó prudente posponer el inicio del curso universitario, justo cuando Escrivá inauguraba su nueva residencia. La decisión fue devastadora para DYA: ni un solo estudiante se inscribió para vivir allí y los anuncios publicados en varios periódicos quedaron sin respuesta.[75] Sin ingresos, Escrivá tenía dificultades para pagar a los cuatro miembros del personal contratados antes de la apertura de la residencia: dos amas de llaves, un cocinero y un portero.

En Navidad, Escrivá afrontaba serios problemas económicos. Rezó a san Nicolás de Bari, rogándole que intercediera en las dificultades financieras de la residencia DYA, e incluso llegó a nombrarlo patrón de los asuntos empresariales del Opus Dei.[76] Pero la suerte de la Obra no mejoró. En esa época, Escrivá incrementó el uso de la disciplina. En vista de los apuros económicos, tomó la difícil decisión de devolver las llaves de uno de los tres pisos —el que había sido destinado a la academia— y se quedó solo con la residencia.

Una vez reabiertas las universidades, los problemas de dinero remitieron un poco. En marzo había pasado lo peor y Escrivá se dedicó a hacer mejoras. Su nueva obsesión era tener una capilla propia en las instalaciones y escribió a la diócesis local para solicitar permiso. Antes de obtener respuesta, compró un altar y un retablo. Pocos días después, consiguió un tabernáculo, manteles, candelabros y otros objetos. Incapaz de contener su entusiasmo, decidió bautizar la nueva capilla con una ceremonia de iniciación para su pequeño grupo de seguidores, que supondría su incorporación oficial al Opus Dei. De pie ante una sencilla cruz de madera en la capilla aún por santificar, el Padre les pidió que declararan uno a uno su fidelidad. La impaciencia por adelantar la ceremonia antes de que se hubiera concedido la aprobación —y el juramento que debían hacer los miembros— indicaba un creciente desprecio por las reglas de la Iglesia. «Si el Señor dispusiera de mi vida antes de que la Obra tenga las necesarias aprobaciones canónicas que le den estabilidad, ¿seguirías trabajando por sacar la Obra adelante, aun a costa de tu hacienda, y de tu honor, y de tu actividad profesional? —preguntó a cada uno de ellos—. ¿Poniendo, en una palabra, toda

65

tu vida en el servicio de Dios en su Obra?» Después, regaló a cada uno un anillo con la fecha y la palabra *Serviam* (yo sirvo) grabadas en su interior. En un gesto siniestro, Escrivá bautizó la ceremonia con el nombre de «la esclavitud».[77]

Al final del año académico, el centro estaba en auge.[78] DYA contaba con 150 alumnos en sus libros, la mitad de los cuales asistían también a las clases de formación espiritual de Escrivá. Aun así, el gran número de estudiantes que pasaban por las puertas de la residencia y de la academia no era todavía el caudal de reclutas del Opus Dei que él esperaba. El Padre empezó a perfeccionar sus métodos de reclutamiento, pidiendo a los residentes y visitantes que rellenaran cuestionarios. Con esa información, llevaba un registro de todos los estudiantes y afinaba cuidadosamente el alistamiento para cada uno de ellos. Era un sistema que acabaría convirtiéndose en práctica habitual dentro del Opus Dei. Un estudiante de Arquitectura que había aparcado su afición a la pintura se presentó en la academia unos días después y allí le entregaron un gran lienzo y le pidieron que pintase algo para el comedor.[79] Escrivá se sentó con él mientras pintaba y le habló de la Obra. Entre tanto, animaron a otros dos estudiantes de Arquitectura que ya eran miembros a presionarlo para que ingresara. Dichas técnicas dieron resultado: siete estudiantes más pidieron ser admitidos en el Opus Dei antes de que finalizara el curso académico.

En septiembre, sus seguidores escribieron a institutos de fuera de la capital y publicaron anuncios en periódicos de tirada nacional en un esfuerzo por aumentar las inscripciones en la residencia, sin hacer mención alguna a su afiliación al nuevo movimiento religioso. Las instalaciones estaban tan abarrotadas que Escrivá tuvo que alquilar un piso en el edificio de al lado. La academia DYA estaba convirtiéndose rápidamente en una línea de negocio en auge. Aunque todavía no había generado el ejército de seguidores que él anhelaba, el número de personas que pasaban por sus puertas tenía el potencial de convertirla en un semillero de reclutas mucho más eficaz que todo lo que Escrivá había intentado antes.

Tras meses de luchas internas y una serie de escándalos, el gobierno conservador se derrumbó a principios de 1936 y la izquierda, unida en la coalición del Frente Popular, volvió al poder, lo que provocó nuevos enfrentamientos en las calles. Uno de los residentes de la DYA fue detenido por su implicación en el asesinato frustrado de un político de izquierdas y enviado a prisión. Tras el incidente, Escrivá introdujo una nueva norma: estaba prohibido hablar de política dentro de la residencia.[80] No se trataba de condenar el crimen fallido —de hecho, pidió a algunos residentes que visitaran al detenido en prisión—, sino de un claro intento de proteger al Opus Dei de cualquier repercusión política. También adoptó otras precauciones, como la creación de una nueva empresa llamada Fomento de Estudios Superiores, que gestionaría los asuntos de la residencia y la academia detrás de una entidad financiera y legalmente separada del Opus Dei y la familia Escrivá.[81] Era un método que la Obra acabaría utilizando para sus negocios e intereses apostólicos en todo el mundo.

Escrivá empezó a hacer planes de expansión más allá de Madrid. También buscó una propiedad más grande en la capital española y, en junio de 1936, la Fundación de Estudios Superiores firmó la compra de un edificio entero cerca de la residencia DYA.[82] El nuevo emplazamiento daba a un parque y al imponente cuartel militar de la Montaña, donde vivían varios centenares de soldados. No está claro de dónde salió el dinero, aunque es probable que la empresa pidiera un préstamo basado en los beneficios que generaban la academia y la residencia. Es evidente que Escrivá había dado con un modelo de negocio eficaz y lucrativo. Por el momento, solo veintiún hombres y cinco mujeres se habían sometido a la ceremonia de esclavitud, pero Escrivá tenía grandes ambiciones. «¿Madrid? ¿Valencia? ¿París? ¡El mundo!», escribió.[83]

En mayo de 1936 redactó otro conjunto de instrucciones dirigidas a los hombres que se encargarían de gestionar las residencias del Opus Dei en esas ciudades. El documento, titulado *Instrucción para los directores*, abarcaba 103 temas diferentes, desde el nivel de enfado que se consideraba apropiado para un gerente hasta los niveles de pulcritud que se esperaban.[84] Durante los primeros años de expansión del Opus Dei, Escrivá había podido preparar él mismo a cada uno de los jóvenes que solicitaban unirse al movimiento, y ese documento ponía de manifiesto su inquietud por perder el control directo sobre la formación de nuevos miembros. El Padre estipuló que los directores locales debían anotarlo todo, incluyendo detalles sobre asuntos espirituales, incidentes cotidianos dentro de la residencia, información personal sobre la vida familiar y profesional de los residentes, así como observaciones sobre sus talentos, habilidades e intereses particulares.[85] Esos partes acabarían convirtiéndose en los «informes de conciencia» internos que los directores locales preparaban para la sede regional, utilizando la información recabada entre los miembros durante sesiones de orientación espiritual supuestamente confidenciales, un pilar del control del Opus Dei sobre la vida de sus miembros que se mantendría durante décadas. También se animaba a los directores a abrir y leer la correspondencia personal de todo aquel que viviese en la residencia.[86] Asimismo, se les dijo que tuvieran cuidado al relacionarse con los clérigos de la diócesis local y que guardaran silencio sobre cualquier «contradicción», supuestamente entre los preceptos del Opus Dei y las enseñanzas de la Iglesia.[87] «Quienes no pertenecen a la Obra no tienen el espíritu de la Obra —explicó el fundador— ni la gracia especial de Dios.»[88] Escribió que los directores por el momento tendrían que ocuparse también de las tareas domésticas, pero añadió que estaba trabajando en planes detallados para sus hijas de la sección femenina, que llevarían a cabo todas esas labores «sin que se les vea ni se les oiga, haciendo un apostolado que pasará inadvertido».[89] Dejó claro que así los hombres dispondrían de tiempo libre para reclutar.

El lunes 13 de julio, Escrivá y sus seguidores se instalaron en la nueva y más amplia residencia de Madrid, pocas horas después del brutal asesinato del político conservador José Calvo Sotelo por parte de una brigada policial que estaba vengando la muerte de uno de los suyos, probablemente a manos de un escuadrón de sicarios de derechas. Mientras Escrivá y su pequeño grupo de seguidores deshacían las maletas, se celebraron frenéticas reuniones por toda la capital para intentar averiguar qué hacer a continuación. Los políticos socialistas dijeron que era el momento de empezar a repartir armas entre los trabajadores. A cientos de kilómetros de distancia, en las islas Canarias, el general Francisco Franco interpretó el asesinato como una señal para que los militares se hicieran con el poder y restablecieran el orden. Se planeó un golpe de Estado, del que hacía tiempo que se hablaba entre los altos mandos del ejército, para el viernes 17 de julio. El sábado 18 de julio por la mañana, las guarniciones de las islas Canarias, el Marruecos español y los enclaves de Ceuta y Melilla, en la costa norteafricana, se habían sublevado y tomado el poder. El domingo se estaban produciendo levantamientos militares en la península, aunque el panorama era confuso y, en Madrid, la principal emisora de radio emitía el mensaje de que «nadie, absolutamente nadie» en la España continental había «tomado parte en este absurdo complot».[90]

Dicho informe era inexacto. Aquella mañana, un general de alto rango, Joaquín Fanjul, había llegado de paisano al cuartel de la Montaña, frente a la residencia del Opus Dei, con la misión de tomar la ciudad. En el interior, varios centenares de soldados fueron conminados a esperar refuerzos. El domingo por la tarde, Escrivá empezó a notar una actividad inusual en la calle; grupos de personas —tropas leales, agentes de policía, milicias populares y trabajadores de a pie— desfilaban con armas, banderas y puños en alto hacia el cuartel, decididos a impedir que el ejército conquistara la ciudad.[91] Las puertas estaban bloqueadas: nadie podía entrar ni salir. El enfrentamiento se prolongó durante horas.

Durante la noche, sonó algún que otro disparo como recordatorio de la tensión que se vivía en la calle, pero el punto muerto continuó. La calma se rompió a primera hora del lunes, cuando las fuerzas invasoras lanzaron su ataque. Hubo cinco horas de combates en los que los leales al gobierno acribillaron el cuartel a balazos entre gritos de «Muerte al fascismo» y «Todos a ayudar a la República».[92] Llegaron refuerzos desde el aire y un camión de cerveza remolcó dos piezas de artillería por las calles de la capital. Mientras Escrivá y sus seguidores se guarecían en la residencia, las balas perdidas rebotaban en las paredes y astillaban el balcón.[93] Luego, se refugiaron en el sótano. A media mañana habían muerto varios centenares de personas. Los leales habían ganado y no tardaron en dominar lo que quedaba del cuartel y el depósito de armas que había en su interior. En toda la ciudad, decenas de iglesias fueron incendiadas.[94] Los trabajadores estaban tomando el control. Al menos en Madrid, el golpe había fracasado.

Temiendo por su vida, una vez que amainó la batalla en el cuartel de la Montaña, Escrivá se quitó la sotana y se puso un mono azul que había sobrado de la reciente reforma de la residencia. A la una en punto, se persignó y salió por la puerta trasera. Fue el primero en marcharse.[95] Después se dirigió al piso de su madre y llamó a la residencia para ver cómo estaban sus seguidores.[96] Todos se encontraban a salvo. Escrivá pasó el resto de la tarde y la noche escuchando los contradictorios partes radiofónicos y rezando el rosario. Aquella noche, el calor y la tensión le impidieron conciliar el sueño y de vez en cuando oía a los milicianos arrastrándose por el tejado del edificio.

En los días posteriores, todavía escondido, Escrivá pidió a sus seguidores que le hicieran recados y los envió a recoger sus llaves, un maletín y su carné de identidad, y a comprobar si había recibido alguna carta en la oficina de correos.[97] Su hermana salió varias veces a comprar comida. Escrivá permaneció en la relativa seguridad del piso y pasó el rato jugando a las cartas con su madre o escuchando la radio. Poco a poco resultó evidente que la sublevación militar solo había tenido un éxito parcial: mientras que el golpe había triunfado en gran parte de la España rural, había fracasado en las principales ciudades, donde los trabajadores estaban haciendo frente a las fuerzas reaccionarias. A partir de las noticias de la radio y de varias conversaciones telefónicas, Escrivá empezó a reconstruir la realidad de un país que ahora se hallaba dividido en dos. La iglesia de Santa Isabel, anexa al monasterio del que todavía era oficialmente párroco, había sido incendiada. También empezó a oír hablar de redadas contra sacerdotes.[98]

Durante dos semanas, a medida que crecían los rumores sobre registros casa por casa, adoptó más precauciones para ocultar que era cura: se puso el anillo de boda de su padre y se dejó crecer la tonsura y el bigote para despistar a cualquiera que pudiese reconocerlo. Una mañana a primera hora, el portero del edificio les comunicó que se produciría un registro. Escrivá salió inmediatamente y pasó varias horas recorriendo las calles de la capital sin rumbo fijo y con el temor constante de que lo detuvieran y lo metieran en la cárcel, o algo peor. Aquella noche, sin conocer la situación en el piso de su madre, fue a casa de un joven profesor que frecuentaba la academia DYA, donde se reunió con dos de sus seguidores.[99] Durante los tres primeros meses de la guerra, Escrivá se alojó en ocho casas distintas pertenecientes a amigos y familiares de miembros del Opus Dei y procuró no permanecer demasiado tiempo en un mismo lugar.[100] Tenía buenas razones para estar asustado: en los primeros meses del conflicto, alrededor de un tercio de los dos mil sacerdotes de Madrid fueron asesinados.[101]

Mientras tanto, continuaba la búsqueda de un escondite más seguro. Se hicieron gestiones para que Escrivá ingresara en un manicomio situado en el extremo noreste de la ciudad. El 7 de octubre, un coche enviado por el hospital recogió al fundador del Opus Dei en el piso donde se alojaba. El «paciente» fue colocado en la parte trasera y uno de sus seguidores subió delante con el conductor. «Dije al conductor que la persona que iba detrás era un enfermo mental, no peligroso, pero sí con grandes manías. Lo llevaba al sanatorio para su tratamiento», recordaba más tarde.[102] Escrivá pasó cinco meses en el centro, donde se respiraba un ambiente de desconfianza y temor.[103] No estaba claro qué pacientes estaban realmente enfermos y cuáles fingían. Mientras pagaran la factura, el médico responsable parecía dispuesto a mirar hacia otra parte. En un momento dado, la madre de Escrivá llegó a la conclusión de que su hijo menor, Santiago —que estaba a punto de cumplir dieciocho años y corría el riesgo de ser reclutado para combatir—, estaría más seguro junto a su hermano mayor, José María, así que también lo envió al psiquiátrico.

En marzo de 1937, otro de sus seguidores, que se había refugiado en el consulado de Honduras, consiguió permiso para que Escrivá y su hermano se reunieran allí con él. En toda la ciudad, más de diez mil personas —sobre todo, aunque no exclusivamente, gente de derechas— se guarecían en embajadas y consulados de gobiernos extranjeros.[104] En el consulado se encontró con otros cuatro miembros del Opus Dei. Escrivá y Santiago se reencontraron también con su madre y su hermana, a las que permitieron hacerles una breve visita. Las primeras semanas fueron felices: varias embajadas habían estado negociando una evacuación masiva con las fuerzas gubernamentales, y el sacerdote y su hermano habían abandonado el asilo suponiendo que formarían parte de ella. Incluso habían pa-

71

gado su pasaje y les habían asignado respectivamente los números 23 y 92.[105] Una vez más, no está claro de dónde procedía el dinero.

Semana tras semana, Escrivá pensaba que su fuga era inminente. Pero esta nunca llegó. Las condiciones en el consulado eran difíciles. Durante el día los hacían salir a los pasillos, y por la noche colocaban los colchones unos junto a otros bajo la mesa del comedor; había mantas, maletas, libros y artículos de aseo tirados por todas partes. En mayo, asignaron al sacerdote, su hermano y los tres miembros del Opus Dei una habitación propia: un viejo almacén en el que ni siquiera cabían los colchones. Entonces llegaron noticias de una redada en la embajada peruana, donde habían sido detenidos trescientos españoles y treinta peruanos. Escrivá se esforzó por mantener el ánimo. En las calles de Madrid y en todo el país habían muerto decenas de miles de personas, y posiblemente cientos de miles; el país estaba destrozado y las condiciones de vida de millones de ciudadanos eran atroces. En la relativa seguridad del consulado, los pensamientos de Escrivá y sus seguidores se centraban en el Opus Dei. Escribían a los miembros, normalmente en clave, y en la medida de lo posible procuraban seguir el programa diario de oraciones e introspección trazado por el fundador. Con el horror y la muerte como telón de fondo, Escrivá decidió reclamar al gobierno una indemnización por los daños sufridos por la academia y la residencia DYA. Pedía un millón de pesetas por daños y perjuicios.[106]

Atrapado en el consulado y sin poder salir al exterior, la salud mental de Escrivá empezó a deteriorarse al cabo de unos meses. Como había ocurrido durante la anterior crisis económica de la academia unos años antes, se obsesionó cada vez más con actos violentos de mortificación mientras empezaba a caer en un estado depresivo.[107] De vez en cuando, pedía a los demás que salieran de la habitación; otras veces, esperaba a que fueran al comedor. En una ocasión, cuando uno de sus seguidores estaba en cama con fiebre y no podía salir, le pidió que se tapara la cara con una manta antes de proceder a azotarse mil veces con su disciplina. El suelo quedó salpicado de sangre.

Las cosas mejoraron en verano, cuando Escrivá convenció al consulado para que le expidiera un documento falso en el que figuraba como empleado, más concretamente como jefe de suministros. El documento le dio confianza para volver a recorrer las calles de Madrid. Empezó a visitar a su madre con regularidad y su estado de ánimo mejoró. Pronto recobró la determinación. Llegó a la conclusión de que la única manera de asegurar el futuro del Opus Dei era abandonar Madrid. Los hombres de la Obra que residían en el consulado se enteraron de una posible vía de escape, a través de Barcelona y los Pirineos rumbo a Francia, que un puñado de sacerdotes ya había utilizado. Escrivá decidió que él también lo intentaría e inició los trámites para conseguir la documentación que le permitiera hacer el viaje a Barcelona, la primera etapa de su fuga. También empezó a reunir dinero para pagar a los contrabandistas de personas.

El fundador dejaría atrás a su madre, su hermana, su hermano y seis de sus seguidores, entre ellos tres hombres que se habían refugiado con él en el consulado hondureño.[108] Pero al mismo tiempo, se puso en contacto con algunos seguidores de fuera de la ciudad para invitarlos a acompañarle. Otros cinco miembros del Opus Dei y el hermano de uno de ellos se unirían finalmente a la expedición. Miguel Fisac, uno de los contactados, sospechaba que Escrivá le había elegido por razones no del todo altruistas. «Supongo que me buscaron en cuanto se enteraron de lo caros que iban a ser los guías que los ayudarían a escapar por los Pirineos, ya que suponía mucho dinero —dijo más tarde—. Imaginaron que mi padre se lo proporcionaría, y así fue.»[109]

El viaje a través de los Pirineos era largo y peligroso. El 8 de octubre, Escrivá partió primero hacia Valencia en coche y luego hacia Barcelona en tren. Allí, los ocho fugitivos esperaron una señal de los contrabandistas. Y esperaron. Y esperaron. El 19 de noviembre recibieron por fin la señal. Durante cinco noches, los seis hombres recorrieron a pie más de ochenta kilómetros de terreno montañoso. Dormían en casas francas acordadas previamente por los contrabandistas y desayunaban abundante pan, vino y salchichas. Finalmente, la mañana del 2 de diciembre, cruzaron la frontera de Andorra al grito de «*Deo gratias! Deo gratias!*» por parte del fundador del Opus Dei.[110]

Desde allí, entraron en Francia y se dirigieron al norte, hasta la frontera de Hendaya, de vuelta a España y al territorio controlado por Franco. Cruzaron la frontera el 10 de diciembre de 1937. La vida era muy diferente en la zona franquista, donde la gente —al menos los que no habían sido detenidos y fusilados por simpatizar con la izquierda— podía practicar su religión libremente. Ya al otro lado de la frontera, los jóvenes que habían acompañado a Escrivá en la peligrosa travesía de las últimas semanas se alistaron casi inmediatamente para luchar por el general Franco. Por el contrario, el fundador del Opus Dei, al que solo le faltaban un par de semanas para cumplir treinta y seis años, decidió ir a descansar a Pamplona invitado por el obispo. Allí leyó y renovó su determinación de reconstruir el Opus Dei. El 8 de enero, la víspera de su cumpleaños, se trasladó a Burgos, que Franco utilizaba como capital provisional y donde pasaría el resto de la contienda.

La guerra civil había asestado un duro golpe al Opus Dei precisamente en el momento en que empezaba a cobrar verdadero impulso. En vísperas del conflicto, Escrivá contaba con veintiún seguidores en la Obra. Pero ahora estaban dispersos por todo el país: unos en territorio franquista, otros todavía en la zona en poder del Gobierno; unos luchando en el frente, otros en la clandestinidad. Instalado en una pensión de Burgos, Escrivá se dedicó de lleno a mantener el contacto con el grupo. De nuevo, empezó a llevar registros detallados de cada uno de sus seguidores y estaba decidido a ponerse en contacto con todos ellos. Durante las seis semanas posteriores, envió dieciocho cartas a miembros del Opus Dei en Madrid, pero solo contestaron siete.[111] Escrivá no podía saber si la ausencia de respuestas se debía a que las comunicaciones entre ambas zonas estaban cortadas, a dudas personales sobre su pertenencia al Opus Dei o a que estaban muertos.

Pronto, el regreso a Madrid se convirtió en su objetivo. Mientras la guerra continuaba, Escrivá no optó por emplear el tiempo en ayudar en un hospital militar o ni siquiera en colaborar en la campaña bélica franquista, sino en asistir a un taller femenino de costura que confeccionaba adornos para las residencias del Opus Dei que se utilizarían después de la guerra e impartir clases de formación espiritual.[112] También se obsesionó con encontrar dinero para financiar el restablecimiento de la Obra. Escribió a sus seguidores en Madrid y les imploró que impulsaran la reclamación de indemnizaciones que había cursado mientras estaba en el consulado de Honduras.[113] Asimismo, escribió a los que estaban en el frente, hombres que se enfrentaban diariamente a la muerte, y les pidió que le enviaran dinero.[114] Al obispo de Vitoria le dijo: «Necesito un milloncejo, además de cincuenta hombres que amen a Jesucristo sobre todas las cosas».[115] También retomó la escritura, ampliando los escritos que había llevado al retiro cuando tuvo su visión. Escrivá se fijó un nuevo objetivo: ampliar esas notas a 999 máximas —palabras de sabiduría, anécdotas y consejos espirituales— que sirvieran de guía a sus seguidores.

El 28 de marzo de 1939, el Gobierno se rindió finalmente y las tropas franquistas victoriosas marcharon por la capital. Escrivá llegó al día siguiente. Su entrada en la ciudad fue tan triunfal como la del ejército. Llegó en un camión militar, vistiendo desafiantemente su sotana y mostrando su crucifijo a los desaliñados y desnutridos habitantes de la ciudad.[116] Para muchos, era el primer sacerdote con sotana que veían desde el inicio del conflicto. El país había quedado destrozado durante los dos años y medio anteriores: trescientas mil personas yacían muertas, otro cuarto de millón estaba recluido en campos de concentración y medio millón había huido de España. Madrid estaba en ruinas y sus habitantes luchaban por sobrevivir: los alimentos estaban a punto de agotarse y no había calefacción, agua caliente, medicinas ni vendajes quirúrgicos.[117]

Escrivá se centró en lo que él llamaba «el negocio familiar».[118] Antes de la guerra, la academia y residencia DYA había sido el motor del Opus Dei; en su pequeña capilla, Escrivá había presidido las ceremonias de esclavitud de sus cerca de dos docenas de miembros. Aunque la guerra había mermado gravemente sus filas: dos habían muerto y otros siete habían abandonado el movimiento.[119] Solo quedaban catorce hombres y dos mujeres. Escrivá se dirigió inmediatamente a la calle Ferraz para volver a poner en marcha la academia y la residencia. Pero no sucedería. Al llegar, la encontró bombardeada, quemada y saqueada. Su obra, la Obra de Dios, estaba en ruinas. Pero gracias a sus instrucciones, ahora tenía un plan detallado para resucitar el movimiento. Armado con métodos de probada eficacia para seleccionar y controlar a posibles reclutas, el Opus Dei recuperaría rápidamente el terreno perdido.

3

Un autógrafo del papa
Barcelona, octubre de 1944

Los domingos, después de misa, algunos feligreses preocupados repartían panfletos advirtiendo de los sucesos que tenían lugar en el piso de la calle Balmes. Por toda Barcelona circulaban historias sobre los actos incalificables que supuestamente ocurrían en el interior de la residencia del Opus Dei, situada dos manzanas al norte de la universidad. Algunos decían que había un sacerdote que utilizaba luces para hipnotizar a jóvenes inocentes, engañados para hacerles creer que en realidad estaba levitando.[1] Otros hablaban de miembros del Opus Dei clavados a una enorme cruz de madera.[2] Arrastrados por la histeria, los jesuitas incluso empezaron a apostar sacerdotes al otro lado de la calle para observar a quienes entraban.[3] Posteriormente, visitaban a las familias de los asistentes habituales para informarlas de que sus hijos habían sido atraídos por un sacerdote diabólico y advertirlas de que los jóvenes corrían el riesgo de que se les negara la confesión si persistían en asistir.[4] Las historias tocaron la fibra sensible de los vecinos, cuyo sentido de la realidad había quedado adormecido por una dieta de teorías conspirativas, alimentadas constantemente por el régimen franquista, sobre judíos, masones y bolcheviques que intentaban destruir su modo de vida.[5] Las desbordadas prisiones y campos de trabajos forzados, las ejecuciones sumarias y las historias sobre mujeres violadas y niños robados eran un recordatorio constante de los peligros que entrañaba destacar entre la multitud.[6] Cinco años después del final de la guerra, el país continuaba sumido en una atmósfera de miedo y represión.

El devoto Luis Valls-Taberner, de dieciocho años, era uno de los principales objetivos de los miembros del Opus Dei que recorrían el campus en busca de nuevos reclutas. Consciente de aquella amenaza creciente en la universidad —y quizá también de la susceptibilidad de su hijo a ella—, su madre le había advertido que se mantuviera alejado del piso de la calle Balmes. «Si quieres ingresar en una orden, puedes optar por los franciscanos o los capuchinos —le dijo—.[7] Pero no por el Opus Dei.» Su instinto de supervivencia estaba bien afinado: como familia rica, políticamente conservadora y muy religiosa, los Valls-Taberner habían estado a punto de perderlo todo en los primeros días de la guerra. La sublevación militar se había apoderado de extensas zonas del país, pero había fracasado en Barcelona, sofocada por bandas de obreros, policías y anarquistas que pronto se hicieron con el control de la ciudad y miraban con recelo a familias como los Valls-Taberner.

Tras esconderse durante semanas en una casa de verano a las afueras de la ciudad, su padre —un político y figura prominente de la derecha— descubrió que su nombre figuraba en una lista negra. Temiendo por sus vidas, decidieron huir. Más tarde regresaron a la ciudad vestidos de campesinos y compraron un billete de barco con destino a Génova, donde llegaron al día siguiente con lo puesto.[8] La experiencia dejó una huella indeleble en Luis, que entonces tenía solo diez años. Tras unos meses en Italia, los Valls-Taberner volvieron a España, o al menos a la zona controlada por los rebeldes, donde su padre se reinventó como partidario de Franco y visitó la Alemania nazi y Latinoamérica para cantar las alabanzas del Caudillo.[9] Cuando falleció en 1942, los Valls-Taberner volvían a formar parte de la élite barcelonesa.[10] Pero, como bien sabía la madre de Luis, el Caudillo era impredecible, y un escándalo relacionado con el Opus Dei podía precipitar fácilmente un rápido cambio de rumbo.

Luis decidió ignorar el consejo de su madre. El joven estudiante de Derecho se hizo amigo de otro alumno poco después de entrar en la facultad. Siendo un joven callado e introspectivo que aún sufría por la muerte repentina de su querido padre dos años antes, la atención de alguien que conocía el campus era bienvenida. Jorge Maciá Masbagá —conocido por todos como Jordi— era unos años mayor y destacaba porque tenía su propia motocicleta.[11] También era un miembro del Opus Dei al que se había animado a entablar amistad en el campus con posibles reclutas, y su tenaz persecución al tímido estudiante de primer año fue una clase magistral de cómo aplicar el manual de reclutamiento de la Obra. Tal y como le había ordenado el fundador, Jordi se esforzó por separar a Luis de sus compañeros y lo recogía casi a diario después de clase para jugar al *hockey* o al polo.[12] Durante meses preparó a Luis, deslizando comentarios sobre las sesiones de estudio y las reuniones de oración en el piso de la calle Balmes, que era conocido como el Palau —el Palacio— entre los asistentes. Le explicó que el fundador del Opus Dei, un cura llamado Escrivá que los visitaba de vez en cuando desde Madrid, lo había bautizado así en broma, por lo andrajoso que era el lugar. El fundador no se parecía a los curas que Luis conocía.

El joven fue a comprobarlo por sí mismo. Enseguida vio que los comentarios de Jordi sobre la dejadez del Palau eran ciertos.[13] El piso era oscuro, destartalado y escasamente amueblado. La sala común, que hacía las veces de biblioteca, parecía diminuta, con solo dos mesitas, unas cuantas sillas desparejadas y una estantería. Otra habitación se había convertido en una pequeña capilla, con un altar improvisado hecho con una cómoda. Allí vivían unos pocos hombres, aunque docenas más frecuentaban el piso cada semana para estudiar, celebrar el culto y asistir a clases de formación espiritual. En las semanas siguientes, Luis fue aprendiendo más sobre la vida en el Opus Dei. La seriedad de los hombres —hacia su trabajo, sus estudios y su apostolado— contrastaba marcadamente con el mundo exterior, donde todo, desde los ministerios hasta las licencias de exportación y los ascensos militares, se repartía no en función de los méritos, sino de la lealtad al régimen de Franco.[14] Los rituales de oración y el debate sobre la fe dieron una nueva perspectiva a su vida, algo que le había costado encontrar en sus estudios. Siguió los pasos de su padre al matricularse en Derecho, pero los conceptos y principios que debatía en clase le parecían inútiles cuando la justicia era impartida por generales del ejército que montaban juicios farsa en los que elegían al juez, al fiscal y al abogado defensor.[15] Antes de terminar el primer año, decidió unirse al Opus Dei.[16]

En campus universitarios de toda España, cientos de estudiantes como Luis estaban viviendo epifanías similares. La guerra había destruido casi por completo el Opus Dei: un tercio de sus miembros se habían ido o habían fallecido, y los que quedaban estaban dispersos por todo el país. La academia DYA, su principal centro de reclutamiento en Madrid, había quedado en ruinas. Pero la victoria de Franco pronto creó las condiciones perfectas para que Escrivá hiciera prosperar el «negocio familiar». Deseoso de reforzar su imagen de salvador católico de España y, al mismo tiempo, de sofocar cualquier posible subversión, Franco hizo obligatorias las clases de religión para todos los estudiantes y animó a las órdenes religiosas a que crearan salones donde los alumnos pudieran ser vigilados e informados por miembros de confianza del clero.[17] Las medidas jugaron a favor del Opus Dei y de su experiencia en la gestión de residencias de estudiantes antes de la guerra. Solo tres meses después del final del conflicto, la organización alquiló un piso en Madrid como nueva residencia.[18] El crecimiento no se hizo esperar. En septiembre de 1939 alquiló otro en Valencia, y en verano de 1940 se había extendido a Valladolid y Barcelona.

Con las nuevas normas en vigor, el antiguo modelo de negocio de Escrivá prosperó. Ante la escasez de alojamientos para estudiantes que cumplieran los nuevos y estrictos requisitos del régimen y con media ciudad reducida a escombros, sus residencias se llenaron rápidamente. Al igual que había hecho antes de la guerra, el fundador aprovechó al máximo sus abarrotadas residencias para reclutar miembros para el Opus Dei, reactivando su sistema de notas, que consultaba continuamente para adaptar y perfeccionar sus métodos.[19] Animaba a los que ya eran miembros a hacer viajes de fin de semana a otras ciudades españolas para captar estudiantes allí.[20] Armados con el detallado —y eficaz— manual de reclutamiento de Escrivá y convencidos de que estaban haciendo la Obra de Dios, sus seguidores tuvieron un gran éxito. Los objetivos estaban claros: concentraban sus esfuerzos en los mejores estudiantes, a menudo ocultando su afiliación al Opus Dei. Una vez que identificaban a alguien como susceptible de unirse, lo invitaban a semanas especiales de estudio celebradas por Escrivá en su residencia cuando el resto de los estudiantes se habían ido a casa por Semana Santa o durante el verano; allí, los empujarían a dar el salto definitivo.[21] Sus métodos resultaron muy eficaces: setenta personas se incorporaron a la Obra durante el primer curso académico después de la guerra, casi el triple de las que había reclutado durante la década anterior. «Creo que habremos de bendecir la guerra», escribió.[22]

Para cuando Luis empezó a frecuentar el Palau en 1945, el Opus Dei había crecido hasta contar con casi 250 miembros, repartidos en doce residencias de seis ciudades españolas.[23] Las «vocaciones», como se conocía internamente a los nuevos reclutas, seguían llegando. El piso de Barcelona llegó a estar tan abarrotado que Luis escribió dos veces a Escrivá para resaltar la urgente necesidad de encontrar otra propiedad en la ciudad. Aunque su vida espiritual y las normas de oración y mortificación establecidas por el fundador eran de una seriedad casi monacal, había un espíritu de camaradería entre los jóvenes. Los estudiantes de Arquitectura organizaban excursiones a lugares interesantes y los de Derecho pasaban el tiempo en la playa librando combates de boxeo *amateur*.[24] Los que vivían en la residencia del Opus Dei debían pagar cama y comida, mientras que los mayores con trabajo debían entregar todo su sueldo. Sin embargo, detrás de aquella camaradería había un elemento más oscuro en la vida de la residencia que permanecía oculto para vocaciones como Luis. A medida que el movimiento crecía a principios de los años cuarenta, Escrivá añadió un nuevo conjunto de instrucciones en las que detallaba cómo debían vivir su vida los jóvenes reclutas como Luis.[25] El documento, guardado bajo llave en cada una de las residencias, tenía por objeto reforzar la eficacia de los métodos de control establecidos en las instrucciones para los directores, que los miembros regulares desconocían. Escrivá dejó claro a los gestores de centros la importancia de llevar fichas detalladas sobre cada uno de los hombres que tenían a su cargo —incluyendo asuntos espirituales y profundamente personales—, las cuales debían ser compartidas con la jefatura regional siempre que se considerara «oportuno».[26] Para facilitar esa recopilación de información, en sus instrucciones a las bases Escrivá subrayaba la importancia de «abrir el corazón» durante la «charla» semanal que debían mantener con su director, sin mencionar que se registrarían y compartirían sus pensamientos íntimos.[27] También dejó claro que los miembros debían seguir cualquier consejo que les diera el director local en esas sesiones. «En esa Confidencia el Señor nos da luces para saber

—para aprender— lo que hay que hacer para portarse bien, con perfección cristiana, en un caso determinado», escribió.[28]

Bajo ese velo de formación religiosa, Escrivá estaba creando un mecanismo para controlar no solo la perspectiva espiritual de los miembros, sino también sus acciones. Esa dualidad cuidadosamente elaborada —la división entre la visión amistosa y benigna que Escrivá quería proyectar al mundo exterior y un aparato de control y manipulación oculto a todos salvo los miembros más veteranos del movimiento— se extendió también a la esfera pública. Escrivá pronto se convirtió en una celebridad menor en los campus universitarios, donde un libro de máximas concisas que había editado empezaba a acumular un número considerable de seguidores. Había escrito *Camino* durante la guerra. Era una colección de 999 puntos sobre una amplia variedad de temas —incluyendo que los crucifijos debían ser de hierro y no de yeso, que la oración debía ser varonil y no afeminada y que las mujeres no debían aspirar a ser eruditas, sino discretas— que se animaba a leer y releer a todos los miembros del Opus Dei. Muchas de las máximas eran absolutamente banales. «No dejes tu trabajo para mañana», decía una.[29] Otra era: «Acostúmbrate a decir que no».[30]

A través de *Camino*, muchos estudiantes empezaron a ver el Opus Dei como una rama moderna, innovadora y vanguardista de la Iglesia.[31] Escrivá no tardó en recibir peticiones para que ofreciese retiros y clases de formación por todo el país, lo que elevó aún más su perfil y el del Opus Dei.[32] La joven promesa incluso llamó la atención del régimen franquista, que llegó a barajar la posibilidad de nombrar obispo a Escrivá. Se envió un informe a la oficina del Caudillo, asegurando al dictador que la política de Escrivá estaba absolutamente alineada con la del régimen. «Adhesión al Movimiento, es perfecto —decía el informe sobre Escrivá—. Relaciones con el Partido, simpatizante.»[33] El general Franco parecía impresionado: «Muy adicto», anotó junto al nombre de Escrivá.[34] Aunque finalmente no fue propuesto para el obispado, tal vez debido a su juventud, Franco invitó a Escrivá a ofrecer un retiro privado de seis días para él y su esposa en su residencia en el palacio de El Pardo.[35]

Dada su creciente fama, ahora podía hacer gala de los aires aristocráticos que habían suscitado tantas burlas en el seminario. Pronto empezó a viajar en avión, un medio de transporte con el que ningún español corriente —y mucho menos un sacerdote— podía soñar en aquella época.[36] Se mudó a una mansión de tres plantas en el acomodado barrio madrileño de Salamanca, y la declaró nueva sede del Opus Dei.[37] Trasladó también a su madre, a su hermana Carmen y a su hermano Santiago, lo cual levantó ampollas entre algunos, que se preguntaban por qué vivían allí cuando ni siquiera eran miembros. «Esto es asunto suyo», repuso Escrivá, que afirmaba que los miembros de su familia veneraban a Dios a su manera.[38] En una muestra de prepotencia cada vez mayor, el fundador solicitó también el cambio de apellido, que pasó de Escrivá al mucho más grandilocuente Escrivá de Balaguer.[39]

También empezó a elaborar planes para expandir el Opus Dei mucho más allá de su núcleo de miembros numerarios, las crecientes filas de hombres y mujeres que habían jurado fidelidad al movimiento y llevaban una vida de castidad, pobreza y obediencia en la docena de residencias repartidas por todo el país. Escrivá redactó instrucciones para una nueva clase de miembros:[40] hombres y mujeres casados que podían vivir en casa con sus familias y tener trabajos normales, pero que, aun así, serían miembros cruciales de la «movilización general de almas»[41] que retomaría el control del «mundo paganizado»[42] y lo revigorizaría con «espíritu cristiano que irá empapando todas las actividades del mundo».[43] Evidentemente, para Escrivá, la victoria de Franco y la posterior eliminación —mediante asesinatos y encarcelamientos— de cualquier vestigio de progresismo eran insuficientes. El fundador de la Obra imaginaba una completa recristianización del mundo. Veía a esa nueva clase de miembros —los supernumerarios— como un ejército guerrillero oculto, al que se le indicó que no revelara a nadie su pertenencia al Opus Dei sin permiso expreso[44] y se le encomendó que se infiltrara en todos los elementos de la sociedad,[45] además de recabar información sobre «los planes de los enemigos de Jesucristo».[46] En un recordatorio de los métodos subversivos de reclutamiento que Escrivá había elaborado antes de la guerra, sugirió que los nuevos supernumerarios podían tratar de influir —o incluso controlar— a las instituciones culturales, sociales y gubernamentales como parte de su misión.[47]

Dado que esos miembros no estarían obligados a hacer voto de castidad, tendrían otra tarea: «Fomentar la multiplicación de las vocaciones de Numerarios», es decir, engendrar a la siguiente generación de reclutas.[48] En la nueva serie de instrucciones, Escrivá esbozó una visión de cómo esa nueva clase de miembros se extendería por todo el mundo —«en esos grandes territorios de América, de Australia, de África, casi sin habitar»—[49] y cómo se crearían centros de retiro del Opus Dei con hoteles anexos, donde podrían alojarse familias enteras. Pero el movimiento no estaba del todo preparado: esa nueva casta de supernumerarios requeriría un sistema propio de manipulación y control para asegurar su funcionamiento, lo cual quedaría en manos de un ejército de numerarios encargados de supervisar la «formación espiritual» de los supernumerarios a su cargo. Desgraciadamente para Escrivá, la cifra de numerarios aún no permitía llevarlo a cabo. La visión supernumeraria tendría que esperar.

Aunque la Obra de Dios había sido concebida inicialmente como una llamada universal a la santidad, los estudiantes universitarios se habían convertido en un foco importante durante los años de la posguerra. Escrivá comprendió el potencial que entrañaba reclutar a la próxima generación de funcionarios y empresarios, los hombres que darían forma al futuro de España. Captarlos era su oportunidad de influir en ese futuro. «Para llegar a todos, nos dirigimos primero – en cada ambiente – a los intelectuales, sabiendo que a través de ellos pasa necesariamente cualquier intento de penetración en la sociedad», escribió.[50] En campus universitarios de todo el país se celebraban a diario reuniones como las del Palau: para muchos, era un acto de rebelión contra Franco y contra la Iglesia. *Camino* era un manual de motivación para una nueva generación.

Pero la persecución de estudiantes inquietaba a algunas figuras del régimen, especialmente a la Falange, el grupo paramilitar fascista con casi un millón de miembros en el que se apoyaba Franco para mantenerse en el poder. En 1941, el Opus Dei había sido denunciado por actividades clandestinas y corrupción de jóvenes ante el Tribunal Especial de Represión de la Masonería, creado para erradicar una red imaginaria de logias masónicas que según el Caudillo iban a por él.[51] Las acusaciones llevaban el sello paranoico de la Falange, si bien no eran del todo injustificadas. Al fin y al cabo, a los numerarios les habían pedido que mantuvieran en secreto su pertenencia al Opus Dei durante el reclutamiento inicial de objetivos potenciales.

Ante esa nueva amenaza existencial para el negocio familiar, y con facciones rivales de la Iglesia que seguían publicando panfletos y difundiendo rumores acerca de lo que ocurría en sus residencias, Escrivá llegó a la conclusión de que había llegado el momento de buscar cobertura eclesiástica. Empezó a cultivar una relación con el obispo de Madrid, y le pidió que valorara la posibilidad de aprobar oficialmente al Opus Dei como «pía unión», una designación que podía ser fácilmente concedida a nivel diocesano sin tener que consultar a nadie en Roma.[52] Escrivá le envió documentos en los que esbozaba lo que era la Obra a la vez que omitía las instrucciones que dictaban con detalle lo que ocurría dentro de ella.[53] Era el comienzo de una estrategia para ocultar a la Iglesia católica su verdadero funcionamiento, una práctica que continúa hoy en día. Dicha táctica pareció funcionar: el Opus Dei fue designado «pía unión» y el tribunal especial desestimó los cargos contra él. «Nunca he conocido a un masón casto», explicó el juez en su decisión.[54]

Aun así, la aprobación eclesiástica trajo otros problemas a Escrivá. Para su disgusto, el obispo de Madrid empezó a inmiscuirse en los asuntos internos de la Obra. En una ocasión, cuando Escrivá estaba de viaje, el obispo aprovechó su ausencia para visitar a algunos miembros del Opus Dei, a quienes dijo que, como buenos cristianos, debían alistarse para luchar por los nazis como parte de la División Azul, el contingente de voluntarios españoles que apoyaría a los alemanes en el frente oriental.[55] A su regreso, Escrivá se sintió horrorizado, pero no por cuestiones morales. Ya había visto cómo la Obra quedaba diezmada por la guerra y se resistía a que volviera a ocurrir, así que les dijo a sus seguidores que, al ser tan pocos, sería irresponsable correr tales riesgos.[56]

El incidente puso de manifiesto lo que se estaba convirtiendo en un problema para el movimiento y su rápida expansión: cómo controlar las interacciones de sus miembros con otras partes de la

Iglesia. La confesión era una preocupación particular. El crecimiento de la Obra había hecho imposible que Escrivá escuchara los pecados de todos sus miembros. Años antes, sabiendo que él mismo no podía ofrecer confesión regular a todos, les había permitido confesarse con otros sacerdotes, aunque había puesto un límite a su formación espiritual continua, que, según estipuló, debía hacerse solo dentro del Opus Dei.[57] Se dio cuenta de que el contacto regular con curas ajenos al movimiento amenazaba su autoridad y control sobre los miembros. La única solución era tener sus propios sacerdotes, así que empezó a preparar a algunos de sus miembros más leales para la ordenación. No se le escapaba la ironía de que se habían unido al Opus Dei precisamente para vivir su fe como católicos normales con trabajos normales. Pero tenía dos problemas: primero, los sacerdotes no podían ser miembros de una pía unión como el Opus Dei; y segundo, todo el clero debía estar afiliado a una orden o diócesis ya existente. Escrivá tuvo que recurrir a sus estudios de Derecho para dar con una solución: un organismo independiente llamado Sociedad Sacerdotal de la Santa Cruz.[58]

Como necesitaba la aprobación del Vaticano para una nueva sociedad sacerdotal, envió a Álvaro del Portillo, uno de los primeros miembros del Opus Dei, para que presionara personalmente a la Santa Sede. Del Portillo, un joven tímido, de bigote ralo y ojos tristes enmarcados por unas gafas de pasta, era el tercero de ocho hermanos en una familia católica devota y se había afiliado a la Obra antes de la guerra, cuando estudiaba Ingeniería en Madrid. Pasó parte de la guerra refugiado con Escrivá en la embajada de Honduras, aunque se quedó atrás cuando el fundador se fugó por los Pirineos. Sin embargo, eso no hizo mella en la devoción que sentía por el sacerdote, doce años mayor que él, una devoción que mantendría toda su vida. Ahora que Del Portillo era un ingeniero de veintinueve años, Escrivá le dijo que tenía vocación para ser uno de los primeros sacerdotes del Opus Dei, y le pidió que fuera a Roma en su nombre para entrevistarse con el papa. No está claro por qué Escrivá no hizo él mismo ese importante viaje, ni por qué envió a Del Portillo en tan delicada misión. Era una misión peligrosa, quizá demasiado arriesgada para el cada vez más importante Escrivá. Italia, después de todo, estaba en guerra. Durante el vuelo, el avión de Del

Portillo estuvo a punto de ser derribado por los británicos.[59] A pesar de todo, la confianza de Escrivá en aquel joven demostró ser acertada; finalmente, la Sociedad Sacerdotal de la Santa Cruz recibió la aprobación oficial. En junio del año siguiente, el joven ingeniero fue uno de los tres sacerdotes ordenados en la Sociedad Sacerdotal de Madrid. El Opus Dei contaba ya con sus primeros curas, aunque Escrivá dejó claro que no debían usar el título de «padre», reservado exclusivamente para él.[60] Por el contrario, todos los sacerdotes tenían que utilizar «don», un término genérico de respeto.

Aunque los ataques eclesiásticos amainaron, los políticos no lo hicieron. La Falange elaboró un informe sobre el Opus Dei, donde concluía que estaba empeñado en «la conquista del poder a través de las instituciones culturales».[61] Era una observación astuta y un objetivo que Escrivá había expuesto claramente en sus instrucciones para los miembros. La Falange no tenía acceso a esos documentos internos secretos, pero la creciente presencia del Opus Dei en los campus universitarios de todo el país había levantado sospechas sobre sus verdaderos propósitos. A jóvenes como Luis les decían que la Obra era la encarnación de una visión plasmada en la Biblia. El fundador les dijo que ellos eran los soldados de infantería y cumplían una misión superior para transformar el mundo en algo mucho más sano y devoto. «Vosotros y yo trabajamos efectivamente a las órdenes de un Rey —Jesucristo—, y tratamos de conseguir soldados que se alisten en el ejército de nuestro Dios», explicaba Escrivá.[62] Pero el único rey era el propio Escrivá. A su alrededor se estaba construyendo un culto a la personalidad, cultivado y alentado por él mismo. Los directores decían a los miembros que tenían a su cargo que debían escribir regularmente al fundador y compartir con él su devoción por llevar a cabo la Obra de Dios. Él casi nunca respondía. Sin embargo, en sus viajes por todo el país para visitar a sus hijos, el fundador solía elegir a algunas personas, a menudo las que tenían dinero, y las colmaba de atenciones. Para esos miembros, recibir tal atención personal de un hombre al que consideraban un santo viviente a menudo los empujaba a ir aún más lejos en su dedicación al cumplimiento de la Obra de Dios. Luis convenció a su madre de que realizara una cuantiosa aportación al Opus Dei para ayudar a amueblar una nueva residencia.[63] Evidentemente, ahora que el movimiento estaba ganando popularidad, ella había abandonado sus objeciones.

En junio de 1946, mientras el reclutamiento cobraba impulso, Escrivá hizo su primera visita a Roma para solicitar la aprobación del Vaticano para la expansión del Opus Dei a nuevos territorios. Aunque la Obra había sido reconocida oficialmente como «pía unión», la autorización solo era válida en Madrid. Por supuesto, se habían creado residencias en otras ciudades españolas, pero requerían un delicado cabildeo con el obispo local, y no todos eran tan complacientes como el obispo de la capital. Lo que quería Escrivá era la aprobación del Vaticano. Al conseguir la autorización pontificia, el Opus Dei tendría automáticamente luz verde para expandirse a donde quisiera. Aquello supondría un verdadero punto de inflexión que permitiría al movimiento operar fuera de la jerarquía tradicional de la Iglesia. Don Álvaro había sido enviado unos meses antes para presionar a favor del cambio, pero con resultados desiguales, y mandó una carta a Escrivá, que se encontraba en Madrid, rogándole que acudiera. Solo el fundador podía desbloquear la situación.

Tras un viaje nocturno en barco de Barcelona a Génova y varias horas por carretera, Escrivá llegó a Roma hacia las nueve de la noche. La ciudad se alzaba majestuosa en el horizonte, con el esplendor de San Pedro iluminado por la puesta de sol.[64] Escrivá se emocionó y empezó a cantar en latín. Era la primera vez que veía la Ciudad Eterna. Fueron hasta la Piazza della Città Leonina, una pequeña plaza situada junto al Vaticano donde Del Portillo había alquilado un piso antes de la llegada del Padre. El balcón de la azotea ofrecía una de las panorámicas más codiciadas de la ciudad, con vistas a San Pedro. Evidentemente, el piso no era barato. Cuando los demás se fueron a la cama, Escrivá, incapaz de conciliar el sueño, se sentó fuera y respiró el aire de la noche veraniega. Luego rezó. Cómo había cambiado la vida del hijo del comerciante arruinado de Barbastro. Pensó en sus dificultades iniciales, en su huida por las montañas, en sus «hijos» en España y en los enormes pasos que ya había dado. De vez en cuando, miraba hacia la ventana iluminada de la biblioteca privada del papa y soñaba con el gran futuro que le esperaba.[65]

Durante días, mantuvo reuniones con varios funcionarios del Vaticano, a menudo utilizando una fotografía firmada del papa que Del Portillo le había conseguido para que la gente lo recibiera. La foto firmada proyectaba el apoyo papal, aunque distaba mucho de ser cierto. «Tengo un autógrafo del Santo Padre para *el Fundador de la Sociedad Sacerdotal de la Santa Cruz y del Opus Dei* —escribió a sus seguidores en España—. ¡Qué alegrón! Lo besé mil veces.»[66] También les pidió que empezaran a recaudar fondos para una nueva casa que pensaba comprar en Roma. Mientras esperaba audiencia con el papa, e inspirado por su nuevo entorno, la expansión del Opus Dei a la capital italiana se convirtió en su nueva obsesión. Escribió a Madrid para pedir que las mujeres empezaran a confeccionar inmediatamente manteles de altar, no para una, sino para dos casas en Roma. También indicó que enviaran tres numerarias y cinco «numerarias sirvientes» antes del final del verano.[67]

Las numerarias sirvientes eran una novedad en el Opus Dei.[68] Escrivá había tomado juramento a las primeras en una ceremonia a las afueras de Madrid solo un año antes, creando así una nueva clase de miembros que se distinguían de los numerarios y numerarias, los cuales solían ser personas cultas y de familias acomodadas. Por el contrario, las numerarias sirvientes eran mujeres sin estudios y procedentes de familias pobres empleadas como personal doméstico en las diversas residencias del Opus Dei y reclutadas paulatinamente por numerarios superiores. Escrivá consideraba que esa nueva clase inferior era vital para crear un ambiente más enrarecido dentro de las residencias, ya que, de ese modo, los miembros numerarios se sentirían aún más especiales.

Las numerarias sirvientes recibían clases de formación espiritual y se les enseñaba a cocinar, limpiar y servir correctamente. También se las animaba a cumplir el estricto horario de oración y mortificación que seguían los numerarios superiores. La nueva categoría también era una astuta jugada comercial; como otros numerarios, se esperaba que las sirvientes entregaran su paga al Opus Dei, lo cual significaba que el movimiento ahora contaba con equipos de mujeres que cocinaban, limpiaban y servían en sus residencias gratuitamente. Una numeraria que ayudó a reclutar y formar a varias sirvientes confesó más tarde que el sistema permitía al Opus mantener el nivel de un hotel de lujo para sus miembros a través de un trabajo barato o incluso semiesclavo.[69] Escrivá se deleitaba en la brillantez de la idea. «Las numerarias sirvientes, y lo digo en serio,[70] me parecen el mayor milagro que nuestro Señor ha hecho por su Obra —escribió en el momento de las primeras admisiones—. Antes "solo" pelaban patatas; ahora, se están santificando pelando patatas.»[71]

En julio, Escrivá consiguió audiencia con el papa. Pío XII, oriundo de Roma, de nariz aguileña y ojos oscuros y penetrantes, había sido acusado de mirar hacia otro lado durante la segunda guerra mundial mientras millones de judíos, comunistas y homosexuales eran asesinados. Escrivá tenía sus propias opiniones sobre el Holocausto, y años más tarde le dijo a un confidente que Adolf Hitler había sido acusado injustamente y que era «imposible» que los nazis hubieran matado a seis millones de judíos.[72] El papa y Escrivá se llevaban bien, y este salió de la reunión cargado de optimismo sobre sus perspectivas. Empezó a trabajar en una solicitud formal de aprobación pontificia en virtud de una nueva constitución que estaba redactando el papa, la cual santificaría por primera vez los «institutos seculares», grupos de católicos piadosos que llevaban una vida normal pero se esforzaban por alcanzar los ideales de caridad y evangelización. El Opus Dei esperaba ser el primer instituto secular reconocido por la nueva constitución. Durante las semanas y meses siguientes, hubo un constante ir y venir entre Escrivá, Del Portillo y diversas oficinas vaticanas. Escrivá no tardó en sentirse frustrado con el proceso, criticando a quienes rodeaban al papa por ser controladores, inflexibles y despectivos.[73] Sin duda, su sentido de la importancia lo cegaba ante el debido proceso. Aun así, no tardó en perfeccionar sus habilidades políticas para acelerar la cuestión. Empezó a presentar el Opus Dei como un órgano fundamental en la lucha del Vaticano contra el marxismo.[74] «En Roma he perdido la inocencia», afirmaba más tarde.[75] Muchos sospechaban que Escrivá consideraba las argucias políticas que presenció en Roma una santificación de las intrigas que más tarde utilizaría él mismo para justificar sus controvertidas acciones.[76]

La aprobación llegó finalmente en febrero de 1947. Escrivá estaba extasiado. Habían pasado menos de ocho años desde el final

90

de la guerra civil española. En ese tiempo, había reconstruido el negocio familiar casi desde cero. El Opus Dei contaba ahora con unos trescientos miembros en varias ciudades de España y una nueva casa en la ciudad portuguesa de Coímbra. La Obra había vencido con éxito los repetidos intentos de rivales feroces dentro y fuera de la Iglesia. Y lo más importante de todo: lo que antes no era más que el proyecto personal de un sacerdote desconocido había sido reconocido formalmente por el Vaticano.[77] Con la aprobación como instituto secular, el Opus Dei tenía libertad para expandirse por todo el mundo. En Roma, el fundador lo celebró comprando un antiguo palacio que había visto pocos días antes y lo rebautizó Villa Tevere, en honor al Tíber, el río que atravesaba la ciudad.

En septiembre de 1947, Escrivá reunió a un selecto grupo de seguidores en una casa de la sierra, al norte de Madrid. La finca había sido comprada un año antes para celebrar retiros y clases de formación, y el fundador la había bautizado Molinoviejo en honor a un antiguo molino de viento que había en los terrenos. Los había convocado allí para perfilar la siguiente fase de la rápida expansión del Opus Dei. Escrivá comunicó a sus hombres que había elegido a sesenta numerarios para ascender a un nuevo escalafón dentro del movimiento. A partir de entonces se convertirían en miembros «inscritos» de la Obra, recibirían formación adicional y participarían en el gobierno del Opus Dei. Pidió a cada uno de ellos que se comprometiera ante Dios a obedecer tres condiciones estrictas: vigilarse mutuamente como hermanos y remediar cualquier conducta impropia siempre que fuera necesario, no aspirar nunca a dirigir el Opus Dei y consultar al fundador o a sus consejeros en todos los asuntos importantes.[78] Los tres compromisos supusieron un cambio en los esfuerzos de Escrivá por controlar a sus seguidores, formalizando no solo su lealtad, sino también un sistema de «corrección fraterna» para acabar con cualquier disidencia. La medida era lógica, dada la expansión prevista del Opus Dei por todo el mundo y la decisión de Escrivá de trasladarse al palacio recién adquirido en Roma tras haber quedado enamorado de la Ciudad Eterna en su primer viaje. Los miembros inscritos formarían un cuerpo de élite en el corazón del movimiento, una banda ultraleal de hombres que se vigilaban recelosamente y se comprometían a no usurpar nunca el lugar de su líder.

Para miembros como Luis Valls-Taberner, las noticias de reuniones con el papa y los planes para una nueva sede en Roma fueron la confirmación de que Dios realmente estaba detrás del Opus Dei. Solo dos años después de solicitar su ingreso, Luis era un hombre distinto. A los veintiún años, y en su último curso universitario, ya no era el chico callado y sensible que viajaba atemorizado a bordo de un barco en la huida de su familia a Italia. Ahora era un joven seguro de sí mismo, con agallas y determinación, que se desmarcaba de la multitud, tal y como le había enseñado *Camino*. Había demostrado su lealtad intentando reclutar a sus hermanos y hermanas,[79] y convenciendo a uno de sus parientes para que donara una casa de su propiedad.[80] Siempre en busca de dinero, esas propuestas de un miembro joven del cual se rumoreaba que recibiría una gran herencia pronto llamaron la atención de Escrivá, que empezó a cultivar una relación más estrecha con Luis y lo eligió para un trato especial.[81] El fundador lo invitó a acompañarlo en una visita a la abadía de Montserrat, cercana a Barcelona.[82] El abad y dos monjes les enseñaron las instalaciones. Escrivá, con su sotana negra, sus gafas de sol oscuras y sus brillantes zapatos negros adornados con una gran hebilla dorada, que contrastaban con el sencillo calzado de cuero negro que llevaban el abad y sus monjes, parecía todo un vip. Luis lo seguía de cerca con traje y corbata a rayas, fumando en pipa y con una cámara colgada del hombro.

Cuando terminó la carrera y el servicio militar, el joven se trasladó a Madrid en 1949 para iniciar el doctorado en Derecho.[83] Allí se instaló en una residencia de estudiantes del Opus Dei en la avenida de la Moncloa, a pocos pasos del campus universitario. El inmueble era un antiguo hotel que la organización había comprado en 1943 y remodelado de arriba abajo para crear una residencia destinada a un centenar de estudiantes. En 1948 se había convertido en el activo más grande —y lucrativo— de la empresa familiar. También cumplía otra función. La residencia de la Moncloa se convirtió en un escaparate del Opus Dei.[84] Se hizo todo lo posible por fomentar un ambiente acogedor y proyectar una imagen de vitalidad y juventud. Se animaba a los residentes a que trajeran a sus amigos para participar en las actividades extraescolares que allí se desarrollaban, las cuales giraban en torno al deporte, las charlas académicas y la formación espiritual. Aunque buena parte de los estudiantes no eran del Opus Dei, el personal veterano sí lo era, y Luis se integró rápidamente en un pequeño grupo de miembros que, como él, seguían juntos los rituales diarios de oración y mortificación prescritos por el fundador y procuraban vivir su vida según *Camino*.

Pronto, uno de sus compañeros de Madrid le consiguió un nuevo trabajo como jefe de publicaciones del Consejo Superior de Investigaciones Científicas (CSIC).[85] A su familia y sus compañeros de doctorado, ese nombramiento debió de parecerles extraño. Luis no tenía ninguna experiencia editorial. ¿Por qué esa prestigiosa institución iba a darle trabajo y, más aún, encargarle la dirección de todo un departamento? Y Luis apenas había empezado sus estudios de doctorado. Como alumno aventajado, estaba decidido a hacerlo bien para honrar la memoria de su padre, que había sido un académico y político respetado. Sin duda, aceptar un trabajo a tiempo completo afectaría drásticamente a su capacidad para conseguirlo. Tampoco es que necesitara el dinero. A diferencia de otros estudiantes del campus, Luis no tenía que conseguir ingresos extra para costearse los estudios.

Pero cualquiera que conociese el CSIC habría comprendido rápidamente lo que estaba ocurriendo. La institución había sido creada por Franco en los primeros meses de la posguerra y se encargaba de imponer en el mundo de la cultura «las ideas esenciales que han inspirado nuestro Glorioso Movimiento».[86] El Consejo Superior de Investigaciones Científicas disponía de un presupuesto enorme; entre 1945 y 1950, recibió casi 270 millones de pesetas en financiación, es decir, más del triple de lo que se gastó en reconstruir los cientos de escuelas dañadas por la guerra en todo el país.[87] José María Albareda, uno de los primeros miembros del Opus Dei que habían trabado amistad con el futuro ministro de Educación mientras estaba escondido en la embajada chilena durante la guerra, había sido nombrado responsable.[88] Casi de inmediato, empezó a abusar del cargo desviando fondos estatales a sus amigos del Opus Dei. En sus primeros años, una de cada dieciséis de las lucrativas becas de investigación académica concedidas por el CSIC fue a parar a miembros del Opus Dei, a pesar de que el movimiento solo contaba con un número ínfimo de académicos cualificados.[89] Algunos utilizaron el dinero para estudiar en el extranjero y aprovecharon la estancia para afianzar la Obra en esos países.[90] Los que se quedaban en España debían entregar al Opus Dei todos los ingresos que obtuvieran. En el momento del nombramiento de Luis, el CSIC había sido secuestrado por el Opus Dei, que dejó a la institución sin fondos del Estado en un momento en que la reconstrucción del país era esencial.

Uno de los compañeros de Luis había llevado a un nuevo nivel el robo de fondos estatales por parte del Opus Dei. Miguel Fisac, que se había afiliado antes de la guerra y cuyo padre proporcionó el dinero para la huida de Escrivá a través de los Pirineos, había obtenido el título de arquitecto en 1941. Uno de sus proyectos llamó la atención del ministro de Educación, y Fisac pronto se convirtió en uno de sus principales contratistas. Dadas las ajustadas finanzas del gobierno, se animaba a los contratistas a ofrecer descuentos. Pero sus superiores del Opus Dei ordenaron a Fisac que aumentara el precio de sus contratos y que repercutiera la diferencia.[91] Esto continuó durante cinco o seis años y, en 1948, Fisac se había convertido en una fuente importante de fondos. «A mí aquello me provocó escrúpulos de consciencia», reconoció más tarde.[92]

En 1949, cuando Luis comenzó a trabajar en el Consejo Superior de Investigaciones Científicas, la institución estaba repleta de miembros del Opus Dei, todos ellos remunerados con dinero público que —total o parcialmente— acababa en las arcas del movimiento en Madrid y Roma.[93] A pesar de su evidente falta de experiencia, Luis percibía un generoso sueldo de diez mil pesetas anuales, que debía entregar de forma íntegra.[94] Conseguirle trabajo era una manera de sacar dinero extra para el Opus Dei, además de ocupar su tiempo y monopolizar sus pensamientos. Bombardeados por las tareas y los mensajes de la Obra, los numerarios como Luis tenían poco tiempo para pensar por sí mismos. Al final de su primer año, presionado a ganar dinero para el Opus Dei con su trabajo diario en el CSIC, a reclutar nuevos miembros en la universidad y a cumplir con las normas de oración y mortificación estipuladas por Escrivá, Luis había empezado a quedar rezagado en sus estudios.[95]

La presión para exprimir a los socios —y al erario público— llegaba directamente de Roma, donde las exigencias de Escrivá aumentaban cada día que pasaba.[96] En febrero de 1949, tras un enfrentamiento con los anteriores inquilinos, Escrivá se trasladó a Villa Tevere. La propiedad, a la que se accedía a través de enormes puertas que daban a un jardín de pinos, eucaliptos e higueras, constaba de dos edificios: la casa principal, una mansión de tres plantas construida al estilo florentino y, a su izquierda, una vivienda independiente para el conserje.[97] Escrivá trabajó en los planos para transformar toda la propiedad en algo más adecuado para la Obra de Dios. Los trabajos duraron once años y, superando el presupuesto en más de diez veces, costaron más de mil millones de liras, equivalentes a unos veinte millones de euros actuales.[98] Parte de ese dinero se destinó a la construcción de viviendas y oficinas para el creciente movimiento, pero también se gastaron grandes sumas en alojamientos de lujo para Escrivá. Se añadieron dos nuevas plantas al palacio original, donde Escrivá vivía separado de los demás miembros, lo cual supuso tal tensión para la estructura que hubo que añadir soportes adicionales.[99] Tras la muerte de su hermana, Escrivá también mandó instalar una cripta, que acabaría albergando sus propios restos.

Las finanzas del Opus Dei ya estaban bastante sobrecargadas con la compra y ampliación de Villa Tevere, pero las ambiciones de Escrivá no conocían límites. Concluyó que también necesitaría otro edificio para albergar las sedes regionales[100] —ya había dividido el mundo en siete regiones diferenciadas.[101] También necesitaba otro para albergar la sede de la rama femenina, un colegio de formación para numerarias, además de dos centros de estudios, un espacio para conferencias junto a la residencia papal de verano en Castel Gandolfo y cuatro residencias en toda Italia. Además, el Opus Dei estaba creciendo rápidamente en España: acababa de comprar por seis millones de pesetas la mansión de la calle Diego de León donde vivían los hermanos del fundador, además de dos fincas para retiros.[102] Por si fuera poco, Escrivá había enviado a dos de sus discípulos a una gira de seis meses por América, donde visitaron Estados Unidos, Canadá, México, Perú, Chile y Argentina con vistas a expandirse en el continente.[103]

Con unos gastos tan enormes, pronto resultó evidente que los beneficios de las residencias de estudiantes y los salarios de los numerarios no bastarían para sostener el movimiento. Escrivá ya había dado un gran paso hacia la diversificación de sus fuentes de ingresos al aprobar por fin la admisión de supernumerarios a principios de 1948.[104] Tras más de una década de titubeos sobre el momento oportuno para admitir a los casados, es evidente que la compra de Villa Tevere unos meses antes y la perspectiva de recaudar fondos para la próxima ampliación del palacio le obligaron a ello. Lo más importante era que esos nuevos miembros debían entregar al Opus Dei una décima parte de los ingresos de sus hogares. En los dos primeros años, casi setecientas personas se convirtieron en miembros supernumerarios.[105]

No obstante, aun con los ingresos adicionales de los supernumerarios, el Opus Dei seguía teniendo un enorme agujero en sus finanzas. El fundador cargó a Del Portillo con la responsabilidad de encontrar el dinero para pagar a los constructores, que exigían hasta tres millones de liras cada dos semanas.[106] A veces, el estrés de encontrar dinero suficiente le impedía dormir.[107] Los rezos regulares a san Nicolás resultaron insuficientes, por lo que Del Portillo no tuvo más remedio que pedir ayuda a la dictadura franquista. Sin ningún pudor, solicitó al gobierno de Madrid que aportara al proyecto ocho millones de pesetas de fondos públicos, el equivalente a casi cuatro millones de euros de la actualidad.[108] Los fondos se destinaron al último proyecto de Escrivá, que había bautizado con el grandilocuente nombre de Colegio Romano de la Santa Cruz. En esencia, se trataba de un centro de actualización para hombres numerarios, un lugar al que los miembros más dedicados del Opus Dei serían enviados para recibir «formación» periódica y asegurarse de que seguían el mensaje.

La petición al régimen franquista no hacía mención a esto último. Por el contrario, Del Portillo describió el colegio como un «gran centro de investigación y cultura internacional», donde católicos de todo el mundo podrían acudir y unirse en la batalla contra las «tendencias heterodoxas del pensamiento que tan seriamente amenazan a la Iglesia y a los valores de la civilización occidental». Finalmente, el régimen franquista donó un millón y medio de pesetas.[109]

En verano de 1950, el Colegio Romano de la Santa Cruz ya estaba en marcha. En junio, Luis fue enviado a Roma para asistir a uno de los nuevos cursos de formación espiritual. Era su primer viaje fuera del país desde la huida familiar durante la guerra y el primero que hacía solo. Estuvo dos semanas en Italia.[110] Allí se hospedaba en Villa Tevere, donde una vez más pasó tiempo con el fundador.[111] Luis quedó claramente impactado por su viaje a Roma.[112] Ver a Del Portillo luchando por conseguir dinero dejó tal huella en el joven que decidió que su misión personal sería liberar al fundador de la carga de tener que preocuparse nunca por las finanzas del Opus Dei.[113]

A finales de junio, Luis volvió a su trabajo a tiempo completo y a sus estudios de doctorado en Madrid. Al mes siguiente, fue enviado a otro curso del Opus Dei en la finca de Molinoviejo, a las afueras de la capital.[114] Su formación estaba cobrando una nueva intensidad. En septiembre, le concedieron un visado para entrar en Andorra, un claro indicio de que, tras su verano de formación y sus conversaciones privadas con el fundador, al joven de veinticuatro años ahora le encomendaban misiones secretas para pasar dinero de contrabando por la frontera.[115] En aquella época, el régimen franquista aplicaba estrictos controles de divisas, por lo que era ilegal transportar grandes sumas fuera del país. Esto suponía un gran quebradero de cabeza para el Opus Dei, que necesitaba sacar dinero de España, donde el negocio familiar generaba importantes cantidades de efectivo, y llevarlo a Italia. Se estableció un sistema por el que los miembros cruzaban las fronteras hacia Andorra, Francia o Portugal con grandes sumas de dinero en efectivo escondidas bajo la ropa o en el equipaje.[116] A veces, sus directores espirituales les entregaban paquetes cuyo contenido ni siquiera conocían.[117] El contrabando entrañaba un gran riesgo personal para aquellos individuos, que podrían haber sido encarcelados. Luis viajó a menudo para un hombre de su misma edad durante la primera mitad de la década de 1950: a Italia cinco veces —generalmente pasando por Francia—; a Portugal tres veces, y dos veces a Suiza, donde los bancos hacían pocas preguntas.[118]

En 1952, Luis se había trasladado a la sede del Opus Dei en Madrid, la mansión de la calle Diego de León donde Escrivá había vivido con su madre y sus hermanos.[119] Allí, su vida —ya de por sí ajetreada por su trabajo en el CSIC y sus estudios de doctorado— adquirió una nueva intensidad. La presión del fundador desde Roma era constante, con un sinfín de cartas en las que exigía más dinero y reprendía a los miembros por no conseguir fondos suficientes.[120] Las obras de Villa Tevere iban ya por su tercer año y se avecinaban problemas con algunos albañiles, que habían amenazado con dejar de trabajar si sus salarios se retrasaban más. «Estamos agotados económicamente y debemos terminar esos edificios», exigió Escrivá.

A medida que los planes para Villa Tevere se volvían cada vez más grandilocuentes, algunos miembros empezaron a verlos como lo que eran: vulgares y ostentosos. Miguel Fisac incluso se enfrentó directamente a Escrivá por ello, y al poco tiempo decidió abandonar el movimiento.[121] A pesar de ello, Escrivá se mantuvo firme, defendiendo los doce comedores y las catorce capillas de Villa Tevere.[122] «Eso demuestra que rezamos más que comemos», era su extraña lógica.[123]

En Madrid, la sangría económica del movimiento se dejó sentir con fuerza.[124] No había dinero para reparar el sistema de calefacción averiado o ni siquiera para comprar carbón, y los numerarios como Luis parecían sobrevivir a base de patatas. Aun así, sus almas se alimentaban con las noticias de nuevos signos de la intervención divina en Villa Tevere, donde el fundador supuestamente se había quedado pálido y se había desplomado durante una cena. Pero, al recuperar la vista, la diabetes que había padecido toda su vida se curó repentina y milagrosamente.[125] Nadie podía explicarlo, y el momento sin duda fue útil para levantar el ánimo de los seguidores en Madrid, que se veían constantemente presionados para encontrar nuevos reclutas y visitar a familiares que pudieran hacer donaciones. Se extendió el rumor de que se llevaban boletines de calificaciones sobre las campañas de captación y recaudación de fondos de cada uno de los miembros. El padre Escrivá tenía una visión y se esperaba que todos desempeñaran su papel. «No sé si os dais cuenta exacta de lo que supone, para toda la Obra, sacar adelante estos empeños de Roma [...] hacer o no hacer esto de Villa Tevere es empujar o detener la labor de nuestro Instituto medio siglo», escribió el fundador.[126] Su visión a menudo endulzaba unas cartas cada vez más agresivas que transmitían el mensaje de que las exigencias del fundador debían cumplirse por cualquier medio. Aunque nunca hubo instrucciones explícitas, se animaba a los miembros a presionar más siempre que pudieran.

Tal descaro era evidente en los tratos del Opus Dei con el régimen de Franco. En julio de 1952, Del Portillo regresó a España para solicitar audiencia con el Caudillo. En conversaciones anteriores, Franco había expresado su «deseo sincero» de ayudar al Opus Dei «si se encontraba una fórmula adecuada».[127] El régimen ya se había mostrado extremadamente complaciente con la Obra mediante su ayuda económica y la concesión de diversos privilegios, entre ellos el uso de un castillo en la costa valenciana.[128] Del Portillo llevaba una propuesta para el Caudillo de la que ambos se podían beneficiar mutuamente. Después de su éxito entre la intelectualidad, el Opus Dei tenía planes para ampliar su alcance a las clases más bajas —los trabajadores de las fábricas y el campo—, pero necesitaba dinero. «Es tanto lo que se puede hacer al servicio de Dios y de la Patria —escribió Del Portillo—, y tan urgente para que no se malogre por el influjo de sectas tenebrosas y doctrinas subversivas el esfuerzo que el Nuevo Estado, bajo la suprema dirección de V. E., viene haciendo por la completa restauración de un orden social más cristiano y más justo, que hemos de lanzarnos a tan dura empresa cueste lo que cueste».[129] El opusdeísta finalizaba su propuesta con una apelación directa a Franco para que intercediera en la solicitud de un préstamo estatal de 55 millones de pesetas, y pidió al Caudillo que tuviera en cuenta la sólida situación financiera del Opus Dei. «Muy mal habría de andar España para que nosotros no pudiéramos pagar», concluía. En público, Escrivá se esforzaba por distanciarse del régimen de su país e insistía en que la Obra era una institución apolítica.[130] Pero en privado no mostraba reparo alguno en engatusar al régimen y aceptar el dinero del dictador. El Caudillo rechazó su petición —había necesidades más acuciantes de dinero público—, lo cual provocó una gran angustia en el seno del Opus Dei.[131] Luis, que había colaborado en la solicitud de préstamo al Banco de España,[132] escribió a Escrivá y se comprometió a dar con «la solución definitiva» para las necesidades económicas del movimiento.[133]

Trece años después del final de la guerra, Escrivá había reconstruido con éxito su movimiento, que había quedado casi completamente destruido por el conflicto. El Opus Dei contaba ahora con unos tres mil miembros.[134] La gran mayoría de ellos eran numerarios: hombres y mujeres que dedicaban su vida a la Obra, que habían hecho juramento de pobreza, castidad y obediencia, y que vivían en residencias segregadas por sexos bajo la atenta mirada del director local y atendidos por un pequeño pero creciente ejército de numerarias sirvientes reclutadas entre las clases bajas. Los supernumerarios, el ejército guerrillero de Escrivá que lucharía por recristianizar el mundo, también se expandía rápidamente y había crecido hasta casi setecientas personas en pocos años. El Opus Dei también había dado sus primeros pasos en el extranjero: en 1952, pequeñas células de numerarios operaban en Portugal, Italia, Gran Bretaña, Francia, Irlanda, México, Estados Unidos, Chile, Argentina, Colombia, Venezuela y Alemania. Escrivá contaba con la aprobación del Vaticano para extender el Opus Dei a todos los rincones del mundo. El único obstáculo era el dinero, como había demostrado la experiencia de Villa Tevere. Aunque las arcas de la organización se engrosaban con el paso de los años a medida que aumentaban los socios —y sus aportaciones económicas—, el incremento de los ingresos era insuficiente para seguir el ritmo de las ambiciones de Escrivá y de su capacidad para gastar un dinero que sencillamente no tenía. Por suerte para la Obra, Luis estaba a punto de encontrar «la solución definitiva» que había prometido.

4

No es un instrumento terreno
Madrid, abril de 1954

Había dos rostros desconocidos entre la multitud cuando los inversores se reunieron aquella tarde en la sede del Banco Popular para celebrar la junta anual.[1] Ninguno de los otros cientos de accionistas prestó mucha atención a aquellos dos hombres, aparentemente ajenos a que su presencia cambiaría para siempre el pequeño banco español y lo convertiría en un arma secreta que remodelaría la Iglesia católica e influiría en las vidas de miles de personas en todo el mundo.[2] Ambos eran supernumerarios —tropas de tierra del ejército oculto de Escrivá encargadas de infiltrarse en todos los elementos de la sociedad—, y aquel día habían sido enviados allí en una misión secreta.[3] Había llegado al Opus Dei la noticia de un gran escándalo protagonizado por el presidente del Popular —un hombre corpulento, con cejas pobladas y pelo ralo llamado Fèlix Millet—, el cual había firmado en París un acuerdo secreto que podía meter al banco en un buen embrollo con el régimen franquista.[4] Un directivo de la entidad —un católico devoto que recibía orientación espiritual del Opus Dei— había dado el soplo y expresado a su numerario superior sus dudas sobre la imprudencia del presidente.[5] Traicionando la confianza del directivo, el numerario había compartido a su vez la información con sus compañeros opusdeístas, y juntos habían ideado un astuto plan para sacar provecho de la situación y de alguna manera convertirla en una ventaja para el movimiento religioso.[6]

Cuando Millet empezó a hablar, uno de los hombres puso en marcha la primera fase del plan, dedicando improperios al presidente del Popular que estaban impregnados de insinuaciones suti-

101

les sobre el dudoso acuerdo de París. La intervención tenía por objeto enviar un mensaje a Millet sin alertar al resto de los accionistas allí congregados: ahí fuera había gente que conocía su secreto. El primer hombre fue acallado y abucheado, y finalmente volvió a su asiento, lo cual permitió a un agitado Millet continuar su discurso. Una vez que hubo terminado, el segundo hombre —un burócrata del gobierno llamado Mariano Navarro Rubio— inició la segunda fase del plan, felicitando a Millet por su excelente discurso antes de lanzar una serie de comentarios incisivos sobre cómo podría posicionarse mejor el banco para aprovechar el entorno del momento.[7] Aquella intervención mejoraría su imagen entre los demás accionistas antes del golpe que planeaba el pequeño grupo del Opus Dei. En pocos meses, Navarro Rubio se haría cargo de las operaciones diarias del banco.[8] Tres años más tarde, el grupo tendría el control total de la entidad.

Aunque el secuestro cuidadosamente planeado del Banco Popular fue quizá el más audaz, la toma de la entidad era solo una pieza de una estrategia mucho más amplia urdida por un grupo muy unido de hombres numerarios y supernumerarios para infiltrarse en el mundo empresarial español. Las filas de estudiantes utópicos que habían sido captados por el Opus Dei en los campus universitarios una década antes estaban alcanzando la mayoría de edad y se estaban asentando —tal como había previsto el fundador— en respetables carreras profesionales en los negocios y el comercio, creando oportunidades para que la Obra generara nuevas fuentes de ingresos y financiar así los grandes planes de expansión de Escrivá. Los miembros del Opus Dei con negocios propios o con participaciones en empresas familiares recibían presiones para que sacaran dinero y lo donaran a la causa.[9] También se animaba a otros a poner su granito de arena. Cualquiera que tuviese un trabajo era conminado a utilizar su posición en beneficio del movimiento.[10] Un pequeño grupo de miembros emprendedores había ido un paso más allá al ver la oportunidad de crear una serie de nuevas empresas en las que los miembros podrían aprovechar sus sólidos contactos dentro del régimen corrupto para conseguir contratos y privilegios, y cuyos beneficios revertirían en el Opus Dei. Escrivá había planteado la posibilidad de que los socios dirigieran lo que él llamaba «sociedades auxiliares» en sus instrucciones para supernumerarios escritas a principios de los años cuarenta.[11] El propio fundador había hecho una incursión en el mundo de los negocios al crear un *holding* para comprar la academia de estudiantes DYA, aunque esta acabó quebrando.[12] Pero eran otros tiempos: con un poco de capital inicial, trabajo duro y las conexiones adecuadas en el régimen, esas empresas podían ser muy lucrativas.

A principios de los años cincuenta se habían creado varias compañías para explotar una amplia gama de oportunidades de negocio. Había periódicos y revistas, editoriales, una agencia de publicidad, distribuidoras de películas e incluso un servicio de noticias.[13] Esas sociedades auxiliares oficialmente eran propiedad de miembros del Opus Dei a título personal, lo cual distanciaba al movimiento de esa nueva línea de actividad económica y también limitaba su responsabilidad —financiera, legal y política— en caso de que algo saliera mal. Aun así, la mano del Opus Dei nunca andaba lejos. El movimiento incluso creó su propio departamento de negocios para supervisar una red cada vez más grande,[14] que a su vez nombró a hombres de confianza para los consejos de administración de cada una de las empresas, las cuales dependerían y recibirían órdenes de las sedes regionales.[15] El Opus Dei estableció también una normativa propia para la gestión de las sociedades auxiliares.[16] Muchas acabaron siendo propiedad de un único *holding* llamado Sociedad Española Anónima de Estudios Financieros —también conocida como Esfina—, que estaba dirigido por dos numerarios, ambos estrellas en ascenso dentro del Opus Dei: Alberto Ullastres fue nombrado presidente y Luis Valls-Taberner, vicepresidente.[17] La junta directiva parecía un quién es quién de la élite del Opus Dei.[18] La empresa familiar se estaba convirtiendo rápidamente en un gran conglomerado con tentáculos en todos los ámbitos de la sociedad.

Los negocios no se limitaban a España. Luis y sus socios pronto establecieron contacto con un abogado neoyorquino de primera fila, que intercambiaba correspondencia con ellos a través del Atlántico para hablar de posibles oportunidades. Sol Rosenblatt era hispanófilo y abogado de celebridades, y apareció en la revista *Life* después de recibir tres disparos en las calles de Manhattan.[19] El intento de asesinato se había producido en medio de una encarnizada batalla judicial por la herencia de una de las nietas de J. P. Morgan, que había decidido dejar toda su fortuna a Rosenblatt. La familia acusaba al abogado de ejercer una «influencia indebida» sobre ella, una crueldad que tal vez lo hacía atractivo para sus clientes del Opus Dei en Madrid. Rosenblatt había sido fundamental para la instauración de la Obra en Estados Unidos y ayudó a conseguir una hipoteca para el movimiento —contra todo pronóstico— sobre una propiedad en Boston, cerca del campus de Harvard.[20] Asimismo, escribió a Luis y a sus socios sobre posibles oportunidades en el negocio de los seguros. Según Rosenblatt, el Opus Dei sería el beneficiario último de cualquier acuerdo de ese tipo,[21] aunque —quizá consciente de la censura franquista en Madrid— presentaba los negocios como algo beneficioso para todo el país. Las sumas ofrecidas sin duda eran elevadas, y Rosenblatt dejó claro que estaba dispuesto a cruzar el Atlántico con su glamurosa mujer siempre que sus clientes del Opus Dei le necesitaran.

Aunque no había que desdeñar tales oportunidades de negocio, lo que más deseaba la Obra era un banco propio. Luis había estado trabajando estrechamente con Navarro Rubio en esa idea un par de años antes de que surgiera la oportunidad de hacerse con el Banco Popular. El año anterior, ambos habían estado a punto de comprar una pequeña caja de ahorros, pero se echaron atrás al concluir que el precio era demasiado alto.[22] A pesar del fracaso de la operación, entrar en el sector bancario seguía siendo una prioridad para Luis. Controlar el balance de un banco —formado por los ahorros de cientos de miles de españoles— brindaría al grupo fácil acceso a miles de millones de pesetas que podría prestar a otras partes del extenso imperio empresarial del Opus Dei. Sería un cambio radical. Así que, cuando recibieron noticias acerca del *kompromat* que tenían sobre el presidente de un banco nacional, se mostraron entusiasmados.

Solo había un problema: Fèlix Millet, el objetivo del ataque, era primo hermano de la madre de Luis. Hacerse con el banco significaría traicionar a su propia familia.[23] Pero el joven numerario aceptó el plan; de hecho, se hizo cargo de él. Mientras un grupo amenazaba con desenmascarar al presidente del Banco Popular con el *kompromat* que obraba en su poder, Luis desempeñó el papel de salvador, ofreciéndose a comprar la participación de Millet y proporcionarle así una manera de retirarse del banco con su reputación intacta.[24]

Pocas semanas después de la intervención en la junta de accionistas, los engranajes de la adquisición del Popular por parte del Opus Dei estaban en marcha. Millet había contratado a una consultora belga para que asesorara al banco sobre cómo mejorar sus mediocres resultados. En junio de 1954 presentaron sus conclusiones, en las cuales identificaban una serie de problemas graves en la gestión de la entidad. En colaboración con el grupo del Opus Dei, Millet utilizó el informe como pretexto para despedir a su director general y propuso nombrar a Navarro Rubio en su lugar.[25] Cuando la noticia de todas aquellas maniobras —y el papel de Luis en ellas— llegó a Roma, Escrivá lo recompensó ascendiéndolo a «elector» y ofreciéndole un puesto en el consejo de administración, encargado de votar cualquier cambio importante en la Obra y determinar quién sucedería a Escrivá llegado el momento.[26]

A principios de 1955, la junta del Banco Popular se reunió para nombrar a Navarro Rubio consejero delegado. El Opus Dei ahora tenía el control diario del Popular. Pero Rubio duró poco en el puesto. En abril, pocas semanas después de su nombramiento, le ofrecieron un cargo en el gobierno como nuevo subsecretario de Obras Públicas. Intentó protestar, aduciendo que acababa de entrar en el Popular, pero el Caudillo no era hombre que tolerara rechazos. Le ofrecieron un pacto y Navarro Rubio obtuvo una dispensa especial para ocupar ambos puestos.[27] Eso no solucionó el problema; dadas las inevitables exigencias de tiempo en el ministerio, no había forma de que pudiera supervisar todo lo que ocurría en el banco. El control del Opus Dei sobre el Popular corría el riesgo de desvanecerse incluso antes de haber comenzado.

Estos hechos significaban que la compra de la participación de Millet y afianzar el control sobre el Popular eran una cuestión urgente. Aprovechando su acceso a los registros confidenciales del banco, el grupo identificó a otros grandes accionistas que también podían ser coaccionados para que vendieran. El objetivo era adquirir más de la mitad de las acciones de la entidad, lo cual daría al Opus Dei el control total. Identificaron a un miembro del consejo de administración propietario de varias centrales hidroeléctricas que había contraído una serie de préstamos y tenía dificultades para pagarlos debido a una sequía inesperada. Millet le escribió para proponerle un trato: le dijo que alguien estaba dispuesto a comprar sus acciones.[28] A los pocos días se cerró el acuerdo. La adquisición, por un total de cinco millones de pesetas,[29] fue realizada por una empresa llamada Eolo, uno de los dos vehículos creados por miembros del Opus Dei años antes para encabezar los planes de introducirse en la construcción y el transporte.[30] Tres meses después, la misma sociedad pagó diez millones de pesetas para comprar participaciones de otro gran accionista.[31]

Dos miembros del Opus Dei fueron nombrados para nuevos cargos en el banco, cosa que les permitía supervisar aspectos cruciales de las operaciones de préstamo.[32] También se eligieron más caras amigas para la junta directiva.[33] A los pocos meses, el banco firmó un préstamo de quince millones de pesetas para Eolo, que se utilizó inmediatamente para financiar la compra de otro enorme paquete de acciones.[34] Se trataba de una operación poco ortodoxa. La entidad financiaba una adquisición hostil a sí misma por parte de un grupo que ni siquiera había declarado sus intenciones al consejo de administración. Esto demostraba hasta dónde estaba dispuesto a llegar —y con qué descaro— el Opus Dei para asegurarse su premio.

En enero de 1957, el grupo tenía suficientes acciones como para hacerse con el control total del banco.[35] Millet dimitió del consejo y se nombró como sustituto a un nuevo presidente, un hombre llamado Fernando Camacho, aliado de confianza del Opus Dei que había dirigido una de sus sociedades auxiliares.[36] Camacho eligió como vicepresidente a Luis Valls-Taberner, una figura joven y relativamente desconocida. En el espacio de un año, el control parecía haber pasado de un conjunto experimentado de hombres con un dilatado historial en el mundo de la banca a un grupo de desconocidos. Los cambios empezaban a preocupar a algunos antiguos directivos del Popular. Un miembro de la junta expresó su consternación por que Luis recibiera tantos poderes.[37] Sin embargo, los nuevos propietarios del banco hicieron caso omiso de aquella resistencia. Unas semanas más tarde, la noticia de que tres miembros del Opus Dei habían sido elegidos para ocupar altos cargos en el régimen franquista debió de envalentonarlos aún más. Entre ellos se encontraba nada menos que el supernumerario Navarro Rubio, que fue nombrado nuevo ministro de Hacienda. Alberto Ullastres, el numerario que había sido jefe de Luis en una de las sociedades auxiliares, fue nombrado ministro de Comercio, mientras que Laureano López Rodó —numerario en la misma residencia que Luis— sería asesor especial del presidente del Gobierno. Al menos en España, el ascenso del Opus Dei parecía completo.[38] Pero era solo el principio. Armado con un banco nacional que contaba con miles de millones de pesetas en recursos, los ambiciosos planes del fundador ahora podían materializarse, así que Escrivá escribió elogiosamente a Luis desde Roma: «Bien, la preocupación constante por la obra de San Nicolás».[39]

En noviembre de 1960, una fría mañana de domingo, una larga caravana de vehículos que transportaba al Caudillo serpenteaba cautelosamente a través de los puertos de montaña del norte de Madrid en dirección al Valle de los Caídos. Un ejército de veinte mil presos políticos había trabajado en la obra, a menudo en condiciones inhumanas, excavando una montaña para erigir la gran basílica subterránea y transportando una gigantesca cruz hasta su escarpada cima. Muchos perecieron durante la construcción.[40] Oficialmente, el monumento era un símbolo de reconciliación nacional, pero ni siquiera los partidarios más acérrimos de Franco lo creían. Se alzaba sobre la ciudad como un recordatorio constante del poder duradero de los vencedores, que supuestamente habían salvado a España de una coalición de judíos, masones y comunistas empeñados en derrocar las tradiciones y la herencia cristianas del país. En una abadía contigua, veinte monjes benedictinos mantenían una vigilia constante, un recordatorio de la complicidad de la Iglesia con el régimen de Franco. Todos los días celebraban misa en la basílica, dando gracias a Dios y pidiéndole que se llevara sus pecados, todo ello ante la tumba de José Antonio Primo de Rivera, un matón y bravucón que había fundado el movimiento de la Falange inspirándose en los nazis.

Aquella mañana era el aniversario de la muerte de Primo de Rivera y Franco había viajado a las montañas para rendir homenaje al héroe caído. Nunca habían estado muy unidos y, aunque sus caminos se habían cruzado varias veces a lo largo de los años, no había afecto mutuo.[41] No obstante, durante y después de la guerra, la Falange y su millón de miembros habían prestado un apoyo fundamental a Franco, por lo que su asistencia a la ceremonia de esa mañana era su forma de cimentar la relación. A su llegada, el Caudillo fue conducido bajo un palio procesional portado por los monjes desde el patio de armas hasta la basílica, donde estaban reunidos cientos de miembros de la Falange. En el momento más conmovedor de la ceremonia —con las luces apagadas y los fieles arrodillados en silenciosa oración—,[42] un grito se elevó desde el fondo de la nave: «¡Franco, traidor!».[43] A continuación se armó un alboroto y un miembro uniformado de las juventudes de la Falange fue sacado de la basílica. Tras un interrogatorio extenuante, la policía hizo un descubrimiento sorprendente: el solitario agitador dijo que todo su regimiento tenía planeado gritar al unísono, pero que se habían acobardado en el último minuto. El motivo de su ira eran el Opus Dei y su creciente poder.

En 1957, la decisión de Franco de nombrar a tres ministros del Opus Dei para su gabinete había puesto en el punto de mira a un grupo que hasta entonces era relativamente desconocido más allá de unos pocos campus universitarios. El rápido ascenso de los tres ministros no hizo sino intensificar la atención pública. En menos de cuatro años, su paquete de reformas económicas trascendentales había salvado casi con total seguridad al régimen de la bancarrota y propició una serie de artículos en *The New York Times*, *Le Monde* y *The Economist* que ensalzaban el auge político del Opus Dei. El propio Franco estaba entusiasmado con los resultados y poco a poco fue cediendo cada vez más autonomía a los tres tecnócratas, cosa que le permitía disponer de más tiempo para sus aficiones favoritas: cazar, ver películas del Oeste y jugar a la quiniela.[44] Escrivá escribió a Franco para expresarle su alegría personal por la visión católica que el dictador tenía del país. «Pido a Dios Nuestro Señor que colme a Vuestra Excelencia de toda suerte de venturas y le depare gracia abundante en el desempeño de la alta misión que tiene confiada», decía con adulación.[45]

La Falange, que había visto cómo uno de sus miembros más destacados era degradado en la remodelación de 1957 y cómo gran parte de su influencia se diluía en los años posteriores, contemplaba el cambio de poder con creciente alarmismo. Escrivá no contribuyó a mejorar la situación, ya que no pudo resistir el impulso de disfrutar de la creciente influencia de su movimiento. En 1956, durante una reunión con sus principales lugartenientes en las montañas suizas, había impuesto la obligación de que se arrodillaran en su presencia.[46] Tras los nombramientos gubernamentales, ordenó que todos los ministros del Opus Dei acudieran personalmente a recibirlo siempre que volviera a España.[47] Ese requisito ya resultaba bastante incómodo cuando el fundador viajaba al aeropuerto de Barajas, al norte de la capital, pero de vez en cuando iba a España en coche a través de Francia, lo cual obligaba a tres de los hombres más ocupados y poderosos del país a dejarlo todo y conducir cinco horas hasta la frontera de Irún.[48] Para la Falange, las recepciones ministeriales en la frontera eran la confirmación de que los hombres del Opus Dei en el Gobierno no respondían ante el Caudillo, sino ante una autoridad totalmente distinta.

La situación empeoró cuando, en octubre de 1960, un alegre Escrivá regresó para una triunfal bienvenida a casa. Su primera parada fue Madrid, donde el Opus Dei acababa de obtener la custodia de su primera iglesia, nada menos que San Miguel, donde el fundador había trabajado unos meses en 1927. Ante centenares de miembros del Opus Dei, que por primera vez rendían culto en grupo de manera pública, Escrivá pronunció un emotivo discurso. «Me trajo el Señor aquí con barruntos de nuestra Obra —les dijo—. Yo no podía entonces soñar que vería esta iglesia llena de almas que aman tanto a Jesucristo. Yo estoy conmovido.»[49] De allí partió a Zaragoza para recoger un doctorado *honoris causa*, y se encontró con multitudes que empujaban y se agolpaban para acercarse a él.[50] Después se dirigió a Pamplona, donde Escrivá asistiría a una ceremonia en una facultad de Derecho creada por el Opus Dei a la que el Vaticano acababa de conceder el estatus de universidad pontificia: la nueva Universidad de Navarra. La ciudad se llenó de un ambiente festivo: banderas de colores adornaban el casco antiguo y los miembros del Opus Dei recorrían las calles cantando y coreando «¡Viva el Padre

Escrivá!».[51] Durante la ceremonia, el fundador ocupaba un trono acolchado de terciopelo. Justo detrás de él se sentó Luis Valls-Taberner, literalmente el poder detrás del trono.[52] El empresario de treinta y cuatro años, con el cabello peinado hacia atrás y bigote fino, destacaba entre los hombres mayores sentados alrededor de Escrivá no solo por su juventud, sino también porque era el único de las primeras filas que no llevaba toga académica ni sotana.

En 1960, tras menos de cuatro años en el banco, Luis había renovado con tanto éxito el Popular en beneficio de la Obra que el fundador había empezado a referirse cariñosamente a él como «mi banquero».[53] Pero la transición a su nuevo papel en el banco no había sido fácil. De hecho, los primeros años de Luis en la entidad fueron muy desiguales. Aunque su rango era superior al de todos, excepto el presidente, Luis aprendió a guardar silencio en las reuniones mensuales del consejo de administración para no pasar vergüenza y a ceder la palabra a colegas mucho más veteranos —muchos de los cuales le doblaban la edad—, que tenían dilatadas e ilustres carreras en la banca y que, a diferencia de él, podían ofrecer sabias opiniones sobre el coeficiente de liquidez del banco y otros temas abstrusos.[54] Los silencios podrían haberse interpretado como un signo de reflexión y concentración de no ser por sus ocasionales intentos de inmiscuirse en la actividad diaria del banco con extrañas elucubraciones seudofilosóficas. Estas trataban de temas como la fraternidad, la igualdad y la responsabilidad, y se publicaban en la revista de la empresa para inspirar a los empleados del Popular, pero a los cajeros, guardias de seguridad y secretarias del banco les parecían extrañas. En una misiva advertía a sus compañeros de que no debían usar la razón para entender el mundo que los rodeaba. «En las relaciones humanas, en la vida social, profesional y familiar, por consiguiente, debe presidir una idea más trascendental y al mismo tiempo más simplificada —una idea de fe», escribió.[55] Aunque la fe ciega era una de las piedras angulares del Opus Dei, era un principio extraño para extenderlo al mundo de la banca, donde cada día estaban en juego miles de millones de pesetas.

Luis tenía un motivo oculto para disuadir a sus colegas del uso de la razón. En 1960, el Banco Popular se había convertido en el engranaje central de un extenso motor financiero del Opus Dei que llegaba hasta lo más profundo de la economía española. En apariencia, el banco seguía funcionando como siempre, captando ahorros y prestando dinero en hipotecas y créditos a empresas. Pero los nuevos propietarios habían introducido cambios sutiles en el funcionamiento del Popular que beneficiaban directamente a la Obra. Algunos de esos cambios eran casi imperceptibles, como el hecho de que Luis utilizara su posición para invitar a clientes importantes y a otros miembros del consejo a retiros especiales organizados por el Opus Dei.[56] Otros movimientos eran más evidentes. Muchas de las sociedades auxiliares que se habían creado en la década de 1950 a fin de generar efectivo para la renovación de Villa Tevere en Roma se habían incorporado como clientes y se les habían concedido préstamos en condiciones extremadamente favorables.[57] Las operaciones del Popular en el extranjero se habían remodelado por completo. Después de años haciendo negocios en el vecino Marruecos, el banco se retiró de forma repentina; sin duda, su población predominantemente musulmana ofrecía pocas perspectivas para el Opus Dei. En su lugar, los nuevos propietarios del Popular crearon una red exterior mucho más ambiciosa que abarcaba Suiza, Alemania, el Reino Unido y varios países latinoamericanos, casualmente lugares en los que el movimiento había echado raíces y deseaba expandirse.[58] Algunos miembros numerarios fueron elegidos como responsables del impulso en el extranjero. Esos nombramientos suponían una doble ganancia para el Opus Dei, que no solo recibía hasta la última peseta de sus generosos salarios, sino que también proporcionó a la Obra una voz crítica en los nuevos negocios en esos países.[59]

El papel del Banco Popular en el ascenso del Opus Dei no pasó desapercibido para la Falange, que pronto inició una campaña para sacar a la luz aquella red de financiación oculta. En las calles de Madrid empezaron a aparecer panfletos en los que se detallaba cómo los seguidores de Escrivá habían creado una extensa red de intereses empresariales. «¿Usted sabía [...] que el Opus Dei está completamente ligado, fundido a la actual vida española?», preguntaban.[60] Asimismo, mencionaban ocho periódicos y revistas, una agencia de noticias, una editorial, cincuenta librerías, una distribuidora de cine y una cadena de alquiler de películas que estaban vinculadas al grupo.

El panfleto también revelaba que el Opus Dei poseía una participación mayoritaria en el Banco Popular y otra entidad de Andorra, que, según decía, estaba implicada en la transferencia de grandes sumas al extranjero.[61] Durante los dos años siguientes, los ataques de la Falange contra el banco se intensificaron. La madrugada del 8 de junio de 1962, estallaron dos bombas en la sede del Popular en el centro de Madrid.[62] Nadie resultó herido en las explosiones, pero el mensaje estaba claro. Aunque las autoridades culparon a los comunistas, todos los hechos apuntaban en la misma dirección. Luis y el banco se habían convertido en objetivos en una encarnizada lucha de la Falange para desbaratar al Opus Dei.

Los atentados no sirvieron para frenar la creciente ambición de Escrivá, que en Madrid siguió presionando a sus soldados de a pie para que mantuvieran el caudal de ingresos. Dado el culto a la personalidad que se había creado en torno al fundador, procuraban distanciarlo de cualquier decisión irregular que tuviera que ver con el dinero. Pero todo era una cortina de humo: de hecho, el fundador exigía estar informado sobre su empresa familiar en rápida expansión, y con frecuencia le enviaban informes detallados a Roma.[63] El Padre sufría frecuentes ataques de ira.[64] Siempre que consideraba que sus reclutas no enviaban suficiente dinero, dictaba órdenes que se enviaban a España utilizando un código secreto de números y letras guardado en el interior de un ejemplar sobre san Jerónimo, el sabio de la moral cristiana.[65] En Madrid, las órdenes llegaban a los miembros, a quienes se animaba a hacer lo que fuera necesario para promover la Obra de Dios, incluso si ello implicaba abusar de sus puestos de trabajo, traicionar a sus amigos y familiares o actuar en contra de su propia conciencia. Se pedía a los miembros que elaboraran listas de personas a las que podían estafar. Luego, esas relaciones se enviaban a los superiores para garantizar que no hubiese duplicidades.[66] Ni siquiera los tres ministros del Gobierno eran inmunes a tales exigencias. Alberto Ullastres, ministro de Comercio Exterior, al principio se mostró reticente cuando le pidieron que introdujese a un numerario en su ministerio para que ayudara a cerrar acuerdos de exportación que beneficiaran directamente a la Obra, pero acabó cediendo ante las presiones de sus superiores del Opus Dei.[67]

Luis pronto se convirtió en un puente fundamental entre Madrid y Roma. Iba a ver al fundador cada vez que lo convocaban y a menudo pasaba allí ocho o diez días, incluso en períodos de intensa actividad en el banco, a pesar de que el Popular —al menos oficialmente— no tenía negocios en Italia.[68] Al poco tiempo, Escrivá veía al joven banquero como sus ojos y oídos en Madrid. Cuando volvía a la residencia de numerarios por la noche, él y Laureano López Rodó —vicepresidente *de facto* del Gobierno— celebraban audiencias en las que recibían a sus compañeros y daban órdenes y consejos sobre cómo jugar con el sistema.[69] Ese politiqueo nocturno despertó en Luis la vieja ambición de seguir a su padre y a su abuelo en el mundo de la política. Como a muchos numerarios, lo habían animado a aparcar sus sueños y aspiraciones y emprender el camino profesional que sus superiores consideraban más beneficioso para el Opus Dei.[70] Dejar el banco no era una opción, pero aun así se permitía soñar con un mundo en el que sería completamente libre para decidir su propio destino. Empezó a mirar al otro lado del Atlántico, donde residía otro joven católico perteneciente a una dinastía política. Como mujeriego que disfrutaba de la buena vida, el presidente John F. Kennedy era un modelo inusual para un hombre que había hecho votos de castidad, pobreza y obediencia. Sin embargo, Luis devoraba todos los artículos que mencionaban a Kennedy.[71] Incluso empezó a bromear llamando a su ayudante «Mac Bundy», en referencia a la mano derecha del presidente, McGeorge Bundy.[72]

No obstante, sus habilidades políticas a menudo distaban mucho de las que demostraba el joven presidente de Estados Unidos. Con frecuencia, Luis era incapaz de solventar los problemas cotidianos, las disputas y las contradicciones derivadas del torrente de demandas que le llegaban del fundador. Su falta de experiencia, ya que había sido lanzado en paracaídas a la cúpula del Popular, también lo llevó a cometer graves errores. En 1962, cinco años después de la toma de posesión, el banco empezaba a sufrir una crisis que amenazaba su papel como motor financiero del movimiento religioso. Luis había permitido que el Opus Dei desangrara al Popular, cargando al banco con enormes cantidades de deuda y utilizando después el dinero para financiar sus diversos proyectos.[73] Algunos de los banqueros más experimentados de la junta, ajenos al grupo de adquisiciones, habían desaconsejado una expansión tan imprudente, pero las necesidades de Roma habían prevalecido sobre las del banco.[74] Al poco tiempo, la situación alcanzó un punto crítico. Bajo la intensa presión de los reguladores para que reforzara sus finanzas, el Popular acabó cediendo y pidió a sus accionistas que inyectaran setenta millones de pesetas para prevenir una posible crisis.[75] A Luis le fue encomendada la tarea de conseguir una aportación propia del Opus Dei para que su poder en el banco no se diluyera. Durante un tiempo, pidió dinero prestado a la entidad.[76] Pero eso solo podía ser un apaño temporal; si los reguladores se enteraban, el banco podía verse en graves problemas. Incapaz de encontrar el dinero, a Luis, claramente angustiado, no le quedó más remedio que pedir ayuda a su acomodada familia. Su madre y su hermano menor, Javier, acudieron al rescate y salvaron al Opus Dei con una enorme inyección de liquidez.[77] Los Valls-Taberner no recibieron acciones de la entidad; simplemente estaban sacando a Luis del atolladero. Poco después, el joven numerario sufrió una crisis nerviosa y desapareció durante semanas en Pamplona, donde fue atendido por los médicos de confianza del Opus Dei.[78] Dada la presión que se ejercía sobre los numerarios, esos «retiros médicos» —y el uso generalizado de medicamentos para paliar cualquier daño mental y físico— se hicieron cada vez más frecuentes. Esto se combinaba con la preocupación y el afecto fingidos que habían estado ausentes en los años previos a unas crisis de salud cada vez más frecuentes. «Tú y yo, que hemos recibido de Dios Nuestro Señor corazón grande, debemos sonreír siempre, los dos sabemos hacerlo, y no convertir en cordilleras los granitos de arena —escribió Escrivá a Luis tras sufrir él también una crisis—. ¿De acuerdo?»[79]

A pesar de las palabras inspiradoras dirigidas a Luis, la presión de Escrivá para que el dinero siguiera fluyendo era implacable. A principios de los años sesenta, el Opus Dei había llegado a lugares tan lejanos como Kenia, Japón y Australia.[80] Para entonces, su cifra de miembros ascendía a unas seis mil personas en seis continentes.[81] No se había visto una expansión geográfica tan rápida en casi dos mil años de cristiandad, tal vez porque nadie más tenía acceso a cantidades tan ingentes de dinero o a la comodidad del avión.

La arrogancia de Escrivá creció al mismo ritmo que la Obra, y empezó a cambiar la manera de escribir su nombre, fusionando el compuesto José María —por aquel entonces muy común en los países de habla hispana— para convertirlo en Josemaría. Les dijo a sus seguidores que lo hacía en señal de devoción a José y María.[82] Pero es posible que el fundador tuviera en mente su legado; en lugar de ser otro san José, de los cuales ya existían varios, podía llegar a ser el primer san Josemaría. También pidió a sus seguidores que empezaran a coleccionar objetos relacionados con su vida, aduciendo que algún día Dios les pediría cuentas del tiempo que habían pasado con él.[83] Sin embargo, a la vez que planeaba su santidad, en conversaciones privadas con sus seguidores reconocía los turbios métodos que el Opus Dei había utilizado para alimentar su expansión. En una reunión, Escrivá dejó claro a Luis y otros que debían distanciarse de lo que estaban haciendo para ayudar al Opus Dei. «No utilicéis el nosotros; conjugad solo el yo», les ordenó.[84] Esa culpabilidad personal se convertiría en un pilar del Opus Dei en años venideros, lo cual le brindaba protección cada vez que algo salía mal. «Defended la Obra» era el nuevo mantra.

A mediados de los años sesenta se habían creado unas 138 sociedades auxiliares para generar fondos destinados a financiar las ambiciones de Escrivá.[85] Alrededor de una cuarta parte de ellas estaban en España, donde la penetración del grupo en el régimen franquista estaba generando grandes sumas, mientras que el resto se habían instalado en otras partes del mundo —Estados Unidos, México y toda Latinoamérica— como trampolines financieros hacia esos países. El Opus Dei ya había creado un complejo sistema de cuentas bancarias —tanto dentro de España como en el extranjero— a nombre de miembros numerarios de confianza para evitar las estrictas normas de control de capitales del país.[86] Pero ese sistema no era infalible, y a veces el grupo tenía que recurrir a lo más básico para sacar dinero de España. Antes de un viaje al extranjero, a los miembros a veces les entregaban un cinturón con billetes —que a menudo contenía muchos miles de dólares— y los animaban a in-

115

fringir las leyes de tráfico de divisas, a arriesgarse a ser detenidos e incluso a ir a la cárcel.[87] Los hombres de negocios numerarios con una buena excusa para viajar al extranjero eran los principales candidatos. Gregorio Ortega Pardo, el hombre del Banco Popular en Lisboa, era especialmente activo. A lo largo de la década de 1950 se había convertido en el principal contrabandista monetario del Opus Dei.[88] Los miembros de la organización a menudo visitaban Madrid con grandes fajos de billetes, aprovechando la laxitud de los controles en la frontera entre España y Portugal, para entregárselos a Ortega, que se encargaba de enviar el dinero. El propio Luis hizo varios viajes a Portugal en esa época.[89]

Sin embargo, esa ruta para sacar de España el dinero del Opus Dei pronto se vería amenazada. El 16 de octubre de 1965, Ortega viajó a Caracas y se alojó en una *suite* del hotel Tamanaco, un lujoso complejo turístico situado en la periferia oriental de la capital venezolana que frecuentaban ricos y famosos. A pesar de ser un numerario que había hecho votos de pobreza, castidad y obediencia, a Ortega le gustaba la buena vida. Elegante y desenvuelto, el hombre de negocios de cuarenta y tres años era una cara conocida en los locales nocturnos más distinguidos y modernos de Lisboa, aunque casi ningún miembro de la élite de la ciudad sabía mucho acerca de él. Corrían muchas historias sobre el español, como cuando anunció que era el archiduque de Austria en el elegante restaurante Montes Claros y pagó mil escudos a la orquesta para que le dedicara un vals.[90] Tales excentricidades, que no solo desobedecían la letra sino también el espíritu de las normas del Opus Dei, se habían ido filtrando poco a poco en el estilo de vida de algunos numerarios de élite de Madrid y otros lugares, los cuales gozaban de ciertas libertades e inmunidad frente a las reprimendas debido a su estatus dentro del movimiento.[91] En parte, esos privilegios reflejaban un cambio en el seno del Opus Dei: de ser una organización preocupada eminentemente por el ámbito espiritual había pasado a interesarse más por el dinero y la expansión, y estaba dispuesta a ser más flexible con aquellos miembros que más contribuían a la consecución de sus objetivos. Dichas libertades no solo eran vitales para guardar las apariencias —Ortega estaba vinculado a una larga lista de empresas, que abarcaban desde la automoción hasta la construcción e incluso el cine—, sino como válvula de escape para miembros de la élite que vivían bajo una tensión constante y a menudo corrían riesgos para satisfacer las exigencias del fundador.[92] Al igual que Luis, últimamente Ortega había empezado a notar la presión. Había empezado a saltarse comidas y durante un tiempo subsistió a base de *whisky* y café.[93] Un año antes de su viaje a Venezuela, la situación había llegado a tal punto que necesitaba tomarse un tiempo y regresó a España para un período de «convalencia», primero en Pamplona y luego en las montañas de las afueras de Madrid.[94] Cuando se dispuso a viajar a Venezuela, la gente de su entorno ya le veía mucho mejor. El día de su partida se encontró en el aeropuerto con el embajador español, quien le comentó que parecía recuperado y completamente normal.[95]

Ortega pasó su primera jornada completa en la capital venezolana descansando en el hotel. Al día siguiente, se montó en un taxi en el centro de la ciudad rumbo al Banco de Caracas, donde presentó una maleta llena de billetes al gerente, el cual sospechó al instante y lo denunció a las autoridades.[96] La policía, suponiendo que Ortega podía formar parte de una célula comunista vinculada a una fábrica de armas clandestina descubierta días antes,[97] decidió no interrogarlo inmediatamente, sino seguirlo por toda la ciudad.[98] Durante dos semanas lo vigilaron y registraron sus encuentros con una misteriosa mujer. También lo siguieron hasta el despacho de un abogado del que hacía tiempo se sospechaba que era un colaborador de los comunistas, lo cual no hizo sino confirmar sus conjeturas. El 5 de noviembre, lo detuvieron en su *suite* del hotel, donde encontraron casi un cuarto de millón de dólares y varias piezas de joyería antigua.[99] En el interrogatorio, a Ortega le entró el pánico y dijo a la policía que era profesor universitario.[100] Además, alegó que había introducido el dinero en el país para comprar unas propiedades.[101] No mencionó su afiliación al Opus Dei, ni la coincidencia de su visita con los planes del grupo, que pretendía abrir una nueva escuela para niños en Caracas, para la cual un maletín lleno de dólares sería de gran ayuda.[102] Contentos de que no fuese comunista —y tras comprobar que el dinero había sido retirado legalmente de cuentas controladas por Ortega en Lisboa—, el empresario fue puesto en libertad sin cargos y le indicaron que era libre de abandonar el país.[103]

En Madrid, la detención de uno de los más altos directivos del banco con una maleta llena de dinero de origen dudoso sembró el pánico. Aunque el escándalo se había silenciado en la prensa, la noticia había llegado al Caudillo, y la situación —si no se gestionaba adecuadamente— podía poner al descubierto los enormes trasvases de dólares del Banco Popular a negocios del Opus Dei en todo el mundo. Luis se tomó especialmente mal la noticia y se encerró varios días en su despacho, negándose a ver a nadie.[104] Después de casi veinte años en el Opus Dei, su capacidad para racionalizar la situación se vio seriamente comprometida. Conocía a Ortega desde hacía muchos años, y había sido Luis quien había confiado a su viejo amigo las delicadas operaciones de Lisboa.[105] No solo le había fallado al fundador, sino también a Dios. Y lo que era aún peor: cada faceta de su vida —desde el momento en que se despertaba y besaba el suelo de la residencia hasta su jornada en el banco supervisando el extenso entramado de empresas del Opus Dei, pasando por sus tardes de politiqueo con el ministro, dando órdenes y haciendo favores a sus compañeros— estaba ligada al movimiento. Dependía del Opus Dei. En cualquier momento, con una palabra del fundador en Roma, todo —su trabajo en el banco, su estatus entre sus compañeros, su vida en Madrid— podía desaparecer. Encerrado en su despacho, sin haberse recuperado aún del colapso sufrido dos años antes, empezó a volverse paranoico. ¿Había sido uno de sus compañeros numerarios, celoso de su estatus dentro del movimiento, quien había urdido todo aquello? Uno de sus colegas finalmente pudo entrar a verle y se sorprendió de lo que encontró. «¿Quién sabe si tú eres un comunista durmiente que has estado funcionando con normalidad durante unos años para actuar llegado el momento?», le espetó Luis.[106] Cuando por fin salió una semana después, anunció que abandonaba su gran despacho y se trasladaba a una habitación en la que apenas cabía un escritorio.[107] Ese acto de penitencia podría haber sido interpretado como la respuesta católica natural si no fuera por lo que sucedería a continuación, unos hechos que pusieron de manifiesto hasta dónde eran capaces de llegar los miembros supuestamente devotos del Opus Dei para proteger los intereses del movimiento.

La Obra no tardó en movilizarse para encubrir el incidente. La residencia de numerarios donde Ortega había vivido en Lisboa se mostró particularmente activa, filtrando información selectiva al amigable embajador español y dando a entender que el empresario había roto relaciones con el Opus Dei poco antes de su partida.[108] Presentaron una serie de cartas en las que Ortega había dimitido súbitamente de varias empresas vinculadas al movimiento, lo cual no era cierto. Luis y sus compañeros eran más que conscientes de ello, dado el enorme trabajo que estaban realizando para sacar a Ortega del entramado de empresas que aún dirigía, cosa que la policía venezolana había constatado.[109] Aquellas cartas falsas eran una amenaza que se cernía sobre cualquier numerario que viajara al extranjero, pues se les pedía que firmaran varias hojas en blanco antes de partir.[110] Los miembros del Opus Dei también insistieron en que Ortega se había vuelto loco de repente y que podía causar más bochornos públicos al Caudillo y a su régimen. A consecuencia de ello, después de aterrizar en Madrid el 13 de noviembre, Ortega fue trasladado a un manicomio para ser evaluado. Los médicos no encontraron nada malo en el paciente y le dieron el alta.[111] A los pocos días, el Caudillo fue informado de que Ortega estaba siendo atendido por un grupo de personas «con buen sentido y con auténtico amor al prójimo» que lo habían «sometido a un régimen médico adecuado a su estado».[112]

En realidad, Ortega se hallaba retenido en una finca rural.[113] Mientras tanto, Luis estaba debatiendo con los hombres del Opus Dei en el Gobierno qué hacer con su vergonzoso secreto.[114] El escándalo no amainaba; en otros países trascendió que Ortega pudo haber ayudado a trasladar hasta dos millones de dólares al extranjero, lo cual llevó a un par de periodistas vaticanos a viajar a Lisboa para investigar más a fondo.[115] Las conversaciones en el banco adquirieron tintes siniestros; Luis y uno de sus lugartenientes de confianza barajaron la posibilidad de «una incapacitación o de someterle a tratamiento médico adecuado a su peligrosidad» que representaba.[116] Ese mismo día, Luis hizo una llamada de cortesía al jefe de seguridad de Franco para agradecerle su ayuda en el asunto.

Esa duplicidad y perversión moral no eran en absoluto exclusivas de Luis. En toda España, muchos miembros llegaban a grandes extremos para proteger el movimiento. Se animaba a los doctores del Opus Dei a medicar a los numerarios que tenían dudas sobre su pertenencia a la organización.[117] Por su parte, había indicios de que Luis se sentía incómodo con su papel. Nunca fue a ver a su viejo amigo Ortega, sino que envió a su hermano Pedro o a uno de sus compañeros del Opus Dei en el banco. A finales de marzo, después de casi cuatro meses retenido contra su voluntad, Ortega acabó capitulando. «No soporta más tiempo la estancia en el sanatorio, pues él no está loco—informó Pedro a Luis tras pasar ocho horas con Ortega—. Comprende y acepta cualquier solución. De alargarse situación actual, se presentará el en la policía.»[118] Dos semanas después, el trato estaba hecho. Tras firmar varios documentos,[119] incluyendo una confesión y algunos textos legales, Pedro se reunió de nuevo con él —esta vez en una casa propiedad de la familia Valls-Taberner— para hablar de la nueva vida que le habían preparado en Argentina.[120] Poco después, el nombre de Gregorio Ortega Pardo pareció desvanecerse para siempre.

Luis quedó profundamente marcado por su papel en la traición a su amigo íntimo y compañero. Tal vez sintiendo el creciente malestar de un hombre que desempeñaba una función cada vez más crucial en la expansión del Opus Dei, el fundador lo llevó aparte después de una misa y le habló directamente del asunto de Ortega Pardo. «No te preocupes por nada de esto», le dijo a su banquero. «No disgustarse por nada. Todo tiene arreglo menos la muerte. Todo. Solo vemos una parte de cada objeto.»[121] «De las cosas externas no se puede juzgar nunca —continuó—. Más de uno, al que vemos hacer objetivamente cosas malas, nos lo encontraremos en el Cielo.»[122] Los numerarios como Luis no debían ver sus acciones a través de un prisma de moralidad terrenal. «El Opus Dei no es un instrumento terreno», explicaba.[123] En lugar de saciar la ambición de Escrivá, las enormes sumas generadas por Luis y el Banco Popular no habían hecho sino reforzar la prepotencia del fundador, alimentar aún más su ambición y llevarlo a justificar cuantos medios fueran necesarios para cumplir lo que él se había convencido a sí mismo y a quienes lo rodeaban de que era la Obra de Dios. Como ilustraba el incidente de Ortega Pardo, las cosas se habían descontrolado. La insaciable ambición del fundador pronto lo haría entrar en conflicto directo con la propia Iglesia.

5
Porque no me da la gana
Roma, octubre de 1965

No había nadie esperándola en el aeropuerto de Fiumicino, así que María del Carmen Tapia decidió ir directamente a Roma, donde encontró dos caras conocidas aguardando en la terminal de autobuses.[1] Las mujeres se alegraron mucho de verla. Las tres habían trabajado juntas años atrás, antes de que Tapia fuera enviada a Venezuela. Ambas preguntaron por el motivo de la visita de Tapia, pero ella no tenía ninguna explicación que darles. Lo único que sabía era que sus colegas de Caracas habían recibido días antes una nota de Villa Tevere en la que se ordenaba a María del Carmen que regresara a Roma lo antes posible. Llevaba días devanándose los sesos para averiguar por qué. Uno de los sacerdotes a los que conocía observó que el fundador, consciente del paso de los años, probablemente solo tenía ganas de ver a viejos conocidos. Tapia había sido enviada a Roma a principios de los años cincuenta, poco después de ser reclutada como numeraria para en el Consejo Superior de Investigaciones Científicas de Madrid por su jefe, que era sacerdote y, como casi todos los demás en el edificio, según descubrió más tarde, miembro del Opus Dei.[2] Tras unos años en diversas residencias de España, fue invitada a instalarse en Villa Tevere, donde pasó cuatro años trabajando junto al fundador antes de ser enviada a Venezuela.

Al volver a Roma después de tantos años, la sorprendieron algunos cambios, y no solo los relacionados con la amplia remodelación de Villa Tevere. La habitación que le adjudicaron tenía un grueso colchón colocado sobre las tablas de madera en las que solían dormir las numerarias.[3] Pronto supo que esa comodidad, de la que ha-

121

bían disfrutado los numerarios varones desde los principios del movimiento, se había extendido recientemente a las mujeres, pero solo a las mayores de cuarenta años. A las de más edad también se les permitía ducharse con agua caliente. Los cambios habían entrado en vigor tras una serie de problemas de salud, como reumatismo, dolores de espalda y afecciones ginecológicas, vinculados a las duras condiciones que soportaban las mujeres.[4]

Antes de que terminara de deshacer las maletas, le llegó un mensaje por el interfono indicándole que debía presentarse inmediatamente en el comedor de Villa Vecchia, el palacio original situado en el corazón del complejo de Villa Tevere, alrededor del cual se había construido a lo largo de los años una laberíntica ciudad de edificios más nuevos, capillas y oficinas.[5] Villa Vecchia no se veía desde la calle y conservaba gran parte de su antigua elegancia y encanto.[6] Escrivá había elegido el palacio como residencia personal, y su *suite* incluía habitaciones como un despacho, una capilla para uso exclusivo del fundador y un comedor privado.[7] Allí lo encontró cenando con Del Portillo, jefe de la sección femenina y prefecto de los criados. Como dictaba la costumbre, se acercó a Escrivá, se arrodilló ante él y le besó la mano.[8]

—¿Cómo has hecho el viaje? —preguntó él sin levantarse.[9]

—Muy bien, Padre, gracias —respondió ella.

—¿Cómo estaban cuando te fuiste? —dijo Escrivá, refiriéndose a las mujeres que compartían la residencia numeraria con Tapia en Caracas.

—Bien, Padre. Solo Begoña me preocupa mucho por esa desgracia.

Begoña vivía en la residencia y acababan de diagnosticarle un cáncer.

—¿Desgracia llamas a saber que prontico se va a ir con Dios? —repuso Escrivá—. ¡Si eso es una bendición! ¡Afortunada ella, pensar que pronto se va a morir! ¿Y quién es Begoña? ¿Desde cuándo lo tiene?

A Tapia la sorprendió que Escrivá pareciera no saber nada del tema. Begoña había creado la sección femenina en Venezuela y ocupaba cargos importantes en el gobierno regional del Opus Dei en aquel país. Siguiendo sus instrucciones, Tapia y sus compañeras de Caracas habían enviado informes periódicos a Roma sobre la evolución de su estado, así que imaginó que simplemente se le había pasado por alto.

—Y tú, ¿cómo andas de salud? —preguntó.

—Muy bien, Padre —respondió ella.

—¿A que no te ha visto el médico?

—Sí, Padre, cada año llevamos un chequeo médico a fondo y riguroso.

—¡Pues no importa! Tú, Chus —dirigiéndose a la médica—, ¡mírala! Que coma. Que duerma y que descanse, porque aquí te vamos a dar mucho trabajo. Ya hablaremos. Ahora descansa, come y duerme.

Y con eso, Escrivá salió de la habitación.

La conversación dejó a Tapia confusa; seguía sin saber por qué se había visto obligada a recorrer ocho mil kilómetros. Aunque el fundador se había mostrado cortés, Tapia notó que algo no iba bien: había cierta irritación en su voz.[10] Intentó dejar de lado sus instintos. Al fin y al cabo, eran tiempos difíciles para cualquier católico devoto, y el fundador, como leal servidor del papa, probablemente estaba angustiado por el Concilio Vaticano II, cuya clausura estaba prevista para dentro de unas semanas. Se trataba del primer concilio ecuménico en casi cien años, y había sido convocado por el papa Juan XXIII para modernizar la Iglesia, de modo que pudiera afrontar mejor los retos de una sociedad cada vez más secularizada. Pero esas buenas intenciones pronto se convirtieron en acritud y división y dejaron al descubierto enormes fisuras en la fe católica. A lo largo de los cuatro otoños anteriores, cientos de cardenales, obispos y líderes de la Iglesia se habían dado cita en Roma para debatir durante semanas y votar una extensa lista de propuestas de reforma. Escrivá no había sido invitado a participar en las congregaciones generales en las que tenían lugar los debates y las votaciones: la asistencia estaba reservada a cardenales, obispos y jefes de las principales órdenes religiosas. Como mero director de un instituto secular, Escrivá no cumplía los requisitos, aunque sí participaron dos obispos del Opus Dei de Perú y otro de Portugal. Tras las presiones a las que se había visto sometido el movimiento, el secretario personal del papa ofreció un acuerdo: Escrivá podría asistir como consultor de las diversas comisiones que se habían creado para trabajar en los documentos para las congregaciones generales, junto con Del Portillo y otros dos sacerdotes del Opus Dei que también habían sido invitados a participar.[11] Sin embargo, Escrivá rechazó la oferta.[12] Evidentemente, quedar relegado por debajo de tres de sus obispos no le satisfacía. Así pues, el fundador se vio obligado a seguir el proceso desde lejos.

Las relaciones de Escrivá con el Vaticano se habían deteriorado ya antes del concilio. El fundador del Opus Dei se había sentido molesto por la repentina oleada de aprobaciones de otros institutos seculares que, a su juicio, restaban estatus al Opus Dei dentro de la Iglesia.[13] De repente, la Obra de Dios quedaba relegada al mismo plano eclesiástico que el Instituto de las Siervas de los Pobres y la Compañía de Santa Úrsula. Claramente ofendido, llegó a escribir a los miembros para declarar de forma unilateral que el Opus Dei ya no era un instituto secular porque el significado de esa etiqueta se había distorsionado a lo largo de los años, aunque solo el Vaticano poseía autoridad para conferir o retirar dicho estatus.[14]

Sus relaciones con el papado también habían empezado a agriarse. A Escrivá nunca le había gustado el papa Juan XXIII, que fue elegido tras la muerte de Pío XII en 1958 y se había convertido rápidamente en el «papa bueno» por sus esfuerzos para liberalizar la Iglesia. Tras la muerte de Juan XXIII en 1963, Escrivá esperaba que su sucesor mostrara más respeto hacia el Opus Dei y que le otorgara un nuevo estatus más acorde con un movimiento tan importante dentro de la Iglesia. Pero la elección del papa Pablo VI —antiguo arzobispo de Milán que ya había tenido varios roces con el Opus Dei en la ciudad— supuso un duro golpe para tales esperanzas. Al conocer la noticia, Escrivá montó en cólera, acusó al nuevo papa de ser masón y predijo que todos los que lo habían elegido irían al infierno.[15] «Dios, en su infinita sabiduría, debería llevarse a ese hombre», le dijo a un miembro.[16] Otras personalidades influyentes del Vaticano también despreciaban a Escrivá. Un respetado teólogo suizo, que más tarde se convertiría en consejero de dos papas, descalificó *Camino*, la obra fundamental del fundador, tachándola de «manual para *boy scouts* veteranos»,[17] y criticó abiertamente al Opus Dei por «comprar» espiritualidad a través de sus diversos intereses empresariales.[18] «El espíritu comprado es una contradicción en sí mismo», conjeturó.[19]

Al día siguiente de su conversación con el fundador, Tapia fue a visitar San Pedro, pero se apresuró a volver por si Escrivá quería hablar de nuevo con ella. No tuvo noticias. Durante tres días permaneció en su habitación sin hacer nada. Al cuarto día, pidió que le asignaran una tarea y le dijeron que catalogara todos los libros de la biblioteca, primero alfabéticamente y luego por materias. Tapia se dio cuenta de que el trabajo le llevaría meses. La asignación de aquellas tareas serviles y repetitivas era una táctica habitual de Escrivá para poner a prueba el compromiso de sus seguidores y ejercer control sobre ellos. Otro numerario, que ya había recibido instrucciones de su director en Londres para que abandonara su exitosa carrera académica para dedicarse a reclutar colegiales,[20] fue enviado a Roma más o menos al mismo tiempo que Tapia para reciclarse como sacerdote, a pesar de que no tenía ningún interés en hacerlo.[21] «Lo que me dijera el director era la voluntad de Dios —recordaba—. El Opus Dei y Dios se fundieron poco a poco en uno. Me habían enseñado que la crítica era un signo de orgullo.»[22] A su llegada, le encomendaron la tarea de limpiar la caldera de la calefacción central, un trabajo caluroso, sucio y arduo.[23] Solo después de superar esa «prueba» le dieron un trabajo mejor. «Me dijeron que en las corridas de toros había que debilitar al toro, hacer que se arrodillara para poder controlarlo y dominarlo antes de matarlo», explicaba.[24] «Dentro del Opus Dei, las virtudes supremas eran la obediencia incondicional y acrítica y la aniquilación de los sentimientos y gustos personales, todo en beneficio de la institución.»[25]

Durante las conversaciones obligatorias de acompañamiento espiritual, e incluso durante la confesión, Tapia empezó a notar que algo iba mal. El director y el sacerdote insinuaron que había hecho algo terrible en Venezuela, algo que iba en contra del fundador y del espíritu de la Obra. Suplicó a la responsable de la sección femenina que le contara algo más, pero fue en vano. Al cabo de un mes, Escrivá la citó de nuevo. La recibió en el despacho de la sección femenina, sentado en un sillón con respaldo alto tapizado en terciopelo rojo.

Su actitud era totalmente distinta a la de su primer encuentro.

—Te he llamado para decirte que te quiero trabajando aquí, en Roma —anunció—. ¡No vuelves a Venezuela! Te trajimos de allí engañada —dijo, sonriente, casi divertido— porque si no, con el geniete que tú te gastas, no sé de lo que hubieras sido capaz. Y te tuvimos que traer así. O sea que ya lo sabes: no vuelves a Venezuela.

—Padre, me gustaría vivir y morir en Venezuela —le dijo Tapia.

Su tono desafiante sorprendió a todos los presentes.

El fundador se puso en pie, visiblemente enfadado.

—¡No y no! —gritó—. ¿Has oído? ¡No vuelves porque no me da la gana y yo tengo autoridad para mandarte a ti y a este y a esta y a ti, ¡grandísima soberbia! —Escrivá señaló con el dedo a los allí presentes—. ¡No vuelves!

Por la noche fue convocada de nuevo ante el fundador para recibir una admonición formal por su reacción a la orden que le había dado aquella tarde.[26]

—Me han dicho estas —dijo señalando a algunas de las numerarias— que has recibido la noticia de que no vuelves a Venezuela con histerismo y lloros. —De repente, alzó la voz—. ¡Muy mal espíritu! —gritó—. ¡No vuelves a Venezuela ni volverás nunca porque has hecho una labor personalista y mala! ¡Y has murmurado documentos míos! —Levantó el puño hacia el rostro de Tapia—. ¡Y eso es grave, muy grave! —gritó—. Y te hago una admonición canónica. ¡Y que conste en acta! ¡A la próxima vas a la calle!

En los días siguientes, a Tapia le quedó claro que la razón por la que había sido citada en Roma —y el motivo del enfado del fundador— era que había osado cuestionar las normas y reglamentos de Escrivá.[27] En Venezuela, le había sugerido a uno de sus compañeros que se permitiera a los miembros confesarse con sacerdotes ajenos al Opus Dei, algo que estaba autorizado sobre el papel pero que se consideraba de «mal espíritu». Tampoco había seguido las directrices del fundador que estipulaban que las numerarias debían hacer una visita mensual al campo. Como en Venezuela había poco «campo» en el sentido europeo, había llevado a las mujeres que tenía a su cargo a la playa. Para rematar la insubordinación, se atrevió a comentar que una revista española creada por el Opus Dei, para la que Escrivá había encargado a todas las numerarias que buscaran suscriptores, podía no ser de interés para nadie en Venezuela. También conoció el castigo por sus transgresiones.[28] Se le prohibió comunicarse con nadie en el país sudamericano y, si alguien iba a buscarla a Villa Tevere, le dirían que estaba enferma. Sus compañeros de Venezuela serían informados de su mal espíritu, y se le prohibió hablar de «su lamentable situación» con nadie en Roma. Asimismo, le indicaron que solo mediante la oración y la obediencia ciega podría salvar su alma.

Como explica M.ª Carmen Tapia en su libro, durante cuatro meses estuvo prisionera en Villa Tevere.[29] Tenía prohibido salir de la casa, hacer o recibir llamadas telefónicas y escribir o recibir cartas. Compartió su desesperación con una simpática numeraria de Venezuela llamada Gladys, procurando hablar con ella solo en ciertas habitaciones de Villa Tevere porque Tapia sabía de los micrófonos que el fundador había instalado en muchas zonas del complejo. Dichos micrófonos estaban conectados a sus aposentos privados y le permitían escuchar las conversaciones privadas de los miembros.[30] En los años sesenta, Escrivá había logrado crear un círculo de aduladores en Roma, hasta el punto de que nadie parecía cuestionar las flagrantes violaciones de los derechos personales de los miembros. «Rodeado de una burbuja de afecto, era totalmente acrítico —recordaba un numerario que ayudó a instalar los dispositivos de escucha—. Parecía completamente normal instalar un micrófono detrás de un cuadro en una sala de entrevistas para que cada palabra pronunciada allí pudiera ser grabada para la posteridad y quedara constancia de quién dijo qué.»[31] Gladys sintió lástima por Tapia y pensó que estaba siendo tratada con dureza. Aceptó ponerle un apartado de correos, lo cual permitió que Tapia mantuviera correspondencia con Ana María Gibert, una colega con la que estaba muy unida en su país, y Gladys llevaba y recogía las cartas.[32] Las restricciones empezaron a remitir a finales de marzo, aunque Tapia solía ir acompañada de otra numeraria cada vez que salía del complejo.[33] Las cosas siguieron así durante varias semanas, hasta que un día la citaron inesperadamente para ver a Escrivá.

—Esto se va a acabar —dijo—. Tú no nos vas a tomar el pelo a nosotros. —El fundador cogió una hoja de papel y se acomodó las gafas—. Me dicen que tú te escribes con Ana María Gibert, ¡con esa mala mujer! —continuó—. Y que tienes un apartado aquí en Roma.

127

—Se quitó las gafas y empezó a gritar—: ¿Qué es esto, grandísima hipócrita y falsa, mala mujer?

—Sí, padre, he escrito a Ana María Gibert, pero ella no es ninguna mala mujer.

—Y la alcahueta esa de Gladys, cochina. ¡Que venga! —gritó.

Cuando llegó Gladys, Escrivá se puso a gritar y luego le ordenó que saliera.

—A esa, cójanla después —dijo a las representantes de la sección femenina que estaban presentes—. Levántenle las faldas, bájenle las bragas y denle en el culo, ¡en el culo!, hasta que hable. ¡Háganla hablar!

A continuación, se dirigió a Tapia.

—¡Te hago la segunda admonición, hipócrita! —gritó—. ¡Cuéntales a estas todo, todo, que eres de cuidado! Y te advierto que estoy esperando que me lleguen unas declaraciones juradas de Venezuela y verás lo que es bueno. ¡Eres una mala mujer, una ruin, una hez! ¡Eso eres tú! Y ahora, ¡vete, que no te quiero ver!

Sus superiores la interrogaron sobre los detalles del apartado de correos durante horas y horas, repitiendo la misma pregunta una y otra vez.[34] Después de cada interrogatorio, Tapia volvía a su habitación y se encontraba con que habían registrado sus cosas en busca de pruebas incriminatorias.[35] Antes de que terminara el mes, le pidieron que se marchara y le dijeron lo que tenía que escribir en su carta de dimisión.[36] En ella debía decir explícitamente que había sido feliz en la Obra, pero que no había podido cumplir con sus obligaciones y que, por tanto, quería ser dispensada de las mismas.

Antes de ser puesta en libertad, Escrivá le dio un consejo.

—Y no hables de la Obra ni de Roma con nadie. No nos indispongas con tus padres, porque ¡si yo me entero de que hablas algo peyorativo de la Obra con alguien, yo, Josemaría Escrivá de Balaguer, que tengo la prensa mundial en mis manos, te deshonraré públicamente y tu nombre saldrá en la primera página de todos los periódicos, porque me encargaré yo personalmente y será tu deshonra ante los hombres y ante tu propia familia!

La creciente presuntuosidad de Escrivá se vio alimentada, al menos en parte, por la rápida expansión del Opus Dei. En 1965, el movimiento se había extendido a 31 países, mucho más allá de sus baluartes en Europa y las Américas, para incluir Estados como Kenia, Nigeria, Japón, Filipinas y Australia. Gran parte de esa expansión fue propiciada por el floreciente imperio empresarial de la Obra. Durante la primera mitad de los años sesenta, Escrivá gastó oficialmente casi tres millones de dólares en la expansión en el extranjero, equivalentes a más de treinta millones de euros actuales, aunque las cifras probablemente eran muy superiores. Estados Unidos era uno de sus principales focos de interés. El caudal de dinero invertido en ese país fue tal que, a mediados de los sesenta, empezó a causar malestar entre la clase dirigente católica de aquel país.

En 1964, el arzobispo de Boston escribió una carta al máximo responsable del Opus Dei en la ciudad para buscar respuestas sobre algunas compras inmobiliarias de envergadura. Richard Cushing era un sacerdote popular, hijo de inmigrantes irlandeses, con el pelo plateado y una nariz aguileña prominente. Se había convertido en un ejemplo de la Iglesia católica moderna y más compasiva del papa Juan XXIII. Cushing quería ser político antes de dedicarse al sacerdocio, y se enorgullecía de conocer el camino al corazón de sus feligreses, y también a sus carteras.[37] En una ocasión, acompañó a una delegación de agentes de policía a una taberna —con mitra y todo— y pidió una ronda de cerveza; en otra, visitó un orfanato local para anunciar una donación de grandes cantidades de helado a los niños de Boston, y le dijo bromeando a una chica: «Si alguna vez te casas con un millonario, preséntamelo». Sus recaudaciones de fondos habían dado frutos en toda la archidiócesis y contribuido a que la asistencia a la iglesia alcanzara cifras récord. Las autoridades se jactaban de que Cushing era responsable de construcciones por un valor de al menos doscientos cincuenta millones de dólares,[38] entre ellas 120 escuelas, 86 iglesias nuevas y cuatro hospitales en toda la zona de Boston. También estaba muy unido a los Kennedy: había oficiado la boda de Jack y Jackie y había bautizado a Chris, el hijo de Bobby. Millones de estadounidenses le habían visto rezar en la investidura presidencial de 1961; menos de tres años después, dirigió a la nación en su dolor como sacerdote elegido para oficiar el funeral del joven presidente asesinado.[39]

El cardenal no veía con buenos ojos que intentaran inmiscuirse en su territorio. Por eso, cuando el Opus Dei compró un terreno de media hectárea a cuatro manzanas de Harvard Yard por doscientos mil dólares en efectivo[40] y anunció a *The Boston Globe* que había recibido permiso para construir una residencia para doscientos universitarios allí —con espacio suficiente para alojar a uno de cada diez estudiantes de Harvard—, Hushing se quedó sorprendido.[41] «No sé nada de su trabajo en Boston y la única vez que oigo hablar de su comunidad es cuando la rama masculina o femenina de esta Sociedad quiere expandirse —escribió—. En mi opinión, hay demasiadas propiedades exentas de impuestos en Boston y en las zonas adyacentes.»[42] Cushing tenía razón. La compra de la parcela cercana a Harvard Yard era solo la última en una serie de grandes adquisiciones inmobiliarias acometidas por el grupo en pocos años. El Opus Dei poseía dos edificios de seis plantas en Back Bay, una zona acomodada de la ciudad,[43] los cuales gestionaba como residencias de estudiantes y donde se decía que varios hombres vivían como monjes, así como una gran casa de tablones en la calle Follen, Cambridge, que había pagado al contado un par de años antes.[44] También dirigía otra residencia para mujeres cerca de la universidad y poseía un chalet de esquí en Vermont, donde organizaba retiros de fin de semana para jóvenes de ambos sexos.[45]

Para el arzobispo, que se declaró «muy disgustado», era un misterio cómo un reducido grupo de sacerdotes y estudiantes españoles había creado ese imperio tan rápidamente.[46] Sin duda, Cushing sospechaba que el Opus Dei ocultaba información y sus verdaderas intenciones a la archidiócesis. Exigió al grupo que detuviera inmediatamente cualquier plan de expansión y que presentara un informe en el que se detallaran todas las propiedades que poseía y el dinero que había recaudado.[47]

Las propiedades de Boston eran solo la punta del creciente imperio inmobiliario del Opus Dei en Estados Unidos. Era un iceberg que se extendía hacia el Medio Oeste y más allá, a través de una serie de empresas establecidas en lugares como Maryland, donde las normas de transparencia corporativa eran notoriamente laxas.[48] Los numerarios que lideraban la ofensiva parecían tener acceso a un flujo de dinero casi inagotable. Los observadores atentos pudieron detectar una serie de señales de alarma. Por ejemplo, Manolo Barturen, que dirigía una residencia de numerarios en Nueva York, cruzaba a menudo el Atlántico en avión.[49] ¿Qué traía de España en su maleta? La Oficina Federal de Investigación también había recibido soplos sobre posibles vínculos entre el Opus Dei y negocios corruptos de exportación de aceite desde Europa. Anthony «Tino» De Angelis, un antiguo carnicero de Nueva Jersey que se había convertido en uno de los principales actores del comercio mundial de materias primas, había sido detenido el año anterior por su participación en el llamado escándalo del aceite, en el que engañó a los bancos para que le prestaran millones de dólares llenando de agua depósitos que supuestamente contenían aceite de soja destinado a la exportación a Europa.[50] Tino culpó de todo al Opus Dei, que, según él, había colaborado con sus enemigos para robarle contratos multimillonarios de aceite en España, e incluso había enviado a uno de sus miembros a su habitación de hotel en Madrid para amenazarlo con que desistiera.[51]

Ese mundo de inexplicables compras de propiedades y escándalos distaba mucho de cómo había empezado el Opus Dei en Estados Unidos, y reflejaba la lenta erosión de la moralidad y el propósito del movimiento a medida que crecía. José Luis Múzquiz y Salvador Ferigle habían sido enviados allí por el fundador en febrero de 1949, un sacerdote y un estudiante de posgrado que compartían solo unos pocos dólares y un ardiente deseo de extender la Obra de Dios a nuevos territorios. Después de aterrizar en Nueva York, tomaron un tren a Chicago para reunirse con otro miembro del Opus Dei que trabajaba en un laboratorio, donde Múzquiz —o padre Joseph, como prefería presentarse a los residentes— estableció el primer puesto de avanzada estadounidense de la Obra. En junio había comprado una casa de quince habitaciones en el 5544 de la avenida South Woodlawn, a pocas manzanas de la universidad.[52] La propiedad estaba registrada a nombre de una empresa llamada Work of God, Inc., creada por el padre Joseph. Sus peroratas sobre la visión divina de Escrivá y el buen trabajo que el Opus Dei ya estaba realizando en España calaron entre los lugareños. Algunas señoras del barrio empezaron a recaudar fondos para la nueva empresa, mientras que otras donaron muebles para la residencia.

Al final de su primer año académico en Chicago, los pioneros del Opus Dei tenían su primer recluta estadounidense: Dick Rieman, un oficial de artillería naval en la segunda guerra mundial que estudiaba Sociología.[53] Su primo Pat también se unió poco después. Para Navidad, otros cinco hombres pidieron ser admitidos: uno era un residente de la casa del Opus Dei que estaba cursando un doctorado en música, el otro un estudiante de primer año en la universidad, y los tres restantes, alumnos de secundaria que habían trabajado con Rieman durante el verano.[54] No tardaron en llegar cartas de Escrivá pidiendo al padre Joseph que enviara dinero. «Estamos avanzando con el mobiliario y la decoración, pero he tenido poco éxito en la recaudación de dinero —respondió Múzquiz—. Tengo algunas pistas. Llevo varios meses siguiendo a algunos sin muchos resultados, pero *in verbo autem tuo laxabo rete*» (Fiado a tu palabra, lanzaré la red).[55]

En 1953, el Opus Dei se había expandido a Boston, donde volvió a aprovechar la generosidad de la población católica local. Con la ayuda de Louise Day Hicks, hija de un acaudalado juez que más tarde se haría un nombre en la política como firme opositora a la segregación racial, Work of God cerró la compra de otra propiedad, una antigua casa de huéspedes en la calle Marlborough que convertiría en residencia de estudiantes para jóvenes que asistían a Harvard y al MIT.[56] Escrivá envió a otro sacerdote para supervisar la formación espiritual en la nueva residencia: Guillermo Porras, nacido en Estados Unidos, hijo de inmigrantes mexicanos y uno de los primeros angloparlantes nativos del Opus Dei, que prefería hacerse llamar padre Bill. Su llegada dejaba más tiempo libre al padre Joseph, que estaba trabajando en una traducción de *Camino* al inglés.[57] Mientras supervisaba la renovación de la nueva residencia, Porras empezó a relacionarse con el arzobispo local. Cushing le tomó afecto y le preguntó si estaría interesado en hacerse cargo del Harvard Catholic Club. Su anterior capellán había sido excomulgado por la Iglesia tras pronunciar un discurso sobre la incompatibilidad del catolicismo con la cultura estadounidense y por incitar a los miembros del club a dejar los estudios.[58] Cushing, que había sido invitado a España por el Opus Dei unos años antes y había visto de primera mano su gran labor allí,[59] veía a Porras como un colaborador fiable

132

para el Harvard Catholic Club después de todo el escándalo del llamado «caso de la herejía de Boston».[60]

A principios de los años sesenta, la plataforma que se había fraguado en Harvard, así como el duro trabajo de los miembros que habían creado residencias de estudiantes en Madison, Washington, San Luis, Milwaukee y otros lugares, empezó a dar sus frutos. Tras unos doce años en Estados Unidos, el Opus Dei había reclutado a unos cuatrocientos individuos.[61] El país se había convertido en uno de sus mayores bastiones fuera de España. Pero su relación con la Iglesia católica había empezado a agriarse, sobre todo en Boston, donde llegaban quejas a la residencia del arzobispo en la avenida Commonwealth. Cushing ya había tenido un encontronazo con Porras por la admisión de mujeres en el Harvard Catholic Club tras la decisión de la universidad de permitirles estudiar las mismas carreras que los hombres. Porras se oponía. «Por mi experiencia, en un grupo mixto, aunque las mujeres sean menos numerosas, parecen capaces de desempeñar más trabajo que los hombres y acaban tomando el relevo», explicó, sin mencionar la estricta separación de sexos en el Opus Dei.[62] Sin embargo, Porras dimitió antes de que se impulsara la fusión.

Aun así, el conflicto entre el Opus Dei y el arzobispo no había hecho más que empezar. Pronto, el nuevo capellán del Harvard Catholic Club tuvo que pedir a otros dos sacerdotes del Opus Dei fichados por Porras que se marcharan.[63] «Tengo en mi haber varios documentos y numerosos hechos que puedo corroborar y que nos indican a mí y a muchos otros que las tácticas y métodos del Opus Dei son cuestionables, equívocos y, en ocasiones, turbios y engañosos», advirtió al arzobispo.[64] Pero las exigencias de Cushing para que el Opus Dei cesara todas sus ocupaciones cayeron en saco roto. Si acaso, su actividad aumentó en los años siguientes. En medio de sus frías relaciones con el Vaticano, Escrivá se estaba convirtiendo cada vez más en una ley en sí mismo, dispuesto a ignorar las órdenes directas de la Iglesia en su búsqueda de engrandecimiento personal. El arzobispo había brindado al grupo una plataforma para reclutar gente entre las altas esferas de los estudiantes estadounidenses, y nada iba a impedir que sacara el máximo partido de esa posición. Pocas semanas después, el Opus Dei compró un colegio privado con más de treinta hectáreas de terreno en Pembroke, Massachusetts, unos 45 minutos al sur de Boston,[65] con la intención de convertirlo en un internado para chicas adineradas.[66]

El Opus Dei también siguió adelante con su expansión en Boston. En diciembre de 1964, llevó a cabo su mayor compra hasta el momento: una mansión Tiffany de cinco plantas en la avenida Commonwealth, repleta de chimeneas altas, techos abovedados y una escalera de caracol bajo un reluciente arco de mosaico de azulejos.[67] La propiedad, junto con dos casas adyacentes, costó al Opus Dei cuatrocientos mil dólares.[68] El complejo pronto sería rebautizado como Residencia Bayridge, y estaría ocupado por numerarias y estudiantes que pagarían un alquiler. La adquisición era solo una más en una serie de compras fastuosas de propiedades realizadas en todo el mundo aquel año.[69] El Opus Dei también adquirió un castillo del siglo XVII a las afueras de París, una mansión en la campiña del Sussex Oriental, cerca de Londres, una enorme finca en Irlanda y una mansión de estilo renacentista francés a orillas del río San Lorenzo, a las afueras de Montreal, Canadá. El movimiento también estaba a punto de crear un instituto de enseñanza secundaria en Kenia y una universidad en Perú.

Escrivá trató de utilizar la rápida expansión del Opus Dei para convencer al Vaticano de que se los tomara más en serio a él y a su movimiento, y de que había llegado el momento de conceder finalmente a ese instituto secular un estatuto canónico más adecuado. Sin embargo, sus intentos fueron en vano. Transcurrido menos de un mes desde la finalización del Concilio Vaticano II, y con Tapia todavía encarcelada en Villa Tevere, Escrivá tuvo una audiencia con el papa Pablo VI, en la que defendió la concesión al Opus Dei de un estatus más elevado dentro de la Iglesia.[70] La petición fue rechazada. Escrivá mantuvo otra audiencia con el papa al año siguiente con el mismo resultado decepcionante. Sería su último encuentro con el pontífice en seis años. Desesperado por obtener reconocimiento, sus presiones llegaron a ser frenéticas. A finales de los años sesenta, Escrivá suplicó diez veces una audiencia con el papa, pero todas ellas fueron desestimadas.[71]

Escrivá se dio cuenta de que Roma podía no estar dispuesta a mostrarle el respeto y la importancia que creía merecer y empezó a sopesar medidas drásticas: una ruptura total con la Iglesia católica. En 1967, envió a Del Portillo a Grecia para ver si podía introducir el movimiento en la Iglesia ortodoxa.[72] El viaje resultó infructuoso, pero la disposición de Del Portillo a contemplar tal posibilidad demuestra que el movimiento había llegado a un punto de no retorno: mantener el culto a la personalidad de Escrivá ahora era el motivo definitorio del Opus Dei, incluso si eso significaba traicionar los intereses de la Iglesia católica.

El abandono gradual de los ideales profesados por el movimiento no tardó en provocar una serie de salidas de altos cargos, especialmente entre los primeros discípulos de Escrivá que se habían unido al Opus Dei como símbolo de cambio, renovación cristiana y virtud.[73] Antonio Pérez-Tenessa, un sacerdote que había desempeñado los cargos de secretario general y responsable de la región española, era el más veterano. Llevaba años queriendo marcharse —algo que sus superiores sabían muy bien—, pero le habían puesto las cosas casi imposibles.[74] Desapareció de su residencia en plena noche, lo cual llevó a Escrivá, tal vez preocupado por la información comprometedora que Pérez-Tenessa tenía sobre las finanzas del Opus Dei, a iniciar una persecución para localizarlo.[75] Finalmente, el «traidor» fue descubierto en México, donde los miembros del Opus Dei que lo encontraron le transmitieron una orden del fundador para que guardara silencio sobre su paso por el movimiento.[76] Al igual que hizo con Tapia, Escrivá probablemente amenazó con utilizar su influencia en el régimen franquista y en el mundo empresarial español para hacerle la vida imposible si desobedecía. Pronto le siguieron otros peces gordos. Raimon Panikkar, un sacerdote que había reclutado a cientos de jóvenes en la residencia de estudiantes de Moncloa, también abandonó. Cuando Miguel Fisac, uno de los primeros discípulos de Escrivá, perdió a su hija de seis años a causa de una vacuna contra la polio, recibió la visita de dos sacerdotes del Opus Dei que le dijeron que la muerte de su hija era un castigo de Dios por abandonar la Obra.[77]

Esos casos dejaban entrever un clima de descontento en residencias opusdeístas de toda España, donde el éxodo masivo se mantenía a raya solo gracias a las garantías de los directores locales sobre la pureza del mensaje de Escrivá y al uso ocasional de medicamentos recetados para apaciguar a los disidentes. Muchos eran incapaces de contemplar la posibilidad de escapar debido a su dependencia profesional y emocional respecto del movimiento. La realidad del Opus Dei era un mundo aparte de los principios que Escrivá defendía en público. Las incesantes exigencias del fundador, y su obsesión por el dinero y la expansión, habían transformado lo que una vez fue un grupo devoto de personas unidas por la oración y la mortificación en un salvaje Oeste de anarquía, donde los miembros competían activamente por los recursos y luchaban unos contra otros para satisfacer sus caprichosas exigencias.[78] Cuando las noticias de la crisis espiritual del Opus Dei salieron a la luz, un frustrado Escrivá decidió que había llegado el momento de readaptar la narrativa.[79] Concedió una serie de entrevistas a algunas grandes publicaciones internacionales, entre ellas *The New York Times*, *Le Figaro* y la revista *Time*. En realidad, las «entrevistas» eran totalmente escenificadas; Escrivá se negó a reunirse en persona.[80] En lugar de ello, los miembros del Opus Dei redactaban respuestas a preguntas escritas, y se las enviaban para su aprobación. Otra razón para escenificar las entrevistas fue el empeoramiento de la salud de Escrivá: el fundador estaba siendo tratado otra vez de su diabetes, que en principio había sanado milagrosamente años antes.[81]

El momento de las entrevistas no fue casual. A finales de los años sesenta, el reclutamiento empezaba a decaer, especialmente en los campus universitarios, donde los movimientos estudiantiles de protesta estaban movilizándose contra las actitudes tradicionales hacia el género, la raza, el capitalismo, el gobierno y la religión. Incluso en los rígidos confines de la España dictatorial, los altos cargos del Opus Dei hablaban abiertamente de una crisis cada vez mayor.[82] En su entrevista con *The New York Times*, Escrivá señaló iniciativas que su movimiento había empezado a atraer entre una nueva generación: aquellas dirigidas a niños y adolescentes. El fundador mencionaba una nueva escuela llamada The Heights en Washington D. C., así como un nuevo club deportivo y cultural en el Near West Side de Chicago.[83] Esas iniciativas formaban parte de un enorme programa de construcción de escuelas en España y Latinoamérica que había comenzado unos años antes y ahora se estaba desplegando en Estados Unidos y otros lugares. [84] Dado que el reclutamiento de adultos era cada vez más difícil, se puso en marcha una nueva estrategia para reclutar a niños.

Pero cualquier esfuerzo por limpiar la imagen del Opus Dei pronto se haría añicos a causa de un gran escándalo en España. En julio de 1969, un empresario cercano al Opus Dei fue detenido en el aeropuerto de Barcelona. Juan Vilá Reyes era propietario de una empresa textil llamada Matesa, que poseía la patente de un telar supuestamente innovador y había conseguido enormes sumas de dinero público para financiar la producción de máquinas destinadas a la exportación, ayudado en parte por sus amigos del Opus Dei en el gobierno. Luis Valls-Taberner, quizá sabiendo algo que otros ignoraban, se había mantenido al margen del asunto. Mientras otros bancos españoles se apresuraban a financiar a Matesa, el Popular se había negado. [85] De repente, todo llegó a un punto crítico aquel verano, cuando un cargamento de telares en principio destinado a Nueva York apareció abandonado en el puerto de Barcelona. [86] El Ministerio de Hacienda abrió una investigación y descubrió que se habían malversado doscientos millones de dólares de dinero público —unos 1.500 millones de euros actuales— en un inmenso fraude que implicaba facturas falsas y empresas fantasma repartidas por Suiza, Estados Unidos y Latinoamérica. Los préstamos presuntamente se destinaban a financiar la fabricación de cientos de telares para hacer frente a los pedidos que habían llegado de todo el mundo, pero el dinero había ido a parar a diversas iniciativas del Opus Dei,[87] entre ellas la Universidad de Navarra, su escuela de negocios en Barcelona e innumerables proyectos más, incluida la campaña electoral de Richard Nixon. [88]

La Falange, viendo la oportunidad de hacer caer a su gran rival, filtró la noticia a la prensa, una maniobra que le salió mal. El Caudillo estaba furioso por que aquel escándalo en el corazón del régimen estuviera ocupando portadas en España y el extranjero. «¿Qué tenéis contra el Opus? —dijo Franco enfurecido cuando los falangistas se quejaron del comportamiento de sus colegas en el Gobierno que eran miembros del movimiento—. Porque mientras ellos trabajan vosotros estáis jodiendo.»[89] Según la retorcida brújula moral del Caudillo, un pequeño tejemaneje aquí y allá era irrelevante.

Pero la línea roja que no se podía cruzar nunca era el descrédito del régimen. Las filtraciones de la Falange a la prensa habían quebrantado esa norma vital. Sin que los falangistas lo supieran, el Opus Dei también había estado presionando a Franco, que en aquel momento recibía una fuerte medicación por el empeoramiento de su enfermedad de Parkinson, y ofreciendo su propia versión del escándalo.[90] Intentaron presentar las filtraciones como una escandalosa politización de un asunto privado que solo fue posible gracias a los cambios en la ley de prensa impulsados por el ministro de Propaganda falangista Manuel Fraga.

El achacoso Caudillo se puso del lado de la Obra y anunció el cese inmediato de los falangistas.[91] La magnitud de la victoria del Opus Dei aquella noche no se hizo patente hasta que el telediario vespertino fue interrumpido para hacer un anuncio especial desde el palacio de El Pardo. Franco había formado un nuevo Gobierno: de los diecinueve ministros anunciados a la nación aquella noche, diez eran aliados del Opus Dei. El Caudillo reconocería más tarde que se habían aprovechado de él.[92] Fue un momento crucial para que el movimiento tomara las riendas del poder. Pocos días después, uno de los fundadores de la Falange entró en la iglesia de Santa Bárbara, en el centro de Madrid. Se confesó y luego salió tranquilamente a la calle, sacó una pistola y se pegó un tiro en la cabeza.[93] En su cuerpo encontraron una nota que condenaba al Opus Dei. El ascenso político de la Obra se había consumado.

En 1969, la posición del movimiento en España era segura, pero estaba cada vez más amenazada en el Vaticano, donde se estaba creando una comisión especial para investigar un alud de críticas contra el Opus Dei.[94] Desde hacía algún tiempo, el Vaticano venía acusando al movimiento de desafiar abiertamente la autoridad del papa.[95] La nueva comisión pondría a la Obra en su sitio, zanjaría de una vez por todas la cuestión de su estatus dentro de la jerarquía eclesiástica y reescribiría unilateralmente los estatutos del movimiento. Escrivá descubrió horrorizado que tres de los cinco cardenales propuestos para presidir la comisión eran abiertamente hostiles al Opus.[96]

Para evitar el desafío, Escrivá realizó una astuta jugada política: pidió permiso a la Santa Sede para convocar un congreso general extraordinario de sus miembros —según su constitución como instituto secular—, durante el cual revisarían sus reglas y prácticas de acuerdo con el Concilio Vaticano II. A primera vista, la medida era una demostración pública de fidelidad al papa, un reconocimiento de que el Opus Dei necesitaba ser reformado y de que el movimiento estaba dispuesto a llevar a cabo esas reformas por sí mismo. Pero en privado era otra historia. Entre sus seguidores, compartía su desesperación por los cambios introducidos por el papa Pablo VI, que habían actualizado la liturgia, otorgado un papel más importante a los laicos y permitido por primera vez a los sacerdotes celebrar el culto en lenguas distintas del latín. Escrivá prohibió a los sacerdotes del Opus Dei aplicar muchos de esos cambios, una réplica significativa a la autoridad pontificia.[97] Cuando se convocó el congreso general extraordinario en septiembre de 1969, Escrivá dejó claro que los numerarios y sacerdotes no estaban allí reunidos para modernizar el Opus Dei, sino para reafirmar su espíritu original, reescribiendo las partes de su constitución en las que se había visto obligado a transigir para conseguir su aprobación como instituto secular.[98] La cita concluyó con el encargo a sus miembros de que presentaran enmiendas en otro congreso un año más tarde, lo cual les daría más tiempo.

Con el ego hinchado por la multitud de opusdeístas que habían acudido a Roma para la reunión, Escrivá no pudo contener su indignación cuando escribió al papa para ponerlo al corriente de los resultados. En su carta criticaba abiertamente la idea de crear una comisión especial para investigar al Opus Dei, tachándola de secretista y acusando a sus miembros de partidistas y de intentar socavar el proceso interno de reforma que estaba en marcha.[99] El secretario de Estado del Vaticano respondió por escrito, amonestando a Escrivá por el tono que había osado emplear con el pontífice y obligando al fundador a disculparse. El papa aceptó el acto de contrición del fundador. Pocas semanas después de la disculpa, Villa Tevere recibió la noticia de que se había disuelto la comisión especial. Sin embargo, en 1971, el Opus Dei volvería a tener problemas con la Iglesia debido a las acusaciones de que un alto miembro había estado utilizando su posición en el Vaticano para espiar a la Santa Sede y comunicar sus observaciones a sus superiores en Villa Tevere.[100] Se pidió a Escrivá que ofreciera «garantías explícitas» de que no pedía a sus miembros que revelaran nada de lo que habían averiguado en su servicio a la Iglesia o a la Santa Sede en general.[101] Aun sabiendo que las normas internas del Opus Dei exigían de manera explícita a sus miembros que desvelaran todo lo referente a su vida personal y profesional —y que esa información fuera metódicamente registrada y transmitida a la cadena de mando—, el fundador respondió que nunca se pediría a los opusdeístas que expusieran «secretos profesionales».

Unos meses más tarde, en junio de 1973, Escrivá obtuvo su primera audiencia con el papa en casi seis años.[102] El encuentro fue breve y tenso.

—¿Por qué no viene a verme más a menudo? —preguntó el papa Pablo VI en un tono provocador.

Se hizo un silencio incómodo, que Escrivá rompió explicando que el Opus Dei había aprovechado los últimos años para ampliar su presencia a los cinco continentes.

—Ah, es usted un santo —interrumpió el pontífice.

—No, no, su Santidad no me conoce bien; yo solo soy un pobre pecador.

—No, no —respondió el papa—. Usted es un santo.

La frialdad del papa contrastaba con la febril adulación que recibía Escrivá en otros lugares, gracias en parte a una serie de «viajes apostólicos» muy coreografiados que Villa Tevere le organizó por toda Latinoamérica.[103] Las imágenes de sus apariciones públicas —por lo general fuertemente editadas— se proyectarían después una y otra vez en los cientos de residencias numerarias repartidas por todo el mundo para realzar el culto a la personalidad que ya lo rodeaba. Así era Escrivá para la posteridad: simpático, carismático y leal a la Iglesia. De vez en cuando, durante el viaje, un exmiembro o un pariente preocupado de un opusdeísta actual lo desafiaba abiertamente, pero esos altercados eran editados.[104] Lo mismo ocurría cuando Escrivá dejaba caer su máscara pública y benévola. Durante una aparición en Chile, lanzó una diatriba sobre las obsesiones sexuales de los jóvenes. «Porque esos otros, que en el primer término de su vida parece que no tienen más que sexo, son unos desgraciados —dijo a un auditorio—. Si un gallo o un toro fuera capaz de pensar, pensarían como ellos. Qué pensamientos más nobles, ¿verdad? Después forman una familia repugnante, y vienen los hijos podridos, ¡pobres criaturas, que son víctimas de la incontinencia de sus padres; de la falta de virilidad, no de la virilidad!»[105] En privado, también enviaba misivas a los miembros lamentando el estado de la Iglesia, unas cartas alimentadas por su ira y frustración ante la negativa del papa a concederle el reconocimiento que ansiaba.[106]

Su ego se apaciguó un poco con la construcción de un enorme santuario en Huesca, supuestamente dedicado a la Virgen que le había salvado la vida cuando era niño, pero en realidad un monumento al propio Escrivá y al movimiento que había creado. Los planes para el lugar eran ambiciosos: se había aplanado una montaña entera para albergar el complejo de edificios, que incluiría una inmensa basílica, cuatro capillas más pequeñas, dos salas de conferencias, un centro de investigación, un museo, un campanario imponente y un gran patio. Escrivá estipuló que debería haber cuarenta confesionarios —tantos como en Lourdes— para el gran número de peregrinos que predijo que visitarían el lugar cada año. En mayo de 1975, hizo una visita en helicóptero.[107] «Es todo un señor retablo —declaró—. ¡Qué suspiros van a echar aquí las viejas..., y la gente joven!¡Qué suspiros! ¡Bien! Solo los locos del Opus Dei podemos hacer esto, y estamos muy contentos de ser locos.»[108]

Escrivá nunca vería terminado el santuario de Torreciudad. Poco antes de la medianoche del 26 de junio de 1975, el fundador se desplomó en sus habitaciones de Villa Tevere. Incapaces de creer que había muerto, sus seguidores se esforzaron por reanimarlo durante noventa minutos: le administraron oxígeno y varias inyecciones e intentaron que su corazón volviese a funcionar.[109] Del Portillo se arrodilló junto a él y rezó repetidamente por la absolución de su alma. Se ordenó que despertaran a las numerarias auxiliares del edificio contiguo para que acudieran directamente a la capilla, donde debían rezar por una intervención urgente del cielo. Sus plegarias no obtuvieron respuesta.

Por si la muerte del fundador no era suficiente, al Opus Dei le esperaba otra calamidad. El movimiento estaba a punto de perder a su benefactor, el general Franco. El 1 de octubre, el Caudillo se presentó ante una multitud en el Palacio de Oriente —el actual Palacio Real—, situado en el centro de Madrid, en contra de la opinión de sus médicos.[110] Encorvado en el balcón, habló con voz débil y entrecortada, y lloró mientras saludaba y se daba la vuelta para entrar. Fue su última aparición pública. La exposición a los fuertes vientos otoñales desencadenó una serie de crisis médicas en las semanas posteriores: primero una rinorrea y luego otros síntomas gripales. La acumulación de pésimas noticias para el régimen, desde atentados terroristas y manifestaciones internas hasta el rechazo internacional a las últimas ejecuciones o la amenaza marroquí de ocupar el Sáhara Occidental en manos españolas —que se acabaría llevando a cabo el 6 de noviembre—, seguramente ayudaron a desencadenar un primer infarto, seguido de otro dos días más tarde. Al cabo de tres días le fue diagnosticada una hemorragia interna y murió poco después. En menos de cinco meses, el Opus Dei había perdido a las dos figuras que habían hecho posible su fenomenal expansión por el mundo. A la deriva y con el Vaticano mostrándose abiertamente hostil al movimiento, se enfrentaba a un futuro incierto.

6

Habemus papam
Roma, agosto de 1978

Una sofocante tarde de verano, un sacerdote con el pelo plateado, los hombros anchos y una ligera joroba, se acercó a la puerta sin distintivos de la avenida Bruno Buozzi y desapareció en su interior. Karol Józef Wojtyła llevaba un par de días en Roma, convocado por el Vaticano para asistir al funeral de Pablo VI y participar en el cónclave para elegir a su sucesor.[1] Aquella noche, durante una agradable pausa de unas «congregaciones» aparentemente interminables para debatir los méritos de los posibles candidatos, el arzobispo de Cracovia había sido invitado a una tranquila cena con un viejo amigo.[2] Wojtyła conocía a Álvaro del Portillo desde los días del Concilio Vaticano II y enseguida se sintió atraído por un compañero conservador que compartía su ansiedad por la lenta y progresiva deriva de la Iglesia. Ambos no tardaron en entablar una relación amigable y mutuamente beneficiosa, y Wojtyła intervino en conferencias organizadas por el Opus Dei, que le retribuyó publicando sus discursos en formato de libro y haciéndolos circular entre la jerarquía vaticana.[3] Aquella noche, los dos sacerdotes intercambiaron puntos de vista sobre los retos a los que se enfrentaba la Iglesia, y también a los que se enfrentaba del Portillo como nuevo líder del Opus Dei. Después bajaron a la cripta para visitar la tumba del fundador, marcada con una sencilla lápida con las palabras «el Padre». En realidad, Escrivá había pedido una inscripción diferente; él quería que su tumba estuviera marcada con la palabra «Pecador» junto a una súplica a los visitantes «Rezad por él», pero la conclusión fue que tal descripción sería impropia del amado fundador del Opus Dei.[4] Aquella tarde, Wojtyła y Del Portillo se arrodillaron en silencio ante su tumba y rezaron por su alma y por la Iglesia.[5]

Habida cuenta de las divisiones dentro de la Iglesia, el cónclave para elegir al sucesor de Pablo VI fue sorprendentemente sencillo. Antes de la elección ya se había formado un consenso tan fuerte en torno a la candidatura del cardenal de Venecia Albino Luciani, un obispo popular conocido por sus gustos sencillos y su aversión a la élite veneciana, que el cónclave de 111 miembros alcanzó el umbral de dos tercios más un voto el primer día.[6] Las autoridades del Vaticano se apresuraron a hacer salir humo blanco de la chimenea de la Capilla Sixtina para la multitud que esperaba fuera. Lo intentaron. Y volvieron a intentarlo una y otra vez. Cuatro señales diferentes, cada una de un color indeterminado, aparecieron en el transcurso de apenas media hora, lo cual sembró la confusión entre los miles de fieles congregados en la plaza de San Pedro.[7] Finalmente, anunciaron la noticia por megafonía. Los presagios no eran buenos, y no tardarían en empeorar sobremanera. La mañana del 29 de septiembre, a los 33 días de su pontificado, Juan Pablo I fue hallado muerto en su cama.

Una vez más, Wojtyła regresó a Roma, esta vez a una Iglesia en plena crisis. El cónclave distó mucho del de semanas antes, ya que los cardenales se esforzaban por entender lo que Dios trataba de decirles, primero con las confusas señales de humo y luego con la repentina desaparición del papa.[8] Se celebraron siete votaciones, pero el cónclave permaneció en un punto muerto. Incapaces de elegir entre los dos candidatos principales, los cardenales se decantaron finalmente por Wojtyła como solución de compromiso. El arzobispo de Cracovia apenas había obtenido votos en el cónclave celebrado siete semanas antes, y se lo consideraba tan desconocido que el Vaticano ni siquiera incluyó su nombre en la lista de 36 posibles sucesores que se envió a la prensa.[9] Aunque la política del nuevo pontífice seguía siendo un misterio para muchos —los discursos de Wojtyła habían sido calificados a lo largo de los años como progresistas y conservadores a partes iguales—, el robusto sacerdote proveniente del otro lado del telón de acero, al que le gustaba esquiar y escribía poemas, parecía el antídoto perfecto tras la muerte de dos papas ancianos en otros tantos meses.[10]

El giro fortuito de los acontecimientos también fue el antídoto perfecto para Del Portillo, que llevaba años cultivando su relación con Wojtyła a través de una organización del Opus Dei conocida como Centro Romano di Incontri Sacerdotali (CRIS, o Centro Romano de Encuentros Sacerdotales). Igual que otras iniciativas anodinas del Opus Dei, la asociación tenía motivos más siniestros. «Me pidieron que formara parte del equipo que puso en marcha el CRIS, uno de los proyectos más exitosos del Opus Dei —recuerda el sacerdote numerario Vladímir Felzmann—. En apariencia, su objetivo era apoyar a los estudiantes y las almas perdidas de Roma: un ancla espiritual y emocional en una ciudad en la que se respiraba la *dolce vita*. En realidad, era una trampa de seducción: una plataforma para atraer a "los grandes y los buenos" cuando estaban en Roma para que conocieran el Opus Dei. Funcionó muy eficazmente con el arzobispo, entonces cardenal, Karol Józef Wojtyła».[11] El momento de la elección de Wojtyła como papa fue un regalo del cielo para Del Portillo, cuyo mandato como presidente general del Opus Dei empezaba a estancarse cuando solo llevaba tres años en el cargo. Aunque Franco había muerto, al movimiento le había costado desprenderse de su reputación de escándalos y simpatías fascistas. Durante sus primeros meses en el cargo, saltó la noticia de que el Opus Dei había trabajado junto a un grupo paramilitar para derrocar al gobierno democráticamente elegido de Chile utilizando dinero de fundaciones conservadoras con sede en Estados Unidos.[12] También había estallado un escándalo en España, donde un sacerdote del Opus Dei confesó públicamente haber conspirado para difamar a un antiguo numerario que había escrito una bochornosa denuncia sobre su paso por el movimiento.[13] Tranquilo, erudito e intelectual, la elección de aquel sacerdote de sesenta y un años como nueva figura del grupo en noviembre de 1975, pocos meses después del fallecimiento de «Nuestro Padre en el Cielo», como llamaban ahora a Escrivá, supuso un drástico cambio de tono. Atrás quedaban los arrebatos ampulosos, tiránicos y egoístas del fundador, que acobardaban a los miembros hasta la sumisión. Por el contrario, Del Portillo trató de liderar a través de una esmerada consideración y consenso entre los ancianos del movimiento. Como muestra de ese cambio de estilo —y puede que en un intento por atenuar los excesos de

145

Escrivá—, Del Portillo ordenó la retirada de la extensa red de dispositivos de escucha que se habían instalado alrededor de Villa Tevere, los cuales habían permitido a Escrivá vigilar en secreto las conversaciones privadas de sus seguidores.[14] Su muerte fue una oportunidad para que el movimiento volviera a su filosofía fundacional, supuestamente heredada de Dios, de santificar todos y cada uno de los actos de la vida.

Pero Del Portillo estaba dividido. Aunque el nuevo presidente general había sido testigo de muchos defectos del fundador, ya que vivió a su lado desde 1946 y fue su confesor personal durante casi treinta años, su veneración por él permanecía intacta. Le debía mucho a Escrivá: había sido él quien le había ayudado a ver su vocación religiosa antes de la guerra, había elegido al joven ingeniero para que fuera uno de los primeros sacerdotes del Opus Dei en los años cuarenta, le había pedido que fuera a vivir a Roma y había nombrado específicamente a Del Portillo su sucesor.[15] Como presidente general del Opus Dei, su deber era proteger el espíritu del movimiento exactamente como había sido escrito por el fundador, a quien Dios había inspirado de forma directa. «Hemos recibido una herencia, que es el espíritu de la Obra —declaró durante su primer discurso al frente del movimiento a los numerarios varones que lo eligieron—. Y esa herencia la tenemos que transmitir íntegra a los que vengan después, sin deformarla, sin cambiarla, sin disminuir, sin aumentar, ¡tal como es!»[16] Teniendo en cuenta los cientos de páginas de instrucciones meticulosamente detalladas que escribió el fundador, ese primer compromiso pondría a Del Portillo en un aprieto. Aunque su instinto le decía que las tendencias controladoras de Escrivá se habían desbocado —como demostró su decisión de retirar los dispositivos de escucha de Villa Tevere—, cuestionar la palabra escrita del fundador entrañaba el riesgo de socavar su compromiso de preservar fielmente el don que les había sido legado. En última instancia, su natural mansedumbre le impediría abordar esa contradicción en la esencia del movimiento.

Como parte de ese compromiso para preservar el «don» del Opus Dei de cara a las generaciones futuras, Del Portillo se dedicó a cumplir el último deseo de Escrivá: que al movimiento que fundó le fuera concedido un estatus más adecuado dentro de la Iglesia. En marzo de 1976, a los cuatro meses de asumir su nuevo cargo, Del Portillo consiguió audiencia con Pablo VI. Durante el encuentro, le reiteró el argumento de Escrivá, según el cual, la clasificación del Opus Dei como instituto secular ya no era adecuada, palabras que el papa había oído innumerables veces. Diplomática pero vagamente, Pablo VI reconoció que —tras veinte años de presiones por parte del movimiento— la cuestión seguía abierta.[17] Pasaron más de dos años hasta la siguiente audiencia papal de Del Portillo. Esta vez, en el Vaticano le pidieron que preparara la documentación pertinente, una respuesta que el Opus Dei trató de presentar como un progreso manifiesto, pero que podía ser vista como un intento de postergar el asunto indefinidamente.[18] Nadie llegaría a saber cuáles eran las verdaderas intenciones del papa, porque moriría de un infarto de miocardio unas semanas más tarde. Durante su breve reinado y antes de que falleciera, Del Portillo habló con Juan Pablo I, el cual accedió a considerar el asunto.[19] Sin embargo, la elección de Juan Pablo II lo cambiaría todo. Menos de dos semanas después de ser elegido, Wojtyła recibió a Del Portillo en el palacio pontificio. «Esto no es una audiencia; es una reunión de familia», le dijo afectuosamente a su viejo amigo.[20] A los pocos días, escribió una carta de felicitación al Opus Dei por su cincuenta aniversario.[21] Al entregarla, el secretario de Estado de la Santa Sede dejó claro que el nuevo papa deseaba resolver con presteza la cuestión del estatus del Opus Dei.

Del Portillo no era el único que buscaba poner coto a ciertos abusos y excesos del movimiento. A finales de los años setenta, Luis Valls-Taberner había abandonado la residencia de numerarios y había empezado a labrarse una nueva vida en la sierra de Guadarrama, en Segovia. Pasaba la mayor parte de la semana en una casa de campo propiedad del Banco Popular en San Rafael, situado a una hora de Madrid en dirección norte. En el pasado, la vivienda había sido utilizada por los empleados de la entidad como lugar de vacaciones, y contaba con piscina, campo de fútbol y rutas de senderismo.[22] Luis había cerrado las instalaciones por sus costes y se había reservado el uso de la casa para él solo. Llegó a adorar la autonomía que le proporcionaba: después de treinta años viviendo en los confines de la residencia, su renovada libertad supuso un soplo de aire fresco.[23] No era la única extravagancia que se permitía. Tras ser ascendido a la presidencia del banco, encargó una nueva y opulenta sede. El Edificio Beatriz, como se la conocía, era una mole modernista de hormigón que ocupaba toda una manzana en el corazón de la ciudad. [24] Luis le había puesto el nombre de Beatriz Galindo, una escritora renacentista que compartía su amor por los libros y por Dios.[25] Esta humanista había sido monja antes de renunciar a sus votos para casarse con un apuesto capitán, pero era famosa por su inusual costumbre de ponerse su viejo hábito para pasear por la ciudad. Luis también llevaba una doble existencia un tanto peculiar: mientras que el numerario del Opus Dei seguía comprometido —al menos sobre el papel— con sus votos de pobreza, celibato y obediencia, la construcción del Edificio Beatriz le permitía disfrutar de algunos de sus vicios. Toda la planta superior se había convertido en un ático de lujo para su uso exclusivo, con una pista de tenis y una piscina en la azotea.

Aunque ahora pasaba gran parte del tiempo fuera de la residencia, Luis seguía siendo fiel a los ideales del Opus Dei. Después de haber transformado las perspectivas del movimiento durante veinte años, ahora se enfrentaba al reto de mantener el poder y la influencia que un núcleo de miembros había acumulado durante la dictadura. Con Franco ya muerto y el país en transición hacia la democracia, el viejo sistema de recompensas y patrocinio que la Obra había alimentado en su propio beneficio se estaba deshaciendo lentamente. Adolfo Suárez —exdirectivo de televisión y miembro supernumerario del Opus Dei— fue elegido presidente del Gobierno.[26] Pero el futuro de España seguía siendo una incógnita. En años anteriores, Luis había disfrutado de su posición en la sombra. «La prensa me ha tratado siempre bien, especialmente con sus silencios», decía. [27] Sin embargo, pronto cambiaría de parecer hasta llegar a la conclusión de que, con el país en transición hacia una estructura política diferente, su mejor opción para conservar el poder pasaba por hacer gala de él. Empezó a escribir artículos para varios periódicos nacionales sobre el gobierno, la monarquía y la política económica.[28] También concedió entrevistas en televisión con el claro objetivo de forjarse una reputación de eminencia gris de la élite política emergente. «Nunca he tenido poder para nombrar ministros... —explicó con sorna en una entrevista para la televisión nacional, antes de añadir crípticamente—: llevo por lo menos un año sin que nadie me haya pedido un ministro.»[29] Mientras le llegaban noticias sobre la elección de un nuevo papa, Luis estaba inmerso en sus planes para acoger a la élite política española en una gran cumbre del Consejo de Europa en la sede del banco.[30]

Cuando estaba lejos de las cámaras, también se producían otros cambios. A finales de los años setenta, se estaba trabajando seriamente para legitimar los enormes flujos de dinero entre la banca y el Opus Dei. Con las fuerzas de la democracia desatándose poco a poco, el movimiento ya no podía depender de sus contactos dentro del régimen para encubrir sus escándalos, como había ocurrido con Matesa. El presidente del Banco Popular ya había empezado a blanquear esas transacciones en los últimos días del régimen franquista mediante la creación de una organización sin ánimo de lucro llamada Fundación Hispánica, la cual recibía anualmente el 5 % de los beneficios del banco.[31] A finales de los años setenta, la Fundación Hispánica tenía en su haber más de dos mil millones de pesetas, equivalentes a unos 140 millones de euros actuales.[32] A los empleados y accionistas del banco les decían que esas sumas iban destinadas a «buenas causas», aunque gran parte del dinero se dedicaba a la expansión del Opus Dei.[33] Se gastaron millones de euros en un enorme programa de construcción de escuelas por toda España y en la financiación de un campamento vacacional para menores dirigido por sacerdotes y numerarios del Opus Dei.[34] Los fondos de la Fundación Hispánica reflejaban un cambio cada vez mayor en la estrategia de captación del movimiento, que dejó de centrarse en estudiantes universitarios para dirigirse a adolescentes y niños.

La red del Opus Dei llegaría a tener trescientas escuelas en todo el mundo.[35] Como en todos los demás aspectos de la vida en la organización, Escrivá quería mantener un control absoluto sobre lo que ocurría dentro de estos centros, lo que a veces daba lugar a situaciones inusuales. Se elegía a numerarios —en lugar de profesores cualificados— para instruir a los niños. Solo en España, a finales de los años setenta había ochocientos numerarios enseñando en los colegios del Opus Dei.[36] En Estados Unidos, donde el movimiento abrió su primera escuela en 1969, concretamente en el barrio de Friendship Heights de Washington D. C., incluso intentó hacer de ese sistema tan poco convencional una virtud. The Heights, como se la conocía, se autocalificaba de «única» y «experimental» porque las clases las impartían «expertos» en lugar de profesores normales, obviando el hecho de que eran miembros numerarios de la Obra.[37] En 1978, el plan de educación secundaria del movimiento se estaba expandiendo, con escuelas en Chicago[38] y Boston.[39] Su éxito en Washington fue tal que se compraron instalaciones más grandes en Potomac, Maryland, y se empezaron a elaborar planes para casi duplicar el tamaño de The Heights.[40] Evidentemente, el movimiento había dado con un modelo eficaz para generar nuevos reclutas y beneficios.

El cambio a los colegios y el abandono de las residencias universitarias también era una reacción a la creciente resistencia que el Opus Dei empezaba a experimentar entre los adultos jóvenes, que cuestionaban cada vez más los métodos de captación que se utilizaban con ellos y el control que el movimiento ejercía sobre sus vidas. En Australia, donde la Obra había abierto su mayor residencia de estudiantes hasta el momento —un centro para doscientas personas afiliado a la Universidad de Nueva Gales del Sur, en Sídney—, el lento fracaso del modelo otrora fiable que sustentaba el negocio familiar se había hecho demasiado evidente.[41] El Warrane College había generado polémica desde el momento en que abrió sus puertas en 1970, entre otras cosas por sus arcanas normas, que prohibían a sus residentes varones llevar a mujeres a sus habitaciones, incluso para realizar trabajos universitarios. La residencia tuvo problemas para llenar sus plazas desde el primer día, con solo tres cuartas partes de las habitaciones alquiladas.[42] En su primer año de funcionamiento, la reputación de Warrane sufrió un golpe tras otro. Se corrió la voz de que el director del colegio, también miembro del Opus Dei, deambulaba por los pasillos e irrumpía en las habitaciones de los estudiantes, que tenían prohibido cerrar la puerta con llave, para despertarlos porque se habían quedado dormidos.[43] Una fiesta estudiantil fue cancelada cuando el Opus Dei descubrió que hombres y mujeres adultos podían bailar juntos.[44] Los residentes también expresaron su preocupación por el hecho de que el colegio registrara metódicamente detalles íntimos compartidos de manera confidencial en conversaciones pastorales y luego los utilizara para chantajearlos emocionalmente.[45] «El Opus Dei es una forma muy mortal de cáncer y es deber de todo alumno cristiano pensante erradicarlo por todos los medios posibles», advertía un residente en una carta abierta.[46]

Cuando se supo que habían robado de las rotativas seis mil ejemplares del periódico estudiantil *Tharunka*, cuyo artículo principal trataba sobre la libertad sexual,[47] la atención se centró naturalmente en el Opus Dei.[48] Durante varias semanas, en medio de un flujo constante de nuevas acusaciones contra el movimiento, dos mil estudiantes pidieron a las autoridades universitarias que expulsaran a la Obra del campus. Seiscientos estudiantes organizaron una marcha hacia el colegio, pero fueron acribillados con objetos, basura y globos de agua lanzados por personas escondidas en el interior.[49] Varios manifestantes lograron entrar, lo cual obligó a llamar a la policía. El «asedio del Warrane College», como se dio a conocer el suceso, fue noticia nacional y supuso un duro golpe para la reputación del Opus Dei en Australia. Aunque el centro ofreció concesiones simbólicas, las tensiones persistieron. Tres años después, estallaron nuevas protestas. Los estudiantes organizaron un simulacro de la Pasión, durante el cual un ataúd negro con la inscripción «Opus Dei RIP», y cargado por cuatro portadores encapuchados, fue llevado en procesión hasta la universidad, donde 1.500 alumnos «exorcizaron» a lo que llamaban la «Santa Mafia» con gritos de «¡Opus fuera ya!».[50]

Para evitar que los residentes llevaran mujeres a sus habitaciones, los miembros de la Obra que dirigían la residencia tomaban medidas drásticas, como cerrar con llave todas las salidas de incendios del edificio de ocho pisos y doscientas camas.[51] Explicaban que era mejor que todos los residentes ardieran en esta vida y se salvaran a que unos pocos ardieran en el infierno.[52] Varios días después, se informó del evidente riesgo para el bienestar de los estudiantes a las autoridades universitarias, que respondieron que tales acciones eran inaceptables y ordenaron que se desbloquearan las escaleras de incendios. El Opus Dei acató la orden, pero cuando se calmaron las aguas, volvió a cerrarlas.[53]

Obviamente, toda esa publicidad negativa tuvo graves repercusiones para el reclutamiento. Ante la necesidad de pagar las facturas, los numerarios que dirigían la residencia fueron animados por sus superiores a falsificar las cuentas del colegio para dar la impresión de que todo estaba en orden, tanto a sus superiores en Roma como a los bancos locales, que seguían ofreciendo al colegio y otras iniciativas del Opus Dei acceso a créditos basándose en los sólidos beneficios del centro educativo.[54] Cuando un numerario le contó a su director espiritual que la presión de llevar las cuentas le impedía dormir, lo animó a tomar sedantes recetados por un médico opusdeísta.[55]

El movimiento tuvo una experiencia similar en Nueva York. El primer intento de abrir una residencia en la ciudad a principios de los años cincuenta atrajo a pocos internos y tuvo que cerrarse poco después de su inauguración.[56] Pero en 1966, el Opus Dei compró una gran propiedad situada a una manzana de la Universidad de Columbia, destinada a ser su residencia de estudiantes insignia en la ciudad. Schuyler Hall tenía habitaciones con paneles de madera, cuadros españoles y dos pianos de cola.[57] Se anunciaba en el *Columbia Daily Spectator* como «una residencia privada para hombres que quieren algo especial» y presumía de ser «lo más parecido a una comida casera en Morningside Heights».[58] No se mencionaba su afiliación al Opus Dei. Las cosas no fueron bien para la empresa. Pronto circularon por el campus historias de residentes a los que se presionaba para que siguieran las prácticas opusdeístas,[59] y se decía que se registraban sus movimientos de entrada y salida del edificio e incluso que se prohibía a los residentes ver a sus familias durante más de cuatro días consecutivos.[60] También llegaron informes sobre internos que habían sido golpeados por hablar con la prensa.[61] En un momento dado, los residentes de Schuyler Hall intentaron amotinarse, e incluso llegaron a crear su propio órgano de gobierno alternativo.[62] Las autoridades universitarias eliminaron la información sobre Schuyler Hall de sus paquetes para estudiantes de primer curso. Tras la debacle numérica, el Opus Dei acabó desistiendo y vendió el edificio.

Aunque Luis había legitimado parte de los flujos financieros entre el Banco Popular y el Opus Dei, aún quedaban por blanquear partes de la red. A lo largo de los años, Valls-Taberner había establecido una red de sociedades *offshore* registradas en lugares como Panamá y Liechtenstein para facilitar la transferencia de grandes sumas a cualquier lugar del mundo donde el Opus Dei pudiera necesitarlas. Las transferencias a esas sociedades en el extranjero se canalizaban a través de un banco privado de Suiza llamado Banque d'Investissements Mobiliers et de Financement —también conocido como Imefbank— que el Popular había comprado en los años sesenta.[63] La adquisición había sido dudosa desde el principio. Oficialmente, el Popular solo se había hecho con una participación del 40 % de Imefbank, pero se le había permitido transferir el doble del precio de venta, supuestamente como «garantía» para el vendedor.[64] El dinero extra en realidad se utilizó para comprar otra participación secreta del 35 % en nombre de una empresa panameña,[65] dirigida por uno de los hombres principales del Opus Dei en Suiza.[66] Toda la operación, firmada por Mariano Navarro Rubio, gobernador del Banco de España y miembro supernumerario del Opus Dei, era una estafa diseñada para sacar grandes sumas de dinero del país —en una clara violación de los estrictos controles de divisas de España— y mantenerlas en paraísos fiscales, donde podrían ser controladas por el movimiento. El Popular nunca mencionó ese acuerdo paralelo al gobierno español, ni tampoco a sus propios accionistas.

Imefbank no tardaría en convertirse en un canal para sacar dinero ilegalmente de España, a través de Suiza, hacia empresas fantasma en Panamá y Liechtenstein, y finalmente llegaba a numerarios del Opus Dei repartidos por todo el mundo.[67] Decenas de millones de dólares —equivalentes a más de cien millones de euros actuales— pasaron por ese sistema. Parte del dinero blanqueado en el extranjero llegó a España, incluyendo varios millones de dólares que coincidieron con la construcción del santuario de Torreciudad. Otras empresas pantalla que recibieron dinero estaban dirigidas por altos cargos del Opus Dei en Estados Unidos y México.[68] Cuando algunos numerarios de Nueva York tuvieron problemas para devolver los seis millones de dólares que les habían prestado, el Imefbank entró en crisis.[69] Las autoridades empezaron a hacer preguntas incómodas sobre las finanzas del banco suizo, y Luis tuvo que pedir ayuda externa.[70] Recurrió a José María Ruiz-Mateos, empresario y supernumerario español que aceptó transferir varios millones de dólares para salvar al banco suizo de la quiebra.[71]

El rescate marcaría un punto de inflexión crucial en la relación entre los dos y un cambio en la forma en que el Opus Dei utilizaría su base numérica para dirigirse a los católicos ricos en busca de donaciones. Aunque Luis conocía a Ruiz-Mateos desde finales de los años cincuenta, nunca habían estado muy unidos. Tenían personalidades diferentes. Luis parecía frío y obtuso, mientras que Ruiz-Mateos era cálido y extrovertido, con una gran sonrisa y un ceceo andaluz entrañable. El empresario tenía unos orígenes humildes, pero había logrado convertir el pequeño negocio familiar de vino de Jerez en un gran conglomerado que incluía bancos, hoteles, viñedos, unos grandes almacenes, la marca de lujo Loewe, una central lechera y cuatro compañías de seguros. A finales de los años setenta era uno de los hombres más ricos de Europa, con planes de expansión a Estados Unidos, donde estaba en negociaciones para comprar la cadena de grandes almacenes Sears.[72] Era un adicto al trabajo que tenía pocos intereses fuera de la oficina, aparte de sus trece hijos y la Iglesia. Iba a misa dos veces al día y era un miembro devoto del Opus Dei, al que atribuía el mérito de haberlo ayudado a iniciarse en el mundo de los negocios a través de los contactos que había hecho dentro del movimiento a principios de los sesenta.[73] Aunque Ruiz-Mateos mostraba su gratitud con grandes donaciones periódicas,[74] siempre se sintió menospreciado por la élite del Opus Dei[75] y se obsesionó con entrar en lo que él consideraba el sanctasanctórum del movimiento.[76] Luis aprovechó esa inseguridad y empezó a invitar al multimillonario a su retiro en la montaña.[77] Para avivar el deseo de Ruiz-Mateos de formar parte del corazón del Opus Dei, Luis ponía música durante sus reuniones y le decía a su invitado que era para evitar que los escucharan.[78]

Esas conversaciones cordiales disimulaban el desdén que Luis en realidad sentía hacia el andaluz. Todavía le guardaba rencor por un negocio con una cervecera alemana que Ruiz-Mateos había incumplido en los años sesenta, hecho que provocó un enorme quebradero de cabeza al banco.[79] El presidente del Popular consideraba al empresario inculto y vulgar, actitud que compartía gran parte de

154

la cúpula del Opus Dei. La animadversión hacia Ruiz-Mateos se extendía hasta las altas esferas de la organización. En un viaje a Madrid, Del Portillo expresó su irritación al ver abejas, el símbolo del gran imperio empresarial de Ruiz-Mateos, por toda la ciudad. «Veo demasiadas abejas —protestó—. En serio, ¿por qué tenemos que ver esa abejita por todas partes?»[80] A pesar de ello, tanto Luis como Del Portillo aceptaron encantados el dinero del empresario. Los almuerzos en las montañas formaban parte de una campaña de presión supervisada por Luis —y otros numerarios también considerados parte del sanctasanctórum— para convencer a Ruiz-Mateos de que financiara una nueva fundación llamada Instituto de Educación e Investigación, que se estaba creando para costear diversas iniciativas educativas del Opus Dei en todo el mundo.[81] Durante los almuerzos, Luis animó al multimillonario a realizar una aportación a esa nueva iniciativa.[82] Ruiz-Mateos hizo una donación de 1.500 millones de pesetas, equivalentes a casi cien millones de euros actuales. Pero las conversaciones no fueron totalmente unilaterales. Ruiz-Mateos se hallaba en serios problemas con las autoridades por haber evadido miles de millones de pesetas en impuestos y el Gobierno amenazaba con ir a por él.[83] Luis le indicó que podía ayudarle.[84] A medida que el país avanzaba hacia una mayor transparencia y rendición de cuentas, la red del Opus Dei también estaba evolucionando, y se había convertido en un canal oculto de favores políticos en el que numerarios y supernumerarios bien conectados estaban dispuestos a ayudar a sus compañeros a cambio de su apoyo a las iniciativas del movimiento. Era el proyecto de una nueva era, que el Opus Dei podía exportar a docenas de países.

En febrero de 1979, solo tres meses después de la sorprendente elección del papa Wojtyła, el Opus Dei presentó formalmente su solicitud de cambio de estatus.[85] Lo que era un interrogante era cuál podía ser ese estatus. Como organización de sacerdotes y laicos, la Obra era una especie de anomalía dentro de la Iglesia. Sin embargo, a finales de los años setenta se había empezado a formar un consenso en torno a la construcción de la «prelatura personal» como la opción menos mala. La estructura había sido creada por el Vaticano en la década anterior principalmente como un medio para ordenar sacerdotes fuera de la estructura local de la diócesis, liberándolos así de sus vínculos geográficos con el obispo o arzobispo local, de modo que el clero pudiera ser trasladado fácilmente de una diócesis con excedente de sacerdotes a otra donde fueran muy necesarios.[86] Al ser solo uno de los cientos de cambios aprobados en el Concilio Vaticano II, la redacción había sido precipitada y torpe, lo cual abrió la puerta a una ambigüedad que el Opus Dei podía aprovechar en su beneficio. Aunque habían pasado trece años desde que las propuestas entraron en vigor mediante un decreto papal, el gran número de reformas aprobadas en el concilio había creado una especie de retraso legal, lo cual significaba que el derecho canónico que regía esas prelaturas personales aún no se había redactado. La estructura era muy atractiva para el Opus Dei, ya que le confería autoridad para ordenar sacerdotes en el movimiento.[87] Aunque las propuestas estaban claramente escritas para los curas, también mencionaban a los laicos, que podían «dedicarse, con su capacidad profesional», a proyectos relacionados con la prelatura personal.[88] Y lo que era aún más importante: dado que la ley relativa a las prelaturas personales aún no había entrado en vigor, el Opus Dei tenía la oportunidad de escribir —o al menos condicionar— su propio reglamento.

Unas semanas más tarde, el papa escribió a la Congregación de Obispos, que tenía jurisdicción sobre el asunto, afirmando que esperaba que estudiasen detenidamente la solicitud.[89] No sería la última vez que Wojtyła intervendría en el proceso para asegurarse de que el Opus Dei conseguía sus propósitos. No obstante, la Congregación de Obispos no veía con buenos ojos la solicitud. A finales de junio celebró una reunión, en la que los cardenales y obispos presentes la rechazaron casi por unanimidad, aduciendo que no había motivos para convertir el Opus Dei en una prelatura personal.[90] La solicitud finalmente sería aprobada gracias a la intervención personal del papa, que hizo caso omiso de las objeciones generalizadas en toda la Iglesia. Sus razones iban mucho más allá de hacer un favor a sus viejos amigos. El Opus Dei convenció a Wojtyła de que una elevación de estatus pondría a su disposición un nuevo batallón móvil de sacerdotes y laicos.[91] Para Juan Pablo II, que apenas llevaba unos meses en el cargo y aún no conocía bien las dinámicas de poder del Vaticano, contar con un cuerpo móvil independiente de conservadores con ideas afines era una posibilidad atractiva. El Opus Dei también destacó su capacidad para influir en la opinión pública. Contradiciendo su propia línea oficial sobre la autonomía de la que gozaban los miembros en su vida profesional, en su correspondencia privada con el Vaticano se jactaba de haberse infiltrado en la enseñanza superior y los medios de comunicación, y detallaba que tenía agentes trabajando en casi setecientos periódicos y revistas, quinientos centros educativos, cincuenta emisoras de radio y una docena de distribuidoras cinematográficas.[92] Pareció que el Opus Dei estaba tan interesado en asegurar su nuevo estatus que exageró enormemente el número de miembros y dijo al Vaticano que tenía más de 72.000 en 87 países diferentes,[93] cuando el número real era mucho menor según los propios registros del movimiento, probablemente inferior a sesenta mil.[94]

Con el apoyo del papa,[95] Villa Tevere lanzó una enorme campaña de presión para convencer a obispos y cardenales influyentes de que cambiaran de opinión, y envió embajadores por todo el mundo para defender la causa del Opus Dei.[96] Wojtyła intervino de nuevo y dio instrucciones a la Congregación de Obispos para que creara una «comisión técnica» encargada de superar cualquier obstáculo a la elevación del Opus Dei como prelatura personal. Fue un movimiento extraordinario, diseñado para acallar el creciente descontento dentro de la Iglesia con respecto a los cambios propuestos, incluso entre algunos de los aliados más conservadores de Juan Pablo II. Muchos argumentaban que elevar al Opus Dei le permitiría eludir la jerarquía de la Iglesia, que se basaba en más de dos mil diócesis locales que se responsabilizaban de las necesidades espirituales y pastorales de los católicos que vivían dentro de sus límites. Empezaron a aparecer panfletos advirtiendo que la aprobación crearía una rama separada de la Iglesia con total autonomía.[97] Para el papa, tales concesiones se justificaban como parte de la batalla de ideas que se estaba librando en el seno de la Iglesia, con algunos sectores del clero cuestionando abiertamente sus pronunciamientos sobre el control de la natalidad, el celibato sacerdotal, la prohibición de que las mujeres accedieran al sacerdocio y la participación del clero en la política,[98] y por extensión socavando el principio de la infalibilidad papal, una idea relativamente nueva en la Iglesia pero a la que Juan Pablo II se aferraba.[99] Ya había controlado a la fuerza más poderosa de la Iglesia, los jesuitas, suspendiendo sus estatutos y sustituyendo a su superior general por alguien de su elección. Contar con un aliado incondicional como el Opus Dei, que podía operar en cualquier parte del mundo al margen de la jerarquía eclesiástica normal, inclinaría aún más la balanza de poder a su favor.

Después de experimentar los abusos dentro de la organización, los antiguos miembros veían el peligro que entrañaba conceder al Opus Dei una autonomía aún mayor. Temían que los cambios propuestos permitieran más abusos psicológicos y dieran impunidad al movimiento en su control sobre la vida de los opusdeístas. John Roche, un numerario irlandés que había fotocopiado en secreto algunos documentos internos y elaborado un informe en el que se describían los abusos sistemáticos dentro de la Obra, decidió que había llegado el momento de hacer públicos sus hallazgos. Envió el informe a la Iglesia y compartió los puntos principales con dos periodistas de *The Times*, que publicaron un artículo en el que denunciaban el lado más oscuro del Opus Dei: el adoctrinamiento, la manipulación y el control de sus miembros.[100] El arzobispo de Westminster, horrorizado, decidió llevar a cabo su propia investigación. Tras recibir pruebas de todo el mundo, impuso una serie de medidas destinadas a prevenir posibles abusos: ordenar al Opus Dei que dejara de reclutar a menores, que respetara la libertad de los miembros para recibir dirección espiritual externa, que permitiera a las personas marcharse libremente sin presiones indebidas y que fuera transparente sobre su actividad de reclutamiento.[101]

Incluso algunos de los aliados acérrimos del papa se mostraron reacios a su voluntad de romper siglos de tradición. El cardenal Joseph Ratzinger, que acabaría sucediendo a Juan Pablo II como pontífice, fue una de esas voces. Advirtió que la aprobación de los cambios propuestos por el Opus Dei crearía una Iglesia dentro de la Iglesia y, en ella, la Obra tendría el poder de admitir o rechazar a miembros que de otro modo serían acogidos por cualquier diócesis normal.[102] «Sería una Iglesia de los elegidos, ¡y no podemos permitirlo!», dijo.[103] Esas advertencias tuvieron poco efecto. En abril de 1982, tras un año de deliberaciones, la comisión técnica encargada de sortear los obstáculos para instaurar el Opus Dei como prelatura personal entregó su informe de seiscientas páginas al papa para su aprobación. Un mes después, un intento de asesinato contra Juan Pablo II por parte de un pistolero turco estuvo a punto de hacer descarrilar todo el proceso. Wojtyła aprobó el nuevo estatus del movimiento desde su cama de hospital.[104] A medida que se difundía la noticia entre cardenales y obispos de todo el mundo, la oposición inundó el Vaticano y más de sesenta cardenales manifestaron su descontento.[105] La Iglesia católica española, que conocía al Opus Dei mejor que nadie, se opuso especialmente.[106] Ignorando las peticiones para una pausa en el proceso, el papa siguió adelante. En 1982, el nuevo estatus del Opus Dei estaba a tiro de piedra.

El descubrimiento de un cadáver pronto arrojaría sombras sobre los motivos de Wojtyła y plantearía dudas sobre la implicación del Opus Dei en las circunstancias que rodearon su muerte. La mañana del 17 de junio de 1982 fue hallado el cuerpo de un banquero italiano colgando de un andamio bajo el puente Blackfriars de Londres. En los bolsillos llevaba miles de dólares en billetes extranjeros y estaba lastrado con ladrillos de una obra cercana.[107] Hasta el día anterior, Roberto Calvi había sido presidente del Banco Ambrosiano, una institución con una rica historia fundada en 1896 por un sacerdote de Milán con la idea de proporcionar crédito a la comunidad local de una forma que estuviera en consonancia con las enseñanzas católicas.[108] También era un banco envuelto en un escándalo, tras descubrirse que Calvi había autorizado que cientos de millones de dólares fueran desviados de la entidad a una red de empresas fantasma registradas en Panamá y Liechtenstein. Lo más chocante de todo era que los investigadores habían descubierto que esas empresas eran propiedad del Vaticano.[109]

Dos años antes, Calvi había sido juzgado por su participación en el caso. A pesar de haber sido declarado culpable de infringir las leyes monetarias italianas y condenado a cuatro años de prisión condicional, el consejo del Ambrosiano votó a favor de mantenerlo en el cargo. El hecho de que un delincuente convicto siguiera al frente del banco y las persistentes dudas sobre la credibilidad de la entidad eran una combinación letal. En los meses posteriores al juicio, habían desaparecido líneas de crédito vitales a medida que los acreedores trataban de distanciarse de los negocios del Ambrosiano. En las semanas previas a su muerte repentina, los investigadores habían descubierto nuevas informaciones sobre 1.400 millones de dólares en activos que habían sido desviados fuera del país a empresas propiedad del Vaticano.[110] Con los acreedores acechando y cada vez menos opciones, Calvi desapareció súbitamente, lo cual llevó al consejo de administración del Ambrosiano a despedirlo. Su secretaria de confianza, una mujer de unos cincuenta años, saltó por la ventana de su despacho al conocer la destitución de su jefe.[111]

Dadas las circunstancias, la policía y el forense de Londres conjeturaron que la muerte de Calvi había sido un suicidio, pero pronto aparecieron pruebas que ponían en duda esas conclusiones iniciales. Dos días antes de su muerte, Calvi había concedido una entrevista a *La Stampa*, uno de los principales periódicos italianos, en la que detallaba las amenazas que había recibido y describía su precaria situación. «Sobrevivir en un entorno que se está convirtiendo rápidamente en un entorno de guerra religiosa no es fácil —advertía—. En ese ambiente, cualquier barbarie es posible.»[112] Al poco surgieron nuevas informaciones sobre una reunión en la que Juan Pablo II había confiado a Calvi la búsqueda de una solución para los cientos de millones de dólares en pérdidas a los que se enfrentaba el Vaticano a consecuencia del escándalo.[113] Mientras las autoridades de Londres se veían cada vez más presionadas para reabrir el caso de la muerte de Calvi, su hijo hizo públicas unas revelaciones sorprendentes en *The Wall Street Journal*, donde afirmaba que, justo antes de su muerte, su padre había estado negociando con el Opus Dei para rescatar al Vaticano.[114] Las acusaciones fueron reiteradas por la esposa del difunto banquero unas semanas después. «La respuesta está en el último acto de Roberto, que le había llevado a Londres y tenía que ver con la asunción por parte del Opus Dei de las deudas del Banco Vaticano —explicó—. Era un asunto arriesgado, tanto política como económicamente. A cambio de su ayuda, el Opus Dei pidió poderes precisos en el Vaticano que incluían determinar la estrategia hacia países comunistas y del tercer mundo [...] ¿Cómo podemos excluir la posibilidad de que Roberto fuera asesinado para impedirle llevar a cabo un proyecto conservador como el del Opus Dei?»[115] Pronto se reabrió el caso. Más tarde, en una segunda investigación, un jurado dictaminó que la causa de la muerte no era concluyente.[116]

La muerte de Calvi proyectaría una sombra sobre el Opus Dei durante años y acabaría arrastrándolo a una investigación del Parlamento italiano sobre la influencia de las sociedades secretas en ese país.[117] Ni la policía ni la investigación parlamentaria llegarían a demostrar si el movimiento tuvo algo que ver con los acontecimientos que condujeron a la muerte del banquero italiano. Pero no se trataba de eso. El hecho de que el Opus Dei se viera envuelto en ese escándalo demuestra el profundo malestar que sentían muchos miembros de la Iglesia por la repentina elevación de tan controvertido grupo por parte del nuevo papa. Para muchos, el descubrimiento del cuerpo de Calvi y sus siniestras declaraciones justo antes de su muerte ofrecían una explicación de por qué el pontífice había tomado una decisión sin precedentes.

A pesar de los rumores, el 23 de agosto de 1982, el papa promulgó un decreto por el que el Opus Dei se convertiría en la primera prelatura personal de la Iglesia. Fue un paso extraordinario, dado que la Comisión Pontificia para la Interpretación Auténtica del Código del Derecho Canónico todavía estaba en proceso de establecer un conjunto de normas para esa nueva estructura jurídica. Con prisa por conceder a sus amigos el estatus que tanto codiciaban, Juan Pablo II había aprobado la nueva constitución de la prelatura personal sin saber cuáles serían las normas que la regirían. Cuando las reglas se publicaron meses más tarde, existían contradicciones flagrantes entre lo que había aprobado el pontífice y lo que decía el derecho canónico. El decreto papal daría carta blanca al Opus Dei para hacer caso omiso del derecho canónico durante los cuarenta años posteriores. Del Portillo, como canonista experimentado, acabaría sacando rédito de ello. Pero los acontecimientos en España pronto recordarían el turbio pasado del movimiento y paralizarían sus esfuerzos por aprovechar el nuevo estatus canónico para ampliar rápidamente el número de miembros, antes incluso de que hubieran comenzado.

En febrero de 1983, el nuevo Gobierno socialista español, que había sido elegido cuatro meses antes con la promesa de acabar con la persistente corrupción del franquismo, decidió que había llegado el momento de actuar contra José María Ruiz-Mateos y los miles de millones de pesetas que debía en impuestos. Mientras la policía rodeaba la sede de su extenso imperio empresarial en el centro de Madrid, se leyó un comunicado en el informativo nocturno anunciando que el presidente del Gobierno había firmado un decreto de urgencia expropiando todo el conglomerado.[118] Por miedo a ser detenido y sin saber qué hacer, el multimillonario se dirigió al único hombre que creía que podía ayudarle: Luis Valls-Taberner. El presidente del Banco Popular llevaba meses trabajando entre bastidores para ayudar a su compañero del Opus Dei. Siguiendo el consejo de Luis, el empresario incluso había dispuesto que se dejaran mil millones de pesetas en efectivo en una caja de seguridad, que se utilizarían para sobornar a funcionarios del gobierno. Pero, sin que Ruiz-Mateos lo supiera, en lugar de intentar ayudar al desesperado empresario, Luis Valls-Taberner había estado trabajando en su contra. Un mes antes, tras conocer los planes del Gobierno, se envió un memorándum al Banco Popular ordenando al personal que paralizara todas las operaciones pendientes con cualquiera de las empresas de Ruiz-Mateos.[119] Por las mismas fechas, el Opus Dei también había enviado a dos emisarios para interrogar al multimillonario sobre quién más conocía sus conexiones financieras con el movimiento.[120] Una vez asegurada su donación para la fundación educativa, el Opus Dei se estaba moviendo para protegerse a sí mismo, igual que había hecho con Ortega Pardo y el escándalo de Venezuela dos décadas antes.

Cuando recibió la llamada de un desesperado Ruiz-Mateos, Luis le aconsejó que huyera del país.[121] Siguiendo su consejo, el desacreditado empresario protagonizó una huida espectacular.[122] Evadió a los policías que habían sido enviados para vigilarlo y escapó de la ciudad en el maletero de un Mercedes con matrícula diplomática, atravesó las montañas hasta Andorra y, utilizando un pasaporte falso, llegó a Francia, donde embarcó en un avión con destino a Londres. Allí fue recibido por un numerario; le indicaron que esperara nuevas instrucciones y le ordenaron que ocultara su pertenencia al Opus Dei.[123] En España, los investigadores del gobierno no tardaron en descubrir enormes agujeros en las cuentas de su imperio, incluyendo casi cincuenta millones de dólares desviados a empresas de Panamá,[124] así como los mil millones de pesetas que habían sido retirados en efectivo.[125] Las autoridades españolas, a las que aún se adeudaban miles de millones en impuestos, exigieron la devolución del dinero. A medida que ahondaban en las cuentas, los descubrimientos resultaban más sorprendentes. Un abogado suizo llamado Alfred Wiederkehr, una figura controvertida que había hecho una pequeña fortuna lucrándose con los judíos que querían escapar de los nazis[126] y había ayudado a crear la primera fundación del Opus Dei en Suiza,[127] fue identificado como figura central en algunas de las transferencias. A petición del Gobierno español, ayudó a recuperar parte del dinero, incluido un pago que misteriosamente se realizó desde una fundación del Opus Dei en los Países Bajos.[128]

Semanas después, ya en Londres, Ruiz-Mateos empezó a preguntar qué había pasado con los mil millones de pesetas que se habían destinado a sobornar a funcionarios del gobierno y se dio cuenta de que Luis podía haberle tomado el pelo.[129] Comentó sus sospechas con uno de sus asesores y le pidió que fuera a ver a Valls-Taberner y lo interpelara directamente. «Quiero que menciones lo del complot y le mires bien a los ojos —le explicó—. A ver qué dice y qué rostro pone.»[130]

De inmediato, Luis escribió una carta a Ruiz-Mateos disculpándose por lo ocurrido y declarando su falsa inocencia en relación con los mil millones de pesetas desaparecidos.[131] Pero el presidente de Rumasa no quedó convencido. Las relaciones entre ambos se deterioraron rápidamente y la disputa se hizo pública, con un enfadado Ruiz-Mateos filtrando historias a la prensa sobre la corrupción de Luis. «Nunca conocí a Calvi, pero algunos dicen que acabaré como él», declaró a the *Financial Times*.[132] Intentando evitar que las acusaciones se convirtieran en otro escándalo público, la última semana de julio, Luis viajó a Londres para aplacar la situación.[133]

Ruiz-Mateos invitó al banquero a comer a su casa de Chelsea.[134] El andaluz estaba tenso y agitado, pero se esforzó por poner buena cara y mostrarse cordial con su colega del Opus Dei. Los acompañó Teresa Rivero, la esposa del empresario. Tras servir vino, brindaron los tres.

Ruiz-Mateos acusó directamente a Luis de no cumplir sus promesas, y este guardó silencio.

Al cabo de un rato, el presidente de Rumasa se fue a una reunión con sus abogados, y le tocó a su mujer presionar a Luis para que le contara qué había pasado exactamente.

—Esa cantidad de veces que os habéis visto... —le dijo al banquero—. Tienes que darle alguna explicación.

—Yo he tratado de ayudarle —explicó Luis—. Sí, comíamos, José María venía a consultarme cosas, pero yo no tengo la culpa.

—Sí, pero tú le has visto, cómo está —replicó ella—. Tienes que decirle algo...

En ese momento llegaron los niños y Luis presentó sus excusas y se marchó.

Buscando racionalizar lo que había sucedido, Ruiz-Mateos llegó a la conclusión de que el Opus Dei tenía dos caras.[135] Por un lado, estaba la filosofía espiritual que sustentaba el movimiento, revelada al fundador por Dios mismo. Ese era el verdadero Opus Dei. Pero también había otra cara, concluyó Ruiz-Mateos, a la que llamaba «Opus Homini», formada por hombres corruptos y ávidos de poder como Luis Valls-Taberner. En una carta de 45 páginas que envió a Álvaro del Portillo le pedía que erradicara el mal que había contagiado al movimiento religioso: «Todo me ha sido arrebatado —escribió—. He sido deshonrado, desacreditado en mi trabajo y expulsado de España. He sido perseguido y calumniado [...] Os ruego, padre, que os pongáis en mi situación y tratéis de comprenderme. Estoy seguro de que sentiréis compasión». Poco después, recibió la visita de un miembro de la sede central del Opus Dei en Roma. El visitante le preguntó: «¿Cómo está tu alma? ¿Has seguido las normas?».[136] Cuando Ruiz-Mateos preguntó si Del Portillo tenía una respuesta para él, el emisario repuso: «¿Qué carta? ¿Sabes que podrías morir esta noche? ¿Tener un infarto? ¿O morir de cáncer?».

Del Portillo tenía asuntos más urgentes que atender. El 19 de marzo se había oficiado en la basílica de San Eugenio, en Roma, una solemne ceremonia para celebrar la creación oficial de la Prelatura de la Santa Cruz y del Opus Dei, siempre un día especial para los miembros porque era la festividad de san José, homónimo del fundador.[137] Durante tres generaciones, la reputación del movimiento se había visto empañada por sus estrechos vínculos con el régimen franquista y su complicidad en la corrupción y la brutalidad de la dictadura. Pero ahora, tras haber conseguido el sueño que abrigaba Escrivá de un nuevo estatus, el Opus Dei afrontaba el tercer milenio de la cristiandad con optimismo, nueva legitimidad y abundantes fondos. Sin embargo, su avance había tenido un gran coste personal para dos de sus soldados más leales. En febrero de 1984, las autoridades españolas emitieron una orden de detención contra Ruiz-Mateos. Tras la decisión del gobierno británico de no renovarle el visado, el desacreditado empresario huyó a Estados Unidos, luego al Caribe y finalmente a Alemania, donde fue interceptado por una orden de arresto de la Interpol. En respuesta a ello, hizo públicas sus acusaciones sobre Luis y los mil millones de pesetas desaparecidos. Ambos emprenderían una amarga batalla judicial que se prolongaría durante años. Mientras José María Ruiz-Mateos y Luis Valls-Taberner luchaban por salvar su reputación, el Opus Dei se dedicó a recoger los frutos sembrados por sus dos máximos benefactores. Con la causa de la beatificación del fundador circulando por el Vaticano, los años venideros prometían un poder e influencia incalculables.

7

Bendito día
Los Ángeles, febrero de 1988

Con la cabeza inclinada y las manos juntas en señal de oración, Álvaro del Portillo se arrodilló frente al altar dorado de la iglesia de Nuestra Señora Reina, en el centro de Los Ángeles, y suplicó a Dios que le ayudara. El templo, cuyos orígenes se remontan a 1784, era el más antiguo de la ciudad, construido para apoyar la labor de una misión de sacerdotes españoles enviados a evangelizar a la población local. Dos siglos después, Del Portillo llegó a California con el mismo espíritu evangelizador y el respaldo de un ejército de numerarios en lugar de un batallón de tropas españolas.[1] Ya cumplido el sueño del fundador de conseguir un nuevo estatus canónico, el nuevo «prelado» —como ahora lo llamaban los miembros— se propuso materializar otra de las grandes ambiciones de Escrivá. El fundador había hablado de construir un santuario del Opus Dei dedicado a María en Norteamérica como contrapeso al corrosivo dominio cultural de Hollywood.[2] El santuario seguiría siendo una quimera durante décadas. Pero, cuando Del Portillo se arrodilló para orar, pidió ayuda al Señor. «Queremos que el reino de Cristo en la tierra sea una realidad —dijo—. Para lograr esta reevangelización del mundo, te pedimos que bendigas especialmente la labor del Opus Dei en California.»[3]

Los Ángeles era la sexta parada de una agotadora gira de dos meses por Norteamérica que ya había llevado a Del Portillo a Nueva York, Puerto Rico, Florida, Texas y, brevemente, a México. El viaje mostraba la creciente importancia que él y el Opus Dei otorgaban a la región, y a Estados Unidos en particular. La visita también fue oportunista, ya que se produjo en un momento de profunda división

167

dentro de la Iglesia estadounidense. Había surgido una oleada de indignación moral entre los católicos de a pie contra las políticas de Estados Unidos en Centroamérica, donde la administración de Ronald Reagan estaba patrocinando ataques militares contra sacerdotes de tendencia izquierdista. Muchos obispos norteamericanos se sintieron obligados a alzar la voz, criticando abiertamente a la administración, cosa que los enfrentó directamente con un Vaticano cada vez más autoritario que hacía la vista gorda ante las muertes de sacerdotes izquierdistas en Centroamérica como parte del renacimiento conservador liderado por el papa.[4] Wojtyła había respondido con medidas disciplinarias contra los obispos,[5] una táctica que no hizo sino empeorar las cosas, provocando que algunas diócesis estadounidenses adineradas retuvieran sus aportaciones a Roma a modo de protesta.[6] Las divisiones estuvieron a punto de hacer descarrilar una visita papal a Estados Unidos en 1987[7] y dieron origen a una nueva generación de católicos conservadores que se sentían cada vez más alienados por lo que consideraban la deriva izquierdista de la Iglesia estadounidense y que inyectaron dinero en nuevas publicaciones y fundaciones que denunciaban a los obispos liberales.[8]

El cisma generó una doble oportunidad para el Opus Dei: abrirle la puerta para posicionarse como refugio de la ortodoxia para los católicos conservadores estadounidenses y demostrar su inquebrantable lealtad al papa. Mientras Del Portillo viajaba por todo el país, dejó claro que el Opus Dei estaba con el papa en los temas más controvertidos. «¡Amad mucho a los hijos! ¡No ceguéis las fuentes de la vida!—dijo en una reunión en San Francisco—. Os pido que propaguéis por todas partes la verdadera doctrina de la Iglesia: que no es lícito cegar las fuentes de la vida, usar medios anticonceptivos, y que Dios hace que tengáis el corazón más grande cuantos más hijos tengáis.»[9]

La gira, que también lo llevaría a Chicago, Milwaukee, San Luis, Washington y Boston, estaba diseñada para proyectar la imagen de un movimiento en marcha y ganó popularidad entre los católicos de la nación. Pero las reuniones públicas, muy coreografiadas, enmascaraban la creciente frustración de Del Portillo con el ritmo de expansión en Estados Unidos y su decepción por la cantidad de dinero que había recaudado en el país. De vuelta en Roma, el prelado había comentado su irritación con dos numerarios estadounidenses que estaban formándose para ser sacerdotes y les explicó que Escrivá soñaba con aprovechar los recursos económicos de Estados Unidos para financiar el crecimiento del Opus Dei en otras partes del mundo.[10] Lamentablemente, ese sueño no se hizo realidad: en los años ochenta, las finanzas del movimiento eran tan precarias en Estados Unidos que se vio obligado a pedir dinero a una rica familia de supernumerarios para pagar sus facturas allí.[11]

Las finanzas del movimiento en aquel país habían mejorado desde entonces gracias al duro trabajo de un puñado de numerarios en Nueva York. John Haley, que se había unido al Opus Dei cuando estudiaba en la Universidad de Notre Dame, era el cerebro de esa transformación.[12] Haley se había trasladado a Nueva York en 1978. Tras un período como responsable de la captación de adolescentes, le pidieron que asumiera el cargo de administrador regional y así se puso al frente de las finanzas del Opus Dei a nivel nacional. Las cuentas se hallaban en un estado calamitoso: mientras el dinero que salía de España se reducía a un goteo, muchas de las opulentas propiedades que el movimiento poseía en Estados Unidos habían sido hipotecadas hasta el límite. Varias iniciativas —como la residencia de estudiantes cerca de la Universidad de Columbia— habían fracasado y acrecentado la deuda.

Haley eliminó el antiguo sistema de gestión centralizada de la cartera de propiedades del movimiento y convirtió cada residencia y centro de retiro individual en una organización religiosa sin ánimo de lucro. El cambio de estatus tenía enormes ventajas fiscales. También creó una nueva organización sin fines de lucro llamada Woodlawn Foundation, a la que los numerarios debían enviar sus cheques después de haber pagado a su centro local por los gastos de manutención. Ese sistema permitía al Opus Dei evitar el Servicio de Impuestos Internos, que tenía normas estrictas sobre hacer pasar los gastos de manutención como donaciones caritativas y ya había investigado a docenas de numerarios por actividades sospechosas.[13] También ofrecía otra ventaja: creaba un cortafuegos entre el Opus Dei como organización y las operaciones de sus numerarios sobre el terreno. Era una ficción legal; en Estados Unidos y otros lugares, entidades como Woodlawn eran creadas y controladas por un reducido grupo de numerarios de confianza especialmente seleccionados por Roma para dirigir los asuntos en cada país. El grupo designaba a miembros más jóvenes para dirigir oficialmente esas entidades que se suponían independientes, aunque en la práctica no tenían ninguna autonomía y se les decía lo que tenían que hacer. En ocasiones, los numerarios que en realidad estaban al mando pedían a los miembros subalternos que sobre el papel dirigían las entidades sin ánimo de lucro que firmaran actas ficticias de reuniones que nunca se habían celebrado.[14] En las dos décadas siguientes, ese entramado de fundaciones teóricamente independientes llegaría a superar el centenar solo en Estados Unidos.

Haley también trató de profesionalizar el proceso de captación de donativos de los supernumerarios y la población católica en general. Contrató a Marts & Lundy, la consultora líder en el sector de la filantropía, la cual aconsejó al Opus Dei que elaborara una lista de donantes ricos potenciales —básicamente, cualquiera que pudiese aportar al menos diez mil dólares, aproximadamente la mitad de lo que ganaba cada año un estadounidense medio— y que escribiera a cada uno de ellos con un discurso claro de una página.[15] Fue aquí donde resultaron útiles los informes detallados que Escrivá exigía en sus «instrucciones» para los directores. Haley pidió a directores de las residencias del Opus Dei de todo el país que confeccionaran listas de nombres. Podían recurrir a sus boletines de notas sobre supernumerarios locales y católicos simpatizantes, que incluían información detallada sobre su vida personal, profesional y espiritual. Se enviaron cartas y respondieron positivamente unas cincuenta personas. Haley esperaba recaudar un millón de dólares, pero llegaron tres.[16] El Opus Dei ahora tenía una forma de utilizar la información recopilada sobre los miembros y los católicos de la zona para generar dinero.

Tras descubrir esa abundante fuente de dinero, los numerarios que dirigían el Opus Dei en Estados Unidos empezaron a adelantarse a los acontecimientos. Contrataron a un recaudador de fondos a tiempo completo, al que encargaron la captación de dinero para otro proyecto que la sede regional consideraba prioritario: la remodelación de un centro de retiros a las afueras de Boston por valor de tres millones de dólares. La campaña fue un fracaso y generó com promisos que apenas alcanzaban para cubrir el salario del recaudador.[17] Se recurrió de nuevo a Marts & Lundy para averiguar qué había fallado, y concluyeron que había sido un error plantear la recaudación de fondos como una reforma de una propiedad existente. «Todo el mundo necesita una cocina nueva», explicó uno de los expertos de la empresa.[18] Asimismo, indicaron al Opus Dei que abandonara la campaña y la presentara como algo completamente distinto, algo con lo que los miembros pudieran comprometerse.

Haley se había enterado de que un rico supernumerario —un abogado de Wall Street llamado Edward Lisk Wyckoff— podía estar dispuesto a donar hasta un millón de dólares para un proyecto que juzgara adecuado.[19] El consejo regional averiguó que Wyckoff sentía una obsesión especial por las abogadas que daban prioridad a su carrera antes que a tener hijos. Estaba convencido de que debían de ser profundamente infelices y había mencionado la necesidad de intervenir pronto con ellas —a poder ser en la universidad— e inculcarles buenos valores católicos. El Opus Dei vio una oportunidad. En lugar de hablar de la costosa renovación de una casa de campo que se utilizaba para celebrar retiros, la recaudación de fondos se rebautizó como «Campaña Segunda Generación».[20] Se construyó un relato sobre una generación de sacerdotes españoles que se había alzado para llevar el mensaje del Opus Dei a Estados Unidos, y ahora se esperaba que una segunda generación financiara la expansión de esa importante labor. La remodelación del centro de retiros, que costaría tres millones de dólares, seguiría siendo una prioridad, por supuesto, pero la Obra hizo hincapié en otros planes: ampliar su red de residencias a las ciudades universitarias, donde difundiría los valores católicos a una nueva generación de jóvenes profesionales. Wyckoff se lo creyó. Fue la primera donación de un millón de dólares para el Opus Dei en Estados Unidos.[21] La relación de la organización con su base de gente adinerada cambiaría para siempre.

El Opus Dei también trabó relaciones estrechas con otros herederos ricos. Dorothy Bunting Duffy fue una de ellas.[22] Tras la primera guerra mundial, su abuelo había empezado a vender una crema para la piel que denominó «Remedio para las quemaduras solares del Dr. Bunting», pero pronto rebautizó la receta como

Noxzema (No eczema) para abrirse a un mercado más amplio. El producto tuvo un éxito arrollador y, a finales de los años cincuenta, la empresa se había expandido a las cremas de afeitar, los bronceadores y la línea de cosméticos CoverGirl. El negocio familiar hizo a los Bunting extremadamente ricos. En 1957 se casó con Joe Duffy, un oficial de la armada que encontró trabajo en la Academia Naval de Annapolis, y ambos empezaron una nueva vida en los suburbios de Washington D. C., primero en Falls Church y luego en McLean. Allí se unieron al Opus Dei y se hicieron supernumerarios.[23] Como matrimonio adinerado, hicieron generosas donaciones al movimiento.[24] Cuando se les contactó para que ayudaran a financiar la renovación del centro de retiros en Boston, al principio Dorothy se opuso. Sin embargo, cuando la iniciativa pasó a conocerse como «Campaña Segunda Generación» —y tras conocer la aportación de un millón de dólares que había realizado Wyckoff—, decidió igualar su donación.

La fortuna de la familia Duffy explotó en 1989, cuando la empresa fue vendida al gigante de los productos de consumo Procter & Gamble por 1.300 millones de dólares.[25] La venta coincidió con otra gran campaña de recaudación de fondos del Opus Dei. John Haley bautizó su siguiente iniciativa con el nombre de «Campaña para el siglo XXI», en consonancia con una idea similar impulsada por el Vaticano con motivo del 2.000.º aniversario del nacimiento de Cristo. Los Duffy eran donantes cada vez más destacados. Durante las tres décadas posteriores, Duffy y su hija donarían decenas de millones de dólares al Opus Dei.

Las medidas adoptadas por Haley y el resto de los numerarios superiores para abrir las arcas de la base supernumeraria dispararon las ambiciones de Del Portillo en Estados Unidos, y esbozó sus planes durante una visita a Boston hacia el final de su viaje de dos meses. Hablando en una reunión cerca de Harvard y el MIT, reflexionaba sobre lo que podían hacer los miembros de la Obra para frustrar el liberalismo en tan prestigiosas instituciones. Quería construir una universidad del Opus Dei en Estados Unidos, como ya había hecho el movimiento en España, Perú, México y Colombia. Del Portillo también tenía otras prioridades. Antes de su visita, el prelado había decidido situar al primer estadounidense de naci-

172

miento al frente del Opus Dei en el país. El cambio en la cúpula ayudaría a subrayar la narrativa de la «Campaña Segunda Generación». Jim Kelly se había criado en Massachusetts y se hizo numerario cuando estudiaba en Harvard.[26] Tras una temporada en Nueva York, se trasladó a Roma para formarse como sacerdote, y allí llamó la atención de Del Portillo. El prelado lo había llevado aparte en Villa Tevere y le había explicado sus prioridades. A Kelly le dijo que debía mejorar a la hora de pedir dinero a la acaudalada corriente de riqueza supernumeraria que el movimiento había identificado.[27] También tenía otra instrucción: le dijo a Kelly que, en adelante, la región debía orientar sus esfuerzos de reclutamiento a los adolescentes.[28]

Desde que consiguió el nuevo estatus para el movimiento, Del Portillo había dedicado gran parte del tiempo a actualizar su manual de reclutamiento y redactar un detallado *Vademécum del apostolado de la opinión pública*. El documento determinaba que cada miembro tenía que difundir la «verdad divina» que Escrivá había recibido de Dios e indicaba cómo hacerlo. Se animaba a los sacerdotes a escribir en periódicos y revistas y a infiltrarse en las reuniones eclesiásticas para debatir las políticas e iniciativas de la Iglesia a nivel nacional.[29] A los seculares se los instaba a redactar cartas que pudieran ser publicadas y leídas por el público en general.[30] Las directrices más detalladas quedaban reservadas a los miembros del Opus Dei que trabajaban en los medios de comunicación. Estos debían hablar sobre el fundador y sus enseñanzas en su trabajo profesional siempre que surgiera la oportunidad,[31] aunque cualquier artículo que examinara al Opus Dei en profundidad debía pasar primero por la comisión regional.[32] Las directrices estipulaban que los directores espirituales de la Obra debían proporcionarles material y comprobar que cumplían las expectativas del movimiento.[33] Se animaba a los miembros a entablar amistad con otras personas que trabajasen en los medios de comunicación y a ofrecer «ayuda» para la lectura de los artículos antes de su publicación y comprobar así que no había «inexactitudes».[34] El grado de detalle sobre lo que los opusdeístas debían y no debían hacer, y la clara estipulación de que los directores espirituales debían implicarse en la vida profesional y privada de los numerarios para dar forma a la imagen pública del Opus Dei, contradecía la postura pública de la prelatura: que los miembros eran libres de hacer y decir lo que quisieran.

Del Portillo también utilizó el proceso de actualización de los documentos secretos de la Obra para encubrir sus propios fallos como sucesor. La transformación del Opus Dei en una prelatura personal había sido gestionada apresuradamente por el papa Juan Pablo II en las últimas semanas de 1982 mediante un decreto papal que aprobaba unilateralmente su aplicación antes de que las leyes canónicas pertinentes que rigen las prelaturas personales hubieran sido finalizadas. Era un movimiento desesperado para asegurar que la Obra obtuviera su codiciado nuevo estatus, pero también arriesgado, dada la incertidumbre sobre lo que implicaría ser una prelatura personal según el derecho canónico. Ello resultaría evidente dos meses más tarde, cuando se ultimaron las leyes. Para horror de Del Portillo, los obispos se habían negado a retractarse de su afirmación de que las prelaturas personales —conforme a la idea original de su creación en el Concilio Vaticano II— debían estar formadas solo por sacerdotes. Esto generó un problema enorme al Opus Dei, que en su premura por conseguir su elevado estatus había efectivamente perdido autoridad eclesiástica sobre la gran mayoría de sus miembros, que eran seculares y no parte del clero. Incapaz de dar marcha atrás debido a la adulación posterior a la concesión del nuevo estatus de la Obra, que ahora resultaba ser un fiasco, Del Portillo optó por encubrir sus errores mintiendo a los miembros. Se les dijo que, habiendo hecho los votos, estaban eclesiásticamente ligados al Opus Dei y solo podían abandonar el movimiento obteniendo una dispensa personal del prelado.[35] Esa interpretación engañosa del derecho canónico frenaba a los miembros y obligaba a muchos a permanecer en el Opus Dei, ya que obtener una dispensa del prelado a menudo era un proceso largo o difícil. De hecho, era una forma de abuso espiritual. Para reforzar su control sobre los miembros, Del Portillo dejó claro que abandonar la Obra sin su permiso se consideraría un pecado grave. Tal vez reconociendo que esas normas internas contradecían el derecho canónico, ordenó que se guardaran bajo llave y que nunca salieran de las instalaciones del Opus Dei.[36]

La Obra de Dios también violaba sistemáticamente el derecho canónico relativo a los menores. La Iglesia prohibía expresamente el reclutamiento de menores de dieciocho años[37]. Públicamente, el movimiento lo reconocía en sus estatutos oficiales presentados al Vaticano, pero en sus directrices secretas para los miembros, Del Portillo animaba a los numerarios a captar a menores a partir de los catorce años. Según él, nada impedía que los niños se convirtieran en lo que él llamaba «aspirantes», una nueva categoría inventada para eludir las restricciones de la Iglesia.[38] Esos aspirantes no eran miembros como tales, pero debían recibir orientación espiritual de un adulto numerario y asistir a retiros y campamentos de verano en los que los únicos adultos presentes solían ser numerarios. Dado que los mayores de edad que dirigían esas actividades de reclutamiento estaban sometidos a una fuerte presión de sus superiores para que generaran nuevas «vocaciones», el bienestar de los niños que tenían a su cargo solía quedar en un segundo plano. Los abusos espirituales —y sexuales— de menores solían pasar desapercibidos en ese entorno. En Nueva York, un numerario daba clases de catecismo para niños en el sótano de una familia católica grande e influyente. Durante esas reuniones, a veces animaba a los chicos —algunos de los cuales solo tenían trece años— a masturbarse delante de él, según un participante.[39] Los llevaba de viaje a casas del Opus Dei y les decía que tenían una vocación, al tiempo que los sometía a horribles abusos sexuales.[40] «Eras un recluta especial. Me dijeron que sentían la llamada en mí», explicaba una persona que sufrió abusos sexuales reiterados por parte de un numerario cuando tenía entre doce y dieciséis años.[41] Estaba convencido de que otros lo sabían. «Era un delito que podía pasarse por alto si traías dinero o reclutas», añadió. Más tarde, el numerario fue seleccionado por la sede central del Opus Dei para hacerse sacerdote y enviado a Estados Unidos, donde dirigió actividades juveniles en Nueva York.

En otros lugares también se produjeron abusos similares en actividades del Opus Dei dirigidas a niños. En Inglaterra, Johnny Daukes fue animado por su madre, que era supernumeraria, a asistir a un club juvenil en la cercana Oxford que algunos miembros acababan de crear. «Esos clubes eran fáciles de recomendar —recuerda—. Había actividades como deportes, cine, acampadas, mecánica del automóvil y muchas otras cosas atractivas para los adolescentes varones. Sin embargo, tenían un componente clave, disfrazado por los atractivos de las tiendas de campaña, los balones y la grasa de motor: rezar. El Boys' Club era un caballo de Troya para atrapar a jóvenes desprevenidos en las actividades religiosas del Opus Dei.»[42] Allí, uno de los hombres que dirigían el club fue nombrado consejero espiritual del joven y le pedía que se lo contara todo para ser perdonado por Dios. El hombre mayor abusó de su privilegio como consejero espiritual para someter a Daukes a actos regulares de abuso sexual, que tuvieron lugar en Grandpont House, la residencia numeraria de Oxford,[43] y también en Wickenden Manor, un centro de retiros del Opus Dei situado en la campiña inglesa.[44] «Aunque los abusos fueron obra de un solo hombre, a menudo tuvieron lugar en instalaciones del Opus Dei —afirmaba Daukes—. El grado de contacto que tenía con él era muy obvio para todos en Grandpont House, y es cuando menos sorprendente que nadie cuestionara lo apropiado de esa relación y su malsana proximidad.»[45] Más tarde, el abusador en serie tomó un alto cargo directivo en colegios del Opus Dei.[46] Afirmaba Daukes que, durante ese tiempo, abusó sexualmente de, al menos, otro niño.[47] Cuando salieron a la luz nuevas acusaciones muchos años después, la nueva víctima fue enviada a un sacerdote del Opus Dei y un psiquiatra supernumerario. Los abusos nunca fueron denunciados a las autoridades.[48]

Esa captación subrepticia de niños —en un claro incumplimiento del derecho canónico— no pasó desapercibida. En Nueva York, un grupo de padres católicos que sentían cómo habían perdido a sus hijos a manos del movimiento publicaron un libro titulado *Parent's Guide to Opus Dei* (Guía sobre el Opus Dei para padres de familia), en el que detallaban las técnicas de captación del grupo.[49] En un informe titulado «Características de los nuevos movimientos religiosos destructivos», los padres argumentaban que la Obra era una secta moderna según los criterios establecidos por el Vaticano tres años antes. Acusando al Opus Dei de lavado de cerebro y control mental, de cultivar la presión de grupo y de infundir culpabilidad y miedo, pidieron al papa que tomara medidas. El Opus Dei respondió con una carta de la hija del autor principal en la que afirmaba que se había unido a la organización por voluntad propia. Asimismo, negó que existiera un manual de reclutamiento, obviando así las instrucciones y los vademécums guardados bajo llave en los centros del Opus Dei.

Al mismo tiempo que emitía esas refutaciones, un grupo de numerarias de Boston dirigía una escuela de verano para alumnas de secundaria extranjeras. La escuela supuestamente se había creado para enseñarles inglés y el estilo de vida estadounidense, pero en realidad era una tapadera para atraer a menores.[50] Tammy DiNicola era una de las numerarias encargadas de dicha misión. Ella misma había sido reclutada tres años antes, mientras cursaba su tercer año en el Boston College, y le enseñaron las técnicas que debían utilizar las numerarias para generar nuevas vocaciones. En la residencia de Bayridge donde vivía se hablaba abiertamente de esos métodos. Incluso se animaba a las numerarias a cantar una canción del Opus Dei que celebraba sus técnicas de reclutamiento subrepticias y las comparaba con la «pesca submarina».[51] Cantaban que nunca debían esperar a que picaran los peces —un eufemismo para referirse a los niños—, sino que debían colocarse en posición, acechar y disparar a su objetivo con un arpón. «Lo agarras luego y se acabó», entonaba en la residencia mientras la directora marcaba el ritmo con una pandereta. Las chicas del campamento de verano no tenían ni idea de por qué estaban allí realmente. Una semana después de que comenzara, DiNicola y las demás numerarias fueron convocadas a una reunión. Una de ellas tenía una hoja con los nombres de las asistentes. Entonces se elaboró un plan a medida para reclutar a cada joven en particular y se eligió a una numeraria para llevarlo a cabo. Darse cuenta repentinamente de que las chicas habían sido llevadas a Boston con falsos pretextos la inquietó profundamente, pero fue incapaz de resistirse porque hacerlo sería considerado «mal espíritu». «Eran jóvenes vulnerables y desprevenidas, incapaces de soportar la intensidad que les imponían —reflexionaba más tarde—. Había una chica en particular que estaba alterada todo el tiempo, y creo que sufrió una pequeña crisis nerviosa hacia el final del programa.»[52] DiNicola abandonó el Opus Dei poco después. Entre los numerarios alrededor del mundo que tenían reparos sobre lo que se les pedía que hicieran, no a todos les resultó tan fácil simplemente marcharse. A una numeraria de Venezuela, sus superiores le dijeron que estaba siendo tentada por el diablo cuando pidió dejarlo y le aseguraron que nunca volvería a ser feliz ni podría vivir en gracia de Dios si seguía sus impulsos.[53] Según su testimonio, le prohibieron hablar con sus padres, escondieron las llaves de la residencia para que no se marchara e incluso le administraron Rohipnol, que supuestamente la ayudaría a descansar.[54] A finales de los años ochenta, la prescripción de antidepresivos y anfetaminas estaba muy extendida entre muchos numerarios.[55] En Barcelona, un médico supernumerario parecía trabajar en connivencia con los jefes locales del Opus Dei y era famoso por recetar esa medicación a los opusdeístas y por compartir con sus superiores las conversaciones confidenciales que mantenían.

Mientras el Opus Dei establecía directrices detalladas sobre cómo reclutar a menores, su atención al bienestar de los niños puestos a su cuidado era secundaria. «El Opus Dei pretendía extender el reino de Dios mediante el engaño —recuerda Vladímir Felzmann, un sacerdote de la Obra que pasó veintitrés años dentro del movimiento—. Se animaba a los miembros a trabar falsas amistades con la aristocracia de cerebro, sangre y riqueza. Hoy en día eso se llama *grooming*. Las actividades tenían una agenda tanto encubierta como abierta. Los campamentos y los actos educativos existían oficialmente para ayudar a los jóvenes. En realidad, pretendían atraer a posibles vocaciones.»[56] Felzmann afirma que a los numerarios varones se los animaba a fumar para demostrar que eran machos, y les decían que ofrecer un cigarrillo era una buena manera de romper el hielo.[57] A las numerarias les pedían que se dirigieran a chicas atractivas, ya que así tendrían más éxito a la hora de atraer más miembros para la causa.[58] Sin embargo, cuando se trataba de dar consejos sobre el bienestar espiritual o físico de los reclutas, no había una verdadera orientación o supervisión. El mismo año en que se celebró el curso de Boston para chicas extranjeras, el Opus Dei organizó un campamento de verano para chicos en Buenos Aires. Uno de los numerarios pidió a un niño de once años que durmiera en su cama. En mitad de la noche, el menor se despertó y descubrió que el numerario le estaba acariciando los genitales. Al año siguiente, el mismo numerario abusó de otro niño. Cuando el caso fue denunciado años después, el Opus Dei trató de lavarse las manos y le dijo a la víctima que no podía investigar el incidente porque el campamento de verano en realidad no era responsabilidad de la prelatura, sino de una fundación independiente dirigida por numerarios.

Luis Valls-Taberner y el dinero del Banco Popular eran fundamentales para esas iniciativas de reclutamiento. A finales de la década de 1980, el banquero español había creado un nuevo sistema de financiación internacional legítima para el Opus Dei que sustituía a la nefasta ruta que se había ido desmantelando lentamente en los años transcurridos desde la muerte de Franco. Oficialmente, el banco había escindido una amplia cartera de empresas a finales de los años sesenta para cumplir con la nueva normativa bancaria.[59] La cartera incluía a varias empresas inmobiliarias, entre ellas una que era propietaria de la sede del Banco Popular.[60] Sin que nadie lo supiera, salvo un grupo muy próximo a él, Luis había utilizado un grupo de filiales inactivas para comprar esos activos con dinero del banco.[61] Una de ellas estaba dirigida por Santiago Escrivá, hermano menor del fundador.[62] Discretamente, Luis había transferido la propiedad de esos activos a la recién creada Fundación para Atenciones Sociales.[63] En 1989, el sistema ya estaba en marcha. En años posteriores, casi seis mil millones de pesetas —equivalentes a casi cien millones de euros actuales— saldrían de España con destino a proyectos en todo el mundo.[64]

Los proyectos dirigidos a menores y jóvenes fueron los más beneficiados. Utilizando activos obtenidos del Banco Popular —además de parte de los beneficios de la entidad destinados a «buenas causas»—, la Fundación para Atenciones Sociales desvió millones para la expansión del Opus Dei en 37 países, entre ellos Argentina, Australia, Francia, Italia, Costa de Marfil, Kenia, Filipinas, Suecia y el Reino Unido.[65] Se construyeron dos nuevos institutos a las afueras de Sídney, se organizaron clubes juveniles en los suburbios de París, se crearon residencias universitarias en la recién liberada Polonia y se establecieron centros culturales en Kinsasa, en lo que entonces era Zaire. Mientras se invertían enormes sumas en la expansión de la cara pública del Opus Dei —escuelas, clubes juveniles y residencias estudiantiles diseñadas para atraer a futuros numerarios al movimiento—, se destinaba una cantidad igual de importante a apoyar la

179

parte oculta de la prelatura: reclutar a chicas desfavorecidas como numerarias auxiliares (las numerarias sirvientas habían sido renombradas), las cuales eran necesarias para cocinar y limpiar las instalaciones de la extensa red de nuevas residencias proyectadas por el prelado.

Ahora que no tenían que justificar sus acciones ante la diócesis local debido a su condición de prelatura personal y liberados de la supervisión que podían ejercer los donantes habituales —organizaciones benéficas dirigidas por profesionales o congregaciones locales—, los agentes del Opus Dei permitían que los abusos se agravaran a la vista de todos. Esa dinámica resultaba evidente en Francia, donde decenas de millones de francos franceses generados por el Banco Popular se utilizaron para apoyar a la École Hôtelière Dosnon, un centro de reclutamiento para numerarias auxiliares creado bajo la apariencia de una escuela para chicas jóvenes interesadas en trabajar en el floreciente sector hostelero del país.[66] Con sede en Couvrelles, un pequeño pueblo situado un par de horas al noreste de París, la escuela era contigua a un castillo del siglo XVII que se había convertido en un centro de retiros del Opus Dei. El lugar había sido adquirido a principios de los años sesenta como parte de una oleada de compras de propiedades por parte de la Orden que incluía fortalezas y mansiones históricas.[67] A principios de los noventa, el castillo se había convertido en el principal centro de retiros del Opus Dei en toda Francia. Oculto para de la mayoría de los participantes, un edificio anexo albergaba la escuela de hostelería, conectada por un túnel subterráneo,[68] donde veinte chicas adolescentes eran presionadas para unirse a la Orden como numerarias auxiliares,[69] así como para proporcionar mano de obra barata para los retiros que se celebraban al lado.[70] El castillo no tenía empleados; todas las tareas de limpieza y cocina corrían a cargo de las adolescentes, que tenían poco tiempo para estudiar. Cada mañana se levantaban al alba y a menudo trabajaban hasta las diez de la noche, siete días a la semana.[71]

Catherine Tissier tenía catorce años cuando sus padres la inscribieron en el curso de hostelería de tres años que ofrecía la École Hôtelière Dosnon. Más tarde se convertiría en la primera denunciante pública de los malos tratos sistemáticos infligidos a las numerarias auxiliares. Durante una visita a la escuela, la familia había quedado impresionada por la amabilidad y profesionalidad del personal, y había salido convencida de que Dosnon era el lugar perfecto para una chica como Catherine, que había tenido dificultades académicas.[72] Ningún miembro del personal mencionó la afiliación de la escuela al Opus Dei.[73] Los rituales religiosos que definían la vida de las jóvenes no se hicieron evidentes hasta que sus padres se marcharon. Al principio, había poca presión para ir a la misa diaria o a las clases de catecismo, sermones y meditaciones impartidas por un sacerdote del Opus Dei. No obstante, todo cambió en el segundo año, cuando la coacción para asistir a las actividades religiosas aumentó, encabezada por la tutora de Catherine, cuyo trabajo debería haber sido prepararla para una vida en el sector de la hostelería, pero que, en cambio, la interrogaba sobre el sermón del día y la apremiaba para que cumpliera el estricto horario de oraciones y meditación que seguían los miembros del Opus Dei.[74] Sometida a una fuerte presión, acabó cediendo. A los dieciséis años, cuando empezaba el tercer curso, la tutora le dictó una carta para Álvaro del Portillo en la que solicitaba su admisión en el Opus Dei como numeraria, comprometiéndose a ofrecer su trabajo y sus oraciones por el fundador.[75] Su tutora le indicó que no se lo dijera a sus padres. Un año después, realizó la oblación, que significaba su incorporación oficial al Opus Dei. Solo tenía diecisiete años. Entonces le pidieron que redactara un testamento en el que cedía todos sus bienes terrenales al Opus Dei y que fue enviado inmediatamente a la oficina regional para que fuese archivado.[76] Su recompensa fue una Biblia y un crucifijo.[77] Luego la enviaron a trabajar a una residencia de estudiantes del Opus Dei en Londres. A sus padres les dijeron que era para que aprendiera inglés, pero lo único que hacía allí era trabajar diez horas al día, siete días a la semana. Hasta su regreso a Francia, no resultó evidente el motivo del traslado. Ya tenía dieciocho años. «Su hija ya es adulta —les dijeron a sus padres—. Su familia ya no son ustedes; somos nosotros.»[78]

El relato de Tissier sobre la vida como numeraria auxiliar era desolador. Muchas chicas eran trasladadas de una residencia a otra con poca antelación para satisfacer las necesidades del movimiento,[79] como era el caso de la propia Catherine, que fue destinada a una residencia en París, donde le enseñaron a bajar la mirada para evitar el contacto visual con cualquiera de los hombres y donde solo se le permitía salir si iba acompañada de otro miembro para que pudieran vigilarse mutuamente.[80] Trabajaba diez horas diarias y le abrieron una cuenta bancaria donde le ingresaban el sueldo. Pero Tissier no tenía acceso a ella; todos los extractos eran remitidos a su jefe, y con frecuencia le pedían que firmara cheques en blanco que, según descubrió más tarde, se utilizaban para mantener una editorial del Opus Dei.[81] Solo le permitían visitar a sus padres una vez al año. Entre una visita y otra, se controlaba cualquier contacto con ellos: abrían sus cartas y vigilaban sus llamadas telefónicas. Esto duró ocho años. Años más tarde, aquejada de depresión, fue enviada a ver a un médico del Opus Dei, que le recetó antipsicóticos y tranquilizantes.[82] Poco después, la mandaron a trabajar de *au pair* para una familia supernumeraria, pero acabó siendo hospitalizada, tras lo cual la enviaron de nuevo a la École Hôtelière Dosnon. No fue hasta una visita a sus padres cuando saltó la alarma. Pesaba menos de cuarenta kilos y había dejado de comer. La llevaron al médico, que le aconsejó que dejara de trabajar inmediatamente y que se le retirara el cóctel de medicamentos recetado por el doctor del Opus Dei.[83] Tras decidirse a demandar, los Tissier no tardaron en enterarse de que otros padres habían hecho acusaciones similares contra la escuela.[84]

Llevando una existencia aislada en las montañas de los alrededores de Madrid, Luis Valls-Taberner seguía firmando sus propios cheques en blanco. Animado por los informes internos de que esas escuelas de acogida ayudaban a las jóvenes, el presidente del Banco Popular financió iniciativas similares en todo el mundo: en Argentina, el dinero del banco pagó varias «escuelas de criadas» que más tarde fueron relacionadas con abusos;[85] también se crearon otras instalaciones en países como Bélgica,[86] Suecia[87] y Filipinas.[88] El sistema acabaría cobrándose cientos —si no miles— de víctimas. La mayoría de las mujeres permanecerían encerradas durante años en el sistema o guardarían silencio sobre los abusos sufridos. Catherine Tissier fue la primera en buscar justicia públicamente. Intentó demandar al Opus Dei por la explotación que había sufrido como numeraria. En lugar de asumir su responsabilidad, la Obra optó por esconderse detrás de la red de empresas que se habían establecido en el país como una forma fiscalmente eficiente de gestionar sus finanzas y como un sistema para proteger a la prelatura personal de cualquier problema legal. Durante las deliberaciones con el juez, el Opus Dei argumentó con éxito que solo era responsable de la formación espiritual de la joven numeraria auxiliar y no de alguna infracción de la ley del trabajo o de supuesta esclavitud.[89] Fue la primera de las muchas veces en que esa táctica funcionaría en las tres décadas siguientes.

Pero la actividad en Villa Tevere, Roma, contaba otra historia. Allí, uno de los miembros más veteranos del gobierno en la sección femenina se encargaba de mantener a Del Portillo al día sobre la campaña mundial para reclutar a más numerarias auxiliares.[90] Su trabajo la llevó por todo el mundo, incluyendo muchas de las «escuelas de hostelería» financiadas por el Banco Popular. Mientras que el Opus Dei se distanció públicamente de cualquier responsabilidad legal hacia las niñas y jóvenes, ella dirigía un departamento de numerarias auxiliares en Roma encargado de coordinar esa operación global.[91] Parte del trabajo del departamento consistía en buscar acreditación para los programas de formación de las escuelas.[92] Los esfuerzos de verificación formaban parte de un proceso de obtención de visados para las numerarias auxiliares, de modo que pudieran ser trasladadas de países en vías de desarrollo, donde eran reclutadas cada vez con más frecuencia, a países desarrollados, donde pocas jóvenes mostraban interés en el estilo de vida que ofrecía el Opus Dei. Mientras en los tribunales se lavaban las manos de cualquier responsabilidad, en Roma, todo un equipo trabajaba para coordinar qué chicas serían enviadas y a dónde. Dado que muchas de ellas no recibían remuneración o habían sido engañadas o presionadas para que aceptaran su vocación, el departamento se dedicaba esencialmente a explotar la buena fe o vocación de seres humanos. En ocasiones, cuando las autoridades de inmigración hacían demasiadas preguntas, el departamento pedía a familias supernumerarias que patrocinaran las solicitudes de visado de las niñas. Cuando llegaban a su país de destino, no vivían con su familia patrocinadora, sino que iban directamente a trabajar a una residencia numeraria. Tras la fachada de que esas chicas «descubrían» la vocación de servir a Dios a través del trabajo doméstico se escondía un sistema de abusos y engaños cuyo único propósito era generar un sistema de mano de obra barata —y a veces totalmente gratuita— para residencias del Opus Dei en todo el mundo.

Naciones Unidas ha definido la trata de personas como la captación, transporte o recepción de personas mediante amenazas, fuerza o coacción con fines de explotación, aunque la víctima haya dado su consentimiento.[93] El sistema de captación, preparación y traslado de las niñas y mujeres jóvenes que se incorporaron al Opus Dei como numerarias auxiliares parecería encajar en esa definición. Según docenas de entrevistas con numerarias auxiliares que trabajaron en diferentes países —así como informes publicados—, un gran número de chicas fueron invitadas a incorporarse,[94] generalmente por veteranos del Opus Dei. Les decían a las jóvenes que tenían a su cargo, muchas de las cuales eran todavía adolescentes, que sus familias irían al infierno si se negaban a unirse. Luego eran empujadas a una vida de servidumbre y se les pedía que trabajaran largas jornadas, a menudo sin paga ni tiempo libre. También se las trasladaba y transportaba a cualquier lugar del mundo donde fueran necesarias para la organización. Aunque esos traslados se presentaban como una elección y se pedía el consentimiento de las mujeres, muchas sentían que no tenían más opción que aceptarlos y les decían que era de «mal espíritu» cuestionar la decisión de sus superiores de trasladarlas a otra ciudad, o incluso a la otra punta del mundo. A menudo se les negaba el contacto con sus familias.

En el centro de todo esto estaba el departamento de numerarias auxiliares en Roma, que coordinaba las operaciones en todo el mundo, ofreciendo orientación sobre cómo debían ser tratadas las mujeres reclutadas como numerarias auxiliares y gestionando la logística que determinaba a dónde se enviaba a las chicas. El Opus Dei siempre ha sostenido que las mujeres se unían a la organización libremente, que siempre se solicitaba su consentimiento para los traslados y que eran libres de marcharse en todo momento, aunque esto oculta el control psicológico que la organización a menudo ejercía sobre esas jóvenes impresionables. Muchas permanecieron atrapadas en la organización durante años —incluso décadas—, y algunas llegaron a sufrir depresión clínica. Según la definición de trata de seres humanos de Naciones Unidas, el consentimiento de la víctima es irrelevante cuando ha sido coaccionada. Aunque el Opus Dei nunca ha sido acusado de trata de seres humanos, los testimonios de las jóvenes y mujeres reclutadas en este sistema de explotación indican que la práctica estaba muy extendida.

En mayo de 1992, miembros del Opus Dei de todo el mundo se reunieron en Roma para participar en lo que prometía ser un momento decisivo en su historia: la beatificación del fundador del movimiento y Padre en el Cielo, Josemaría Escrivá.[95] En los días previos a la ceremonia, aviones cargados de peregrinos aterrizaron en el aeropuerto de Fiumicino en más de cien vuelos fletados por la prelatura.[96] Para quienes no pudieron asegurarse un asiento, se había puesto en marcha una flota de autobuses para transportar a los fieles desde todos los rincones de Europa. En previsión de las multitudes, el féretro que contenía los restos mortales del fundador había sido trasladado de la cripta de Villa Tevere a la basílica de San Eugenio, una moderna iglesia cercana a las orillas del Tíber, para que más gente pudiera presentar sus respetos.[97] La delicada operación había sido supervisada por el departamento de policía de la ciudad a raíz de un chivatazo de que terroristas del grupo separatista vasco ETA planeaban secuestrar sus restos.[98] Aunque la amenaza nunca llegó a materializarse, la información recordaba el oscuro pasado del Opus Dei, su complicidad con el régimen franquista y los interrogantes sobre la enorme fortuna que había amasado durante la dictadura. No obstante, para los peregrinos que habían acudido a Roma, esos pensamientos quedaban lejos, e iban pasando junto al féretro colocado ante el altar, decorado con un manto rojo y rosas recién cortadas.

El día de la ceremonia, doscientas mil personas acudieron a la plaza de San Pedro para asistir a una misa al aire libre con el papa Juan Pablo II.[99] Muchos no tenían nada que ver con la prelatura. Además de la multitud de turistas que abarrotaban habitualmente esta plaza, el Opus Dei había tentado a miles de estudiantes de sus universidades que no tenían ningún interés en la beatificación del fundador para que viajaran a Roma, ofreciéndoles una cuantiosa subvención para sus viajes.[100]

185

Luis Valls-Taberner presenció la ceremonia desde su asiento en la escalinata de San Pedro, entre los demás dignatarios invitados que, desde la primera fila, casi podían tocar al papa.[101] Aunque era una especie de marginado social en los círculos políticos de Madrid debido a las acusaciones de corrupción que aún pesaban sobre él, su protagonismo en la audiencia de aquel día no dejaba lugar a dudas sobre la posición del presidente del Banco Popular dentro del Opus Dei. Cerca de él estaban Santiago Escrivá, el único hermano superviviente del fundador de la Obra, y Giulio Andreotti, senador vitalicio y siete veces primer ministro de Italia, que se había escabullido de una votación parlamentaria sobre el próximo presidente del país para asistir a la ceremonia.[102] Decenas de países en los que el Opus Dei tenía una fuerte presencia enviaron delegaciones. También asistió la madre Teresa, cuya popularidad era la envidia del ala conservadora que ahora dominaba el Vaticano. «¿Por qué la prensa habla tan favorablemente de la madre Teresa y no hace lo mismo cuando habla del Opus Dei o de mí?», había comentado el papa en una audiencia privada con Del Portillo.[103]

El furor que se había desatado en la prensa a propósito de la beatificación de Escrivá era una prueba de ello. La decisión había sido muy controvertida, tanto dentro como fuera del Vaticano. El Opus Dei había iniciado el trámite mucho antes del plazo reglamentario de cinco años y había contratado a un equipo para que preparara el papeleo y elaborara una lista de posibles milagros.[104] El proceso se llevó a cabo a una velocidad sin precedentes: transcurrieron menos de diecisiete años entre la muerte de Escrivá y su beatificación, un tercio del tiempo habitual.[105] Incluso hubo polémica en torno a su supuesto milagro: una monja carmelita, que se había recuperado tras estar al borde de la muerte solo un año después del fallecimiento de Escrivá, resultó ser prima de Mariano Navarro Rubio, uno de los miembros más destacados del Opus Dei y ministro durante el franquismo.[106] El médico encargado de confirmar que no había explicación médica para el milagro también era opusdeísta.[107] La Obra también emprendió una serie de ataques preventivos para desacreditar los testimonios de personas que suponía que se pronunciarían en contra de la beatificación, entre ellos el de Antonio Pérez-Tenessa.[108] Era el antiguo sacerdote y jefe de la región española que había huido en mitad de la noche y posteriormente había sido perseguido en México. Algunos exmiembros que habían intentado testificar ante el Vaticano oponiéndose a la beatificación no tardaron en revelar que se les había denegado la audiencia.[109] El padre Vladímir Felzmann, antiguo sacerdote del Opus Dei que en los años sesenta trabajó con Escrivá en Roma, concedió una entrevista a *Newsweek* en la que afirmaba que el Padre temía la sexualidad humana, creía que todo lo que escribía venía de Dios, tenía mal carácter y —lo más condenable de todo— defendía a Adolf Hitler. «Me dijo que Hitler había sido acusado injustamente de matar a seis millones de judíos —declaró a la revista—. En realidad, solo había matado a cuatro millones. Eso se me quedó grabado.»[110]

En el Vaticano reinaba un gran malestar por el daño que podía causar a la Iglesia la rápida beatificación de una figura tan controvertida. Para muchos, la rapidez de la aprobación —basada en pruebas selectivas y en el silenciamiento de los detractores— era la prueba de que la beatificación había sido comprada. Como muestra de lo incómodos que se sentían algunos en la Iglesia, dos de los nueve miembros del concilio vaticano encargado de examinar la solicitud habían votado en contra y pidieron más tiempo para investigar los presuntos defectos de Escrivá, incluidos sus repetidos enfrentamientos con los jesuitas, su supuesta falta de humildad e incluso las dudas sobre los milagros en principio asociados a él.[111] Un alto clérigo español había sido particularmente mordaz: «No podemos presentar como modelo de vida cristiana a alguien que ha servido al poder del Estado y que utilizó ese poder para lanzar su Opus, que dirigía con criterios oscuros, como una mafia envuelta en blanco —dijo—. Beatificar al Padre significa santificar el Opus del Padre, incluyendo todos sus aspectos negativos: sus tácticas, dogmas, métodos de reclutamiento y manera de colocar a Cristo en medio de la escena política y económica».[112] A pesar de tan feroz oposición, la solicitud había sido aprobada.

Para Juan Pablo II, la multitud que abarrotaba la plaza de San Pedro aquella mañana confirmaba que la elección de Escrivá había sido una decisión acertada y que su contrarreforma contra la deriva izquierdista de la Iglesia estaba ganando adeptos entre los fieles.[113] Desde su elección en 1978, se había propuesto frenar a los elementos de la Iglesia que habían interpretado el Concilio Vaticano II como una luz verde a la liberalización. Pero en lugar de acabar con la disidencia, su persecución vengativa contra los enemigos abrió más heridas. A veces, algunos pensaban que había ido demasiado lejos. Un teólogo alemán al que los nazis habían prohibido ejercer sus funciones sacerdotales quedó traumatizado por el trato que recibió tras ser convocado en Roma para dar cuenta de sus opiniones sobre la conducta sexual.[114] Comparó las audiencias en el Vaticano con los juicios del Tercer Reich que había sufrido de joven. «Los juicios de Hitler ciertamente eran más peligrosos —escribió después en una airada carta a las audiencias—, pero no fueron una ofensa a mi honor, mientras que los del Santo Oficio supusieron una grave ofensa.»[115] Durante un viaje a Nicaragua, Juan Pablo II se negó a que un cura le besara el anillo porque había desobedecido una orden suya.[116] Millones de personas vieron por televisión cómo reprendía al sacerdote y le hacía llorar. Durante el mismo viaje, un papa indignado había gritado «¡Silencio!» durante una misa al aire libre después de que algunos entre la multitud se atrevieran a expresar su deseo de paz.[117]

En todo esto, el Opus Dei había demostrado ser un aliado leal. El papa incluso había elegido a un destacado numerario como secretario de prensa y asesor. Joaquín Navarro-Valls era un antiguo aprendiz de torero que dejó los ruedos para formarse como médico antes de abandonar esa carrera para reciclarse como periodista.[118] A principios de la década de 1990 se había convertido en uno de los hombres más poderosos del Vaticano, con acceso al papa, y en uno de los más despiadados. En un truco que bien pudo haber aprendido durante su época en el Opus Dei, no tuvo reparos en publicar historias inventadas sobre el pontífice para mantener su imagen viril y atlética, aun cuando muchos en el Vaticano sabían que estaba enfermo.[119] A veces abusaba de su posición para beneficiar al Opus Dei. En una ocasión, invitó a la prensa vaticana a su casa con el pretexto de ofrecerles un gran reportaje sobre Juan Pablo II. Cuando llegaron, les mostró un vídeo de reclutamiento de la Orden.[120] A medida que la salud del papa iba deteriorándose, algunos miembros del Vaticano empezaron a temer que Navarro-Valls pudiera influir indebidamente en la toma de decisiones.[121] Aun así, en la batalla por afirmar su autoridad sobre lo que consideraba facciones díscolas de la Iglesia, Juan Pablo II consideraba al Opus Dei un aliado de confianza. La relación era mutuamente beneficiosa: la Obra podía presentarse ante reclutas potenciales como una fuerza líder en la contrarreforma papal, mientras que el Vaticano tenía un aliado leal sobre el terreno para contrarrestar a cualquier clero rival disidente. Como recompensa por su lealtad, Del Portillo había sido nombrado obispo, uno de los diez sacerdotes del Opus Dei elevados al episcopado desde su elección como papa.[122] Juan Pablo II acabaría nombrando obispos a veintiún sacerdotes del Opus Dei, frente a los tres de Pablo VI.[123]

Envalentonado por su ascenso y por el creciente estatus del Opus Dei dentro de la jerarquía eclesiástica, Del Portillo renovó su decisión de acrecentar el poder del movimiento en el país más poderoso del mundo.

8

Una nueva demografía
Washington D. C., octubre de 1994

Deal Hudson metió el contenido de su casa de Westchester en el maletero de un coche y puso rumbo a Washington, hacia el sur, donde iba a empezar una nueva vida en la plantilla de una desconocida revista católica llamada *Crisis*.[1] Fue un cambio de carrera extraño: hasta las vacaciones de verano, el texano de cuarenta y cuatro años había sido un popular profesor de Filosofía en la Universidad de Fordham, en Nueva York. Le consideraban una estrella emergente. Había editado dos libros —uno sobre las enseñanzas de Tomás de Aquino y otro sobre Sigrid Undset, escritora noruega y católica conversa— que habían gozado de buena acogida. Hudson parecía estar prosperando en el mundo académico.[2] Criado como protestante, se unió a los bautistas en la universidad e incluso se formó como pastor, pero abandonó el movimiento al descubrir que carecía de rigor intelectual. «Algo parecía erróneo en una perspectiva cristiana que excluía a los mejores escritores y artistas mundiales de la conversación sobre la verdad», explicó, una profundidad cultural que más tarde encontró en el catolicismo.[3] La admiración de Hudson por los grandes pensadores tal vez lo convertía en un recluta inverosímil para el Opus Dei, cuyo principal texto filosófico, *Camino*, había sido tachado de «manual para *boy scouts* veteranos» por uno de los eruditos más respetados de la Iglesia católica.[4] Aun así, el movimiento lo persiguió en Fordham. El Opus Dei lo había ayudado a forjar contactos útiles: su segundo libro fue publicado por el Instituto Wethersfield, una de las fundaciones creadas por el supernumerario y heredero de la banca Chauncey Stillman.

Cuando llegó a Washington, Daryl Glick, un numerario del Medio Oeste, le echó una mano para instalarse.[5] Hudson no tardó en descubrir que el movimiento tenía un aspecto muy distinto en la capital de la nación. A diferencia de Nueva York, donde su «apostolado» con los jóvenes se limitaba a clubes extraescolares y grupos de estudio, en Washington la prelatura tenía dos colegios propios: The Heights, un centro para chicos en Potomac, Maryland, y Oakcrest, para chicas cerca de la American University de Washington. Al principio, ambos colegios tuvieron dificultades para ganar adeptos entre la comunidad católica de la ciudad. En un momento dado, el número de matrículas era tan bajo en The Heights que el colegio se vio obligado a vender gran parte de sus terrenos para evitar la quiebra. Pero el posicionamiento del Opus Dei como bastión del conservadurismo dentro de la dividida Iglesia estadounidense durante los años ochenta había mejorado su suerte, tanto que The Heights ahora lamentaba haber vendido ese terreno porque limitaba sus opciones de expansión para dar cabida al creciente número de solicitudes que llegaban.

Las escuelas habían ayudado a acercar a cientos de familias al Opus Dei. A principios de los años noventa, el movimiento contaba con una comunidad cada vez más numerosa en Washington D. C., cuyo centro ocupaban los dos populares capellanes de las escuelas. Malcolm Kennedy había sido un fijo en The Heights desde sus comienzos como club extraescolar para niños brillantes en los años sesenta.[6] Alto, enjuto y de pelo gris, al padre Malcolm le gustaba describirse a sí mismo como liberal y tradicionalista, y explicaba que el único camino verdadero hacia la liberación pasaba por las tradiciones de la Iglesia.[7] Sin embargo, sus francas opiniones sobre la difícil situación del Estados Unidos moderno socavaban ese argumento. Criticaba el feminismo por ir en contra del espíritu de la Virgen María y fustigaba la revolución sexual por haber contribuido al declive de la pureza y la inocencia en la cultura estadounidense.[8] Su homólogo en Oakcrest era Ron Gillis, un afable bostoniano que había sido enviado a Roma en los años sesenta para formarse como sacerdote. Esto sucedió en el apogeo de la beatlemanía. «Recuerdo que aquella música me parecía fantástica, pero que llevaran el pelo tan largo era inmoral», decía, al tiempo que lamentaba la revolución que había asolado la sociedad en años posteriores.[9] Para muchos, ambos sacerdotes satisfacían un anhelo colectivo de los días anteriores a la revolución sexual, y simbolizaban el retorno a una visión devota de la vida y la familia que ahora se transmitía a la siguiente generación en The Heights y Oakcrest.

Aunque sus dos colegios eran la cara pública del Opus Dei en la capital, también gestionaba tres residencias de numerarios y numerarias allí. El Tenley Study Center, para hombres, y Stonecrest, para mujeres, estaban situados en el barrio de Tenleytown, cerca de la American University. Una tercera residencia, habitada principalmente por sacerdotes y miembros del gobierno nacional del Opus Dei, ocupaba una antigua mansión en el barrio acomodado de Kalorama. En esos tres lugares, un pequeño ejército de numerarios se encargaba de generar nuevos reclutas entre las almas desprevenidas que caían en su órbita a través de las escuelas u otras iniciativas, como el prestigioso programa SAT, que dirigían algunos numerarios varones.[10] Su principal tarea consistía en identificar a individuos que pudieran ser susceptibles de reclutamiento «con el fin de ponerles en condiciones de que respondan con generosidad, si el Señor les llama», como reza uno de los documentos internos de la Obra.[11] A los numerarios también se les encomendó la labor de proporcionar orientación espiritual a las filas de padres supernumerarios, cuyo número empezaba a crecer en torno a The Heights y Oakcrest. Sobre el papel, eso significaba dar una «charla» semanal que complementaba la confesión y en la que los supernumerarios compartían sus pensamientos y preocupaciones más íntimos. Otra tarea consistía en organizar una reunión periódica con unos seis supernumerarios a su cargo —el «círculo»—, un grupo de estudio que profundizaba en temas normalmente relacionados con las enseñanzas de Escrivá.

Esa orientación a menudo iba más allá de lo puramente espiritual, y las charlas abordaban asuntos personales, profesionales e incluso políticos. Los numerarios recibían instrucciones para utilizar esas sesiones para extraer más dinero de la base supernumeraria,[12] encomendar una «tarea apostólica» considerada útil para el Opus Dei,[13] y ofrecer «orientaciones claras» sobre cualesquiera cuestiones políticas consideradas «contrarias a la moral natural y al bien común».[14] También se les ordenaba dar consejos profesionales. «Puede ocurrir que en algunos casos no adviertan sus capacidades y sea necesario entonces descubrirles sus posibilidades para que —libremente, con su responsabilidad personal— desempeñen tareas de mayor importancia», decía otro documento interno.[15] A menudo, los círculos también servían para establecer contactos, durante los cuales se animaba a los numerarios que los dirigían a reunir a los supernumerarios con otros miembros que pudieran considerarse aliados útiles en las «batallas doctrinales y morales» que se avecinaban.[16] A veces también se invitaba a destacados académicos y periodistas como Hudson. «Es evidente la especial importancia, para la recristianización de la sociedad, del trato apostólico con los intelectuales que destaquen —mayores y jóvenes, con una posición y prestigio consolidados o en los comienzos de la carrera—», declaraban los documentos del movimiento, «trabajando para que la misma verdad científica y el progreso sirvan de camino que impregne los hombres y la cultura con el conocimiento de Dios. Los Consejos locales sabrán animar y orientar a los que reúnan condiciones a estar presentes en academias científicas o de humanidades, o en los llamados *think-tanks*; a escribir y publicar; a crear escuela».[17]

En muchos sentidos, la orientación espiritual era una fachada para construir una red de activistas políticos católicos con ideas afines, el ejército guerrillero que Escrivá había imaginado durante tanto tiempo. En una ciudad política como Washington, esa ingeniería social podía tener un enorme impacto en la batalla por recristianizar la sociedad. Pero el Opus Dei tardaría muchos años en hacer realidad ese potencial. A principios de los años noventa, esa red de Washington todavía estaba en ciernes, y se basaba mayoritariamente en las familias que enviaban a sus hijos a las dos escuelas del movimiento. Sin embargo, había otro puesto de avanzada en la ciudad. Dos años antes de la llegada de Hudson a Washington, el Opus Dei se había hecho cargo de una pequeña librería y capilla en la calle 15.ª. El Centro de Información Católica había sido dirigido por los redentoristas desde la década de 1950.[18] Pero el dinero generado por la venta de libros y la colecta durante la misa de mediodía no bastaban para cubrir el alquiler y, en 1991, los redentoristas informaron a la archidiócesis de que ya no podrían seguir pagando. Un numerario llamado Bob Best solía visitar la capilla con uno de los supernumerarios que tenía a su cargo. Se trataba de un directivo del Banco Mundial llamado Damian von Stauffenberg, pariente del general nazi que intentó asesinar a Adolf Hitler[19]. Al enterarse de que los redentoristas habían presentado su renuncia, Best tuvo una epifanía: el Opus Dei debía hacerse cargo de la capilla y la librería.[20] Le explicó a Von Stauffenberg que el Centro de Información Católica podía ser un escaparate ideal para el Opus Dei en el corazón de la ciudad más poderosa del planeta. «La idea era atraer a gente a través de los libros —recordaba Von Stauffenberg—. Mientras que la gente se lo pensaría dos veces antes de entrar en una rectoría, para entrar en una librería no hay que superar muchos obstáculos.»[21]

Cuando estudiaba en el instituto, Bob Best se había unido impetuosamente a la Obra sin saber realmente lo que era.[22] La decisión llegó después de una refriega particularmente agresiva con otro jugador en el campo de fútbol. Al día siguiente, su oponente falleció. Un compañero de equipo lo llamó «asesino» en el vestuario y Best se aferró desesperadamente a Dios.[23] Asistió a una charla en una casa del Opus Dei en Boston y llegó a la conclusión de que era una señal. Preguntó qué tenía que hacer para unirse y le dijeron que escribiera una carta al «Padre». Best supuso que se referían al papa y dirigió su carta al santo padre.[24] «En el camino de vuelta estaba bastante preocupado por haberme metido en algo de lo que sabía muy poco, pero como el papa parecía estar al mando, pensé que no habría problema», rememoraba más tarde.[25]

En 1959, después de la universidad, Best se mudó a Washington para incorporarse al Departamento del Tesoro de Estados Unidos. De allí pasó al Comité de Finanzas del Senado, del cual llegó a ser economista jefe. Ayudó a negociar acuerdos comerciales internacionales y su trabajo lo llevó por todo el mundo. En un viaje a París en 1971, se encontró con dos miembros del Opus Dei que encabezaban la delegación española, y se saludaron con el tradicional *Pax*.[26] Best se reunió varias veces con el fundador, y en una ocasión le confió su temor por el rumbo que estaba tomando Estados Unidos y describió el país como un cuerpo sin alma.

«No, hijo mío, Estados Unidos tiene un alma grande —respondió Escrivá—. Si no fuera por Estados Unidos, todos seríamos rojos.»[27]

En otra ocasión, Best regaló al fundador un bolígrafo que el presidente Richard Nixon había utilizado para rubricar una ley. Escrivá sonrió y se lo entregó a unos banqueros españoles, que lo usaron para firmar un cheque destinado a un nuevo proyecto del Opus Dei. «Siempre he pensado que ese fue el mejor momento de Nixon, pero él nunca lo supo», recordaba Best.[28] Tras dejar el Comité de Finanzas del Senado a finales de los setenta, Best pasó a ser miembro de un grupo de presión, un trabajo que le permitía disfrutar de su única gran pasión aparte de Dios: el golf. Su labor era fomentar los intereses de sus clientes, entre los que se contaban una serie de fabricantes de defensa y aeroespaciales, así como un hotel hawaiano y un cultivador de árboles de Navidad.[29]

Su propuesta de que el Opus Dei se hiciera cargo del Centro de Información Católica no se parecía a nada que el movimiento hubiera hecho antes. Escrivá había concebido la Obra como un ejército oculto de soldados cristianos, por lo que exponer ese ejército en una gran ciudad parecía contradecir todo lo que el fundador les había enseñado. Sus superiores rechazaron la idea y le dijeron a Best que volviera a su apostolado habitual.[30] Había una buena razón: en 1992, el numerario de cincuenta y cinco años se había convertido en una fuente crucial de fondos para diversos proyectos del Opus Dei en todo el mundo. En 1992, después de una temporada en grupos de presión, Best creó una organización sin ánimo de lucro llamada Private Sector Initiatives Foundation, que pretendía aprovechar el creciente descontento con el despilfarro de dinero público en programas de ayudas en el mundo en desarrollo; en su lugar, recaudaría dinero en el sector privado y lo dirigiría a causas que merecieran la pena. Naturalmente, gran parte del dinero se destinó a proyectos del Opus Dei.[31] Best trató de aprovechar los contactos que había acumulado durante su etapa en el Tesoro, en el Congreso y como miembro de grupos de presión para generar millones para esos proyectos.

Así pues, su plan para convertir el Centro de Información Católica en un escaparate del Opus Dei quedó aparcado. Pero entonces,

196

durante una reunión entre Álvaro del Portillo y el arzobispo de Washington celebrada en Roma, surgió el tema inesperadamente. El cardenal James Hickey empezó a quejarse de un problema que tenía: una librería y una capilla en el centro de la ciudad que habían sido confiadas a los redentoristas, los cuales habían pedido renunciar a ese compromiso. Con el contrato de arrendamiento aún en vigor, la archidiócesis se veía abocada a pagar una factura enorme. El cardenal preguntó a Del Portillo si podía ayudar.[32] De repente, el plan para hacerse cargo del Centro de Información Católica resucitó; echarle una mano a un compañero conservador en la ciudad más poderosa del mundo evidentemente superó cualquier reticencia del Opus Dei a contradecir el espíritu original establecido por el fundador. En pocas semanas, la Obra había seleccionado a un sacerdote para hacerse cargo. El padre Michael Curtin había nacido en Ohio, pero se había criado en California y se había unido al Opus Dei cuando estudiaba Ingeniería en Harvard.[33] Tras unos años como sacerdote en residencias de estudiantes opusdeístas en Chicago, Milwaukee y Delray Beach (Florida), había sido enviado a Washington para trabajar en The Heights. Cuando Deal Hudson llegó a esta ciudad en 1994, Curtin llevaba más de dos años dirigiendo el Centro de Información Católica, aunque seguía pareciendo un lugar relativamente aletargado. Haría falta el toque mágico de otro sacerdote para hacer realidad el verdadero potencial de la librería en la cruzada por recristianizar la sociedad estadounidense.

Lejos de la calle 15.ª, el Opus Dei empezaba a construir —a través de su trabajo en The Heights y Oakcrest— una impresionante red de miembros y simpatizantes que acabaría incorporando a sus operaciones en el Centro de Información Católica. Esa red pronto le fue revelada a Hudson, quien, a los pocos meses de empezar su nuevo trabajo en *Crisis*, recibió un ascenso inesperado. Su jefe, Michael Novak, había lanzado la revista en 1982 como respuesta a lo que él consideraba la deriva izquierdista de la Iglesia estadounidense. En un reflejo de esa angustia, había llamado inicialmente a la publicación *Catolicismo en crisis*, antes de decidirse por su nombre más corto y directo.[34] Aunque la revista había establecido un culto entre los católicos conservadores —atraídos por artículos que ensalzaban la moralidad de la disuasión nuclear, apoyaban la controvertida política exterior de Reagan en Centroamérica y defendían el capitalismo frente a sus detractores—, Novak no era un hombre de negocios y las «cenas de emergencia» para evitar la bancarrota eran habituales.[35] La revista había estado varias veces al borde de la ruina. En marzo de 1995, cuando apenas llevaba cinco meses en Washington, Novak preguntó a Hudson si le gustaría hacerse cargo de ella. El antiguo académico no tardó en demostrar una vena emprendedora sin explotar, impulsando la tirada mediante una iniciativa de correo directo y elevando su perfil presentando programas de radio y televisión. Durante la década posterior, Hudson revolucionaría *Crisis* y cuadruplicaría su número de lectores y presupuesto.[36] Esa revolución pronto se extendería al mundo de la política al catapultar los intereses de un pequeño grupo de católicos conservadores a la escena nacional y crear una plataforma para que el Opus Dei transformara la sociedad estadounidense.

El Opus Dei, que ya había establecido contacto con Hudson cuando se trasladó por primera vez a Washington, intensificó su cortejo al texano en cuanto fue ascendido a director. Hudson fue invitado a uno de los retiros vip que el movimiento celebraba para miembros selectos y simpatizantes en Belmont Manor House, una antigua plantación de esclavos en el norte de Virginia.[37] Antonin Scalia, un juez del Tribunal Supremo, fue uno de los asistentes.[38] Como católico devoto, conocía el Opus Dei desde finales de los años cincuenta, cuando Bob Connor —uno de sus amigos de la infancia— abandonó repentinamente los estudios de Medicina para irse a vivir con el fundador a Roma.[39] Horrorizados, los padres de Connor pidieron a Scalia que lo disuadiera. En lugar de eso, acabó dejándose arrastrar por el entusiasmo de su amigo.[40] Durante la luna de miel, Scalia llevó a su esposa, Maureen, a visitar Villa Tevere, y los recién casados salieron a cenar con un antiguo compañero de colegio de Antonin, que había sido ordenado sacerdote del Opus Dei.[41] A partir de ahí, sus caminos se separaron. Pero el nombramiento de Scalia para el Tribunal Supremo pronto lo situó nuevamente en el punto de mira de la Obra. Connor, ahora instalado en una residencia numeraria en Nueva Jersey, contactó con Scalia y lo puso en contacto con el centro local del Opus Dei en Washington D. C. En poco tiempo, el juez del Tribunal Supremo era un asiduo de los retiros vip opusdeístas.[42] Atraído por el movimiento, llegó a pedir una lista de universidades donde la Obra tuviera presencia para su hijo Paul, que más tarde sería sacerdote. Un numerario le envió una lista de 36 colegios.[43] Scalia se hizo muy amigo del padre Malcolm Kennedy y lo invitaba frecuentemente a cenar a casa.[44]

Poco a poco, Hudson fue conociendo a otros asistentes a los retiros vip del Opus Dei: el abogado y comisionado de béisbol Bowie Kuhn, el economista y agente político Larry Kudlow, un joven congresista de Pensilvania llamado Rick Santorum, y Tom Monaghan, el fundador de Domino's Pizza.[45] Esos hombres ayudaron a Hudson a reunir el dinero para la revista. Monaghan le apoyó especialmente, firmando mil suscripciones, equivalentes a casi una quinta parte de todos los lectores de la publicación en aquella época.[46] También lo pusieron en contacto con las fundaciones de derechas Bradley y Scaife, que realizaron aportaciones de seis cifras.[47] Monaghan —junto con Bradley y Scaife— financiaría posteriormente varios proyectos vinculados a la prelatura. Juntos, el Opus Dei y Hudson estaban formando una nueva alianza que acabaría transformando un pequeño y desconocido grupo de católicos conservadores en la fuerza más influyente de la política estadounidense.

En septiembre de 1997, el Departamento de Edificios de Nueva York recibió una solicitud para reurbanizar seis propiedades en la intersección de la avenida Lexington y la calle Treinta y cuatro.[48] Dicha solicitud no era inusual: en un momento en que Nueva York se hallaba en pleno auge tras años de delincuencia y decadencia, los inversores compraban con regularidad viejos solares con la intención de reurbanizarlos y convertirlos en inmuebles de primera categoría. Lo inusual era que el inversor —una organización sin ánimo de lucro con sede en la tranquila ciudad de New Rochelle y conocida como National Center Foundation Inc.— había adquirido las propiedades cuatro años antes por cinco millones de dólares, pero no había hecho nada por desarrollarlas. En realidad, la mayor parte del dinero de la compra se había transferido de otra organización sin ánimo de lucro con un nombre igual de impreciso: Association for Cultural Interchange Inc.[49] Los residentes de Murray Hill se habían acostumbrado tanto a los solares vacíos en la intersección de Lexington y la calle 34 que en esos días apenas les prestaban atención. No tenían ni idea de que estaban a punto de asistir al siguiente acto de la historia del Opus Dei. El movimiento —ahora rebosante de dinero y con una ambición renovada tras la beatificación de su fundador— llevó a cabo su operación más audaz desde la adquisición de Villa Tevere en los años cincuenta.

Los planes para el lugar reflejaban sus esperanzas y aspiraciones de cara a la nueva era. Las seis propiedades serían arrasadas para levantar en su lugar una nueva sede nacional del Opus Dei con diecisiete pisos de altura. Hecha de ladrillo rojo y piedra caliza, esa nueva sede incluiría cien habitaciones, seis comedores, varias bibliotecas, salas de estar, salas de reuniones y oficinas, así como cuatro terrazas exteriores y tres capillas ornamentadas con carpintería y mármol.[50] Para cualquier otra organización católica, esos grandiosos planes para la nueva sede —y los setenta millones de dólares que costó hacerlos realidad—[51] habrían sido difíciles de justificar, sobre todo teniendo en cuenta que el movimiento contaba con solo tres mil miembros en Estados Unidos.[52] Pero, para el Opus Dei, el proyecto expresaba sus ambiciones de expansión en la nación más poderosa de la tierra.

Gracias a su creciente influencia en Roma, donde el papa había nombrado a varios obispos y sacerdotes del Opus Dei para puestos importantes en la administración vaticana, y a sus exitosos esfuerzos por acercarse a los elementos conservadores de la Iglesia católica estadounidense, a principios de los años noventa el movimiento ya había hecho algunas incursiones eclesiásticas importantes en Estados Unidos. Varios obispos amigos, viendo en el movimiento un aliado vital en la lucha contra el liberalismo, eligieron a sacerdotes del Opus Dei para distritos bajo su mandato, aunque los nombramientos no siempre fueron bien recibidos por los feligreses locales. El movimiento también se volvió hábil en el uso de sus amplios recursos financieros para convencer a los obispos que no estaban alineados con sus puntos de vista para que le dieran un punto de apoyo en su diócesis. Esas tácticas se pusieron de manifiesto en Chicago, donde el Opus Dei convenció al cardenal Joseph Bernardin, firme defensor de la modernización de la Iglesia, para que le cediera una parroquia en la ciudad después de que la prelatura se ofreciera a recaudar fondos para salvar una iglesia de la demolición.[53] La medida originó protestas, tanto del clero como de los feligreses.[54] Sin inmutarse, en la época de las compras de Murray Hill, el Opus Dei también estaba en negociaciones para adquirir un antiguo seminario en Chicago por nueve millones de dólares, el cual pretendía convertir en una escuela.[55] Más tarde, la compra fue rechazada por un comité después de que varios sacerdotes expresaran su preocupación por el enfoque agresivo y dogmático de la organización, que consideraban contraproducente para la labor real de la Iglesia.[56]

Dado el éxito de su Campaña Segunda Generación y de la más reciente Campaña para el Siglo XXI —ambas iniciativas llegarían a recaudar más de setenta millones de dólares–, el Opus Dei tenía el poder necesario para lanzar una nueva ofensiva de gran envergadura con el fin de abrirse camino en el Estados Unidos católico.[57] Sin embargo, los planes para la nueva sede se vieron afectados por dos acontecimientos importantes: la muerte del prelado y una repentina e inesperada ganancia entre sus filas. Del Portillo falleció en marzo de 1994 tras sufrir un grave infarto horas después de su regreso de un viaje a Tierra Santa, donde había puesto en marcha otro proyecto enormemente costoso.[58] Sería un centro de retiros propio en la región, un lugar donde los miembros podrían rezar, arrodillarse y besar el mismo suelo que había pisado Cristo.[59] Ese viejo sueño de Escrivá acabaría convirtiéndose en el Centro de Visitantes Saxum, un proyecto de sesenta millones de dólares a las afueras de Jerusalén, bautizado así por el apodo que el fundador dio a Del Portillo —que significa «roca» en latín.

El cuerpo de Del Portillo fue expuesto en la nave de la capilla mayor de Villa Tevere y se celebraron varias misas para un sinfín de dolientes. En un momento dado, el papa visitó la mansión para presentar sus respetos. Fue un gesto extraordinario —Juan Pablo II nunca asistía a misas fúnebres, ni siquiera cuando fallecía un cardenal en Roma— e ilustrativo de la profunda amistad que unía a ambos.[60]

A pesar de la adulación que acompañó a su fallecimiento, el mandato de Del Portillo como prelado fue un fracaso en muchos aspectos. Tras haberse marcado un objetivo de 120.000 nuevos miembros para el movimiento en un período de ocho años, la afiliación creció menos de una décima parte de esa cifra. Además, dejó tras de sí una institución aún más corrupta que la que había heredado. Durante su reinado, apretó aún más las tuercas a los miembros a través de sus detallados vademécums y mintió abiertamente sobre la autoridad que el Opus Dei tenía sobre ellos. El cáliz envenenado pasaría ahora al siguiente prelado.

Cuatro semanas después, 138 «electores» se reunieron en Roma para encontrar sucesor.[61] En vista de los fracasos de la última década, la reunión podría haber sido una oportunidad para que el Opus Dei hiciera balance y, de algún modo, devolviera el movimiento a lo que se suponía que era su principio rector —la santificación de la vida cotidiana— en lugar de las existencias artificiales y controladas que vivían muchos de sus miembros. Pero no fue así. Por el contrario, los presentes optaron una vez más por la continuidad. Javier Echevarría, otro protegido de Escrivá, fue elegido nuevo prelado. Con sesenta y un años, ojos penetrantes y pelo plateado, se había unido al Opus Dei en 1948, y había pasado su vida adulta trabajando junto al fundador y Del Portillo. En su primer mensaje a los miembros, fijó tres objetivos: la familia, el reclutamiento de jóvenes y una «evangelización» de la esfera cultural. «Son los moderadores de la Sociedad civil —explicó— los que están en condiciones de influir profundamente en los modos de pensar y de vivir de las generaciones futuras.»[62]

El segundo acontecimiento importante que marcó los planes de remodelación de la propiedad en Murray Hill duplicaría los fondos disponibles para el Opus Dei en Estados Unidos y eliminaría muchos límites materiales a la expansión en ese país. En enero de 1996, el cabeza de una acaudalada familia farmacéutica de Pittsburgh falleció a la edad de setenta y tres años. Ben Venue Laboratories había sido fundada por R. Templeton Smith, licenciado por la Universidad de Cornell y empresario en serie, durante la Gran Depresión. La suerte de la empresa había cambiado con la segunda guerra mundial, cuando obtuvo un lucrativo contrato gubernamental para fabricar plasma de sangre humana a partir de las donaciones recogidas por la Cruz Roja.[63] La compañía se embarcó en la producción de insulina después de la guerra.[64] Los Smith, que eran presbiterianos,[65] utilizaban su riqueza para defender varias causas civiles: abogar por los derechos de la mujer y luchar contra la corrupción gubernamental.[66] Una campaña financiada por ellos propició una investigación que llevó al alcalde de Pittsburgh, Charles H. Kline, a la cárcel por 48 cargos de prevaricación. Los dos Smith probablemente se habrían revuelto en sus tumbas si hubieran descubierto lo que llegaría a financiar más tarde el dinero de la familia. Tras su muerte, el control de Ben Venue pasó a su hijo menor, Kennedy, que dirigiría la empresa durante veinte años.[67] Kennedy Smith y su esposa se habían conocido en la armada estadounidense durante la guerra y vivido inicialmente en Boston, pero se trasladaron a Pittsburgh para unirse a la empresa familiar y formar una familia. Tendrían seis hijos. Fue allí donde los Smith conocieron el Opus Dei. Aunque Kennedy seguiría siendo presbiteriano hasta poco antes de su muerte, cuando fue convertido al catolicismo por un sacerdote bizantino, su mujer y algunos de sus hijos se unieron a la Obra.[68] Los dos hijos menores —Frederick y Mark— incluso llegaron a ser numerarios.[69] Frederick Smith, conocido por todos como Sandy, se formó como patólogo y ejerció en Chicago, donde vivía en una residencia numeraria. Mark Smith continuó dirigiendo la empresa Ben Venue junto a su hermano mayor, Edward, y se desplazaba desde una residencia del Opus Dei en Pittsburgh.

Cuando su padre murió en 1996, Sandy y Mark se hicieron extremadamente ricos, aunque casi toda esa fortuna estaba inmovilizada en el negocio familiar. Sin embargo, eso cambió cuando Ben Venue fue objeto de una oferta pública de adquisición por parte de una empresa alemana al año siguiente del fallecimiento de su padre.[70] La familia decidió vender. Sandy y Mark recibirían ochenta millones de dólares por la operación (74 millones de euros).[71] Casi de inmediato, el Opus Dei se movilizó para cimentar su reivindicación sobre la buena fortuna de esos dos numerarios. Se crearon dos organizaciones sin ánimo de lucro para gestionar las enormes ganancias inesperadas. El dinero de Sandy se trasladó a una entidad llamada Sauganash Foundation, en honor a la residencia donde vivía,[72] mientras que el de Mark fue transferido a una entidad conocida como Rockside Foundation.[73] Ambas estaban registradas en

New Rochelle, Nueva York. John Haley fue elegido presidente y otro numerario del consejo regional sería el director financiero. Sandy y Mark fueron nombrados secretarios de sus respectivas fundaciones, pero podían ser superados fácilmente por los otros dos numerarios en las votaciones. Curiosamente, ambas fundaciones incluían una cláusula en sus estatutos que impedía a cualquiera de los hermanos recuperar el control del patrimonio familiar heredado. La cláusula estipulaba que ambos podían nombrar a más personas para el patronato, pero que la Fundación Woodlawn —la entidad creada por Haley a finales de los años setenta para gestionar las nóminas de sus miembros numerarios— tenía ese mismo derecho. «El número de fideicomisarios de Woodlawn será en todo momento superior al número de fideicomisarios donantes en al menos uno», afirmaba.[74] La cláusula garantizaba que el Opus Dei siempre tendría el control del dinero, pasara lo que pasara. Durante los dieciséis años siguientes, la Obra reduciría su herencia a casi nada.[75]

La cautela del Opus Dei con respecto a la ganancia inesperada de Smith quizá no era casual, teniendo en cuenta un incidente en Argentina que recientemente había causado una enorme vergüenza a la prelatura. Allí, la Obra había iniciado la construcción de una nueva universidad a las afueras de Buenos Aires solo unos años antes. El proyecto había sido posible gracias a una donación de unos cien millones de dólares de uno de los empresarios más ricos del país, Gregorio «Goyo» Pérez Companc, que había creado un gran conglomerado con tentáculos que se extendían al petróleo y el gas, la banca, la agricultura y el papel.[76] Los planes para la universidad preveían una enorme ciudad académica a las afueras de la capital argentina, con su propio hospital y más de una docena de grandes edificios para las facultades. No obstante, la construcción se detuvo a menos de la mitad, en medio de rumores de que el donante multimillonario había retirado la financiación tras descubrir facturas falsas que revelaban que el dinero había desaparecido.[77] En 1996 solo se habían erigido dos de las tres alas previstas del hospital, mientras que muchos de los edificios para la facultad se habían cancelado.

Por aquella época, no fue el único caso en el que miembros del Opus Dei en Argentina falsificaban facturas. A una de las numerarias más veteranas le pidieron que exagerara lo que ganaba en un

600 % para que un donante no descubriera que su dinero se estaba desviando a proyectos secundarios que él no había aprobado originalmente.[78] Mientras el Opus Dei se protegía de las consecuencias de esas prácticas deshonestas a través de la red de fundaciones supuestamente independientes que había creado, mostraba una flagrante indiferencia por sus miembros, quienes alegan que fueron animados a infringir la ley y cometer fraude. Al distanciarse legalmente de las actividades delictivas que se llevaban a cabo en su nombre —pero perfeccionando al mismo tiempo métodos que controlaban de manera sistemática a sus miembros y los empujaban a correr riesgos por el movimiento—, la Obra permitió que esa atmósfera del salvaje Oeste impregnara toda la organización. La pérdida del dinero del Grupo Pérez fue doblemente humillante para el Opus Dei, ya que la Universidad Austral era una de sus «obras corporativas», es decir, una de las iniciativas que contaban con el sello oficial de aprobación, a diferencia de las que estaban vinculadas informalmente al movimiento. El campus a medio construir era un recordatorio bochornoso de su fracaso a la hora de materializar sus grandes planes.[79]

Al pedir a los hermanos Smith que entregaran su dinero sin condiciones, el Opus Dei evitó exponerse a las vulnerabilidades a las que se había enfrentado en Argentina. Gran parte de la fortuna de los hermanos se destinaría a financiar la construcción de Murray Hill Place. El Opus Dei nunca explicó el verdadero origen del dinero, ni siquiera a sus propios miembros. Internamente, difundió la versión de que una rica pareja católica de Pittsburgh había hecho aquella generosa donación.[80] Se animó a los miembros a llamar a esos dos benefactores «Mamoo» y «Papoo», copiando los nombres que los hijos de los Smith utilizaban cariñosamente con sus padres.[81] Pero la verdad era muy distinta. Dos de sus numerarios habían recibido una enorme herencia, y el Opus Dei se había apresurado a tomar el control de su buena fortuna y asegurarse de que nunca pudieran recuperarla. En años posteriores, utilizaría esa abundancia para financiar sus escuelas en Washington D. C. y Chicago, para fundar una universidad fallida en Nueva York, para encubrir el gasto excesivo en la Woodlawn Foundation, y como capital inicial para la siguiente fase de su plan destinado a influir en la sociedad estadounidense. Tras haberse posicionado para aprovechar el profundo cisma de la Iglesia católica de Estados Unidos, haber aprendido a conseguir dinero de su base y haber consolidado su presencia en el país mediante la adición de más residencias y parroquias, el Opus Dei pondría ahora sus miras en influir en el mundo político.

En junio de 1998, el padre Michael Curtin se vio obligado a dimitir como capellán del Centro de Información Católica tras serle diagnosticado un grave problema cardíaco. Su sustituto fue el padre C. John McCloskey, antiguo corredor de bolsa y numerario que había abandonado su vida en Wall Street para hacerse sacerdote del Opus Dei. Se había criado al otro lado del río Potomac, en Falls Church (Virginia), por lo que conocía bien la ciudad, aunque su nuevo nombramiento era algo más que un regreso a casa para el clérigo de cuarenta y cuatro años. Al ser despedido como capellán de la Universidad de Princeton tras una serie de encontronazos por su estilo de predicación agresivamente conservador,[82] McCloskey se había visto forzado a continuar sus campañas de reclutamiento clandestinamente desde la residencia numeraria de la calle Mercer, ya que las autoridades universitarias le habían prohibido la entrada al campus.[83] Aunque la prohibición apenas había mermado su capacidad para generar nuevos reclutas para el movimiento —incluidos varios empresarios y políticos de alto perfil—, actuar de incógnito no era algo que le resultara natural. Su traslado a Washington D. C. significaba que podría volver a predicar abiertamente. Durante una visita a la capital un año antes, coincidiendo con el bautismo de un converso reciente —el columnista político y comentarista de televisión Bob Novak— se había sentido cautivado por el potencial que entrañaba la ciudad para el Opus Dei. «Al mirar a mi alrededor, me pareció un quién es quién del Washington político y periodístico», recordaba.[84]

McCloskey no tardó mucho en cosechar los frutos de su trabajo. Se hizo un hueco especial como el proselitista más eminente de Washington y llegó a ser conocido como el «creador de conversos», especialmente en los círculos republicanos.[85] Repartía su tiempo entre el Centro de Información Católica, donde oficiaba misas y escuchaba las confesiones de la élite política, y el refinado esplendor de The University Club, situado a una manzana de distancia, en la calle 16.ª.[86] Era un lugar muy frecuentado por los grandes del Partido Republicano: Richard Nixon solía jugar al póquer allí, mientras que el presidente del Tribunal Supremo, Earl Warren, prefería sus magníficos alrededores para reuniones sociales.[87] McCloskey pronto se instaló entre la clase política. Jugaba al *squash* con los poderosos y los influyentes.[88] Después, se le veía a menudo en el bar, afianzando sus amistades y ampliando su red de contactos. Aunque con su sotana negra desentonaba entre los trajes formales, estaba en su salsa.

A pesar de que el conservadurismo de McCloskey había obstaculizado sus iniciativas apostólicas en Princeton, la gente de The University Club aceptaba sus puntos de vista. Hablaba de todo, desde el aborto hasta las políticas fiscales, tranquilizando conciencias y halagando a sus interlocutores con un apoyo doctrinal a sus posturas de derechas. Uno a uno, fue convirtiendo a varios conservadores destacados a la Iglesia católica, entre ellos el senador Sam Brownback, el candidato al Tribunal Supremo Robert Bork, el heredero editorial Alfred Regnery y Lew Lehrman, exbanquero y candidato a gobernador de Nueva York.[89] Aunque nunca tuvo el poco tacto de decirles qué votar, sí les ofrecía una orientación clara en cuestiones que, a su juicio, eran de «ley natural» o «revelación divina».[90] Una idea recurrente que McCloskey transmitía a los miembros de su red era el auge de la política de inspiración teológica en Estados Unidos y el papel que personas como ellos debían desempeñar en la inminente batalla por el alma de la nación.[91] Para McCloskey, los sacerdotes eran guerreros de Jesucristo, marines, comandos, los boinas verdes de la Iglesia católica.[92] Los políticos también tenían su papel. «¿Pienso que es posible que alguien que cree en la santidad del matrimonio, la santidad de la vida y la santidad de la familia elija sobrevivir durante un tiempo con personas que creen que está bien matar a mujeres y niños o que las parejas homosexuales existan y sean reconocidas? —preguntó—. No, no pienso que eso sea posible. No sé cómo se resolverá, pero sé que no es posible, y mi esperanza y mi oración es que no acabe en violencia. Pero, por desgracia, ese tipo de cosas normalmente han acabado así en el pasado. Si los católicos estadounidenses sienten que eso es preocupante, que lo hagan. A mí no me parece preocupante en absoluto.»[93]

Su apostolado era especialmente fructífero entre los hombres que atravesaban algún tipo de crisis. McCloskey había desarrollado su propia teoría sobre un malestar que parecía afectar a los hombres estadounidenses de cierta edad —una afección que bautizó como síndrome de déficit de amistad—, y desarrolló técnicas para curarlos a través de lo que él llamaba «amistad apostólica».[94] Se inspiró en *sir* Tomás Moro, el mártir del siglo XVI y santo patrón de abogados, políticos y estadistas que había entablado amistad con las principales figuras de la corte de los Tudor. McCloskey pretendía convertirse en un santo Tomás moderno, ofreciendo amistad apostólica a los hombres poderosos que se hallaban a la deriva y no podían buscar ayuda debido a su estatus, celebridad o inhibiciones. En esencia, se trataba de una versión extrema de la técnica de bombardeo amoroso que el Opus Dei había perfeccionado cuidadosamente a lo largo de los años, pero adaptada a la élite de Washington. A menudo era tenaz en su persecución. «Una vez que el padre John te clava las garras, ya no te suelta», recordaba Larry Kudlow,[95] un influyente economista de derechas y alto cargo de la primera administración de Reagan que se hizo amigo de McCloskey mientras luchaba contra su adicción al alcohol y la cocaína y que más tarde se convirtió al catolicismo bajo su tutela.[96]

Justo antes de su regreso a Washington, McCloskey había estado trabajando con un importante abogado de Nueva York que le había enviado un correo electrónico por error, pero al que el «creador de conversos» había hincado el diente de todos modos. Mark Belnick era expresidente de una sinagoga y había empezado a coquetear con el cristianismo durante una grave crisis de madurez que algunos de sus amigos temían que lo empujara incluso al suicidio.[97] McCloskey invitó al abogado a los retiros del Opus Dei en Massachusetts y Maryland. A partir de entonces se hicieron buenos amigos, se enviaban correos electrónicos casi a diario y se veían cada pocas semanas.[98] «Todos los días doy gracias a Dios por el regalo de haber confundido las direcciones de correo electrónico», escribió Belnick en una de sus conversaciones.[99] McCloskey le presentó a varios de sus amigos del Opus Dei, hombres como Bowie Kuhn, Lew Lehrman y Bob Best, que intensificaron los esfuerzos del sacerdote por reclutar al abogado neoyorquino.[100] Pronto, el estupor que tanto había preocupado a sus amigos desapareció. Belnick empezó un nuevo trabajo como abogado principal de Tyco International, un gran grupo empresarial. «Estoy lanzado con la fe», escribió a McCloskey,[101] a quien le gustaba llamar su «ángel de la guarda humano».[102] Cuando McCloskey se mudó a Washington, Belnick le escribió para decirle cuánto lo añoraba. «Jesús es un gran compañero; tenerlo a Él es tenerlo todo (pero te sigo echando de menos...).»[103]

La irrupción de McCloskey en la escena política de Washington en el otoño de 1998 coincidió con otro giro del destino que transformaría la forma en que los estrategas republicanos veían el sector demográfico católico. El artífice de ese cambio fue Deal Hudson, director de la revista *Crisis*, que en 1998, al igual que muchos otros conservadores, se sentía abatido por la incapacidad del Partido Republicano para sacar rédito de las transgresiones morales del presidente Bill Clinton. Los intentos por desbaratar las perspectivas electorales de Clinton en 1996 sacando a relucir un viejo escándalo inmobiliario de casi veinte años antes habían fracasado estrepitosamente. Clinton no solo había ganado un segundo mandato, sino que lo había hecho con un porcentaje de votos mucho mayor. Pero entonces estalló el escándalo de Monica Lewinsky, que despertó la indignación moral de católicos conservadores como Hudson. Aun así, no parecía comprender la ironía de su propia indignación; sus nuevos amigos de Washington no lo sabían, pero el director de *Crisis* se había visto obligado a abandonar su puesto de titular en la Universidad de Fordham tras la denuncia de una estudiante de dieciocho años a raíz de un encuentro sexual entre ambos en estado de embriaguez.[104] Hudson no permitió que sus propias transgresiones diluyeran su ira hacia Clinton. «Cuando hayamos despojado de todo idealismo a los cargos que unen nuestra cultura (presidente, padre, marido), ¿a qué podremos aspirar? —preguntaba—. ¿Quién querrá sacrificar los deseos personales por las responsabilidades públicas?»[105]

Decidido a hacer algo, Hudson destinó 75.000 dólares del presupuesto de *Crisis* a la primera gran encuesta sobre las actitudes políticas de los católicos estadounidenses.[106] Esperaba que el sondeo por fin obligara a la élite política a tomarse en serio a ese colectivo y publicó los resultados en noviembre de 1998. «Quitando a los católicos inactivos que conservan la etiqueta como identificación cultural, los verdaderos votantes indecisos son los católicos activos», concluía.[107] Los resultados llamaron la atención de Karl Rove, que vio la oportunidad de explotar un nuevo grupo demográfico, como había hecho Ronald Reagan con los evangélicos en los años ochenta.[108] Invitó a Hudson a Texas para que conociera a George W. Bush, el gobernador del estado, que estaba barajando la posibilidad de presentarse a la presidencia. Le pidieron a Hudson que fuera asesor de campaña, y así lo hizo. La noticia no tardó en correr entre los católicos conservadores de Washington. Ese pequeño y hasta entonces irrelevante grupo de fieles, cortejado activamente por el Opus Dei a través de sus retiros vip en Virginia, de repente se había visto catapultado a la escena política.

Mientras tanto, los esfuerzos de evangelización de McCloskey con Belnick empezaron a generar cuantiosas donaciones al Opus Dei. En 1999, el expresidente de la sinagoga se había convertido, gracias a su nuevo trabajo en Tyco International, en uno de los abogados mejor pagados del país. En septiembre, al cumplirse un año de su incorporación a la empresa, Belnick recibió la primera de varias primas enormes: 3,4 millones de dólares procedentes de la venta de acciones restringidas.[109] Seis días después envió un correo electrónico a McCloskey para anunciarle que quería hacer una donación para una nueva capilla dedicada a Josemaría Escrivá en el Centro de Información Católica. «Te envío mi cheque de dos millones de dólares como donación para el nuevo santuario/altar», declaró.[110] En los tres años siguientes, el abogado de Tyco International recibiría más de cincuenta millones de dólares de su empresa (unos 46 millones de euros).[111] Su buena fortuna pronto llamó la atención de McCloskey, que lo animó a hacer donaciones a otras «buenas» causas, incluida una nueva iniciativa que acababa de crear Bob Best.[112] La Culture of Life Foundation era un grupo de presión imbuido de valores cristianos que pretendía fomentar una «sociedad más humana» que respetara la dignidad de todos sus miembros, «especialmente los pobres, los ancianos y los que no tienen voz».[113] La iniciativa había sido respaldada personalmente por el papa y contaba con numerosos partidarios de alto nivel.[114] Pero se trataba básicamente de un proyecto unipersonal dirigido por Bob Best desde las antiguas oficinas que había utilizado para la Private Sector Initiatives Foundation.[115] A medida que la crecía iniciativa, la frontera entre la Culture of Life Foundation y el Centro de Información Católica se volvió cada vez más difusa. Best y McCloskey vivían en la misma residencia numeraria del barrio de Kalorama y juntos recaudaban fondos para la fundación, aprovechando la creciente camarilla de conversos de McCloskey. En un momento dado, Best incluso trasladó el domicilio social de sus antiguas oficinas de la Private Sector Initiatives Foundation al número 815 de la calle 15.ª, donde se encontraba el Centro de Información Católica.[116] La librería y capilla fue transformándose poco a poco en un local de recaudación de fondos para docenas de nuevas iniciativas, muchas de ellas lanzadas o dirigidas por miembros y cooperadores del Opus Dei, para aprovechar la creciente influencia política de los católicos conservadores, todo ello gracias a la encuesta de Hudson.

En abril de 2000, Belnick fue bautizado en una pequeña ceremonia celebrada en la iglesia de Santo Tomás Moro, en el Upper East Side de Nueva York. La ceremonia debía haberse celebrado dos meses antes, aunque Belnick no se lo había comunicado hasta unos días antes a su esposa, judía y casada con él desde hacía veintiséis años, que no se había tomado bien la noticia.[117] Evidentemente, las «instrucciones» del fundador a los miembros del Opus Dei para que animaran a los reclutas potenciales a mantener su vocación en secreto ante sus familias seguían vivas. En el bautizo postergado, la mayoría de los presentes eran miembros de la prelatura.[118] Estaba McCloskey, por supuesto, pero también Bob Best y Bowie Kuhn, un supernumerario del Opus Dei que había inspirado a Best para poner en marcha la Culture of Life Foundation. Unas semanas más tarde, Belnick mostró su gratitud. En julio, la Comisión de Bolsa y Valores finalizó una investigación que había estado llevando a cabo sobre prácticas contables sospechosas en Tyco. Como abogado, Belnick había puesto trabas a la investigación al no presentar documentos e incluso engañar a los investigadores del gobierno.[119] Cuando Tyco recibió el visto bueno, Belnick envió un correo elec-

211

trónico al máximo responsable de recursos humanos de la empresa solicitando el pago de una prima de doce millones de dólares que se le había prometido. Pidió que se le transfirieran inmediatamente dos millones en efectivo. El mismo día, envió un correo electrónico a McCloskey. «La justicia triunfa, y el fundador lo consigue de nuevo», escribió.[120] Cuando recibió los dos millones, hizo inmediatamente una donación de seis cifras a la Culture of Life Foundation.[121] El legado transformaría la labor del grupo de presión e impulsaría a Bob Best a la prominencia política.

En septiembre se ofició una misa conmemorativa en el Centro de Información Católica para celebrar la finalización de otro proyecto que Belnick había ayudado a costear: una nueva capilla dedicada a Josemaría Escrivá, la primera en Estados Unidos que honraba al fundador del Opus Dei.[122] Javier Echevarría y otros miembros de la dirección de la Obra habían viajado desde Roma para ese acontecimiento de importancia simbólica.[123] El invitado de honor era el cardenal Hickey, que había acudido a la prelatura en busca de ayuda para gestionar la librería y la capilla ocho años antes y había visto cómo se transformaba el local en los años posteriores. Hickey había liderado la élite católica de la ciudad durante más de veinte años, y se había convertido en un hombre venerado en todo el espectro político por su capacidad para situarse a ambos lados de la profunda fisura que atravesaba la congregación estadounidense, tanto como defensor a ultranza de los pobres y feroz crítico del poderoso *lobby* de las armas como por ser un hombre que esgrimía con orgullo las controvertidas políticas vaticanas sobre anticoncepción y homosexualidad.[124] A punto de jubilarse, aquel fue uno de sus últimos actos. La ceremonia fue como el paso de la antorcha de una iglesia inclusiva de las masas a otra unificada por una lectura conservadora del Evangelio e impulsada por el poder y el dinero. Al dar la bienvenida al cardenal, McCloskey alabó las nuevas instalaciones como «otro esfuerzo en la nueva evangelización» que había pedido el papa.[125] Detrás de él, a la derecha del altar, una estatua de bronce del fundador del Opus Dei contemplaba a los dignatarios allí reunidos.

Con sus cifras en aumento y su influencia política en alza, el Opus Dei estaba poniendo los cimientos para una mayor expansión en toda la ciudad. Evidentemente, se necesitaban más numerarios para trabajar esa creciente influencia. Unas semanas antes, la Comisión de Planificación del condado de Fairfax, al otro lado del río, en Virginia,[126] había aprobado los planos de un proyecto de nueve millones de dólares que se llamaría Reston Study Center, una nueva residencia para numerarios que ofrecería actos, sesiones de estudio para alumnos de secundaria y talleres para padres e hijos e iría destinada a la floreciente, y ahora políticamente importante, comunidad católica de los suburbios de Washington.[127] El artífice del nuevo proyecto era un consultor financiero y supernumerario poco conocido llamado Neil Corkery, que tendría un papel fundamental en la inminente batalla para remodelar —y recristianizar— la sociedad estadounidense.[128]

9

Intriga y misterio
Vienna, Virginia, febrero de 2001

Bonnie Hanssen miró nerviosa el reloj por enésima vez aquella tarde y se preguntó dónde demonios se habría metido su marido. Bob había salido de casa horas antes, después de ofrecerse a llevar al aeropuerto de Dulles a un viejo amigo que había pasado con ellos el fin de semana del Día de los Presidentes, y le había prometido a su mujer que volvería a tiempo para la cena del domingo con la familia.[1] Bob, un agente del FBI con más de veinticinco años de servicio, era un miembro honrado de la comunidad que adoraba a sus hijos y acudía regularmente a la misa del alba en la iglesia católica de Santa Catalina de Siena de camino a la oficina. Desaparecer de ese modo era algo totalmente fuera de lo normal. Bonnie, por su parte, era profesora de Teología a tiempo parcial en la cercana Oakcrest School.[2] Ambos eran miembros supernumerarios del Opus Dei y habían enviado a sus seis hijos a sus dos escuelas en Washington. Bonnie conocía la Obra de toda la vida: en Chicago, su madre era amiga de la infancia de Robert Bucciarelli, uno de los hombres más importantes del movimiento en Estados Unidos,[3] mientras que su padre había ayudado a fundar su primera escuela en la ciudad en los años setenta.[4] Todos sus hermanos habían estudiado allí, y uno de ellos —John, el más joven— era sacerdote del Opus Dei en Roma. Aunque Bob se había criado como luterano, se había convertido al catolicismo poco después de casarse con Bonnie, su novia de la universidad, y había llegado a abrazar su pertenencia a la Orden.[5] Tenía fama de ser un santurrón en el trabajo: algunos lo conocían como un homófobo rabioso y un anticomunista caricaturesco, y no era raro que impusiera agresivamente su fe católica a sus colegas.[6]

Desde que se mudaron a la zona de Washington veinte años antes, los dos se habían convertido en miembros apreciados de la comunidad local del Opus Dei. Bob compartía coche con Joe Duffy, marido de la rica heredera de Noxema, que era una gran donante del movimiento, para asistir al círculo regular,[7] y los Hanssen iban a misa los domingos a la misma iglesia que el jefe de Bob, el director del FBI Louis Freeh, de quien se rumoreaba que también era miembro.[8]

Sin noticias de su marido, a primera hora de la tarde Bonnie decidió coger su coche e ir al aeropuerto de Dulles.[9] En el aparcamiento fue rodeada por agentes del FBI, que la escoltaron de vuelta a la casa familiar en Vienna, Virginia. Le dijeron que guardara ropa y artículos de aseo para ella y sus hijos, ya que su marido había sido detenido y los agentes tenían una orden de registro.[10] Esa misma tarde, después de dejar a su amigo en el aeropuerto, Bob había conducido hasta el parque Foxstone, a menos de un kilómetro de la casa familiar en Talisman Drive, para dejar una pila de documentos clasificados para los rusos. Había sido interceptado por una elaborada operación encubierta llevada a cabo por agentes del FBI y sus colegas de la Agencia Central de Inteligencia.[11] Hacía años que sabían que tenían un agente doble entre ellos, pero no habían conseguido localizar al topo hasta que un antiguo agente ruso les proporcionó cartas, una grabación antigua y una bolsa de plástico utilizada para hacer una entrega que tenía las huellas dactilares de Hanssen.

Como estratagema para atraparlo, los agentes habían creado una nueva división ficticia dentro del FBI y habían ascendido a Bob para que la dirigiera. Instalaron en su oficina equipos de grabación de vídeo y audio, compraron una casa en Talisman Drive para vigilar sus movimientos e incluso orquestaron un concurso de tiro dentro de la sede del FBI para apartar a Hanssen de su escritorio y que un agente pudiera robarle su querida PalmPilot. Tres días antes, la estratagema había revelado información sobre una entrega planificada para ese domingo.[12] Los agentes habían pillado a Hanssen infraganti. Habían tenido suerte; entre el fajo de documentos secretos había una carta del supernumerario en la que decía que planeaba pasar desapercibido unos meses tras detectar cierta actividad sospechosa que podía significar que estaba siendo vigilado.[13]

A los agentes que registraron la casa de los Hanssen los sorprendió un poco lo tranquila que estaba Bonnie teniendo en cuenta la desgracia que acababa de sufrir su familia. En un momento dado indicó que quería hablar, así que ella y un agente subieron al dormitorio y se sentaron en la cama. Allí, reveló que Bob podía estar espiando para los rusos ya en 1979. El agente se quedó estupefacto; el equipo solo sabía del espionaje que Hanssen llevaba haciendo desde 1985. Bonnie contó la historia de cómo, años antes, lo había descubierto en el sótano de su casa en Nueva York revisando lo que resultó ser una comunicación con la GRU, la inteligencia militar rusa en el extranjero. Hanssen se lo había contado todo. Presa del pánico, Bonnie lo llevó al padre Robert Bucciarelli para que se confesara y buscara orientación.[14] El sacerdote del Opus Dei le recomendó que hiciera lo correcto y se entregara a las autoridades. La pareja se marchó y se preparó para lo que vendría. Pero al día siguiente, Bucciarelli llamó para decir que había cambiado de opinión.[15] Aconsejó entonces a Hanssen que, en lugar de entregarse, donara a la beneficencia el dinero que los rusos le habían pagado y siguiera adelante con su vida. No está claro por qué Bucciarelli cambió repentinamente de parecer, ni con quién más comentó el caso en la sede nacional de New Rochelle, donde vivía. No obstante, como la figura más destacada del Opus Dei en Estados Unidos, debía de saber que un escándalo que implicara a una de las familias más prominentes del movimiento daría una mala imagen de la Obra.[16] Corría el año 1980, en plena batalla del Opus Dei por disipar la oposición generalizada dentro de la Iglesia a su solicitud de convertirse en prelatura personal. Gracias al consejo de Bucciarelli, Hanssen permaneció en libertad. Durante veinte años, se convertiría en el agente doble más notorio de la historia de Estados Unidos. Hanssen desveló valiosos secretos militares y de contraespionaje que pusieron innumerables vidas en peligro, y proporcionó información que llevaría a la ejecución de al menos tres agentes dobles rusos que los estadounidenses habían reclutado.[17]

Pocos días después de la detención de Hanssen, en febrero de 2001, el Opus Dei se movilizó para protegerse de cualquier repercusión, tal como había hecho veinte años antes. Tom Bohlin, un numerario de Nueva Jersey que había enseñado historia a los hermanos de Bonnie Hanssen en la escuela del Opus Dei en Chicago antes de ser enviado a Roma para formarse como sacerdote, fue el hombre encargado de crear distancia entre la prelatura y las acciones de su superespía supernumerario. Bohlin solicitó una reunión urgente con el emisario ante la Santa Sede en la embajada de Estados Unidos.[18] En el encuentro, le dijo al funcionario estadounidense que el Opus Dei había llevado a cabo una auditoría de «todas las contribuciones económicas» realizadas por Hanssen y había llegado a la conclusión de que solo había aportado cuatro mil dólares durante sus treinta años como miembro y ni un solo centavo a partir de 1992.[19] Bohlin no entró en detalles, pero es muy poco probable que esa auditoría supuestamente exhaustiva contara toda la historia. Era impensable que un miembro del Opus Dei cercano a la cima de la escala salarial del FBI hubiera optado por renunciar a sus donaciones mensuales a la prelatura, dado que tales pagos eran considerados uno de los deberes esenciales del supernumerario.[20] Los cálculos de Bohlin probablemente ignoraban también los miles de dólares que Hanssen gastaba en la matrícula para sus hijos en las escuelas del Opus Dei, gran parte de los cuales se destinaban a pagar a la gran cantidad de profesores numerarios que había allí.[21] Una vez más, la red de fundaciones creadas por John Haley probablemente resultó muy útil, haciendo posible que Bohlin argumentara que el Opus Dei no había recibido ni un céntimo de Hanssen durante casi una década, cuando ese dinero pudo haber sido enviado a la Woodlawn Foundation o a una de las muchas organizaciones sin ánimo de lucro que la prelatura controlaba indirectamente. Es probable que Bonnie también le proporcionara un resquicio legal; ¿quizá era ella quien enviaba por correo el cheque al Opus Dei cada mes? ¿Qué había pasado con su dinero mal habido? Hanssen recibió más de seiscientos mil dólares (casi 555.000 euros) de los rusos a cambio de la información que suministró.[22] El emisario no parecía convencido. «Petición de reunión urgente resulta inusual —informó en un telegrama al Departamento de Estado tras el encuentro—. Es la primera vez que el Opus Dei solicita oficialmente una reunión. Parece que el Opus Dei está intentando evitar cualquier acusación de que se benefició económicamente de supuestas actividades de Hanssen.»[23]

Villa Tevere tenía buenas razones para ser cuidadosa con la forma en que manejaba el escándalo del espionaje de Hanssen. En

2001, cuando el Opus Dei se acercaba al décimo aniversario de la beatificación de su fundador, las cifras de miembros empezaban a mejorar gracias a la aceptación por parte de la prelatura de la agenda conservadora del papa y a las incursiones realizadas en docenas de ciudades a través de las aproximadamente trescientas escuelas que gestionaba. Con el cambio de milenio, el Opus Dei contaba con más de ochenta mil miembros en todo el mundo,[24] y tenía presencia física en sesenta países de seis continentes.[25] En Estados Unidos —el epicentro del escándalo Hanssen— había mucho más en juego.[26] Un mes antes de la detención del doble agente, el papa había nombrado obispo auxiliar de la archidiócesis de Denver a José Horacio Gómez, sacerdote del Opus Dei nacido en México pero nacionalizado. El nombramiento causó cierta controversia, lo cual obligó a Gómez a ponerse a la defensiva. «No somos una secta —dijo en respuesta a las acusaciones sobre las prácticas secretas del movimiento—. Somos parte de la Iglesia. El Opus Dei es muy sencillo, pero a la vez muy difícil de explicar.»[27]

El nombramiento entrañaba una importancia enorme para el movimiento. Gómez fue el primer obispo del Opus Dei nombrado en Estados Unidos, y representaba el éxito de la prelatura en su cortejo no solo al papa, sino también a las filas eclesiásticas de la propia Iglesia estadounidense. En Washington, la comunidad del Opus Dei siguió amasando dinero e influencia. Por la misma época del arresto de Hanssen, Dennis Bakke, el fundador de la compañía eléctrica AES Corporation,[28] donó más de diez millones de dólares destinados a la compra y renovación de una propiedad de 340 hectáreas cerca de las montañas de Shenandoah, al suroeste de la capital.[29] Una vez terminada, la propiedad —denominada Centro de Conferencias Longlea— albergaría retiros de silencio y se convertiría en una herramienta fundamental en el esfuerzo del Opus Dei por ganarse a la élite de Washington. También estaban a punto de terminar las obras de su nueva sede nacional en Nueva York. Un grupo de numerarios había empezado a mudarse a Murray Hill Place el otoño anterior y estaba prevista una gran inauguración para mediados de mayo en la que el cardenal Edward Egan, arzobispo de Nueva York, bendeciría la nueva sede.[30] Pero el Opus Dei canceló repentinamente el acto por lo que, según el propio movimiento, eran unas obras inacabadas.[31] Más tarde se supo que la apertura habría coincidido con la noticia de la acusación de Hanssen por veintiún cargos de espionaje.[32]

Semanas después, por fin saltó a los medios de comunicación la complicidad del Opus Dei en el asunto. *The New York Times* publicó la exclusiva en portada, con el titular «Esposa afirma que sospechoso contó a sacerdote hace veinte años que ayudaba a soviéticos».[33] Cuando los periodistas se pusieron en contacto con el padre Bucciarelli, este confirmó inicialmente que había conocido a los Hanssen en 1980, pero a continuación hizo una declaración escrita en la que aseguraba que no hablaría de si se había reunido alguna vez con el doble agente en el contexto de la orientación espiritual.[34] La noticia desencadenó frenéticas especulaciones sobre qué otros miembros de la élite política y económica del país podían formar parte de ese misterioso movimiento religioso que tanto había socavado los intereses nacionales de Estados Unidos.[35] En Washington, las revelaciones desencadenaron una breve caza de brujas sobre qué otros miembros de la clase dirigente de la ciudad podían estar también implicados con el grupo,[36] y el director del FBI, Louis Freeh, y el juez del Tribunal Supremo Antonin Scalia fueron señalados como posibles simpatizantes.[37] Con ese telón de fondo, la nueva sede del Opus Dei en Nueva York, valorada en setenta millones de dólares, se inauguró con poca fanfarria. Las grandes ambiciones de la prelatura en Estados Unidos corrían ahora un grave peligro.

En julio de 2001, Bob Best apareció en *Washington Journal*, un popular programa del canal por cable C-SPAN, en una sección especial sobre la investigación con células madre. El tema había saltado a la palestra nacional pocas semanas después de la llegada de George W. Bush a la Casa Blanca. El nuevo presidente anunció una revisión de las directrices del gobierno federal establecidas por la Administración Clinton solo unos meses antes, relacionadas con el uso de embriones abortados para investigaciones científicas pioneras. La revisión cumplía una promesa que la campaña de Bush había hecho a los votantes católicos. Estos habían apoyado al texano y le habían ayudado a vencer por un estrecho margen a Al Gore en las elecciones presidenciales, aunque solo después de que el Tribunal

Supremo invalidara miles de votos a favor de su oponente demócrata. En los meses transcurridos desde el anuncio de la revisión, se había desatado un encarnizado debate en el seno de la administración. Este dividió, por un lado, a los pragmáticos, que veían los posibles avances médicos que prometía dicha investigación, y, por otro, a estrategas políticos como Karl Rove, que comprendían lo importante que era la base católica para las esperanzas de Bush de salir reelegido. Ante el debate sobre cómo debía equilibrar Bush las creencias religiosas de una minoría con los claros beneficios científicos de dicha investigación, Bob Best, presidente de la Culture of Life Foundation, fue invitado al programa para responder a las preguntas de los telespectadores sobre esa cuestión. Aunque la fundación había sido creada con el amplio mandato de promover una «sociedad más humana» que respetara la dignidad de todos sus miembros —«especialmente los pobres, los ancianos y los que no tienen voz»—, más recientemente había centrado todos sus esfuerzos en oponerse a cualquier investigación con células madre que utilizara embriones humanos.[38]

La presentadora Connie Doebele fue directa al grano.

—Una vez que la gente ha tomado la decisión de desechar el embrión sobrante, después de haber tomado sus decisiones de planificación familiar, la pregunta, la cuestión ética, es por qué no seguir adelante y utilizarlo para la investigación —dijo.[39]

Bob Best habló despacio y con un ligero acento sureño.

—Bueno, el argumento clave en todo este debate es que un embrión humano es una persona humana y tiene toda la biología, todo el ADN, todos los cromosomas que tiene una persona humana —respondió—. El sexo se decide incluso en la célula individual. Como persona humana y como ser humano, merece respeto, y utilizarlos para experimentos, matar deliberada y directamente a un embrión humano por la razón que sea, es inmoral, es ilegal, va contra todos los principios de la civilización occidental y es totalmente innecesario.

En los cuatro años transcurridos desde el lanzamiento de la Culture of Life Foundation, el grupo de presión unipersonal había crecido de forma espectacular. Gracias a una donación de seis cifras del abogado de Tyco, Mark Belnick, a quien Best había conocido a través del padre McCloskey, la fundación había contratado a más personal y se había convertido en una fuerza política importante en la materia. Best recurrió a la creciente red del Opus Dei para reclutar a varias personalidades provida como asesores de la fundación.[40] Robert George, un académico de Princeton que se había hecho muy amigo del director de una residencia numeraria del Opus Dei allí, y que había conocido a Best a través de McCloskey, se unió al consejo.[41] George pronto se convertiría en una figura crítica en otro proyecto poco conocido del Opus Dei. William Hogan, un obstetra que conocía la Obra desde finales de los años setenta tras haber sido acosado agresivamente por el padre Bob Connor —amigo de infancia del juez del Tribunal Supremo Antonin Scalia— en su casa y fuera de su consulta, se convirtió en asesor médico.[42] McCloskey fue nombrado asesor eclesiástico, junto a Charles Chaput, el arzobispo de Denver que había consagrado a José Horacio Gómez como primer obispo del Opus Dei en Estados Unidos. Desde las oficinas de la Culture of Life Foundation, contiguas al Centro de Información Católica, Best trató de aprovechar el creciente interés por las células madre con un torrente de comunicados de prensa.[43] Los anuncios oscilaban entre la presentación de la fundación como un instituto serio y erudito, respaldado por destacados asesores médicos, jurídicos y eclesiásticos, y una máquina de publicidad sensacionalista que daba su interpretación a noticias sin fundamento sobre cómo la gente vendía sus órganos en Inglaterra o una nueva canción provida de un artista nominado a los Grammy.

Connie Doebele, la presentadora de C-SPAN, parecía confusa ante esa extraña mezcla de mensajes.

—¿Qué es la Culture of Life Foundation? —preguntó.

—La Culture of Life Foundation recoge y comunica las verdades médicas, científicas, filosóficas, psicológicas, ontológicas e incluso teológicas que confirman la dignidad de cada persona humana y el carácter sagrado de la vida humana.

—Y ¿quién la financia?

—Está financiada por donantes. Tiene a uno enfrente —respondió Best con una sonrisa de satisfacción—. Pero no es una gran organización. Somos muy pequeños. Somos casi como un pequeño embrión que funciona con cuatro personas en una oficina de Washington. Tenemos un buen consejo de administración y una junta de asesores.

—¿Son una entidad religiosa? —preguntó la presentadora.

—En realidad, no —dijo el numerario—. Tenemos gente de distintas religiones. Si visita nuestra página web, que es... ¿Puedo hacer un poco de promoción?

Best no estaba desvelando gran cosa. No mencionó la donación de Mark Belnick, que había ayudado a duplicar el presupuesto de la fundación respecto a dos años antes, ni sus vínculos con el padre McCloskey y el Centro de Información Católica.[44] Tampoco dijo nada de su propia afiliación al Opus Dei, ni el hecho de que fuera miembro numerario. Esa opacidad, que encubría cualquier vínculo con la prelatura, se convertiría en los años siguientes en un modelo para los innumerables grupos de acción política nacidos del Centro de Información Católica y de la creciente comunidad del Opus Dei en la ciudad.

—Claro —dijo Doebele.

—Es www.culture-of-life.org-got. Hay que poner los guiones —añadió en un tono campechano.

—¿Qué verá la gente allí?

—La gente verá secciones que tratan de verdades médicas y biológicas, verá filosofía, verá psicología y verá verdades religiosas. Y entre esas verdades religiosas hay verdades de los católicos romanos, de los ortodoxos, de los principales grupos protestantes, de los grupos judíos y también de los musulmanes.

—Vamos a atender algunas llamadas telefónicas para usted —interrumpió Doebele—. Jacksonville, Illinois, sobre la investigación con células madre. Buenos días.

En ese momento entró una llamada entrecortada.

—En la batalla entre la ciencia, que establece los hechos, y la creencia, a lo largo de los años me ha parecido que la ciencia siempre gana —dijo la voz—. La buena ciencia es imparable. Gracias a Dios. Y creo que esto es buena ciencia, y las creencias religiosas no la detendrán.

—Bueno, no estoy de acuerdo con esa premisa —intervino Best—. No creo que haya ningún conflicto entre la buena ciencia y las verdades de la fe. La verdad es indivisible, por lo que afirmar que la ciencia siempre gana a la fe es absurdo, en mi opinión.

Su argumentación se hacía eco de los documentos internos del Opus Dei que utilizaba para orientar a numerarios como él sobre cómo «cerciorarse de que la verdad y el progreso científicos sirvan de medio para impregnar a los hombres y a la cultura del conocimiento de Dios». Best ciertamente había hecho su trabajo en ese sentido. El sitio web de Culture of Life difundía montones de desinformación y seudociencia, por ejemplo, que los anticonceptivos orales podían ser mortales y que en los campos de exterminio nazis se habían desarrollado nuevos medicamentos para interrumpir embarazos.[45] Best se sumó a esa campaña de desinformación con artículos en los que advertía de su oscura visión del Estados Unidos actual, una distopía inquietantemente similar a la de McCloskey, su camarada del Opus Dei. «Vemos adolescentes que matan a su propio bebé en una fiesta de graduación y luego se van a bailar toda la noche. Hemos consagrado el asesinato de seres humanos inocentes bajo la falsa frase constitucional del "derecho de la mujer a decidir" —escribió—. No es difícil imaginar un electorado o un tribunal dentro de diez o cincuenta años que esté a favor de deshacerse de los ancianos inútiles, los sin techo, los niños retrasados, los negros antisociales, los hispanos ilegales, los gitanos, los judíos, los gais, las lesbianas... la lista es interminable.»[46] Asimismo, esbozaba su visión para sustituir esa cultura de la muerte por una de la vida, empezando por el Capitolio. «Nuestro gobierno será por el pueblo, para el pueblo y del pueblo, y perderá su tendencia a ser opresivo e intrusivo —declaró—. Nuestros líderes verán el poder como una oportunidad para servir, no como un podio para la gloria personal.»

En el período anterior a las elecciones presidenciales de 2000, Best también había utilizado la página web de la fundación para difamar a Al Gore con artículos sensacionalistas sobre la «tolerancia» del candidato demócrata hacia los homosexuales,[47] los cuales se hacían eco de otros materiales homófobos de la página, incluido un artículo en el que se instaba a los lectores a escribir a DC Comics y a las empresas que se anunciaran con ellos para quejarse de sus planes para crear dos superhéroes abiertamente homosexuales.[48]

—Usted también ha mantenido comunicación personal con el presidente sobre este tema —dijo la presentadora Connie Doebele, refiriéndose a la investigación con células madre.

Best había traído consigo una carta de Bush dirigida a él, como presidente de la Culture of Life Foundation, en la que exponía su oposición a la financiación federal de la investigación con células madre extraídas de embriones abortados y se comprometía a restringir la financiación de la investigación con tejidos extraídos de adultos.[49] Aunque todavía no se había anunciado ninguna política, la carta supuso un golpe de efecto para la Culture of Life Foundation. Best había recibido información anticipada sobre una decisión que se anunciaría en un discurso televisado a la nación al mes siguiente.[50]

En enero de 2002, más de mil dignatarios se reunieron en el Palazzo dell'Apollinare, en el centro de Roma. El palacio, que data del siglo XIII, en su día fue una sede de cardenales, que lo utilizaban para conspirar y urdir planes lejos de la atenta mirada del Vaticano, al otro lado del Tíber. Ya por aquel entonces el edificio albergaba la Universidad Pontificia de la Santa Cruz, que Álvaro del Portillo había fundado poco después de la elevación del Opus Dei como prelatura personal a principios de los ochenta, y a la que más tarde su viejo amigo, el papa, otorgó rango pontificio. La universidad había acumulado enormes pérdidas todos los años, con millones de dólares desviados de la extensa red mundial de fundaciones del Opus Dei al comienzo de cada año académico para cubrir el enorme gasto de alquilar un lugar tan palaciego y contratar a las doscientas personas necesarias para gestionarlo.[51] Solo ese año, una fundación dirigida desde una oficina en Princeton, que actuaba como conducto para el dinero desviado de otras fundaciones del Opus Dei,[52] giraría más de dos millones de dólares a la universidad.[53] Otras fundaciones de Chile, Alemania, Italia y España desempeñaban funciones similares.[54] Aunque Villa Tevere trató de presentar ese enorme drenaje de sus recursos económicos como un sacrificio desinteresado —una realización del sueño del fundador de tener una institución eclesiástica en Roma «al servicio de toda la Iglesia»—, el dinero gastado en la universidad compraba a la prelatura poder e influencia en todo el mundo.[55] La inmensa mayoría de los estudiantes matriculados allí eran sacerdotes en formación procedentes de diócesis necesitadas de Europa, Latinoamérica y África.[56] El Opus Dei sufragaba gran parte de sus gastos de matrícula y manutención. Esa dadivosidad generaba buena voluntad entre los obispos locales, que de otro modo tendrían dificultades para enviar a sus sacerdotes a Roma a estudiar.

La universidad también permitió al Opus Dei posicionarse como una autoridad en derecho canónico y comunicaciones eclesiásticas, dos elementos clave para el poder en el Vaticano. Los numerarios que enseñaban eran llamados con frecuencia por la Santa Sede para ofrecer consejo y experiencia. El decano de Derecho canónico de la universidad acabaría convirtiéndose en secretario del Dicasterio para los Textos Legislativos —también conocido como Consejo Pontificio o Tribunal Supremo del Vaticano—, un organismo que ya presidía Julián Herranz, un obispo del Opus Dei cercano al papa.[57] La escuela de Derecho canónico había tenido especial éxito a la hora de «acaparar el mercado» —como les gustaba bromear a los altos cargos del Opus Dei— en cualquier debate relativo a prelaturas personales, publicando docenas de artículos que explicaban las contradicciones de dicha materia.[58]

Pero durante cinco fríos días de enero, la universidad tuvo un papel muy diferente: fue la anfitriona de una importante conferencia para conmemorar el centenario del nacimiento del fundador. Con el altivo título de «La grandeza de la vida ordinaria»,[59] el acto presentaba a la prelatura como una poderosa influencia en el Vaticano y en todo el mundo, con importantes aliados conservadores como el cardenal italiano Camillo Ruini y el arzobispo de Sídney, George Pell, que pronunciarían discursos.[60] El acto fue el comienzo de un año de celebraciones centradas en la vida del fundador, con conferencias en Bélgica, Hong Kong, Kenia, España y Estados Unidos, y se planearon ocho actos distintos en Washington, Chicago, Nueva York, San Luis, San Francisco, Boston y Minneapolis.[61] Esos enormes gastos eran la antesala de la canonización del fundador, prevista para finales de ese año. El espectáculo de cinco días en Roma incluiría el estreno de un nuevo documental sobre el fundador y el lanzamiento de una nueva serie de sellos conmemorativos de su vida en Italia, y culminaría con una audiencia con el papa para los fieles del Opus Dei que habían viajado a Roma desde todo el mundo.

Entre los invitados a hablar en la conferencia se encontraba un futuro candidato a la presidencia de Estados Unidos. Rick Santorum, senador por Pensilvania y el tercer republicano por rango, había conocido el Opus Dei a través de los devotos padres católicos de su esposa,[62] y asistía regularmente a sus retiros vip en la Virginia rural.[63] Aunque ya era un ferviente partidario del movimiento, la Obra había seducido aún más al senador para que viajara a Roma pagándole unos honorarios de orador,[64] sufragados por la fundación de Princeton que enviaba millones a la Universidad Pontificia de la Santa Cruz.[65] No obstante, Santorum afirmó en su declaración ante el Congreso que asistía al acto en calidad oficial de senador estadounidense. Esa confusión entre fe privada y función pública fue un tema recurrente en las ponencias de la conferencia. Un orador tras otro reiteraron la necesidad de que los miembros del Opus Dei —y los católicos en general— utilizaran su posición en la sociedad para influir en las políticas públicas, citando una famosa frase atribuida al fundador.[66] «¿Os habéis molestado alguna vez en pensar lo absurdo que es dejar de lado el catolicismo al entrar en una universidad, en una asociación profesional, en una reunión académica o en un congreso, como si estuvierais dejando vuestro sombrero en la puerta?», había preguntado, supuestamente.[67] Santorum se hizo eco de ese sentimiento, y dijo en la conferencia que, en su lucha pública en el Senado de Estados Unidos por defender las verdades absolutas, «el bendito Josemaría» guiaba su camino.[68] También aprovechó su comparecencia para cuestionar un discurso pronunciado por John F. Kennedy antes de las elecciones de 1960, en el que afirmaba claramente que no aceptaría órdenes de la Iglesia católica si era elegido presidente. Santorum dijo que tales opiniones habían causado «mucho daño en Estados Unidos».[69] «Todos hemos oído a gente decir: "En privado estoy en contra del aborto, del matrimonio homosexual, de la investigación con células madre, de la clonación... pero ¿quién soy yo para decidir que no está bien para otra persona?". Suena bien —añadió—. Pero es la corrupción de la libertad de conciencia.»[70] McCloskey, el hombre que lo había invitado a la conferencia y cuyos esfuerzos por captar a personas influyentes empezaban a dar sus frutos, se deshizo en elogios hacia sus palabras.

Y se quedó después de la conferencia para celebrar misa con el papa en su capilla privada del Vaticano. Después, Wojtyła, que entonces tenía ochenta y un años, le regaló un rosario.[71] Según le explicó, aquel presente era un recordatorio de que, siempre que Cristo —o cualquier otra persona— se encontrara «en la cruz», la Virgen María estaría a su lado. El ejemplo que había dado Juan Pablo el Grande, como lo llamaba McCloskey, al enfrentarse a las críticas que habían asolado a su papado, inspiraría al sacerdote del Opus Dei, que pronto se vio «en la cruz» defendiendo a la Iglesia de las acusaciones de que había encubierto sistemáticamente los abusos a menores en Estados Unidos.[72]

La noticia había saltado solo dos días antes del acto «La grandeza de la vida ordinaria», tras la publicación de la primera de una serie de revelaciones devastadoras por parte de un grupo de periodistas de *The Boston Globe*, en las que se detallaban los esfuerzos sistemáticos de la archidiócesis de Boston por encubrir abusos sexuales cometidos durante décadas.[73] A lo largo de los meses siguientes, mientras cientos de víctimas denunciaban los hechos, surgieron historias similares en todo el país, desvelando así una cultura endémica de ocultación y supresión en toda la Iglesia católica que protegía a los depredadores sexuales en sus filas. Mientras la Conferencia de Obispos Católicos de Estados Unidos se apresuraba a tomar medidas en respuesta a una creciente oleada de ira de católicos de todo el país, McCloskey adoptó una actitud contraria, no solo tratando de restar importancia a los graves actos criminales cometidos por sus colegas dentro del sacerdocio, sino también de tergiversar la narrativa en torno a ese problema generalizado como parte de un complot liberal que amenaza a la Iglesia y a la sociedad en general. «Este es un problema de homosexuales activos en el clero, no un problema de pedofilia —dijo en el punto álgido del escándalo—. La prensa estadounidense no quiere reconocerlo. Al contrario, muchos medios de comunicación han abogado por que los Boy Scouts admitan a homosexuales entre sus monitores. La prensa y los católicos "disidentes" han utilizado la conducta de una pequeña parte del clero para atacar sin tregua al sacerdocio y a la jerarquía eclesiástica, para propugnar la derogación del celibato sacerdotal y la ordenación de mujeres.»[74]

Los comentarios de McCloskey reflejaban la propia respuesta de la Santa Sede al escándalo, que estaba siendo gestionado por el secretario de prensa del papa, Joaquín Navarro-Valls, el miembro más destacado del Opus Dei dentro del Vaticano. Había sido él quien había convencido al cardenal Bernard Law, arzobispo de Boston y hombre directamente implicado en el encubrimiento de los abusos sexuales, para que se resistiera a las peticiones de dimisión, animándolo a que aguantara y advirtiéndole que con su renuncia se corría el riesgo de crear un «efecto dominó» que podía desgarrar a la Iglesia.[75] Navarro-Valls intentó presentar las acusaciones contra la Iglesia como un problema de homosexualidad y no de pedofilia, alegando que la mayoría de los casos afectaban a adolescentes y no a niños. «Las personas con esas inclinaciones no pueden ser ordenadas», dijo en respuesta al creciente escándalo, refiriéndose específicamente al papel que la homosexualidad había desempeñado en él.[76]

McCloskey parecía disfrutar de su nuevo estrellato como última línea de defensa de una Iglesia asediada por elementos liberales. En el Centro de Información Católica, que se trasladó a un local más grande en la calle K en abril de 2002, en el momento álgido del escándalo, una pantalla de televisión instalada en la zona de recepción de la librería y la capilla reproducía en bucle continuo su reciente aparición en *Meet the Press*.[77] En la entrevista, dejó claro que no debía haber cabida para el debate entre los católicos sobre las cuestiones morales del momento, que las opiniones del pontífice, ahora fuertemente medicado, no debían cuestionarse. «La Iglesia no se rige por encuestas de opinión —explicó—. No es un menú chino en el que puedes elegir cosas. Hay que asentir [...] ante todas las verdades que enseña la Iglesia católica. Esa es la esencia del catolicismo.»[78] El deleite de McCloskey por su creciente celebridad enfureció a algunos miembros del Centro de Información Católica. No era la única faceta de su comportamiento que había empezado a hacer saltar las alarmas en Washington. Deal Hudson, director de la revista *Crisis*, tuvo una discusión muy pública con McCloskey,[79] tras descubrir pruebas de que el sacerdote del Opus Dei había roto el secreto de confesión al compartir datos privados con otra persona.[80] Hudson había dado sin querer con una técnica muy extendida entre algunos miembros de la Obra que a veces compartían información obtenida en el confesionario con los directores locales para orientarlos en el control de los miembros y simpatizantes a su cargo.

En 2002, el Opus Dei estaba experimentando un crecimiento fenomenal en la ciudad. El Centro de Conferencias de Longlea, que acababa de abrir sus puertas, era el último gran avance. Solo en su primer año, el lugar acogería a quinientas personas en sus retiros de fin de semana.[81] En la capital, un número similar asistía a sus veladas mensuales de recogimiento.[82] A todas ellas las atraía el mensaje público del Opus Dei: que podían servir mejor a Dios a través de la santificación de lo cotidiano, ya fuera en el trabajo, en casa o con sus amistades. Pocos veían la cara oculta del movimiento: la violación del secreto de confesión, la captación sistemática de niños y las numerarias auxiliares traídas desde otras partes del mundo.

Ante la inminente canonización de Escrivá, en 2001 y 2002 la organización actualizó sus documentos internos para reforzar el sistema de control que había sido ideado por el fundador y, cuidadosamente, mejorado por sus sucesores. Siguiendo las instrucciones del fundador y los vademécums de Del Portillo, Javier Echevarría denominó «experiencias» a su propio conjunto de edictos. El nombre pretendía dar la impresión de que los documentos eran meros consejos y observaciones acumulados por miles de numerarios y sacerdotes a lo largo de los años, aunque su contenido no era menos autoritario que el de sus predecesores. El primer documento, publicado en marzo de 2000, se titulaba «Experiencias sobre el modo de llevar charlas fraternas», en referencia a la charla regular, también conocida como «confidencia», que todos los miembros del Opus Dei debían mantener con su director espiritual. La práctica era una extensión de la confesión, en la que se esperaba que los miembros no solo divulgaran sus pecados, sino que proporcionaran detalles íntimos de su vida profesional, personal y sexual. En siglos pasados, esas «manifestaciones de conciencia» habían sido un elemento importante en la vida de las órdenes religiosas, pero se prestaban tanto a abusos que el Vaticano las prohibió en 1890. Las revisiones del derecho canónico de 1917 y 1983 reforzaron la prohibición de las manifestaciones forzadas y hacían hincapié en la libertad de todos los católicos para elegir si participaban, cuándo y con qué frecuencia.[83]

Pero la charla se había convertido en una herramienta tan esencial de control sobre los miembros que el Opus Dei decidió ignorar la ley canónica. En los documentos internos secretos del movimiento, los sucesores del fundador impusieron la práctica contraviniendo directamente la ley canónica. «La Confidencia —esa charla sincera, llena de sentido sobrenatural— es el medio de santificación más soberano que, aparte de los sacramentos, tenemos en el Opus Dei», estipulaba Echevarría.[84] Sus instrucciones difuminaban deliberadamente los límites entre Dios y el intrincado sistema de abuso y control que sustentaba la Obra. «Los Directores son instrumentos de Dios, y cuentan con las gracias convenientes para ayudarnos», escribió. «Por tanto, acudimos siempre con disposiciones de completa sinceridad, con el deseo de que sea cada vez más claro, más pleno, más íntimo el conocimiento que tienen de nuestra lucha ascética, deseando facilitar, a quienes tengan la misión de formarnos, el conocimiento de todas nuestras circunstancias personales [...] nos ha de dar alegría hacer que nuestra alma sea transparente.»[85]

Reforzando el elemento de control de la «confianza», Echevarría afirmaba que cualquier consejo recibido no era opcional. «Esos consejos tendrán habitualmente la forma de orientaciones o sugerencias», añadía, «pero quien los recibe ha de aceptarlos como si vinieran del mismo Jesucristo, Señor Nuestro».[86] Contraviniendo directamente el derecho canónico, dejó claro a los miembros que tales manifestaciones de conciencia no debían ser una opción libre, sino, más bien, un elemento obligatorio de la pertenencia.

En octubre, los miembros del Opus Dei se reunieron en Roma para asistir a la canonización de Escrivá de Balaguer. A primera vista, el acontecimiento fue aún más impresionante que la beatificación de diez años antes. En esta ocasión, la multitud se extendía hasta el Tíber. Se calcula que asistieron unas trescientas mil personas, aunque, una vez más, muchos estudiantes no afiliados a la prelatura habían sido atraídos con entradas muy subvencionadas. Con una voz débil y temblorosa que delataba el alcance de su párkinson,[87] que el Vaticano se esforzaba por mantener en secreto,[88] el papa Juan Pablo II proclamó al fundador del Opus Dei santo de los tiempos modernos tras la confirmación de otro milagro: un médico español supuestamente curado de su cáncer.[89] Tras la ceremonia, un centenar de sacerdotes cubiertos por paraguas blancos se desplegaron entre la multitud para dar la comunión a los fieles. Después, el papa invitó a Echevarría a subir a su vehículo y recorrer la multitud, deteniéndose de vez en cuando para que Juan Pablo II pudiera besar a un bebé.[90]

En ese momento, con la elevación de su fundador al Catálogo de los Santos, parecía que el ascenso del Opus Dei se había completado. Pero su posición seguía siendo precaria. Sus dos mayores benefactores estaban gravemente enfermos. Pocos meses después de la ceremonia, el Vaticano admitiría por fin lo que había sido obvio durante muchos años: el papa tenía serios problemas de salud.[91] Luis Valls-Taberner padecía la misma enfermedad. El Opus Dei se enfrentaba a la perspectiva de un futuro sin los dos hombres que habían desarrollado tanto la Obra. Sin que los dirigentes del Opus Dei lo supieran, a ambos lados del Atlántico estaban surgiendo nuevos desafíos que amenazaban con asestar un duro golpe al movimiento precisamente en el momento en que debería haber estado esperando un nuevo y prometedor futuro. El primero se haría evidente semanas después de la ceremonia de canonización, cuando el Opus Dei fue informado de las acusaciones de conducta sexual inapropiada contra su sacerdote estrella en Washington D. C. El segundo llegaría de un lugar inesperado.

10

El asesino albino
Murray Hill Place, Nueva York, enero de 2003

Brian Finnerty todavía estaba exultante por la cobertura positiva que él y sus compañeros numerarios de la oficina de prensa del Opus Dei habían realizado de la canonización de Escrivá de Balaguer tres meses antes cuando se encontró con un artículo en *Publishers Weekly* que lo detuvo en seco.[1] Trabajador y meticuloso, a Finnerty le gustaba estar al tanto de los últimos lanzamientos de no ficción y conocer cualquier cosa que pudiera causar problemas a la Obra. Esa prudencia ya había demostrado ser valiosa. En los catorce meses anteriores se habían publicado no menos de cinco libros sobre el escándalo del espionaje de Hanssen, cada uno con detalles más salaces que el anterior, y la diligencia de Finnerty había permitido a la prelatura prepararse con antelación. Curiosamente, fue un artículo de la sección de ficción el que llamó la atención de Finnerty aquel día. Se trataba de una nueva novela de Dan Brown, un antiguo maestro de escuela de New Hampshire, cuyos tres libros anteriores se habían vendido modestamente, pero cuya última obra había hecho arder de entusiasmo el mundo editorial.[2] *El código Da Vinci* era un *thriller* trepidante sobre el asesinato de un conservador de museo en París que deja tras de sí una serie de pistas misteriosas que apuntan a una oscura verdad enterrada durante mucho tiempo por la Iglesia.

Finnerty suspiró interiormente ante ese último intento de sacar provecho de un sinsentido sacrílego. Pero una frase del segundo párrafo captó su atención: «Lo que impide que esta idea barroca se derrumbe es que Brown la fundamenta en hechos históricos sobre la vida de Da Vinci, junto con dos sociedades secretas reales: el

Priorato de Sion, una hermandad pagana a la que pertenecía Da Vinci, y una secta cristiana contemporánea aprobada por el Vaticano y llamada Opus Dei».[3] ¿Una sociedad secreta real? Se le encogió el corazón. Ahora que por fin había amainado el frenesí editorial en torno al caso Hanssen, esperaba dedicar el próximo año a promover la causa de beatificación de Del Portillo, una clara prioridad para sus jefes en Villa Tevere.[4] Recientemente, incluso se había atrevido a pensar que, tras la brillante cobertura de la canonización de Escrivá, el Opus Dei por fin había dado un giro en su relación con la prensa.[5] Ahora estaba claro que tenía entre manos otra posible crisis de relaciones públicas.

Finnerty sabía que debía actuar con rapidez. El numerario, un antiguo programador informático que había dejado su trabajo en IBM tras descubrir que su verdadera vocación eran las relaciones públicas, había sido uno de los primeros defensores de Internet dentro del Opus Dei, y a menudo se jactaba de haber salvado a la prelatura de contenidos malintencionados que se publicaban en su nombre, pues había tenido la previsión de asegurar el dominio Opusdei.org en los primeros días de la Red.[6] Ante aquella crisis inesperada, volvió a recurrir a Internet como posible salvador y se topó con un juego de galeradas encuadernadas que estaba a la venta en línea.[7] Eran ejemplares anticipados que la editorial enviaba a críticos, libreros y vendedores para suscitar interés antes del lanzamiento oficial y algunos de ellos habían llegado a eBay. Finnerty compró uno y lo leyó de principio a fin.

A pesar de identificarse claramente como una obra de ficción —la palabra «novela» aparecía en la portada—, el libro comenzaba con una sección especial de «hechos».[8] «La prelatura vaticana conocida como Opus Dei es una organización católica de profunda devoción que en los últimos tiempos se ha visto inmersa en la controversia a causa de informes en los que se habla de lavado de cerebro, uso de métodos coercitivos y de una peligrosa práctica conocida como "mortificación corporal"», decía. Lo peor estaba por llegar. Dan Brown había sacado a la luz una serie de acusaciones vertidas contra la prelatura a lo largo de los años. Además del escándalo del espía Hanssen, se mencionaba el rescate del Banco Vaticano por parte del Opus Dei, acusaciones sobre su sed de poder y denuncias sobre sus opiniones «medievales» respecto de las mujeres. El principal villano del libro era un preso fugado convertido en numerario, un asesino al que el prelado había encargado ejecutar a los miembros de una secta rival, un hombre que no se detendría ante nada para salvaguardar los intereses de la Obra.

Debido a su papel como director de comunicaciones, Finnerty gozaba de ciertos privilegios negados a otros numerarios, que estaban sujetos a normas draconianas que controlaban la información que consumían: qué libros leían, qué noticias escuchaban y qué películas podían ver.[9] Esa práctica se remonta a la época medieval, cuando la Iglesia empezó a publicar listas de libros considerados herejes o inmorales, las cuales se recogieron posteriormente en el *Index librorum prohibitorum*. El Vaticano suprimió el índice en los años sesenta, tras concluir que los católicos debían ser libres de tomar sus propias decisiones sobre lo que leían. Escrivá se había amotinado contra la Santa Sede confeccionando su propia lista, que había ido afinando a lo largo de los años como un método más de control.[10] A principios de la década de 2000, mientras miles de millones de personas de todo el mundo disfrutaban de una revolución de la información que ponía el conocimiento al alcance de la mano, la mayoría de los numerarios seguían encerrados en la Edad Media, limitados a leer libros aprobados por un sacerdote del Opus Dei en Roma.[11] Flaubert, Joyce, Kerouac, Pinter, Roth y Tennessee Williams estaban prohibidos. En ocasiones se concedían dispensas especiales, pero solo cuando era absolutamente necesario. El acceso a las noticias estaba igualmente controlado. Aunque la mayoría de las residencias recibían periódicos seguros y de tendencia conservadora, los directores locales los revisaban primero en busca de material inapropiado. No era raro que los numerarios cogieran el periódico de la mañana y encontraran fotos o artículos recortados. A consecuencia de ello, la mayoría ignoraba cualquier cosa remotamente negativa sobre el Opus Dei, aparte de lo que les decían los superiores, que presentaban esas falsas acusaciones como actos de persecución religiosa.[12]

Como uno de los pocos numerarios a los que se les permitía leer algo remotamente crítico, Finnerty era muy consciente de que *El código Da Vinci* representaba un problema importante para la prelatura. Planteó sus preocupaciones a Tom Bohlin, que acababa de llegar a Nueva York para asumir su nuevo cargo como máximo responsable del Opus Dei en Estados Unidos.[13] Bohlin, originario de Nueva Jersey, se unió al Opus Dei como numerario cuando estudiaba Historia en la Universidad de Notre Dame en los años setenta, y enseguida se sintió atraído por la filosofía de que los católicos corrientes como él podían servir mejor a Dios no haciéndose sacerdotes, sino viviendo su fe en el mundo como abogados, médicos o políticos.[14] Pero no pasó mucho tiempo antes de que las necesidades prácticas de la Obra se impusieran a la ficción que le habían vendido. Cuando Bohlin se disponía a estudiar Derecho tras su graduación en Notre Dame, le pidieron inesperadamente que se quedara en Chicago para ayudar en una escuela que el Opus Dei acababa de abrir allí. Aceptó —rechazar la petición habría sido considerado «mal espíritu»— y aplazó un año su ingreso en la facultad de Derecho. Al año siguiente, volvió a aplazarlo. Después de tres años de enseñanza, empezó a gustarle el trabajo, pero pronto fue trasladado a otro puesto, esta vez como administrador de los diversos clubes dirigidos a chicos adolescentes que el Opus Dei tenía por todo el Medio Oeste.[15] Bohlin aprovechó la oportunidad para llevar las enseñanzas de Escrivá a la vida de los jóvenes. Deseosos de cortejar a ese leal lugarteniente, los superiores de Bohlin decidieron enviarlo a Roma para la Jornada Mundial de la Juventud. El Opus Dei dispuso que apareciera en el escenario ante trescientos mil jóvenes católicos que habían viajado a Roma para celebrar su fe; él hablaría de su trabajo en el Medio Oeste. El papa lo abrazó y le regaló un rosario.

Callado y retraído, Bohlin nunca había deseado ser sacerdote.[16] Pero un día de 1993 recibió un memorándum de Villa Tevere informándolo de que el prelado lo había seleccionado especialmente para trasladarse a Roma y estudiar en la Pontificia Universidad de la Santa Cruz como preparación para la ordenación sacerdotal. Ese tipo de memorandos no eran inusuales dentro del Opus Dei: aunque muchos numerarios podían albergar un ardiente deseo de acceder al sacerdocio, e incluso podían haber pedido permiso al prelado para hacerlo, convertirse en sacerdote de la Obra no era una decisión que pudieran tomar por sí mismos. Los candidatos eran controlados y seleccionados —hubieran expresado o no un fuerte deseo de entrar en el sacerdocio— e informados de su nuevo destino cuando las necesidades del Opus Dei lo requerían.[17] Bohlin fue enviado a Roma para estudiar, y finalmente fue ordenado a la edad de cuarenta y tres años. Mientras se encontraba allí, llamó la atención de Javier Echevarría, que lo señaló para cosas mayores. Bohlin fue invitado a trabajar junto al prelado como parte de su personal y pronto se dio cuenta de que estaban preparándolo para otro papel más importante.[18] Una vez más, el Opus Dei utilizó su estatus en el Vaticano para atraer a esa estrella emergente. Durante la canonización, Bohlin se sentó junto al altar y fue invitado a recibir la comunión del papa. Unas semanas más tarde, Echevarría lo llamó para preguntarle si estaría dispuesto a volver a Estados Unidos como vicario regional. Le dijo que rezara y que le diera una respuesta. Un par de horas después, Bohlin volvió para aceptar.[19] En pocos años, había pasado de dirigir clubes para adolescentes en el Medio Oeste a ser el hombre más importante del Opus Dei en Estados Unidos.

El nombramiento de Bohlin formaba parte de una renovación más amplia de los altos cargos de la organización. Aunque, a primera vista, el prelado había cosechado una larga lista de éxitos —la expansión a siete nuevos países, la explotación del abundante flujo de riqueza que atravesaba su membresía, la infiltración en la élite católica conservadora de Washington D. C. y la propia canonización—, bajo la superficie, las tendencias preocupantes resultaban evidentes.[20] Echevarría estaba especialmente molesto por el número insatisfactorio de nuevas vocaciones. En los años ochenta y noventa, bajo la nefasta campaña de reclutamiento de Del Portillo, la organización había atraído a veinte mil nuevos miembros en un período de ocho años. Si esas cifras eran decepcionantes, los esfuerzos de Echevarría eran realmente desalentadores. Aproximadamente en el mismo período —y con un grupo mucho mayor de numerarios que operaban en un número muy superior de países—, solo se habían unido cinco mil nuevos miembros.[21] Las consecuencias de la frustración del prelado las sufrieron los numerarios de a pie, que vivían bajo una presión desmesurada de sus directores locales para que cumplieran los objetivos poco realistas fijados por la sede regional. En lugar de plantearse preguntas profundas sobre por qué el

Opus Dei no había logrado ganar más terreno entre los jóvenes, Villa Tevere centró sus esfuerzos en engrasar la maquinaria de propaganda interna para crear una imagen de rápida expansión y reforzar el culto a la personalidad en torno al fundador. Se gastaron millones de dólares en dos institutos académicos supuestamente serios —uno en la universidad del Opus Dei en Roma y el otro en España—, que hacían poca investigación pero publicaban un artículo tras otro ensalzando las virtudes de san Josemaría. La revista interna del Opus Dei, *Romana*, estaba llena de relatos enviados por socios ordinarios que contaban las muchas almas que eran atraídas a la Obra. En ocasiones, las narraciones estaban tan adornadas que los autores originales apenas reconocían los hechos que supuestamente habían experimentado.[22] Habiendo vivido en esa realidad alternativa desde sus días universitarios, Bohlin estaba cegado ante la amenaza potencial que suponía *El código Da Vinci* y respondió a las preocupaciones de Finnerty tachando el libro de obra de ficción disparatada que probablemente no tendría mucho impacto.[23] «Brian, no te preocupes, la novela suena tan tonta que nadie la comprará jamás», dijo.[24]

Los instintos de Finnerty no tardaron en confirmarse. Cuando su jefe llegó de Roma unas semanas después, ambos visitaron una tienda Barnes & Noble en Nueva York y descubrieron con horror que todo el escaparate había sido decorado con material promocional del libro.[25] Ese aparador era un indicio de los enormes recursos que la editorial, Doubleday, había invertido en la campaña publicitaria.[26] Se habían enviado por correo unos diez mil ejemplares anticipados para abrir el apetito de los libreros, mientras que Dan Brown había emprendido una gira promocional para reunirse con directivos de todas las grandes cadenas y convencerlos de que incluyeran el libro en un lugar destacado. A medida que se acercaba el lanzamiento, la campaña se aceleró con anuncios en los periódicos, el innovador concurso en línea «Descifra el código» y una gira por seis ciudades. Las críticas fueron elogiosas, y *The New York Times* describió el libro con una sola palabra: «Increíble». «En esta novela de suspense alegremente erudita, el señor Brown mantiene el formato que ha venido desarrollando en tres novelas anteriores y lo perfecciona hasta convertirlo en un bombazo», afirmaba entusiasmado.[27] *El código Da Vinci* llegó a lo más alto de la lista de *best sellers* durante su primera semana a la venta, lo que llevó a muchos a aclamar a su autor, relativamente desconocido, como el salvador de un sector editorial en apuros.[28] La decisión del Opus Dei de ignorar el libro y esperar que el interés disminuyera rápidamente acabaría siendo un grave error de cálculo. Con los ejemplares volando de las estanterías, la prensa no tardó mucho en buscar historias sobre el verdadero Opus Dei. Organizaciones que representaban a antiguos miembros aprovecharon la oportunidad para llamar la atención sobre las prácticas abusivas y depredadoras del movimiento, y Finnerty y sus compañeros empezaron a recibir llamadas de periodistas que hacían preguntas incómodas sobre la organización.

Durante seis meses, el Opus Dei se abstuvo de hacer declaraciones públicas. Internamente, se puso en marcha una frenética operación para enseñar a los numerarios qué decir sobre el libro si los supernumerarios o cooperadores preguntaban. Se les dijo que insistieran en que todo era mentira y que la Obra no podía demandar porque el libro incluía una cláusula de exención de responsabilidad que estipulaba que era ficción.[29] En septiembre, bajo el peso de todas esas investigaciones, el Opus Dei rompió finalmente su silencio público y condenó la descripción de Brown. «A pesar de la promoción comercial del libro y de su pretensión de auténtica erudición, la verdad es que la novela distorsiona los datos históricos sobre el cristianismo y la Iglesia católica y ofrece un retrato totalmente irreal de los miembros del Opus Dei y de cómo viven —declaró—. Las numerosas inexactitudes van desde simples errores fácticos a descripciones escandalosas y falsas sobre comportamientos criminales o patológicos [...] Todo esto es un sinsentido absurdo.»[30] La prelatura también incluyó enlaces a varias reseñas críticas con el libro en un vano intento por crear una narrativa de fracaso en torno a su publicación.[31] Pero en lugar de apagar el fuego, el comunicado no hizo sino avivarlo. En los meses siguientes se desató un frenesí, y varios artículos en *Chicago Tribune* y *Newsday*, además de la National Public Radio, dieron voz a exmiembros dispuestos a hablar de sus prácticas abusivas.[32] La CNN emitió una sección sobre el Opus Dei como parte de una serie sobre sociedades secretas.[33]

En ella, el presentador Anderson Cooper escuchaba a una antigua numeraria que habló de las prácticas «sectarias» de la prelatura. Para colmo, Sony Pictures adquirió los derechos para convertir el libro en una película. Bohlin escribió una carta airada en la que exigía una reunión con el director del estudio y pedía que no se utilizara el nombre del Opus Dei.[34] La petición cayó en saco roto.

Cuando se empezó a trabajar en la adaptación cinematográfica, Finnerty y sus colegas tuvieron que hacer balance. En tan solo unos meses, el duro trabajo realizado para la canonización se había ido al traste por culpa de un solo libro. En la psique cultural, la prelatura había sufrido su propia gran caída: de los altares de la Iglesia a objeto de burla y escarnio público. La confirmación llegó en forma de una llamada de los productores de *Los Soprano* a la oficina de prensa para preguntar por los ritos funerarios de los miembros.[35] Cuando Finnerty empezó a sospechar, los productores volvieron a llamar haciéndose pasar por una funeraria. El episodio ofensivo se emitió unos meses más tarde, y no hizo más que confirmar el nuevo estatus del Opus Dei como el hombre del saco de la cultura estadounidense. Tras encontrar a su padre en el ataúd con un rosario y una extraña medalla, el pequeño Carmine decide plantar cara a su compañero mafioso Johnny Sack. «¿Crees que no sé lo que es eso? Es del Opus Dei», protesta. «¿De qué coño va todo esto?»[36] Luego acusa a Johnny Sack, cuya esposa es supernumeraria, de haber colocado la medalla allí en contra de los deseos de su difunto padre, argumentando que él nunca se habría creído «esa mierda fundamentalista de ama de casa de Nueva Jersey». La escena se emitió en horario de máxima audiencia en HBO. Si incluso un grupo de mafiosos despiadados se avergonzaba de que los asociaran con el Opus Dei, ¿qué supondría eso para las relaciones de la prelatura con los católicos estadounidenses ricos que había pasado la década anterior agasajando?

En ese contexto, lo último que necesitaba el Opus Dei era otro escándalo. Las acusaciones de abusos sexuales contra el padre McCloskey, el sacerdote estrella de la prelatura en Washington, habían salido a la luz por primera vez en noviembre de 2002.[37] Una supernumeraria que había acudido a él para que la ayudara con su depresión y sus problemas matrimoniales le había contado a otro sacerdote del Opus Dei que McCloskey la había agredido sexualmente en múltiples ocasiones. Durante y después de las sesiones de asesoramiento, le ponía las manos en las caderas y se apretaba contra ella, le besaba el pelo y la acariciaba.[38] Atribulada por la culpa, preguntó a McCloskey por su comportamiento, pero él la absolvió de sus pecados.[39] Finalmente, pidió ayuda al otro sacerdote del Opus Dei, quien le dijo que no se lo contara a nadie, ni siquiera a otros sacerdotes, «para que él pudiera arreglarlo». Bohlin, que acababa de llegar a Estados Unidos y no tenía experiencia real como sacerdote, y mucho menos en la gestión de una agresión sexual grave, envió a alguien para investigar el asunto. La investigación fue una farsa, y ni siquiera pudo determinar los cargos contra McCloskey,[40] aunque aseguraron a la mujer que el sacerdote sería juzgado.[41] No fue así. Por el contrario, el asunto se barrió debajo de la alfombra. No hubo ningún intento real de llegar al fondo de las acusaciones, y McCloskey se libró con un recordatorio de que la dirección espiritual debía tener lugar en el confesionario, no en su despacho privado.

Meses después, la mujer se dio cuenta de que no se habían tomado en serio sus acusaciones. La sorprendió ver que, en lugar de ser reprimido, McCloskey seguía concediendo entrevistas a la prensa y, para su consternación, se regocijaba públicamente en su reputación de convertidor de ricos y poderosos. «Soy un vendedor de la Iglesia», le dijo a un periodista. «Me dedico a ayudar a convertir a la gente en cristianos serios. La única manera de transformar la sociedad y la cultura es tener católicos creyentes, orantes, lectores de las Escrituras y sacramentales que con su propio empuje y energía tengan un enorme impacto en el entretenimiento, las artes, la música, la cultura y la política.»[42] Asombrada, enfadada y sintiéndose traicionada por la organización que tanto se interesaba por todos los demás aspectos de su vida, decidió buscar justicia a través de los tribunales.[43]

La amenaza de una demanda contra uno de sus sacerdotes estrella llegó en el peor momento posible para la prelatura, coincidiendo no solo con el frenesí mediático en torno a *El código Da Vinci*, sino también con la fase en que su apostolado en Washington empezaba a dar verdaderos frutos. A mediados de 2003, la infiltración del Opus

Dei en las altas esferas del poder en Estados Unidos alcanzaba nuevas cotas. Su influencia no solo se limitaba a la esfera política. En mayo, Antonin Scalia, el juez del Tribunal Supremo, fue el principal orador en un acto de recaudación de fondos para la nueva residencia numeraria que el Opus Dei estaba construyendo en Reston, Virginia.[44] A pesar de ser la zona cero del escándalo de espionaje de Hanssen, el área de Washington D. C. se había convertido en la mayor comunidad de miembros de la Obra en el país, con varios centenares establecidos en los suburbios de Virginia y Maryland. En un principio, las noticias publicadas sobre la detención pusieron de relieve el incómodo papel del Opus Dei en el encubrimiento del asunto, y desataron una breve caza de brujas contra otros miembros de la clase dirigente de Washington que también podían estar implicados con el grupo.[45] Pero la histeria mediática se calmó rápidamente. Pocas semanas después de que se hiciera público el arresto de Hanssen y de que se descubriera el papel de la prelatura en el encubrimiento durante veinte años, el Opus Dei estaba recibiendo a los grandes de la élite de Washington en su nuevo retiro de diez millones de dólares en las montañas Shenandoah, a dos horas en coche de la ciudad.

Los círculos católicos conservadores de la capital estaban especialmente entusiasmados con una nueva iniciativa para imitar el Desayuno Nacional de Oración, un acto anual que se remontaba a la presidencia de Eisenhower y que reunía a políticos y empresarios en torno a su fe común. A lo largo de los años, el acto se había convertido en un elemento básico de la agenda de Washington y atraía a legisladores, al presidente y a otros jefes de Estado, así como a invitados de alto nivel como la madre Teresa y Bono. En ese momento, la iniciativa católica era un intento de reafirmar los intereses de su élite conservadora ante las próximas elecciones presidenciales tras un ligero enfriamiento de las relaciones con la administración de Bush. Tras el optimismo inicial sobre la disposición del presidente a impulsar su agenda, Bob Best y otras figuras prominentes del Opus Dei se habían sentido decepcionados por la disposición de la Casa Blanca a buscar compromisos en temas complejos y ceder terreno a los avances científicos por encima de la doctrina católica. Best se había sentido especialmente indignado por la voluntad del presidente de dar luz verde a la financiación federal de la investigación con embriones humanos previamente desechados, a pesar de que se prohibiría la financiación de la investigación con embriones recién descartados.[46]

Cuando se apresuraba a aparecer en televisión para criticar la decisión, Best se cayó sobre unos escalones de mármol y se rompió ambas rótulas.[47] La caída pondría fin a la activa carrera del numerario, que pasó el testigo de la Culture of Life Foundation a un joven supernumerario llamado Austin Ruse, que se implicó mucho en la creación del Desayuno Nacional Católico de Oración. Las dos organizaciones estaban tan unidas que la Culture of Life Foundation proporcionó financiación inicial[48] y oficinas[49] para ese evento. También se invitó a varios católicos influyentes a formar parte de su consejo, entre ellos un joven Leonard Leo, que aún no había cumplido los cuarenta y era vicepresidente de la Federalist Society y asesor de la Casa Blanca. El movimiento vinculó políticamente al Opus Dei y a Leo por primera vez, en la que sería una relación extremadamente fructífera para ambas partes.

McCloskey tendría que haber desempeñado un papel estelar en la nueva iniciativa. Como el defensor más destacado de sus valores comunes, el sacerdote numerario debería haber sido el protagonista, pero estaba a miles de kilómetros de distancia. Bohlin le había ordenado discretamente que cogiera un avión a Londres y se instalara en una residencia de numerarios en el frondoso suburbio de Hampstead.[50] Sacar a McCloskey del país impedía que le hicieran preguntas incómodas o le enviaran documentos legales. Dentro del Opus Dei se extendió la versión de que había sido enviado al extranjero para recibir ayuda psicológica especializada; al parecer, sus compañeros habían detectado algunos problemas cognitivos que le dificultaban la escritura.[51] Ya en Inglaterra, esos problemas cognitivos parecieron desaparecer. Allí, en lugar de enfrentarse a la justicia o a procedimientos disciplinarios, tuvo un papel activo en la comunidad católica, reuniéndose con miembros del Parlamento, escribiendo con regularidad e incluso dirigiendo retiros.[52] En Washington, su ausencia se hizo notar especialmente en el primer Desayuno Nacional Católico de Oración, celebrado en abril de 2004 con enorme éxito. Asistieron casi quinientas personas a la misa previa y un millar al desayuno propiamente dicho.[53]

Pocos días después, McCloskey rompió el silencio e intentó explicar su ausencia. «En medio del viaje de mi vida, inesperadamente he podido tomarme varios meses sabáticos de mi trabajo pastoral en Washington D. C., para escribir un libro sobre conversiones y evangelización», escribió en un artículo engañoso.[54] Sus palabras tenían poco de arrepentimiento. Por el contrario, era un hombre por encima de la ley, protegido por una institución que no mostraba interés alguno en responsabilizar a su sacerdote estrella de sus pecados. Al poco tiempo, McCloskey estaba reconstruyendo su imagen y apareció en la CNN para hablar de la fe de John Kerry, el candidato a la presidencia de Estados Unidos,[55] mientras presionaba al arzobispo local para que le permitiera ejercer su ministerio en Londres, donde podría ganar más conversos y donativos para la prelatura.[56]

El hecho de que el Opus Dei no abordara adecuadamente el escándalo de abusos de McCloskey reflejaba un problema mucho más profundo dentro de la organización, que había convertido en tabú cuestionar cualquier cosa relacionada con su funcionamiento. El origen de ese tabú era el mito fundacional de que Escrivá había creado la Obra según una visión que le había sido enviada directamente por Dios. Ese mito forjó un aura de infalibilidad en torno a todo lo relacionado con esa visión. Si el Opus Dei hubiera nacido como una iniciativa humana —como otros movimientos católicos como los benedictinos, los franciscanos o los dominicos—, habría sido totalmente apropiado escrutar y debatir sus errores e imperfecciones. Pero Escrivá había sido un mero instrumento de Dios, y cuestionar cualquier aspecto del Opus Dei era poner en duda a Dios mismo. Ese manera de pensar había impregnado la organización durante décadas, creando una expectativa de obediencia ciega y sofocando el más mínimo elemento de disensión sobre los rituales, costumbres y estructura que sustentaban la vida dentro de la organización. Incluso después de la muerte de Escrivá, esa filosofía de sumisión era fomentada por sus sucesores, que quizá también vieron ventajas en mantener a raya a los fieles tras el fallecimiento del carismático líder. Del Portillo había llegado al poder comprometiéndose a continuar la Obra «sin deformarla, sin cambiarla, sin disminuir, sin aumentar, ¡tal como es!»,[57] un planteamiento refrendado por Echevarría, su sucesor.[58] A principios de la década de 2000, esas ideas estaban aún más arraigadas. La canonización de Escrivá de Balaguer fue considerada por muchos miembros de la organización la confirmación oficial de la infalibilidad del Opus Dei. Proteger esa visión —exactamente como era, contra cualquier forma de ataque o crítica— era el deber solemne de todos los miembros.

Aunque era útil promover internamente esa aura de inspiración divina para la Obra a fin de mantener la disciplina entre sus miembros numerarios y frustrar cualquier disidencia sobre la forma en que controlaban su vida, Villa Tevere era muy consciente de la falibilidad de la visión transmitida por el fundador, e incluso había tomado medidas para protegerse de cualquier posible repercusión. Legal y económicamente, el gobierno central del Opus Dei se distanció del trabajo que se llevaba a cabo en su nombre en los 62 países en los que operaba. Aunque sus actividades en cada uno de esos lugares se realizaban de acuerdo con las detalladas instrucciones establecidas por Villa Tevere, oficialmente el Opus Dei no tenía nada que ver con lo que hacían sus miembros, salvo proporcionarles una difusa «orientación espiritual». Legalmente hablando, aparte de la sede central y otras dos propiedades en Roma, el Opus Dei no contaba con vínculos legales o económicos con ninguno de los cientos de residencias de numerarios y numerarias, centros juveniles, escuelas y universidades que se habían creado en su nombre en todo el mundo, excepto las ocasionales donaciones «voluntarias» que esas operaciones hacían al gobierno central cada año.[59] Al menos sobre el papel, tales iniciativas habían sido creadas por miembros locales, que las poseían y gestionaban, a menudo a través de fundaciones con nombres imprecisos. El sistema contribuía a fomentar una imagen de comunidades locales inspiradas por las enseñanzas de Escrivá que se habían unido espontáneamente para difundir su visión divina de la Obra.

Sin embargo, se trataba de un espejismo. Según muchos testimonios de todo el mundo, la mayoría de las nuevas iniciativas las creaban numerarios de confianza que actuaban siguiendo instrucciones de sus superiores tras haber recibido la orden de dejar atrás sus trabajos y comunidades. Esos numerarios llegaban con financiación inicial proporcionada por la prelatura, dinero transferido de otras iniciativas que se suponían independientes y, de manera ocasional, de paraísos fiscales en el extranjero. Las iniciativas se creaban en su nombre, pero su control era solo nominal, ya que todas las decisiones importantes eran examinadas primero por el gobierno regional o central del Opus Dei. Como protección añadida, se pedía a esos numerarios que firmaran documentos en los que cedían la propiedad a otras fundaciones o empresas de la red del Opus Dei, copias de los cuales se guardaban bajo llave en el gobierno regional para ser utilizados en caso de que el numerario designado incumpliera las órdenes o abandonara la Obra. El sistema también actuaba como cortacircuitos entre el Opus Dei y cualquier cosa que se llevara a cabo en su nombre. Cargaba a los numerarios individuales con toda la responsabilidad, al tiempo que garantizaba la inmunidad legal de la prelatura. Y lo que es más importante, protegía la narrativa de infalibilidad relativa a la Obra: si no poseía ni controlaba nada, entonces no podía hacer nada malo. Por supuesto, era una farsa, como había demostrado el incidente de McCloskey. A pesar de los intentos de la organización por desmentir el retrato que esbozaba de ella *El código Da Vinci*, la novela evocaba el reflejo innato de la prelatura de proteger al Opus Dei a cualquier precio.

Esa red de fundaciones y empresas pronto se uniría en la defensa del activo más importante y lucrativo de la cartera oculta de la prelatura: el Banco Popular. Habían pasado cinco décadas desde que un grupo fiel de numerarios se hizo con el dominio del Popular, y el banco español seguía siendo la joya de la corona de la prelatura personal. En 2004, tras una subida constante del precio de las acciones del Banco Popular, la participación del Opus Dei valía más de mil millones de euros.[60] Por supuesto, el nombre de la prelatura no aparecía en ningún documento, ya que eso plantearía demasiados interrogantes. Escrivá había dicho a Luis Valls-Taberner que evitara siempre cualquier relación con el Opus Dei, incluso cuando realizara actos en su nombre. «No utilices el "nosotros"; conjuga utilizando solo el "yo"», le había indicado.[61] En lugar de eso, la participación se efectuaba a través de una serie de empresas fantasma y fundaciones que operaban como un juego de muñecas rusas para ocultar a su verdadero beneficiario. Oficialmente, cada una de esas empresas funcionaba con independencia de las demás —tenían sus propios consejos de administración, sus propios accionistas, sus propios proyectos que financiaban— y resultaba que todas poseían una participación en el mismo banco. Pero, a medida que las muñecas se iban desmontando y colocando unas junto a otras, empezaban a surgir extrañas similitudes. Muchas de esas empresas y fundaciones compartían los mismos accionistas, estaban dirigidas por el mismo grupo unido de numerarios y todas ellas parecían donar enormes sumas a proyectos del Opus Dei. Cerca de ochenta millones de euros pasaban cada año a través de esa red: el dinero iba del banco a iniciativas de reclutamiento en todo el mundo. Aproximadamente la mitad de ese dinero procedía de las acciones que esas empresas y fundaciones poseían en el banco, las cuales generaban cerca de cuarenta millones de euros al año en dividendos.[62] Todo ello se completaba con aportaciones adicionales del propio banco gracias a la astucia de Luis, que había aprovechado la falta de supervisión en las reuniones del consejo de administración para asegurarse de que casi cada céntimo que el banco destinaba a donaciones benéficas fuera directamente a una única fundación vinculada a la prelatura. Otros cuarenta millones de euros se generaron por esta vía, pasando primero a la fundación receptora en Madrid y de ahí, a otras de la red del Opus Dei.[63] De joven, el presidente del Banco Popular se había propuesto como misión personal «liberar» al fundador y a la élite de la Obra de cualquier preocupación económica.[64] Había pasado toda su vida creando ese sistema. Ahora, a punto de jubilarse, parecía haber instaurado un mecanismo para financiarla durante muchos años.

Aun así, a principios de la década de 2000, una confluencia de fuerzas amenazaría con desmoronar el sistema. Los problemas de salud del anciano presidente del banco eran la causa fundamental, lo cual despertó las ambiciones de una generación de directivos situados justo por debajo de él, muchos de los cuales no tenían ningún interés en mantener los delicados vínculos del banco con el

Opus Dei. En 2002, cuando se hicieron evidentes los primeros signos reales de la mala salud del presidente, el director general del banco —un tenaz directivo apodado «Terminator», a quien Luis había encargado enfrentarse a los poderosos sindicatos—[65] fue sorprendido tramando un golpe con uno de los mayores accionistas del banco para desbancarlo como presidente, en una maniobra que casi con total seguridad habría cortado los enormes flujos de dinero que recibía el Opus Dei.[66] El golpe se evitó en el último momento gracias a Ángel Ron, un joven protegido de Luis.[67] Ron alertó al presidente de lo que estaba ocurriendo, y el director rebelde fue destituido. En agradecimiento por su lealtad, eligió a Ron para sustituirlo. Allianz, el gran accionista que se había aliado con la rebelión, estaba furioso: uno de los mayores inversores del mundo había sido despedido por un hombre enfermo de setenta y cinco años que se burlaba del gobierno corporativo al imponer el nombramiento sin consultar. «Nosotros nos habríamos esperado que una medida de tanta envergadura fuese acordada previamente con los partenaires de cooperación y los grandes accionistas, pero no fue así», escribió un miembro del consejo de Allianz. «Según determinados artículos de prensa, el papel de Allianz en vuestra sociedad ha sido calificado también como de "espantajo" que servía para ahuyentar a agresores indeseables.»[68]

El golpe fallido dejó a Luis conmocionado. Obligado a esconderse en su despacho debido al deterioro de su salud, el presidente parecía haber perdido el control del delicado equilibrio de poder que durante años había protegido la independencia del Popular y, por extensión, los intereses económicos del Opus Dei. Frágil, cansado y cada vez más incapaz de desempeñar el papel crucial que una vez tuvo, el presidente del Banco Popular debería haber estado pensando en la jubilación. Pero, en lugar de eso, con Allianz mostrando ahora sus cartas y la lealtad de otros inversores externos lejos de estar asegurada, no tuvo más opción que permanecer en su puesto hasta asegurarse el control del banco para la prelatura. En los meses posteriores hizo una serie de movimientos para reforzar la posición del Opus Dei. Francisco Aparicio, compañero numerario en la residencia donde vivía el presidente del Banco Popular, y un aliado de confianza que había ayudado a diseñar el entramado de fundaciones y sociedades pantalla que canalizaban el dinero de la prelatura, fue nombrado consejero.[69] Afable, simpático y veinte años más joven que Luis, Paco —como prefería que lo llamaran— era una persona de fiar, un hombre que había jurado lealtad al Opus Dei. Él podía ser otro par de ojos y oídos y recopilar información valiosa que podría ser remitida al presidente. Mientras tanto, se enviaron señales titubeantes a otros inversores potenciales considerados amigos del movimiento. Javier, el hermano menor de Luis, fue enviado a cortejar a Américo Amorim, un multimillonario portugués del corcho y simpatizante de la Obra desde hacía mucho tiempo. Pronto se llegó a un acuerdo para que el Banco Popular comprara su entidad.[70] El multimillonario cobraría en acciones del Popular, cosa que lo convertiría de la noche a la mañana en uno de los mayores inversores del banco español y en una fuente de apoyo crucial para los intereses del Opus Dei.

Las defensas resistieron unos meses, pero hacia finales de 2003 llegó una nueva traición, esta vez desde las propias filas opusdeístas. Durante años, Jesús Platero había sido hombre de confianza del presidente del Banco Popular. Ambos se habían formado como abogados en Madrid y se habían hecho numerarios muy jóvenes. Aunque Platero abandonó más tarde sus votos, optando por rebajar su afiliación a supernumerario para poder casarse y formar una familia, su fidelidad a la Obra nunca estuvo en duda.[71] Durante los años setenta y ochenta, representó a la Sindicatura en el consejo de administración del banco. De hecho, cuando estalló el escándalo de Ruiz-Mateos, Luis fue corriendo a su casa con un montón de documentos sensibles supuestamente para «guardarlos».[72] En 2003, Platero llevaba veinticinco años en el consejo del Popular y era considerado inquebrantablemente leal. Pero la ambición se apoderó de él. Tras convencerse de que el Opus Dei lo apoyaría como sucesor de Luis, Platero lanzó su propia opa y se alió con una compañía de seguros española que empezó a comprar acciones del Popular.[73] Valls-Taberner se sintió desolado cuando se enteró. Incapaz de reunir fuerzas para despedir él mismo a Platero —o tal vez demasiado preocupado por revelar el alcance de su enfermedad de Parkinson—, envió a Ron a hacer el trabajo sucio y este despidió al traidor con efecto inmediato.[74] Tal vez consciente de lo que había hecho,

Platero se sintió tan abrumado que tuvo que ser trasladado al hospital.[75] En las semanas posteriores, durante las largas horas que pasó solo en su despacho de la séptima planta y a menudo bajo los efectos de una fuerte medicación, Luis se dedicó a erradicar cualquier amenaza restante. Semanas después de la traición de Platero, supervisó una «noche de los cuchillos largos» en el banco, durante la cual despidió a once miembros del consejo y nombró secretario general al también numerario Paco.[76] El Popular intentó presentar los cambios como una medida de eficiencia, una reducción del consejo planeada desde hacía tiempo. Un gran inversor vendió una participación total de 340 millones de euros[77] solo unas semanas después de jactarse de que era una inversión «segura» y «muy rentable».[78]

En junio de 2004, Luis protagonizó su desastrosa aparición en la junta anual de accionistas, donde la urgencia de encontrar un sucesor se hizo evidente para todos. Ante el nerviosismo de los inversores tras el drama de los meses anteriores y su torpe actuación en la junta de accionistas, Valls-Taberner sabía que elegir a su compañero numerario Paco —un abogado sin experiencia bancaria real— para el puesto de mayor responsabilidad podría desestabilizar aún más la cotización de las acciones y dejar al banco expuesto a los depredadores. Pronto llegó a un acuerdo. Ángel Ron, el joven directivo que había demostrado su lealtad durante el intento de golpe de Estado dos años antes, sería elevado a la presidencia junto con Javier, el hermano menor de Luis. Aunque ninguno de los dos pertenecía a la Obra, ambos conocían bien la singular relación del banco con la prelatura. Al dividir el poder dentro del banco entre los miembros leales del Opus Dei, por un lado, y sus sucesores elegidos, Ángel Ron y Javier —ninguno de los cuales tenía afiliación con la prelatura—, por otro, Luis estaba salvaguardando ese preciado activo para las generaciones venideras. También lo estaba protegiendo contra la peligrosa tendencia de los numerarios a seguir ciegamente las órdenes de Roma.

Su dimisión fue anunciada en una reunión del consejo de administración a finales de octubre. En los meses siguientes, las visitas de Luis al banco fueron cada vez menos frecuentes, hasta el punto de que en el verano de 2005, y apenas un año después de jubilarse, el anciano de setenta y nueve años estaba prácticamente confinado en casa, apartado del mundo y tras los muros de la residencia numeraria. Alejado de su vida anterior y de sus compañeros del banco, y cada vez más incapaz de salir sin ayuda de su habitación —y más aún de la residencia—, su existencia dependía cada día más del resto de los numerarios.[79] Su pérdida de independencia fue algo más que física. A diferencia de Luis, que durante años había estado exento de las estrictas normas y reglamentos que regían todos los aspectos de la vida de un numerario debido a su estatus especial dentro de la prelatura, los demás ocupantes de la residencia debían seguir al pie de la letra las normas establecidas por Escrivá, lo cual significaba que todo —cada llamada telefónica personal, cada carta, cada visita— estaba sujeto a la atenta mirada del director local.[80] Tras años de libertad, Luis había cerrado el círculo. Los hombres con los que vivía eran ahora sus guardianes contra el mundo exterior; el sistema de control y manipulación bajo el que vivían se extendía a él. A primera vista, ese cambio en la dinámica de poder entre él y el Opus Dei no siempre resultaba evidente. A los amigos y antiguos colegas —al menos los que contaban con la aprobación del director local— se les permitía visitarlo, y muchos lo hacían para presentarle sus respetos.

Sin embargo, había otras señales que indicaban que no todo era lo que parecía. Javier, en particular, empezó a sentir que le impedían ver a su hermano.[81] Cada vez que llamaba para concertar una visita, le decían que Luis estaba durmiendo o demasiado enfermo para recibir a gente, o que un médico le había aconsejado reposo. Javier empezó a sospechar que le estaban dando información a Luis para ponerlo en su contra, un hombre al que conocía de toda la vida, un hombre de confianza al que había incorporado como su mano derecha durante uno de los períodos más difíciles de la entidad y al que había contado los secretos más íntimos del Banco Popular.[82] ¿Por qué les impedían verse? Javier sospechaba que los otros numerarios seguían instrucciones de Roma para salvaguardar los bienes que aún estaban a nombre de su hermano y evitar que este reescribiera el testamento durante sus últimas semanas.[83]

Al poco tiempo surgieron otros indicios que llevaron a Javier a sospechar que podía estar sucediendo algo aún más grande. Empezó a recibir mensajes supuestamente de su hermano mayor, aunque no estaba claro si era cierto, ya que las notas estaban mecanografiadas y no llevaban firma. «Tu hermano me ha pedido que te transmita un ruego y una propuesta, que no será para ti una sorpresa», decía uno. «El ruego es que terminemos la transición, es decir, que dejes la copresidencia ahora, de forma natural; y la propuesta es que pases a presidente de honor.»[84] Era una petición extraña viniendo de un hombre que había dimitido del banco más de un año antes y que oficialmente no tenía participación accionarial en la entidad ni voto en su consejo, pero era un recordatorio, por si hacía falta alguno, de las fuerzas ocultas que realmente controlaban el Popular. «La invitación es la mejor solución para el Banco y para ti, pues una salida amable y natural es la más honrosa, permite quedarse como presidente de honor, es la culminación de una carrera, y además evita tensiones innecesarias.»

Tras los muros de la residencia se estaba fraguando un complot para desbaratar el cuidadoso plan de sucesión diseñado por Luis para dividir el poder entre personas aliadas a la prelatura y personas sin afiliación, con el fin de evitar que ese flujo vital de fondos fuera saqueado por Roma.

La sugerencia de que Javier optara por «una salida amistosa y natural» y evitara «tensiones innecesarias» fue la salva inicial de una batalla mucho mayor para consolidar los intereses del Opus Dei en el banco y evitar una posible absorción por parte de otra entidad. La preocupación por la compra del Popular reflejaba la profundidad de las conexiones que aún existían entre el banco y la prelatura. Si su participación en la entidad se hubiera limitado simplemente a las acciones legadas a las diversas fundaciones vinculadas a la prelatura, una posible adquisición podría haber sido una gran noticia para el Opus Dei. La cotización de las acciones del Popular se dispararía y la prelatura podría liquidarlas con una fuerte prima.

Pero una absorción acabaría con las «donaciones caritativas», las cuales, aunque reducidas por Ron, todavía ascendían a decenas de millones de euros cada año. Otros acuerdos entre el banco y la Obra también corrían el riesgo de salir a la luz. El Popular pagaba millones en alquileres a la fundación del Opus Dei propietaria de su sede. También permitía que el Banco de Depósitos —un banco dentro del banco que era propiedad de otra fundación vinculada al

Opus Dei— utilizara su amplia red de sucursales en todo el país. Muchos socios recibieron préstamos de esa entidad que difícilmente habrían obtenido de cualquier otro banco, y sus deudas resultantes serían otro lazo que los ataría a la Obra.

El Opus Dei todavía tenía un arma frágil pero poderosa en su arsenal: Luis Valls-Taberner. Postrado en la cama y cada vez más desorientado a causa de su enfermedad y del cóctel de fármacos que los médicos opusdeístas le habían recetado, el septuagenario accedió a un cambio de estrategia. Algunos de los once supernumerarios antaño leales que formaban parte del consejo fueron convocados para ver a Luis.[85] Con dificultad para hablar, y a veces perdiendo el conocimiento, les imploró que cambiaran sus acciones del banco por participaciones en una empresa que consolidaría todos los intereses del banco aliados al Opus Dei. A la pregunta de por qué debían aceptar canjear sus acciones del Banco Popular, que podían venderse fácilmente en el mercado abierto, por acciones del vehículo de la Obra, que no podían venderse, Luis respondió: «Porque sois leales».[86] Agrupar a las familias supernumerarias las uniría en un pacto y ayudaría a defender el banco de los ataques. A lo largo de varias semanas se elaboraron planes para fusionar sus distintas participaciones bajo un único paraguas: una sociedad instrumental llamada Unión Europea de Inversiones, un vehículo inmobiliario creado por el banco en los años ochenta que había sido reutilizado desde entonces como tapadera para las distintas fundaciones y sus participaciones en la entidad.[87] Esta sería la primera etapa del plan. En la segunda, se gastarían otros 315 millones de euros en comprar más acciones del Banco Popular.[88] La mayor parte del dinero procedería de las fundaciones y corroboraba las enormes sumas de que disponían.[89] También confirmaría sus prioridades, esto es, proteger los intereses del Opus Dei en lugar de gastar el dinero en los programas sociales que supuestamente debían apoyar. Con el tiempo, la medida ayudaría a crear un bloque sólido de accionistas aliados de la Obra que poseerían el 20 % del banco y que podrían defenderse fácilmente ante cualquier intento de adquisición.[90]

Mientras se ponía en marcha el plan, la salud de Luis empeoró repentinamente. Murió el 25 de febrero de 2006, tres meses antes

253

de cumplir ochenta años. Su cuerpo fue trasladado a la capilla de una residencia masculina de estudiantes del Opus Dei situada a corta distancia y financiada por el antiguo presidente del Banco Popular a finales de los años setenta. Se animó a los estudiantes a que desfilaran junto al cadáver de aquel gran hombre, envuelto en una sencilla sábana blanca, y le besaran la frente.[91] Muchos solo lo conocían por las historias que les habían contado los exalumnos.

Pocos días después, los hombres encargados de consolidar el poder del Opus Dei en el banco movieron ficha contra Javier. Entre rumores de sus intentos de vender el banco y el miedo a que una adquisición formal fuera inminente, dos de los supernumerarios que habían escuchado la petición de Luis de cambiar sus acciones de la entidad por acciones de la fundación se enfrentaron a él. Le preguntaron por una visita imprevista que había hecho a Barcelona, donde tenían su sede dos de los bancos interesados en comprar el Popular. En su ausencia, se había hablado mucho de ese viaje repentino y de los supuestos intentos de Javier por mantenerlo en secreto al no pedir que uno de los chóferes del banco lo recogiera en el aeropuerto. Él lo negó todo.

Fuera cual fuera la verdad, todo iba en su contra. Mientras él no estaba, los demás miembros del consejo habían llegado a la conclusión de que era hora de que se marchara. Le comunicaron su decisión, pero Javier se negó. Con el joven Valls-Taberner atrincherado, sus oponentes decidieron jugar sucio: en plena noche, trasladaron su despacho fuera de la sede e inhabilitaron sus autorizaciones de seguridad para entrar en el edificio. El enfrentamiento culminó con una discusión a gritos en el vestíbulo, en la que también participaron la mujer y la hija de Javier. Exiliado a una nueva oficina en la otra punta de la ciudad, se le comunicó que el consejo votaría si conservaba su puesto, una votación que seguramente perdería.

Javier reconoció su derrota. Se sentía enojado y traicionado: lo habían echado del banco en el que había trabajado más de cuarenta años, diecisiete de ellos como presidente junto a su hermano mayor. Cuando de repente le quitaron a sus guardaespaldas y a su chófer, empezó a pensar que podía perder algo más que su trabajo. La imagen de Roberto Calvi, el banquero al que hallaron ahorcado bajo el puente de Blackfriars, empezó a atormentarlo. Viajó a Londres para hablar con el embajador español, un hombre conocido por ostentar un alto cargo en el Opus Dei, y le pidió que informara a Villa Tevere de que tenía documentos incriminatorios en una caja fuerte en Suiza que saldrían a la luz si algo les ocurría a él o a su familia. Decidió vender sus acciones del banco y marcharse a vivir en los Alpes, lejos de la cábala del Opus Dei que lo había expulsado.

En Roma, la atención se centraba en cómo gestionar el inminente estreno de la adaptación cinematográfica de *El código Da Vinci*, una superproducción protagonizada por Tom Hanks y Audrey Tautou que amenazaba con asestar un nuevo golpe a la imagen de la prelatura. Tras haber fracasado en numerosos intentos de obtener algún tipo de garantía por parte de Sony Pictures sobre cómo se representaría al Opus Dei en la película, la prelatura había decidido tomar cartas en el asunto.[92] Unos meses antes, la Obra había enviado a Roma a sus equipos de comunicación, con sede en Nueva York, Montreal, Londres, París, Madrid, Colonia y Lagos, para participar en un gabinete de crisis sobre cómo afrontar el próximo estreno.[93] La reunión era el resultado de los comentarios del director de la película, Ron Howard, quien había confirmado a *Newsweek* que la adaptación cinematográfica sería fiel a la novela.[94] «Eso no lo sabía. Tendré que volver a ponerme en contacto con ustedes», respondió Brian Finnerty, portavoz en Estados Unidos, cuando la revista le pidió que hiciera algún comentario.[95] En los días posteriores, Finnerty y sus compañeros trazaron un plan de acción, bautizado con el nombre en clave de «operación Limonada».[96] Una parte central del plan consistía en presentar la película como una afrenta, no solo al Opus Dei, sino a todos los cristianos.[97] Fue una táctica inteligente para desviar la atención de los medios de comunicación de algunas de las críticas muy reales hacia la Obra —sobre el lavado de cerebro, la coacción y el comportamiento misógino, todas ellas corroborables— y volver a centrarla en las sensacionales afirmaciones de Brown sobre la relación de Jesucristo con María Magdalena. El equipo también se dio cuenta de que tenía que ser proactivo con los medios de comunicación y servirles historias estratégicamente elaboradas con ganchos inteligentes y un elenco de entrevistados que mostraran el «verdadero» Opus Dei.

En las semanas previas al estreno de la película, el plan se puso en marcha. En un intento por dar un toque desenfadado al ataque al que se enfrentaban, Finnerty y sus compañeros descubrieron que uno de sus miembros en realidad se llamaba Silas, igual que el monje asesino de la novela de Brown, y dieron vuelo a la historia. El «Silas real» apareció en *The New York Times*, la revista *Time*, CNN, CBS y ABC.[98] Mientras tanto, el equipo organizó visitas guiadas a Murray Hill Place para los medios de comunicación, e incluso colocó una pequeña caja frente a la entrada con libros sobre la prelatura y animaba a los transeúntes a llevarse un folleto con la inscripción: «Para fans de *El código Da Vinci*: si te interesa el "verdadero" Opus Dei, coge uno».[99] Hasta el prelado se sumó a la ofensiva de lavado de imagen. «La ignorancia es siempre un gran mal y la información un bien», declaró Echevarría a *Le Figaro* cuando le pidieron que comentara la aparente nueva apertura del Opus Dei con los medios. «La comunicación no es un juego y no sufre de amateurismo.»[100]

En mayo de 2006, la noche antes del estreno mundial de la película, el programa *Hardball with Chris Matthews*, de la MSNBC, recibió una invitación para visitar Murray Hill Place. Bohlin fue el hombre propuesto para representar la cara amable del Opus Dei.

—Para millones y millones de lectores de *El código Da Vinci*, este edificio de la 34.ª con Lexington, en Nueva York, es una guarida de los horrores —comenzó el presentador—. Por aquí deambulan matones vestidos de monjes, sicarios que son enviados a diversas partes del mundo a matar gente para defender la fe. ¿Qué opina de eso?[101]

—Al principio pensábamos que era broma, porque ¿quién iba a creerse ese tipo de cosas? —respondió el sacerdote de la Obra—. Porque somos gente real, somos una organización real: tenemos obispos en todo el mundo, cardenales en el Opus Dei y quince universidades afiliadas en todo el planeta. Y llega Dan Brown diciendo que el Opus Dei es una organización con monjes locos, albinos, y no hay monjes en el Opus Dei, albinos o de otro tipo.

—Hablemos de los aspectos que han utilizado para que se venda el libro, los aspectos reales —continuó Matthews—. En el Opus Dei existe la mortificación corporal. Existe esa forma de flagelación. El cilicio, el uso del cilicio.

Bohlin se echó a reír.

—Se ríe usted, pero cuénteme la verdad —insistió Matthews.

—De acuerdo —dijo el sacerdote—. En el Opus Dei no existe nada parecido a las grotescas representaciones que aparecen en la película o en el libro de *El código Da Vinci*. Es todo una exageración. Fomentamos un espíritu de sacrificio en las pequeñas cosas de cada día. Sonreír cuando estás cansado, morderte la lengua cuando crees que podrías decir algo ofensivo o perseverar en tu trabajo cuando te sientes agotado.

Bohlin no mencionó los otros sacrificios, como el acuerdo de un millón de dólares que acababan de cerrar con la víctima de la conducta sexual inapropiada de McCloskey,[102] o el pacto de no divulgación adjunto al mismo y diseñado para silenciarla y que jamás revelara nada sobre su sacerdote estrella.[103] Tampoco habló del sacrificio de los numerarios y las numerarias auxiliares cuya vida estaba sumamente controlada y de los que se abusaba de forma sistemática según las instrucciones difundidas por Villa Tevere.

—Todo eso me vendría bien —respondió Matthews con una sonrisa—. Pero ¿y los azotes, la autoflagelación? ¿Eso forma parte del Opus Dei?

—Dentro de la Iglesia católica siempre ha habido una larga tradición de sacrificios más serios, ayuno y también esa práctica, que se ha utilizado en órdenes religiosas durante siglos, en grandes familias religiosas, por parte de personas célibes. Y esos pertenecen a la Iglesia católica. No forman parte del Opus Dei, que las adopta para algunos miembros que aceptan libremente algunas de esas cosas, pero no son la mayoría de los miembros, y no se parece en nada a lo que cuenta la película.

—¿Por qué la gente está dispuesta a creer lo peor sobre su propia Iglesia y sobre el Opus Dei? —continuó Matthews.

—No estoy seguro de que sean necesariamente los católicos los que quieren pensar lo peor —respondió Bohlin—. Creo que la gente interpreta esto a distintos niveles. Hay gente que solo ve un *thriller* interesante. Otras personas piensan que están descubriendo un montón de cosas que nunca habían oído antes, porque se presentan en el libro como hechos. Y hay un tercer nivel de gente que quiere patear a la Iglesia mientras está en el suelo, que quiere aprovecharse de cualquier cosa que ataque a la Iglesia, a la moral tradicional, a las enseñanzas de Jesucristo.

—Permítame preguntarle por su estrategia —dijo el presentador—. Es maravilloso que nos permitan entrar aquí. Por nuestra experiencia en el trato con el Opus Dei, sé que no siempre han dejado entrar a la gente a la sede de la 34 con Lexington, en Nueva York. ¿Por qué han cambiado de postura?

—Estamos aquí para que nos conozcan —dijo Bohlin—. Trabajamos de forma muy privada, de tú a tú, ayudando a la gente a vivir su fe y transmitiéndola de una persona a otra. Pero esta película nos brinda una gran oportunidad para dar a conocer nuestro mensaje, y queremos aprovecharla. Si nos dan limones, queremos hacer limonada con ellos.

La experiencia con *El código Da Vinci* había enseñado a Villa Tevere una gran lección: que el control del mensaje era tan importante fuera de la organización como dentro. La controversia no era nada nuevo para el Opus Dei. Desde su fundación, la organización se había enfrentado a una serie casi interminable de acusaciones: sobre sus prácticas abusivas, sobre la gran red de activos ocultos a su disposición, sobre la corrupción y su voluntad de trabajar incluso con los regímenes moralmente más repugnantes. Durante años, esas acusaciones habían sido localizadas y se habían menospreciado con relativa facilidad por considerarlas obra de antiguos miembros enojados en busca de venganza. *El código Da Vinci* había amenazado con desenmascarar a la organización por lo que era, inspirando a las víctimas a romper su silencio e incitando a los medios de comunicación a examinar el movimiento con más atención. Coincidiendo con el escándalo de McCloskey, *El código Da Vinci* podía socavar el éxito del Opus Dei en Estados Unidos. Gracias a su astuta estrategia de comunicación —y a un pago de un millón de dólares para silenciar a una víctima—, había convertido los limones en limonada. «La misericordia de Dios es mucho mayor que nuestros pecados sexuales[104] —explicó McCloskey en una entrevista para un documental destinado a ayudar a los católicos a ser "aptos para el matrimonio" que se rodó poco después de su regreso a Estados Unidos—.[105] Es como hacerse una herida o un corte en el brazo o la pierna. Puede quedar una gran cicatriz, pero, con el tiempo, todos lo hemos experimentado, esa cicatriz tal vez desaparezca gradualmente; ni siquiera te enteras de que ocurrió. Lo mismo puede suceder con los pecados sexuales.» Al presentarse como un baluarte de la tradición católica y cualquier ataque contra ella como una embestida contra la Iglesia y la religión en general, el Opus Dei quería hacer desaparecer sus propias cicatrices.

11

Matrimonio de conveniencia
Senado de Estados Unidos, junio de 2006

En un día templado de finales de primavera, el senador de Kansas tomó la palabra en el Senado estadounidense. Criado en una granja del Medio Oeste, Sam Brownback era una especie de Midas entre los votantes del interior rural de Estados Unidos. También era un defensor de la derecha religiosa, un acérrimo activista provida y co-patrocinador de una enmienda, junto con Rick Santorum, para obligar a las escuelas a dejar de enseñar la teoría de la evolución como un hecho. Con esas dos importantes bases cubiertas, el hombre de cuarenta y nueve años era considerado una estrella en ascenso dentro del Partido Republicano y uno de los principales candidatos a la nominación presidencial dos años después. Con un traje impecablemente planchado y una corbata burdeos, se levantó para pronunciar su discurso de apertura. Era el primero de lo que debían ser varios días de debate sobre una enmienda constitucional propuesta por los republicanos para ilegalizar el matrimonio entre personas del mismo sexo. La propuesta era una maniobra política de los grandes del partido que no tenía ninguna posibilidad real de ser aprobada.[1] Su verdadero objetivo era revitalizar a la base conservadora, frustrada por el fracaso de la guerra de Irak y los altos precios de la gasolina, antes de las elecciones de mitad de mandato que se celebrarían a finales de año.[2] Brownback no necesitaba revitalizarse cuando se trataba de cuestiones de fe. Desde su conversión por el padre McCloskey unos años antes, su política se había ido definiendo cada vez más por una interpretación conservadora del catolicismo. El sacerdote del Opus Dei había animado activamente a Brownback y a otros políticos poderosos de su órbita a reconsiderar

261

su concepción de la democracia. «¿Cuántos electores tienen?», preguntó McCloskey a un grupo de senadores. Cuatro millones, nueve millones, doce millones, fueron las respuestas de la sala. «Permítanme decirles —respondió el sacerdote— que solo tienen un elector.»[3] Aquel momento había cambiado la vida de Brownback. Poco después se convirtió en una ceremonia oficiada por McCloskey en la capilla del Opus Dei en la calle K.[4] Desde entonces, había dedicado su tiempo en el Senado a servir a ese único elector: Dios.[5]

«Difícilmente podría haber una cuestión más importante que la estructura fundacional de cómo construimos la sociedad y cómo se han construido las sociedades durante miles de años —dijo Brownback a la cámara—. Se han construido en torno a la institución del matrimonio: un hombre y una mujer unidos de por vida. A partir de ahí, las familias se desarrollan, crecen y prosperan. Se crían hijos, y esa es la siguiente generación. Se cría a la generación siguiente y se cuida o nutre a la generación anterior.»[6]

La pasión de su oratoria no solo obedecía a sus creencias católicas conservadoras, sino también al creciente alarmismo ante una tendencia que estaba recorriendo el país. Massachusetts se había convertido recientemente en el primer estado norteamericano en legalizar el matrimonio entre parejas del mismo sexo tras una sentencia histórica del Tribunal Supremo. La decisión había animado a activistas de todo el país, que estaban presionando a otros estados para que hicieran lo mismo. También había despertado a los opositores, que ahora estaban organizándose para impedir que cayeran otros.

«El problema que tenemos ante nosotros es que la institución del matrimonio se ha debilitado —continuó Brownback—. El esfuerzo por redefinirla en este gran experimento social que tenemos en marcha... los primeros datos que vemos en otros lugares, perjudican a la institución de la familia, a la crianza de la próxima generación. Y es perjudicial para el futuro de la república. Creo que difícilmente podemos tener un debate más fundacional sobre cosas de importancia que la enmienda al matrimonio.»

De ser aprobada, la enmienda incluiría una disposición que consagraría en la Constitución norteamericana una cláusula para impedir a los estados definir el matrimonio de un modo que no fuese entre un hombre y una mujer. Según Brownback, dicha disposición era una forma de arrebatar el poder a la camarilla de abogados que habían conspirado para imponer su visión liberal de la sociedad estadounidense a través de los tribunales y de devolver ese poder al pueblo mediante una enmienda aprobada por sus representantes elegidos democráticamente. Su argumento era irónico, teniendo en cuenta las tácticas que utilizarían el Opus Dei y sus aliados de la derecha conservadora en años venideros para imponer al pueblo estadounidense sus visiones distópicas a través de los tribunales, en contra de la clara voluntad democrática de cientos de millones de votantes.

Para respaldar sus palabras, Brownback esgrimió un estudio que acababa de publicar la Universidad de Princeton, en el que se argumentaba por qué la defensa del matrimonio era de interés público. El estudio, titulado «Diez principios sobre el matrimonio y el bien público», había sido elaborado por un grupo de académicos de los campos de la historia, la economía, la psiquiatría, el derecho, la sociología y la filosofía, y afirmaba que, con el aumento de las tasas de divorcio y el creciente número de niños nacidos fuera del matrimonio, los que más sufrían las consecuencias del retroceso de la institución en el país eran las minorías y los pobres. Defender a esas comunidades vulnerables era la obligación moral del Congreso, añadía. Los estudiosos de Princeton sostenían que el matrimonio entrañaba enormes beneficios para la sociedad y aducían que unos índices más altos de enlaces —específicamente entre un hombre y una mujer— tenían un enorme impacto en el bienestar de los niños, la creación de riqueza, la disminución de la desigualdad, el fomento de la libertad política y la promoción de un gobierno limitado. El estudio vinculaba casi todos los avances de la sociedad occidental al matrimonio entre un hombre y una mujer. Su conclusión era un caso engañoso de correlación malinterpretada como causalidad.

Pero el informe aparentemente contaba con sólidas credenciales académicas.

«Se trata de un grupo de académicos de Princeton», afirmó Brownback.

El senador no mencionó los orígenes del estudio ni sus vínculos con el Opus Dei. La publicación de «Diez principios sobre el matrimonio y el bien público» había surgido de una conferencia celebrada en Princeton en diciembre de 2004 con el título «Por qué el matrimonio es de interés público», a la que habían asistido una serie de académicos y activistas de derechas, como Robert George, Hadley Arkes y Maggie Gallagher.[7] La conferencia fue el primer gran proyecto del Instituto Witherspoon, obra de un numerario de México al que se le había encomendado la tarea de crear un puesto avanzado para el Opus Dei en universidades de todo Estados Unidos.[8] El informe de Princeton fue solo un presagio de la influencia que la Obra pronto ejercería en campus universitarios de todo el país.

Luis Téllez se crio en un pueblecito del lado mexicano del desierto de Sonora y fue uno de los tres hermanos de una familia de ocho que se unieron al Opus Dei como numerarios.[9] Ingeniero de formación, Téllez encontró trabajo en una empresa química de San Luis, donde también le nombraron director de la residencia de numerarios. En 1981 fue destinado a Nueva York, donde le pidieron que colaborara en una fundación creada por un rico matrimonio mexicano —la mujer era supernumeraria y el marido recibía orientación espiritual de un sacerdote del Opus Dei— que quería legar su fortuna a buenas causas.[10] El sacerdote presentó a Téllez a la pareja y esta accedió a ponerlo al frente de la dotación, a la que inicialmente llamaron Mass Foundation, pero que más tarde fue rebautizada Clover Foundation.[11] Con el tiempo llegaría a alcanzar casi 130 millones de dólares y sería absorbida por la extensa red de fundaciones supuestamente independientes del Opus Dei en Estados Unidos, convirtiéndose en una fuente vital de fondos para sus iniciativas no solo allí, sino en todo el mundo.[12] Tras la gira de dos meses que Del Portillo hizo por Estados Unidos en 1988, Téllez también fue puesto al frente del programa para jóvenes, concretamente un equipo encargado de infiltrarse en el sector universitario. Del Portillo y muchos de los allegados al prelado estaban obsesionados con exportar a Estados Unidos lo que llamaban «el modelo español»: la construcción de una universidad del Opus Dei y una red de escuelas que la acogieran. El sistema se había exportado a otros países, como Argentina, Chile, Colombia,

México, Perú y Filipinas, y ayudó a generar miles de nuevos numerarios para el movimiento.

Para ayudarlo a lograr su objetivo, el padre McCloskey invitó a Téllez a Princeton, y el numerario mexicano se enamoró inmediatamente de la ciudad.[13] Era pequeña y rebosante de estímulo intelectual y potencial para reclutar al tipo de gente adecuado: chicos brillantes y con dinero destinados a labrarse carreras de éxito. Téllez decidió trasladar sus operaciones a una pequeña oficina en la calle Mercer, lo cual le daría una excusa para pasar más tiempo en la ciudad y también le proporcionaría un lugar donde organizar «círculos» para estudiantes. Esos círculos eran pequeñas clases de catecismo diseñadas para introducir a los estudiantes a la filosofía del Opus Dei, pero a menudo también se utilizaban para atraer poco a poco a la gente a la organización. Corrían tiempos difíciles para la prelatura de la ciudad tras el furor del caso McCloskey, y el estilo tranquilo y discreto de Téllez gozó de buena acogida entre los estudiantes que seguían interesados en el mensaje de Escrivá.

Para el nuevo numerario de la ciudad, también era una oportunidad de aprender cómo funcionaban realmente las universidades estadounidenses y de entablar relaciones con figuras potencialmente útiles. Fue en Princeton donde Luis Téllez conoció a Robert George, jurista y defensor de la «ley natural».[14] Se trataba de un marco teórico que había empezado a cobrar impulso entre un pequeño grupo de juristas conservadores de mentalidad religiosa, y que sostenía que ciertas «verdades» morales —generalmente las que encajaban con las enseñanzas católicas— eran inherentes a la conciencia humana. Utilizando ese marco como guía, George había abogado por dejar en los libros las leyes estatales que prohibían el adulterio, la fornicación y la sodomía con el fin de hacer valer esas normas morales.[15] Justo antes de conocer a Téllez, había publicado un libro en el que defendía la aplicación legal de la moralidad, el cual le había asegurado la titularidad y lo había consolidado como una fuerza emergente entre un grupo cada vez más activista de católicos conservadores. Como respetado académico de Princeton, George acabaría convirtiéndose en el rostro público y aceptable de docenas de iniciativas de Téllez para infiltrarse en el sistema universitario estadounidense. Su relación transformaría su agenda reaccionaria y situaría al Opus Dei en el centro de la batalla por derribar los derechos progresistas conseguidos con tanto esfuerzo.

Sin embargo, fue otra figura académica más inverosímil la que daría a Téllez su primera gran oportunidad en la Ivy League. El numerario mexicano jugaba a menudo al tenis con Robert Hollander, un distinguido estudioso de Dante que, como humanista y ateo, quizá era un compañero de cama improbable, pero Téllez lo veneraba por su estimulante conversación. Hacia 1995, Téllez se enteró de que la Facultad de Humanidades de Princeton quería realizar una ampliación, pero carecía del dinero necesario. Así que le planteó a Hollander la posibilidad de financiar una cátedra de posdoctorado con fondos de la Clover Foundation.[16] Era una manera de fomentar nuevos talentos en un mundo cada vez más dominado por académicos longevos. Hollander organizó reuniones con la universidad y la oferta de Téllez fue aceptada. El numerario ni siquiera convocó al patronato de la Clover Foundation para que aprobara la donación; al final, convenció a los benefactores de que autorizaran el pago en lugar de abonarle un salario. Por supuesto, podría haber cobrado un sueldo y pagado él mismo la beca, pero la fundación ofrecía cobertura y ponía distancia entre la iniciativa y el Opus Dei. El receptor de la primera beca Clover en Humanidades, el profesor de filosofía Michael Sugrue, no era exactamente un nuevo talento; era un académico que ya estaba en Princeton y al que la escuela quería retener. Pero todo el mundo estaba contento. Segrue consiguió un aumento, Princeton conservó a un profesor con talento y el Opus Dei puso un pie en el sistema de enseñanza superior estadounidense. «Quería aprender cómo funcionaba la universidad. Quería hacer amigos. E hice las dos cosas —explicaba Téllez—. Fue probablemente la inversión más importante que he hecho nunca. Cambió mi forma de pensar.»[17]

Animado por la experiencia, Téllez se volvió más audaz. Cuando empezó a oír rumores de que el distinguido profesor de historia William Jordan podía marcharse, se puso en contacto con su amigo Robert George para dilucidar cómo podían tentarlo para que se quedara. Ambos idearon un plan para utilizar el dinero recaudado por Téllez para financiar una nueva iniciativa, a la que llamaron Programa James Madison, en honor al padre fundador que había

266

ayudado a redactar la Constitución y la Carta de Derechos de Estados Unidos. Irónicamente, el programa desempeñaría más tarde un papel fundamental en el desmantelamiento de los derechos de las mujeres, la comunidad LGTBIQ+ y los grupos minoritarios. «Me dijo: "Esto me dará la oportunidad de crear algo independiente del departamento, que yo dirigiré", y que haría muchas cosas que, presumiblemente, me interesaban —recuerda Téllez de la reunión—. Se trataba de dejar una huella, un puesto de avanzada controlado por Robby.» Téllez sondeó a Fernando Ocáriz, el número dos del Opus Dei, que acabaría sucediendo a Echevarría como prelado, sobre lo que estaba haciendo y este le dijo que continuara con su buena labor. Le dieron permiso para trasladarse permanentemente a Princeton.[18]

El Programa James Madison se puso en marcha en el año 2000. En sus dos primeras ediciones recaudó ocho millones de dólares, con grandes cantidades procedentes de Téllez y su red —incluida la Clover Foundation y algunos donantes del Opus Dei—, y se ganó el aplauso de toda la derecha.[19] Aunque el programa pretendía ser un modelo de rigor académico y debate, en el fondo funcionaba como un vehículo para los intereses tradicionalistas, apoyando reuniones de activistas y becas para profesores y estudiantes conservadores.[20] «El Programa Madison de Princeton es un modelo para resolver el problema de la corrección política en el mundo académico en su conjunto —escribió el comentarista de derechas Stanley Kurtz—. Es posible que no podamos hacer gran cosa con las facultades de Humanidades y Ciencias Sociales de las universidades de élite que son liberales en más de un 90 %, pero crear pequeños enclaves de profesores con puntos de vista más conservadores es una posibilidad real.»[21]

Tres años después, más o menos cuando el padre Bohlin se enfrentaba a la doble crisis planteada por McCloskey y *El código Da Vinci*, Téllez lanzaba su tercera gran iniciativa en Princeton en ocho años. A través del Programa James Madison, el numerario había establecido contacto con una serie de donantes conservadores importantes. Uno de ellos era Steve Forbes, el multimillonario y heredero del imperio editorial que se había presentado dos veces a las elecciones presidenciales. Forbes había retirado sus donaciones a Princeton por su controvertida decisión de contratar al filósofo australiano Peter Singer, un moralista laico y utilitarista que defendía el vegetarianismo y las donaciones para ayudar a los pobres del mundo. Más tarde, sus ideas darían lugar al movimiento del altruismo eficaz. El apoyo de Singer al derecho al aborto y la eutanasia indignó a Forbes y a moralistas conservadores como Robby George.[22] Forbes retiró sus donaciones a la universidad y destinó su dinero al nuevo instituto de George. La familia Smith, heredera de la fortuna farmacéutica de Ben Venue, también contribuyó.[23] Con un respaldo tan sólido —y el recurso adicional del dinero del Opus Dei—, Téllez llegó a la conclusión de que era momento de expandirse. Decidió no invertir más en el Programa James Madison, que dependía del departamento de George, debido al control que Princeton tendría sobre él. La creación de un nuevo instituto daría a Téllez y George el control absoluto y les permitiría expandirse fuera de Princeton a otras universidades de la Ivy League y, más tarde, a todo el mundo.[24]

El Instituto Witherspoon se fundó en 2003 con la promesa de apoyar el estudio del derecho constitucional y el pensamiento político.[25] Pero pronto se convirtió en un centro de intelectuales contrarios al aborto y el matrimonio entre personas del mismo sexo, y su único debate sobre la Constitución parecía girar en torno a la cuestión del papel de la religión en la sociedad.[26] Contaba con el apoyo de cientos de miles de dólares del Opus Dei. En los años noventa, tras la propuesta de Del Portillo sobre una universidad del Opus Dei en Estados Unidos, la prelatura había creado una nueva organización sin ánimo de lucro —utilizando parte del dinero de la familia Smith— llamada Higher Education Initiatives Foundation.[27] Dirigida desde la misma oficina que la Clover Foundation, en la calle Nassau de Princeton, y con Téllez en el consejo junto a un grupo de numerarios y supernumerarios, la fundación en la práctica era un canal económico para las iniciativas del Opus Dei en el sector de la educación superior. Uno de los destinatarios era una escuela llamada Institute for Media & Entertainment que la prelatura estaba creando en la ciudad de Nueva York para infiltrarse en los sectores de los medios y el entretenimiento.[28] Al final sería un completo fracaso. De todos, el mayor beneficiario fue el Instituto Witherspoon, que durante sus tres primeros años obtuvo casi quinientos mil dólares en donaciones de la fundación del Opus Dei.[29] El Programa James Madison recibió otros 187.000 dólares.[30] «Creamos un comité, en el que yo participaba en los años noventa, para financiar varios proyectos de experimentación, básicamente para dar dinero a la gente, para ver qué podían hacer», recuerda Téllez sobre la Higher Education Initiatives Foundation.[31] Inicialmente negó que Witherspoon hubiera recibido dinero, pero cuando se le presentó información que lo contradecía, alegó que lo había olvidado. George también hizo todo lo posible por distanciar el Programa James Madison y el Instituto Witherspoon de la Obra. «Puedo decir categóricamente que nunca hemos recibido un céntimo del Opus Dei», declaró a un periodista de *The Nation*.[32] Pero los vínculos no eran solo financieros. La directora ejecutiva del Instituto Witherspoon era la supernumeraria Ana Samuel, que había conocido el Opus Dei mientras estudiaba en Princeton, donde soñaba con ser fotoperiodista para *National Geographic*, hasta que un numerario le preguntó si eso era compatible con su papel de futura madre.[33] Más tarde escribiría un libro titulado *No differences? How Children in Same-Sex Households Fare* (¿Sin diferencias? Cómo les va a los niños en familias homoparentales), que desvelaba la «verdad» sobre los perjuicios de crecer con padres del mismo sexo.

A pesar de las sospechas sobre la implicación del Opus Dei en esas dos iniciativas, la prelatura se presentaba como un grupo benigno de católicos devotos que en gran medida se mantenían al margen. Pero era una fachada. Tom Bohlin, el hombre más importante de la organización en Estados Unidos, se enorgullecía especialmente del Instituto Witherspoon como reivindicación de su política de eliminar la burocracia interna y animar activamente a numerarios y supernumerarios a lanzar iniciativas «apostólicas». «A menos que seas una levadura activa, no vas a levantar la masa —explicaba—. No hace falta mucha levadura para levantar la masa y hacerla un poco más grande, pero tienes que mezclarte bien, tienes que ser activo. Nuestro trabajo no consiste en hacer una sola cosa, como dirigir hospitales, escuelas o parroquias; consiste en prender fuego a la gente y luego lanzarla a un lugar, y prender fuego a ese lugar y tomar la iniciativa donde sea.»[34] En ocasiones, los dirigentes ayudaban a avivar esos fuegos con ayuda práctica, o con dinero. En un momento dado, el Opus Dei incluso se ofreció a adelantar a Téllez una suma para la compra multimillonaria de una nueva oficina para el Instituto Witherspoon en la calle Stockton.[35] Pero, al mismo tiempo, Téllez se esforzaba en distanciar públicamente su existencia privada y religiosa del papel que desempeñaba en el campus, en el Programa James Madison y en el Instituto Witherspoon. «Nada de lo que hago es una herramienta de reclutamiento —declaró a *The Daily Princetonian*—. Nada de eso ocurre bajo mi supervisión. Me interesa que la gente se una al Opus Dei, pero sé que la única manera de que eso suceda es si Dios quiere y si ellos quieren, así que no hay presión. El proceso empieza con la persona. La gente decide por sí misma. Yo soy simplemente un facilitador.»[36]

El sutil planteamiento de Téllez no podía ser más diferente del de John McCloskey, cuya presencia en el campus había arrojado una incómoda luz sobre el Opus Dei poco más de una década antes. Su cuidadosa proyección de lo que él llamaba «el buen tipo» de conservadurismo —respetuoso con las opiniones divergentes, comprometido con la erudición seria, que emplea el diálogo en lugar de la invectiva— aplacó las sospechas sobre el movimiento entre la nueva cosecha de estudiantes del campus, que eran ajenos a los escándalos que habían empañado su presencia allí en los años ochenta y noventa.[37] A mediados de la década de 2000, las sesiones de oración y las cenas de los viernes en Mercer House, la residencia del Opus Dei en la ciudad, estaban de nuevo repletas de estudiantes y posibles vocaciones.[38] El éxito del apostolado de Téllez no pasó desapercibido a los responsables de Murray Hill Place, en Nueva York. «Es cuestión de tener a las personas adecuadas en los lugares adecuados y ver lo que pueden hacer», reflexionaba el padre Tom Bohlin.[39]

Robby George iba de vez en cuando a Washington, donde había tomado el relevo de Deal Hudson tras la caída en desgracia del editor de *Crisis* por un encuentro sexual con una estudiante de primer año durante su época en Fordham. Ahora sería uno de los principales asesores de la administración de Bush en su acercamiento a los católicos. De vez en cuando se pasaba por el Centro de Información

Católica, que tras la marcha del padre McCloskey luchaba por recuperar su antiguo estatus en la capital.[40] El padre Bill Stetson, que se había unido al Opus Dei en los años cincuenta mientras cursaba Derecho en Harvard y se trasladó a Roma poco después para estudiar con el fundador, fue su primer sustituto.[41] Callado, de voz suave y poseedor de un aire casi etéreo que contrastaba con el encanto terrenal de su predecesor, Stetson había desempeñado gran parte de su sacerdocio ocupando cargos internos dentro del Opus Dei, y evidentemente le resultaba difícil trabajar en las escenas sociales y políticas de Washington que tantos conversos habían generado para su predecesor. La asistencia a la misa diaria comenzó a disminuir.[42] Las donaciones también se redujeron drásticamente.[43] El Centro de Información Católica no tardó en atravesar dificultades económicas. Llegó un punto en que la situación era tan mala que no podía pagar el alquiler,[44] y tuvo que ser rescatado por la sede del Opus Dei en Nueva York.[45] En un momento en que los católicos de Washington estaban en auge —como demostraba el creciente número de asistentes al Desayuno Nacional Católico de Oración, al que George W. Bush acudía cada año—, el Opus Dei parecía incapaz de explotar ese gran renacimiento católico que había contribuido a crear.

Su esfuerzo por sacar el máximo provecho de su posición en Washington D. C. era el reflejo de una lucha mucho más amplia por explotar las incursiones que había realizado en la Iglesia católica. El reinado de Juan Pablo II había sido un momento álgido para el Opus Dei, un período importante que no solo había visto la elevación a prelatura personal, sino también la canonización de su fundador, la promoción de docenas de sacerdotes al obispado y el nombramiento de dos de ellos como cardenales. Cuando la salud del papa empezó a deteriorarse a principios de 2005, uno de esos dos —el cardenal Julián Herranz— se hizo famoso por convocar reuniones de cardenales cuidadosamente seleccionados en una villa del Opus Dei a las afueras de Roma.[46] El cardenal alemán Joseph Ratzinger, que se había hecho amigo del movimiento como bastión conservador dentro de la Iglesia, se perfiló rápidamente como el favorito de la derecha para suceder a Wojtyła. Mientras el papa agonizaba, Herranz lanzó una campaña activa para presionar a los cardenales —la mayoría de los cuales habían sido elegidos por Juan Pablo II— en favor de Ratzinger.[47] «El Opus Dei es el único grupo suficientemente bien organizado dentro de la estructura de poder de la curia romana que puede marcar la diferencia», comentó entonces un experto vaticanista.[48] En cuanto Ratzinger salió elegido, Herranz, el rey del Opus Dei, le escribió en nombre de lo que él llamaba el «precónclave» para hablar de cuáles debían ser las prioridades de su papado.[49]

No obstante, el poder en el Vaticano no equivalía a popularidad entre los más de mil millones de católicos de todo el mundo que daban la espalda al mensaje de san Josemaría. La incapacidad para generar suficientes vocaciones era una luz roja parpadeante en el salpicadero de Villa Tevere, donde el prelado Javier Echevarría había intentado —sin éxito— impulsar el reclutamiento instalando una nueva generación de vicarios regionales, entre ellos Tom Bohlin, y fijándoles objetivos ambiciosos. A pesar de todos los esfuerzos del movimiento, el número de miembros seguía siendo obstinadamente bajo.

En el Centro de Información Católica de Washington, la prelatura optó por un cambio de rumbo. El mandato inicial de tres años que ostentaba Stetson no fue renovado, y en septiembre de 2007 fue sustituido por el padre Arne Panula. De ojos azules y pelo plateado, el padre Arne era una gran figura dentro del Opus Dei. Durante un tiempo, en los años noventa, fue el hombre de mayor rango de la prelatura en Estados Unidos, y la elección de una persona de tanto peso indicaba la importancia del Centro de Información Católica para sus superiores en Nueva York y Roma. Natural de Minnesota, el padre Arne se había criado en una pequeña ciudad a orillas del lago Superior y se había unido a la Obra cuando estudiaba en Harvard.[50] Tras graduarse, se trasladó a Roma, donde convivió con Escrivá y se formó como sacerdote. Después de su ordenación, regresó a Estados Unidos para asumir el cargo de capellán de la escuela The Heights en Washington, que aún estaba en sus comienzos. Durante sus cuarenta años en el Opus Dei, también había pasado algún tiempo en California, y se había hecho muy amigo de Peter Thiel, el empresario multimillonario que ayudó a fundar PayPal y que había sido uno de los primeros inversores en Facebook.[51] En largas caminatas por los promontorios de Marin, al norte de San Francisco, ambos coincidían en su desdén por el gobierno y los peligros de los intentos liberales por corregir los males de la sociedad mediante políticas como la discriminación positiva.[52] Al padre Arne le gustaba culpar de casi todos los males de la sociedad a esa lenta deriva liberal. Creía que los sacerdotes católicos habían perdido el rumbo y abusado sexualmente de niños debido a los esfuerzos del Vaticano por liberalizar la misa en los años sesenta, lo cual había sumido en la «confusión» a los hombres del clero.[53] La propia «disciplina» del Opus Dei era la razón por la que ninguno de sus sacerdotes se había visto envuelto en el escándalo, explicó. Cuando Thiel habló del estancamiento del desarrollo tecnológico hacia 1973, el padre Arne lo atribuyó al caso «Roe contra Wade». «Obviamente, si una plataforma está abierta a eliminar futuros ciudadanos, incluso sin preocuparse por sus posibles aportaciones, eso es contrario al florecimiento de la sociedad —dijo—. Piénselo: ¿Sesenta o setenta millones de niños nunca han visto la luz del día? ¿No podrían haberse producido algunos cambios a causa de ello? ¿Uno de esos ciudadanos no natos no podría haber dado con la cura del cáncer?»[54]

Sacar al padre Arne de Silicon Valley, donde había hecho importantes contactos con algunos de los empresarios tecnológicos más influyentes del mundo, constituía una clara señal de las prioridades del Opus Dei. Cálido y extrovertido, era mucho más adecuado para trabajar en la antigua red de McCloskey que Stetson, aunque quizá no por culpa suya, dada la crisis económica mundial de aquella época. Durante sus primeros años no logró revitalizar el flujo de donaciones que el padre C. John había conseguido con tanto éxito.[55] Sin embargo, hizo algunos contactos importantes: se convirtió en director espiritual de Arthur C. Brooks, presidente del American Enterprise Institute, un influyente gabinete estratégico conservador que ejercía una enorme influencia sobre el Partido Republicano y se dedicaba a recortar impuestos y controlar al gobierno.[56] Le pidió a Brooks que meditara sobre una homilía que Escrivá había pronunciado acerca del servicio a Dios a través del trabajo, un mensaje que Brooks describió como «la orientación más poderosa» que jamás había recibido.[57] El padre Arne también hizo amigos en la judicatura, y llegó a ser conocido en los círculos del Opus Dei como «amigo y confidente de multimillonarios y jueces del Tribunal Supremo».[58]

También trabó amistad con otra celebridad católica que podría haberse descrito a sí misma de igual modo. Leonard Leo había nacido en Long Island a mediados de los años sesenta y, siendo solo un niño, perdió a su padre, que era pastelero, a causa de un cáncer.[59] A los cinco años, su madre se volvió a casar y los Leo se mudaron a Nueva Jersey, donde él asistió al instituto Monroe Township. Leo fue elegido «el que más probabilidades tiene de triunfar» en el anuario, distinción que compartió con su compañera de clase Sally Schroeder, su futura esposa.[60] En el anuario, ambos aparecían sentados uno junto al otro, sosteniendo fajos de billetes y con signos de dólar pintados en las gafas:[61] había conseguido recaudar tanto dinero para el baile de graduación que sus compañeros lo apodaron «Ricachón».[62] Su abuelo, que emigró a Estados Unidos desde Italia siendo un adolescente, empezó como aprendiz de sastre y llegó a ser vicepresidente de la marca de ropa Brooks Brothers. A lo largo de su vida se impregnó del profundo catolicismo de su tierra natal; él y su esposa asistían a misa cada día, y animaban al joven Leonard a seguir su ejemplo.[63] Después del bachillerato, Leo fue a la Universidad de Cornell, donde estudió con un grupo de académicos conservadores en el departamento de gobierno de la universidad y con el amplio grupo nacional de académicos iconoclastas encabezados por Robert Bork, de la Universidad de Yale, y Antonin Scalia, de la Universidad de Chicago, que estaban defendiendo una nueva doctrina jurídica conocida como originalismo.[64] Hizo una serie de prácticas en Washington D. C. durante los últimos años de la administración de Reagan, y luego regresó a Cornell para incorporarse a la facultad de Derecho, donde en 1989 fundó la sección local de una organización estudiantil llamada Federalist Society.[65] Ese grupo había sido creado por tres estudiantes de tendencia conservadora de Yale, Harvard y Chicago siete años antes, como una forma de desafiar lo que consideraban el predominio de la ideología liberal en las facultades de Derecho del país.

Después de graduarse, Leo se casó con su novia de la infancia, Sally Schroeder, que se había criado como protestante pero solía ir a misa católica cinco veces cada fin de semana porque tocaba el órgano. Decidió convertirse poco antes de casarse.[66] La pareja se trasladó a Washington, donde Leo trabajaba como secretario de un juez en el tribunal de apelaciones y se hizo amigo de otro magistrado que había sido elegido recientemente para el circuito de Washington, un hombre de Georgia llamado Clarence Thomas que había soñado con hacerse sacerdote católico.[67] A pesar de ser diez años mayor y de orígenes mucho más humildes, Thomas compartía la visión conservadora de Leo, y pronto entablaron una profunda amistad que perduraría muchos años. En esa época, la Federalist Society pidió a Leo que se convirtiera en su primer empleado, aunque retrasó su fecha de incorporación para poder ayudar a su buen amigo Thomas en el polémico proceso de confirmación para el Tribunal Supremo.[68] A pesar de las acusaciones de acoso sexual que pesaban sobre él, Thomas obtuvo la confirmación del Senado por un estrecho margen. Sería la primera de una serie de luchas en las que Leo tendría que dejar de lado las enseñanzas de su fe cristiana para centrarse en el gran objetivo de impulsar una revolución conservadora de los tribunales y la sociedad en general.

Respaldada por una cábala de ricos mecenas conservadores como el industrial David Koch, el banquero Richard Mellon Scaife y el devoto empresario católico Frank Hanna, la Federalist Society dirigida por Leo se convirtió en un caldo de cultivo para jueces conservadores que eran reclutados en la facultad de Derecho, preparados a través del programa de actos y charlas de la sociedad, y luego unidos a lo largo de su carrera.[69] «La clave era descubrir cómo desarrollar lo que yo llamo un "conducto", básicamente, reclutar estudiantes en la facultad de Derecho, hacer que terminen sus estudios, que salgan de la facultad, y luego encontrar la manera de seguir implicándolos en la política jurídica», explicaba Leo más tarde.[70] En 2005, la Federalist Society empezó a abogar abiertamente por John Roberts —un antiguo miembro—[71] para que fuera nominado para ocupar una vacante en el Tribunal Supremo, la primera vez que había hecho campaña pública por un candidato en particular.[72] Pocos meses después, su influencia había crecido tanto que torpedeó a la candidata preferida del presidente George W. Bush para otro puesto vacante en el Tribunal Supremo —Harriet Miers, jueza y amiga íntima del presidente que no pertenecía a la Federalist

Society— y lo presionó para que eligiera en su lugar a Samuel Alito, uno de sus miembros.[73]

Leo trabajó en estrecha colaboración con la Red de Confirmación Judicial (Judicial Confirmation Network o JCN), una nueva organización sin ánimo de lucro creada con fondos de Robin Arkley,[74] un empresario de California conocido como el «rey de las ejecuciones hipotecarias»,[75] que había ganado miles de millones comprando hipotecas de personas con dificultades financieras.[76] La idea de JCN se gestó en una cena en Washington a la que asistieron Leo, Ann Corkery y Antonin Scalia, el juez del Tribunal Supremo, poco después de la reelección de Bush a finales de 2004.[77] La JCN gastó cientos de miles de dólares en publicidad por radio e Internet para influir en la opinión pública.[78] Estaba dirigida por Neil y Ann Corkery, una pareja que había sido supernumeraria del Opus Dei al menos desde los años ochenta.[79] Neil fue una figura fundamental para conseguir que se construyera una nueva residencia numeraria en Reston, Virginia. «Los miembros del Opus Dei predican su fe a través del trabajo y de las amistades que desarrollan», explicaba Ann.[80] Ella y su marido predicarían más tarde su fe al convertirse en figuras centrales de una serie de organizaciones sin ánimo de lucro que canalizarían dinero sucio para las iniciativas de Leo.

Gracias a su papel en la nominación de Clarence Thomas, John Roberts y Samuel Alito para el Tribunal Supremo, el caché político de Leo empezó a crecer. Como ávido socializador, cultivó amistades con otros miembros del tribunal y pasó un fin de semana en Colorado cazando con el juez Antonin Scalia, también un católico devoto y, como los Corkery, próximo al Opus Dei.[81] Rodeado de tanto fervor religioso, su ejemplo no tardó en despertar su propia fe católica, y Leo pronto empezó a utilizar su red de financiadores para apoyar causas religiosas. En dos ocasiones sacó de apuros al Becket Fund, una organización sin ánimo de lucro que llevaba el nombre de un mártir inglés del siglo XII y que oficialmente trabajaba para proteger la libertad religiosa, especialmente en casos importantes para los católicos conservadores.[82] Se deleitaba en su reputación de salvador financiero de esa importante comunidad.[83]

Poco después, el presidente Bush eligió a Leo como su representante en la Comisión de Estados Unidos para la Libertad Religiosa Internacional, un organismo federal creado para vigilar la libertad religiosa en todo el mundo.[84] A pesar de sus elevados objetivos, la comisión disponía de un presupuesto ínfimo y sus cargos no recibían remuneración. En los círculos de Washington, muchos consideraban que no era más que una oficina para aficionados que se inmiscuían en la política exterior. Sin dejarse intimidar por los escépticos, Leo aprovechó al máximo su tiempo en la comisión para impulsar su agenda católica: viajó a lugares como Irak, Nigeria, Arabia Saudí, Sudán del Sur y Vietnam para investigar acusaciones de persecución religiosa.[85] Su fe pareció crecer en esa época, y Leo reprendía en ocasiones a su personal por buscarle un hotel demasiado alejado de una iglesia, lo cual le dificultaba asistir a misa.[86] Algunos colegas empezaron a notar una especial parcialidad en la forma en que desempeñaba sus funciones, que entraba en conflicto con el objetivo declarado de la comisión de defender la libertad de todas las religiones. Se vio envuelto en un pleito después de que una antigua compañera lo acusara de despedirla por ser musulmana. Varios miembros del personal dimitieron a causa de la polémica, y Leo fue despedido poco después.[87] A pesar del escándalo, el paso por la comisión acrecentó su fe y lo ayudó a cultivar su imagen de figura política seria.

En la cena del vigesimoquinto aniversario de la Federalist Society, en noviembre de 2007, su influencia era evidente. Leo compartió escenario con el presidente y tres jueces del Tribunal Supremo: Antonin Scalia, Clarence Thomas y Samuel Alito. El presidente de esa misma corte, John Roberts, envió un mensaje de vídeo.[88] «Gracias en parte a vuestros esfuerzos, está surgiendo una nueva generación de abogados», dijo el presidente Bush a los miembros allí reunidos.[89]

En el momento de la cena, Leo aún se estaba recuperando de la repentina muerte de su hija Margaret pocas semanas antes de su decimoquinto cumpleaños, un acontecimiento que le afectó profundamente. La pequeña había nacido con espina bífida y utilizaba silla de ruedas. Los acontecimientos que rodearon su muerte reforzaron la fe de Leo. El verano anterior, durante unas vacaciones familiares, Leo había prometido a su hija que intentaría ir a misa con más regularidad.[90] Con los años, Margaret se había obsesionado con la religión,[91] e insistía a sus padres para que la llevaran a la iglesia.[92] Le encantaban los ángeles y los curas, y pedía un abrazo cada vez que veía uno. Al día siguiente de volver de vacaciones, Leo se levantó temprano para ir a misa —como había prometido— y fue a ver a Margaret.[93] Mientras caminaba por el pasillo, ella empezó a jadear y murió poco después. «Siempre pensaré que hizo su trabajo —dijo Leo más tarde—. Hizo su trabajo.»[94]

Tras su muerte, aparecieron señales extrañas. El multimillonario inmobiliario Robin Arkley —el hombre que había aportado el dinero para presionar a favor de la nominación de Roberts y Alito al Tribunal Supremo— invitó a los Leo a su rancho de California.[95] De camino, pasaron una noche en un hotel de San Francisco. Después de registrarse, subieron a su habitación y Elizabeth, la hermana menor de Margaret, se precipitó hacia un cuenco de caramelos de cortesía y metió la mano en él. Allí descubrió una medalla del Sagrado Corazón. El último día en el rancho, Sally, la mujer de Leo, encontró otra. Unas semanas más tarde, alguien visitó a Leo en el trabajo y le dijo que había encontrado una medalla más en su asiento del avión. Los Leo contaron a sus amigos que estaban convencidos de que esos colgantes eran señales celestiales de que Margaret estaba a salvo y seguía con ellos.[96] La experiencia profundizaría su fe y lo convertiría en un cruzado y en un objetivo para el Opus Dei.

En 2008, con la economía en crisis y una victoria aplastante del candidato presidencial demócrata Barack Obama cada vez más probable, los círculos conservadores católicos de Washington estaban sumidos en la desesperación. Al igual que había hecho la Culture of Life Foundation durante la campaña electoral de 2000, las instituciones vinculadas al Opus Dei hicieron todo lo posible para impedir una victoria de Obama. Dos años antes, el intento de enmendar la Constitución y definir el matrimonio como la unión entre un hombre y una mujer había fracasado estrepitosamente, y en varios estados estaba creciendo el impulso para consagrar por ley los matrimonios entre personas del mismo sexo. Aunque Obama se había manifestado en contra de él, en parte como respuesta al voto cristiano, el movimiento católico conservador estaba muy preocupado por lo que podría significar un demócrata en la Casa Blanca para su agenda antigay y provida.[97] El Instituto Witherspoon publicó un discurso del arzobispo Charles Chaput, un buen amigo del Opus Dei, semanas antes de las elecciones, en el que intentaba transmitir a los fieles el mensaje de que el candidato demócrata era un peligro para su sistema de creencias católicas. «Creo que el senador Obama, cualesquiera que sean sus otros talentos, es el candidato presidencial más comprometido con el "derecho al aborto" de cualquiera de los principales partidos desde la decisión sobre el aborto "Roe contra Wade" en 1973», dijo el arzobispo.[98] La publicación del discurso recordaba a otros artículos escritos por Robby George en las semanas anteriores con títulos incendiarios como «El extremismo abortista de Obama» y «Obama y el infanticidio».[99]

Téllez escribió a sus donantes esbozando un plan de acción para la próxima batalla contra el liberalismo. «Permítanme recordarles que no estamos eligiendo a Dios, sino tan solo al presidente de Estados Unidos —decía—. Los presidentes cometen errores y seguirán cometiéndolos. Y los candidatos presidenciales también son humanos, y dan vueltas a las cosas en su beneficio. ¿No lo hacemos todos?»[100] A poco más de tres semanas del día de las elecciones, Téllez fue mordaz con la candidatura de Obama y concluyó que «el liderazgo del partido demócrata se lo han adueñado fuerzas que lo hacen extremadamente favorable al matrimonio gay y el aborto».

Asimismo, les ofreció un rayo de esperanza a través de los detalles de su último proyecto, llamado Organización Nacional para el Matrimonio (National Organization for Marriage o NOM), otra entidad sin ánimo de lucro dirigida desde su oficina de la calle Nassau, en Princeton. La idea de la iniciativa partió de Maggie Gallagher, una columnista conservadora que se había trasladado a Washington principalmente para que su hijo pudiera asistir al colegio del Opus Dei.[101] Gallagher había compartido su idea con Robby George, quien a su vez le dijo que hablara con Luis Téllez.[102] «Yo básicamente intentaba ayudar a proporcionar los recursos, recaudar dinero para el proyecto», recuerda Téllez.[103] Neil Corkery, el veterano agente opusdeísta, también fue contratado como tesorero.[104] Los hombres que se ocupaban del dinero en el Opus Dei tuvieron éxito de inmediato: durante 2008, su primer año completo de funcionamiento, la Organización Nacional para el Matrimonio recaudó casi tres millones de dólares en donaciones. Gran parte de ese dinero provino de la Iglesia mormona, que Téllez había empezado a cultivar para obtener donaciones después de que el hijo de uno de los ancianos de la organización fuera admitido en Princeton con una beca del Instituto Witherspoon.[105] Ese mismo año, se gastó 1,8 millones de dólares en California, recogiendo firmas para presentar una proposición para ilegalizar el matrimonio entre parejas del mismo sexo en el estado y montando una agresiva campaña para conseguir el voto conservador. «La NOM encabezó la recogida de más de un millón de firmas para que se presentara una proposición en las urnas este noviembre, de modo que el pueblo de California decidiera si el matrimonio debía reservarse a un hombre y una mujer —escribió Téllez—. Nadie esperaba entonces que la campaña recogiera las firmas y el dinero necesarios [...] El ambiente general era que la lucha por el matrimonio había terminado (habíamos perdido). Es importante que lo sepan.»

Obama fue elegido presidente el 4 de noviembre de 2008. Pero ese mismo día, Téllez y su coalición de conservadores se anotaron otra victoria de la que se habló menos. En California, la Proposición 8 —que define el matrimonio como una unión entre un hombre y una mujer— fue aprobada con el 52 % de los votos emitidos. «Una victoria a favor del matrimonio tradicional en California es una victoria muy significativa», explicó Téllez.[106] Y lo fue. Al igual que había hecho en Princeton con el Programa James Madison y el Instituto Witherspoon, gracias a su victoria en California, Téllez pudo posicionar a la Organización Nacional para el Matrimonio como punto de encuentro para los donantes conservadores. La organización reunió veinticinco millones de dólares en los tres años siguientes.[107] Aunque se presentaba como una organización de base con miles de pequeños donantes, en realidad casi todo el dinero procedía de un puñado de personas y organizaciones religiosas, como los Caballeros de Colón y la Iglesia mormona.[108] Pero en su núcleo habría un grupo de activistas del Opus Dei como Téllez y Corkery. Recibieron asesoramiento político de Jeff Bell,[109] un agente político de Washington y supernumerario,[110] y su socio Frank Cannon, donante de The Heights, una escuela de la Obra en la ciudad.[111] Sus actividades de relaciones públicas corrían a cargo de Creative Response Concepts,[112] la autodenominada agencia de comunicación «obrera» del movimiento conservador.[113] El grupo había llevado a cabo una descarada letanía de iniciativas de desinformación a lo largo de los años, incluida la campaña «Swift-Boat» contra John Kerry.[114] Más tarde trataría de desacreditar el testimonio de una víctima de abusos sexuales en sus esfuerzos por conseguir el nombramiento de un juez de derechas para el Tribunal Supremo.[115] El presidente, Greg Mueller, había sido portavoz de Steve Forbes —uno de los mayores patrocinadores de Téllez— en su fallida candidatura presidencial de 2000.[116] Mueller, un católico acérrimo, había animado a Forbes a hacer campaña sobre la cuestión del aborto como «la forma de llegar al corazón y al alma del Partido Republicano».[117] Más tarde se asociaría con Leonard Leo para llenar el Tribunal Supremo de conservadores afines, y se convertiría en uno de los principales donantes[118] y miembro del consejo del Centro de Información Católica del Opus Dei en Washington.[119]

En el epicentro de la labor de la Organización Nacional para el Matrimonio estaba una campaña publicitaria televisiva de 1,5 millones de dólares llamada «The Gathering Storm» (La tormenta que se avecina), la cual mostraba a una sucesión de ciudadanos preocupados con un telón de fondo de relámpagos y nubes oscuras, hablando de cómo los activistas del matrimonio gay les estaban robando sus derechos parentales y su libertad religiosa.[120] La campaña fue ampliamente condenada. Téllez, deseoso de mantener su reputación de conservador amable en Princeton, volvió a las sombras mientras los demás miembros del consejo de la organización escupían veneno contra el colectivo LGTBIQ+. En un artículo, Gallagher describió la homosexualidad como una «discapacidad sexual»,[121] mientras que John Eastman, que fue nombrado presidente de la Organización Nacional para el Matrimonio en 2011, equiparó el aborto y la homosexualidad con la barbarie.[122] «El mal estará siempre con nosotros, y se requiere una vigilancia constante para derrotarlo —afirmaba—. Siempre habrá amenazas a las instituciones basadas en la naturaleza humana por parte de quienes piensan que la naturaleza humana no define límites.»[123] Eastman se convertiría más tarde en asesor del presidente Donald Trump y sería acusado por su papel en el intento de anular el resultado de las elecciones de 2020.

Aun así, los esfuerzos de Téllez por influir subrepticiamente en el ámbito político no terminaron ahí. Mientras la Organización Nacional para el Matrimonio alimentaba el odio contra la comunidad LGTBIQ+, él trabajaba discretamente con Jeff Bell y Frank Cannon en otra iniciativa. El Proyecto de Principios Estadounidenses tenía ambiciones políticas que iban mucho más allá de la cuestión del matrimonio gay y se extendían hasta lo más profundo del tejido de la vida en Estados Unidos. «Exponer a Obama como un radical social —rezaba un documento confidencial en el que se detallaban sus objetivos—. Desarrollar temas secundarios para debilitar a los líderes y partidos políticos favorables al matrimonio homosexual y crear una base activista de votantes socialmente conservadores. Plantear cuestiones como la pornografía, la protección de los niños y la necesidad de oponerse a todos los esfuerzos por debilitar la libertad religiosa a nivel federal. Esa es la misión del Proyecto de Principios Estadounidenses.»[124] La organización pronto inyectaría millones de dólares en las batallas electorales, e intentaría que el supernumerario Jeff Bell fuera elegido senador. Esa nueva iniciativa sería financiada por Sean Fieler, un acaudalado gestor de fondos de cobertura y católico devoto que había conocido a Téllez a través del Instituto Witherspoon[125] y que describió al numerario como una gran influencia.[126] En todo el país se estaban reuniendo fuerzas para la recristianización de Estados Unidos, y el general que las comandaba era un numerario del Opus Dei. Pronto conseguirían más poder del que jamás hubieran podido imaginar en su empeño por hacer realidad la visión distorsionada de Escrivá.

12

Encontrarás dragones
Buenos Aires, agosto de 2009

Entre el reparto y el equipo reunidos junto a Roland Joffé en la presentación oficial a la prensa de la nueva película del aclamado director había tres figuras insólitas: un sacerdote del Opus Dei y dos abogados supernumerarios.[1] Su presencia aquel día atestiguaba la creciente arrogancia de la organización y los enormes recursos financieros de los que disponía. Tras dos décadas sin lograr estar a la altura de *Los gritos del silencio* y *La misión*, que le valieron sendas nominaciones al Óscar al mejor director en los años ochenta, Joffé había sido tentado a salir de su semirretiro con un presupuesto de cuarenta millones de dólares para rodar una nueva película sobre Escrivá. Para Villa Tevere, el largometraje era la culminación de un sueño de hacía años: llevar al fundador a la gran pantalla. Del Portillo había enviado a uno de sus miembros a Hollywood para crear una compañía cinematográfica a principios de los noventa,[2] y Echevarría, su sucesor, se había obsesionado con la idea de un *biopic* tras ver una película sobre la vida del padre Pío.[3] La urgencia del proyecto aumentó después de *El código Da Vinci*: se creó una productora llamada The Work LLC en California,[4] y se encargó un guion para el proyecto, titulado provisionalmente *El fundador*.[5] No tuvo buena acogida. A Hugh Hudson, que había dirigido *Carros de fuego*, le pareció que «olía a franquismo»,[6] mientras que Alejandro González Iñárritu, el mexicano que había saltado a la fama con *21 gramos* y *Babel*, lo rechazó de plano.[7] Joffé también lo rechazó en un principio, pero se sintió fascinado por la figura de Escrivá tras ver algunas imágenes antiguas.[8] Después de reescribir el guion, la financiación para la película surgió por arte de magia gracias a dos abogados supernumerarios españoles y a una misteriosa fundación en España a la que la gente de la película se refería solo como el «inversor de oro».[9] En la presentación, Joffé se deshizo en elogios hacia *Encontrarás dragones*, el nuevo título de la película, que prometía ser un drama épico lleno de pasión, traición, amor y religión.[10]

Durante los descansos del rodaje, los miembros del reparto y sus acompañantes del Opus Dei visitaban a veces la principal residencia de numerarios de la capital argentina.[11] Esas visitas eran una muestra de la audacia que se había filtrado en la presentación de la organización al mundo exterior tras su exitosa gestión de *El código Da Vinci*. Durante años, la residencia de Buenos Aires en la que ahora se alojaba el reparto y el equipo de *Encontrarás dragones* supuestamente había albergado una de las mayores y más despiadadas operaciones de trabajo esclavo de la Obra. La Junta Militar había regalado al Opus Dei ese inmueble de primera categoría en 1972, en señal de su estrecha relación con un régimen que, en aquel momento, estaba «haciendo desaparecer» a decenas de miles de personas en todo el país, primero torturándolas en centros de detención ilegales y luego arrojándolas, drogadas y golpeadas, desde aviones militares sobre el océano Atlántico.[12] La residencia albergaba a docenas de numerarios y estudiantes, y pronto se consolidó como un gran éxito a la hora de atraer a nuevos reclutas.[13] Todas las mañanas y todas las tardes, los hombres se reunían en oración en la gran capilla de la planta baja, vigilados por una imagen de Escrivá que había sido fijada en una de las vidrieras. Al lado, en un edificio contiguo conectado a la residencia por un túnel subterráneo, sesenta mujeres vivían su vocación de numerarias auxiliares. Algunas de ellas alegan que fueron reclutadas a la edad de doce años en comunidades pobres del norte de Argentina y de los países vecinos Paraguay y Bolivia[14] por numerarias que iban hasta allí en busca de vocaciones, prometiendo a las niñas una vida mejor si iban con ellas a Buenos Aires para estudiar en una escuela de hostelería.[15] Se identificaba a las chicas adecuadas y se las presionaba para que se unieran. Una víctima dice que la llevaron a Buenos Aires sin papeles en un avión del gobierno. Otras aseguran que cruzaron la frontera con la ayuda de un numerario que trabajaba para el Ministerio de Asuntos Exteriores.[16] Les dijeron que era su vocación unirse al Opus

284

Dei, que sus familias serían recompensadas en el cielo si aceptaban, o condenadas al infierno si se negaban.[17] Irónicamente, sería de esa cohorte de los más vulnerables de la sociedad de donde surgiría la mayor amenaza —quizá una amenaza existencial— para el Opus Dei.

Las mujeres llevaban una vida de servidumbre. Las despertaban a las 5:50 mediante un timbre instalado en cada planta del bloque de pisos.[18] Tenían que levantarse inmediatamente de la cama, arrodillarse en el suelo y besarlo mientras pronunciaban «*Servium*». Después de ir al baño, se ponían el uniforme y tomaban un café antes de rezar en la capilla. A las 6:10 era hora de empezar a trabajar, ya fuera en la cocina o limpiando las habitaciones de su bloque, hasta las 7:40, cuando llegaba el momento de ponerse ropa más formal para volver a la capilla a las ocho en punto. Después de otra serie de oraciones iban a misa y comulgaban. A las 9:30 debían desayunar y cambiarse antes de volver al trabajo a las diez. Como los hombres de al lado estaban trabajando, se abrían las puertas dobles de la residencia contigua y las mujeres podían recorrer el túnel para limpiar sus habitaciones, los baños y las zonas comunes, hasta el almuerzo a mediodía. Tras un descanso de media hora, tocaba limpiar el espacioso auditorio antes de volver a cambiarse a tiempo para el rosario y la conversación diaria con los demás numerarios sobre su fe y los posibles reclutas. A las tres de la tarde volvían a la capilla para cantar las preces, el conjunto especial de oraciones en las que se jura fidelidad a la prelatura. Luego seguían otros noventa minutos de trabajo en la lavandería o en el cuarto de planchar hasta la pausa para el café a las cinco, tras la cual las mujeres tenían «tiempo libre» para confesarse, estudiar o salir a visitar a una posible recluta con otra numeraria auxiliar —casi nunca las dejaban salir solas— si la directora se lo permitía. A las ocho de la tarde cenaban y volvían a sus habitaciones para ponerse el uniforme de sirvientas y atender a los hombres de al lado. A algunas se les permitía servir a los varones durante las comidas, pero solo si seguían unas normas estrictas y si evitaban mirarlos a los ojos en todo momento. Después de servir la cena y recogerlo todo, había tiempo para una charla grupal de quince minutos antes de volver a la capilla. Se acostaban a las diez de la noche. Era una existencia ardua y agotadora que había sido meticulosamente diseñada por el fundador del Opus Dei. La explotación, el abuso de poder y la falta de derechos básicos se explicaban como «sacrificios» a Dios. Ninguna de sus realidades cotidianas estaba representada en la suavizada película biográfica sobre el fundador del Opus Dei que estaban rodando al otro lado de la ciudad.

Bajo la presión de cumplir los meticulosos objetivos que les marcaban —el número de camisas de hombre que tenían que planchar cada hora o el número de cuartos de baño que debían limpiar— y sin días libres y poco tiempo para sí mismas, algunas mujeres tenían impulsos suicidas.[19] Para muchas, el único atisbo de compasión cristiana provenía de un sacerdote que iba a decir misa y a confesar. El padre Danilo Eterovic a menudo hacía la vista gorda ante infracciones menores de las normas del Opus Dei, que el resto del personal aplicaba enérgicamente. A una numeraria auxiliar que pidió prestado al director un libro que había visto en la biblioteca de la residencia masculina le dijeron que no porque el material era inapropiado para alguien de su categoría; acabó cogiendo el libro sin permiso, pero le entró el pánico cuando llegó el momento de devolverlo.[20] Se lo confesó al padre Danilo, que se ofreció a devolverlo en su nombre, una rara muestra de compasión dentro del centro. El Opus Dei acabaría eliminando todas las responsabilidades que el padre Danilo tenía hacia sus miembros.[21] Su cuerpo fue hallado más tarde en las vías del tren, a poca distancia de allí, con una nota en la que se pedía a la policía que informara a la residencia de su suicidio. Cuando llegó la policía, el numerario que los atendió dijo que allí no vivía nadie con ese nombre y que nadie sabía quién era el padre Danilo.[22] Mientras los actores y el equipo que trabajaban en la película de Escrivá iban y venían por la puerta de al lado, la vida de las numerarias auxiliares —la realidad de la vida dentro del Opus Dei— permanecía oculta al mundo. Transcurriría otra década hasta que la opresión de su existencia acabó saliendo a la luz.

Cuando terminó el rodaje en Argentina, el equipo de *Encontrarás dragones* regresó a Europa. Después de más de un año de posproducción, la película por fin estaba lista para su estreno internacional. Fue un fracaso absoluto. «Más allá de la lúgubre pomposidad, no hay rastro de vida emocional o espiritual en la película, solo una pose vacía —dijo el crítico de *The New York Times*, que calificó la película de "calamitosa" y de "biografía aduladora"—. *Encontrarás dragones* pertenece a un ámbito carente de carne y hueso, donde reina la oratoria vacua y la religiosidad pasa por fe.»[23] *The Village Voice* no fue menos mordaz. «La inexplicable inclinación de Joffé por el misticismo católico lacrimógeno hace que *Encontrarás dragones* sea más rigurosa que cien avemarías», afirmaba su crítico.[24] El Opus Dei hizo todo lo posible por salvar la reputación de Escrivá y proyectar su supuesta santidad. Joaquín Navarro-Valls, numerario y durante muchos años portavoz del papa Juan Pablo II, anunció grandilocuentemente que Villa Tevere recibía mensajes de agradecimiento casi a diario: de divorciados a los que la película inspiró a volver con sus esposas, de padres e hijos que se reconciliaron después de años separados y de otros que redescubrieron su fe perdida.[25] Los datos económicos contaban otra historia. Se perdió casi el total de los cuarenta millones de dólares de presupuesto. En todo el mundo solo recaudó cuatro millones.[26] En el Vaticano, el Opus Dei fue blanco de muchas bromas. «Puede que haya dragones, pero seguro que no habrá Óscars», decía uno.[27]

Mientras que su incursión en Hollywood había sido un desastre, el Opus Dei tuvo un debut mucho más exitoso en Nueva York. En mayo de 2010, la Escuela de Negocios IESE dio la bienvenida a la élite empresarial de la ciudad a su nuevo campus en el Midtown, frente al Carnegie Hall.[28] Elegante y con estilo, con una fachada de ladrillo de color crema que se elevaba hasta una gran columnata, el edificio había sido encargado originalmente por un famoso bailarín de ballet ruso para albergar su estudio de danza y había sido la sede mundial de Columbia Artists Management, una agencia para músicos clásicos que representaba a figuras como Serguéi Prokófiev e Ígor Stravinski.[29] Tras una reforma de dieciocho millones de dólares,[30] el gran edificio situado en el número 165 de la calle 57.ª Oeste estaba a punto de embarcarse en su siguiente aventura: ser el campus neoyorquino de una escuela de negocios española con grandes ambiciones de convertirse en la primera institución europea que se introducía en el lucrativo mercado estadounidense de los másteres en administración de empresas, dominado durante mucho tiempo por Columbia, Harvard y Stanford.[31] En el interior del nuevo y ostentoso auditorio, directivos de multinacionales como Bain & Company, Cap Gemini y Pfizer escucharon charlas de miembros del personal llegados en avión desde Barcelona, los cuales hablaron de cómo las empresas podían fomentar una cultura de innovación y creatividad y de las grandes esperanzas que tenían depositadas en el nuevo campus.[32] Recién elegida como la escuela de negocios número uno del mundo por *The Economist*,[33] la institución tenía planes para crear un gran equipo de investigación en la ciudad, que se encargaría de asesorar a las mayores empresas del país sobre temas importantes como la globalización, la innovación, la regulación y el gobierno corporativo.[34]

Poco se mencionó la capilla del Opus Dei en el piso superior, ni los profundos vínculos de la escuela de negocios con el movimiento. Los lazos entre ambos se remontaban a 1958, cuando Escrivá aprobó la creación de la escuela.[35] Desde el principio, dejó claro que el IESE era una misión apostólica del Opus Dei con un objetivo concreto: formar una nueva generación de empresarios que dieran prioridad a sus valores religiosos por encima de todo lo demás.[36] Luis Valls-Taberner se convirtió en uno de los primeros partidarios, concediendo préstamos para financiar la expansión del IESE[37] y contratando al decano —un compañero numerario— para un lucrativo trabajo de consultoría en el banco.[38] En cinco años, había establecido una alianza con la Harvard Business School y puesto en marcha el primer programa de máster de dos años en Europa. La expansión continuó a un ritmo vertiginoso. Cuando se inauguró el campus de Nueva York, el IESE ya contaba con una red global y sedes en São Paulo, Lagos y Shanghái. Aunque la formación espiritual oficialmente nunca había formado parte del plan de estudios, los ambiciosos jóvenes profesionales que atraía su programa eran un espléndido material de reclutamiento para los numerosos académicos numerarios y supernumerarios que impartían clases allí. Esos académicos podían dirigir a cualquier estudiante interesado a los sacerdotes —siempre del Opus Dei—, que estaban presentes en la capilla del campus.[39] Con casi quinientas de las mentes empresariales más brillantes matriculadas en sus cursos regulares,[40] otras dos mil asistiendo a programas más breves,[41] y contratos para impartir formación a directivos de algunas de las mayores empresas del mundo, como Citibank, Nestlé y Pricewaterhousecooper,[42] en 2010 el IESE se hallaba en buena posición para cumplir los planes que Escrivá tenía para la escuela. Tras el éxito del Opus Dei en la capital política de Estados Unidos, la apertura de la nueva sede en Nueva York era una oportunidad para asegurarse influencia también en el centro de negocios del país.

Como muestra de los continuos lazos entre ambas instituciones, el edificio de siete plantas situado en la calle 57.ª Oeste no había sido adquirido por la escuela de negocios IESE, sino por la Clover Foundation, vinculada al Opus Dei. Creada en los años ochenta como una organización benéfica dedicada a ayudar a los jóvenes de los países más pobres a recibir una educación decente, en 2010 Clover se había alejado mucho de sus principios fundacionales para convertirse en una importante fuente de financiación de los proyectos de la Obra en todo el mundo.[43] Bajo la supervisión de Luis Téllez, había proporcionado millones de dólares que solo podían vincularse tangencialmente a sus objetivos originales.[44] Uno de sus mayores proyectos fue pagar la ampliación de Villa Tevere, financiando nuevas viviendas de última generación para los numerarios que trabajaban para el gobierno interno de la prelatura.[45] En 2007, la Clover Foundation recibió una inyección repentina de casi cincuenta millones de dólares de una entidad *offshore* llamada Anatol Financial Assets Limited, que se había constituido unos años antes en las Islas Vírgenes Británicas.[46] Había sido creada a través de intermediarios en Panamá por el famoso bufete de abogados Mossack Fonseca, uno de los favoritos entre quienes deseaban ocultar su dinero a las autoridades.[47] El traslado coincidió con la decisión del IESE de expandirse a Nueva York. Clover compró el edificio de la calle 57.ª Oeste por veinticinco millones de dólares en efectivo,[48] y se lo alquiló a la escuela de negocios muy por debajo del valor de mercado.[49] Poco después, la fundación donó 4,2 millones de dólares al IESE para reformas.[50] Otros 6,5 millones fueron transferidos el año de la inauguración.[51] A pesar de todo lo que se ha dicho sobre la transparencia y las buenas prácticas del IESE, es poco probable que las confusas finanzas que vinculan a la escuela de negocios con el Opus Dei se utilicen nunca como caso práctico de estudio.

Tales enredos financieros eran un sello distintivo de la red de fundaciones utilizadas para financiar las actividades de la Obra en todo el mundo. En 2010, solo en Estados Unidos operaban un centenar de fundaciones de ese tipo que controlaban más de seiscientos millones de dólares en activos (casi 555 millones de euros).[52] Aunque la mayoría eran pequeñas, con un único activo inmobiliario en sus libros —generalmente una residencia numeraria—, otras no lo eran tanto. La más grande, llamada Association for Cultural Interchange, Inc., había sido creada en los años cincuenta por dos numerarios y luego se había utilizado para comprar varias propiedades suntuosas por todo el noreste.[53] En 2010, la fundación había cedido la mayor parte de esos bienes inmuebles a otras fundaciones del Opus Dei, pero seguía gestionando una cartera de 85 millones de dólares en acciones, bonos, fondos de inversión y otras propiedades inmobiliarias.[54] Ni en sus declaraciones fiscales ni en su página web se hacía mención alguna al Opus Dei;[55] por el contrario, la fundación pretendía «ofrecer un programa de apoyo y asistencia a otras organizaciones sin ánimo de lucro [...] que fomenten el entendimiento internacional, el intercambio de ideas y actividades culturales que promuevan la dignidad de la persona humana».[56] Un examen más detallado de sus finanzas revela una relación casi simbiótica con la Obra. Su junta directiva estaba compuesta por el mismo elenco de hombres —como Luis Téllez y Julien Nagore, encargado de supervisar las finanzas mundiales del Opus Dei desde Roma— que también figuraban como directores en Clover y en docenas de fundaciones supuestamente independientes. En los materiales promocionales se utilizaban imágenes de niños sonrientes en la escuela de África, pero esos programas solo representaban una ínfima proporción del presupuesto.[57] Su mayor proyecto había sido la compra y rehabilitación de una antigua escuela cercana a Villa Tevere, convertida en residencia para numerarias con un coste de casi treinta millones de dólares (unos 27,7 millones de euros).[58] En cambio, el año anterior solo se habían donado veinte mil dólares (menos de 18.500 euros) a los niños sonrientes de África.[59]

Esos patrones de gasto se reflejaban en los cientos de fundaciones del Opus Dei en todo el mundo, que promocionaban públicamente el apoyo que brindaban a las comunidades desfavorecidas, pero en secreto desviaban la mayor parte de sus fondos a una infraestructura global de residencias e iniciativas de base destinadas a una sola cosa: el reclutamiento. En 2010, el Opus Dei contaba con 88.000 miembros[60] y estaba presente en 66 países tras su reciente expansión a Rusia, Indonesia, Corea del Sur y Rumanía.[61] Dirigía casi trescientos colegios, 160 escuelas de formación profesional, más de una docena de universidades, varios hospitales y una amplia red de residencias de estudiantes. A los sacerdotes y numerarios del Opus Dei se les había encomendado oficialmente la tarea de proporcionar «formación espiritual» a todos los que acudían a esas instituciones, con lo que cientos de miles de personas, principalmente niños y jóvenes, entraban cada día en su órbita. Se procuraba distanciar a la prelatura de tales iniciativas, y no solo para salvaguardar la reputación del Opus Dei, sino también para evitar asustar a los reclutas anunciando abiertamente sus vínculos con la prelatura. Pero en realidad, casi todo se coordinaba desde Roma, que enviaba órdenes a los gobiernos regionales sobre cómo debían funcionar los numerarios que dirigían esos proyectos individuales, cómo gastar su dinero y qué tipo de reclutas debían buscar.[62]

Esa imagen ficticia de independencia entrañaba otra clara ventaja. En Francia, donde Catherine Tissier intentó demandar al Opus Dei por la explotación que había sufrido como numeraria, la estrategia de distanciamiento había protegido al movimiento de procedimientos penales. Durante las deliberaciones con el juez, la organización argumentó con éxito que solo había sido responsable de la formación espiritual de la joven numeraria y no de alguna violación de la ley laboral o de supuesta esclavitud.[63] La estratagema supuso una gran victoria, ya que absolvió al Opus Dei de cualquier responsabilidad para con las personas que habían entregado su vida a la organización y habían sido controladas por ella. La sentencia dejó a los numerarios que dirigían la escuela de hostelería en la que trabajaba Tissier expuestos a graves acusaciones y a la posibilidad de ir a la cárcel. Dos de ellos se vieron obligados a comparecer en el Palacio de Justicia de París y defender el estilo de vida de las numerarias auxiliares, un estilo de vida que no habían estipulado ellas, sino sus superiores del Opus Dei en Roma.[64] El juez desestimó el caso porque el centro de retiro pudo demostrar que había pagado a Tissier un salario, hecho que ella nunca había impugnado.[65] Sus acusaciones de explotación se basaban en que nunca tuvo acceso a su dinero y debía firmar cheques en blanco que se utilizaban para transferir esos fondos a otras fundaciones de la Obra.[66] Al mismo tiempo, el Opus Dei estaba inmerso en una disputa legal con seis numerarias auxiliares en España que habían presentado alegaciones similares: afirmaban que no se habían pagado sus contribuciones a la Seguridad Social, que habían sido forzadas a trabajar sin contrato y que no tenían poder de decisión sobre dónde trabajaban o qué hacían.[67] Mientras el Opus Dei se lavaba las manos de cualquier responsabilidad hacia sus miembros, la red de residencias e iniciativas sociales continuaba generando cientos de reclutas cada año, que eran incorporados para convertirlos a su vez en reclutadores.

Desde dentro también se pedía que el Opus Dei se reformara y pusiera fin a esos abusos sistemáticos. Las quejas no provenían solo de las numerarias auxiliares, sino de los numerarios. A pesar de su estatus más elevado, de estar exentos del trabajo manual y de que podían trabajar fuera de la residencia —derechos humanos negados a sus «hermanitas»—, también estaban sometidos a un sinfín de límites a sus libertades físicas y psicológicas. Los que trabajaban en puestos internos eran especialmente vulnerables; a muchos les pedían que abandonaran su carrera remunerada para desempeñar funciones administrativas o dirigir actividades de reclutamiento, y eran trasladados de un lugar a otro según los caprichos de sus superiores, los obligaban a abandonar a sus amigos y familiares y se esperaba que trabajaran muchas horas sin salario ni seguridad social.[68] Sin ningún tipo de apoyo externo, ahorros, subsidios de desempleo o pensiones, muchos se veían atrapados en la institución, sin medios independientes para empezar una nueva vida. La Obra solía lavarse las manos de cualquier responsabilidad una vez que salían. «Parece que confundes el papel del Opus Dei en tu vida con el de tu empresa —escribió un superior a un numerario de Inglaterra que se marchó—. El Opus Dei nunca ha contratado y creo que nunca contratará a personas, y las personas que trabajan en sus residencias o en los departamentos de restauración de esas residencias son contratadas por la entidad legal que las posee [...] He investigado todos esos organismos en busca de cualquier referencia a tu nombre como empleado y no he encontrado absolutamente nada.»[69] Curiosamente, a la vez que se esforzaba en trazar una clara división entre el Opus Dei y esas residencias y «departamentos de restauración» supuestamente independientes, el superior tenía acceso a todos sus registros.

El descontento entre los numerarios aumentó a partir de finales de la década de 2000, debido en parte a la proliferación de los teléfonos inteligentes, que los numerarios podían utilizar para sus trabajos externos y para reclutar de forma más eficiente.[70] Aun así, las prácticas abusivas de la organización perduraron. En Villa Tevere, el sistema de seleccionar a dedo a los miembros de la élite de «electores» —los hombres que debatían y votaban cualquier cambio importante en sus prácticas y estatutos— afianzó la cultura aduladora que había imperado desde los años sesenta. Una y otra vez, los numerarios que ocupaban puestos de autoridad no abordaban los casos de abuso y, en ocasiones, hacían todo lo posible por encubrirlos. En 2010, un numerario de España denunció que había sufrido abusos sexuales en al menos siete ocasiones por parte de un sacerdote del Opus Dei, abusos que habían empezado cuando aún era adolescente.[71] El sacerdote, Manuel Cociña, había ocupado varios cargos importantes dentro de la organización, incluyendo el de rector de San Miguel, la iglesia insignia del Opus Dei en el centro de Madrid, y varias iniciativas que involucraban a estudiantes de secundaria, y en un momento dado parecía destinado a ser un futuro prelado.[72] Un alto cargo de la jerarquía española del Opus Dei informó a la víctima de que la organización ya estaba al corriente de la «imprudencia» del sacerdote y le pidió que no presentara una denuncia formal. «Me dijo: "Mira, no te puedo contar más, pero no me hace ruido, no me extraña; a esta persona la hemos retirado de la circulación, la hemos mandado a Galicia; no te preocupes, porque no va a tratar más a gente joven"», recordaba la víctima.[73] Tuvieron que pasar otros diez años para que el Opus Dei reconociera públicamente las acusaciones contra el sacerdote, y solo después de que los medios de comunicación se hicieran eco de ellas.[74] Años después de que el reportaje de *The Boston Globe* obligara a la Iglesia a hacer reformas radicales, el Opus Dei seguía anclado en la vieja mentalidad. Finalmente, el sacerdote fue declarado culpable.

En otros casos, Villa Tevere hacía todo lo posible por restar importancia a las quejas planteadas. Un numerario de Asia que había empezado a cuestionar las detalladas reglas que regían todos los aspectos de su existencia escribió a Echevarría para señalar al prelado que esas instrucciones de Villa Tevere estaban afectando a numerarios ordinarios como él.[75] Al no obtener respuesta, volvió a escribir, y esta vez fue llamado a Roma. Sus superiores se negaron a tratar con él ninguno de los puntos que había planteado. Por el contrario, le dijeron que viera a un doctor que se ocupaba específicamente de «este tipo de revisiones médicas», no un profesional en ejercicio, sino un sacerdote del Opus Dei que había sido médico.[76] Este le recetó un cóctel de medicamentos para tratar su comportamiento «obsesivo» y le dijo: «No hagas mucho caso de lo que pone en el prospecto, simplemente tómate una por la mañana y otra por la noche, y ya está».[77] El cura y uno de los directores comprobaron varias veces que se tomaba las pastillas.

Poco después de su regreso a Asia, el numerario decidió confesarse con un sacerdote que no era del Opus Dei, el cual le aconsejó que se marchara. A pesar de ser contrario a la ley de la Iglesia, hablar con curas de fuera de la prelatura estaba prohibido dentro del Opus Dei: el riesgo de recibir consejos espirituales que pudieran entrar en conflicto con los intereses del movimiento, como el que recibió el numerario, era demasiado grande. El papa Benedicto XVI, que siempre se había sentido incómodo con el estatus canónico de la Obra dentro de la Iglesia, conoció la práctica poco después y ordenó al Opus Dei que suprimiera ese requisito. El pontífice también ordenó a la organización que pusiera fin a la práctica de que los numerarios transmitieran a sus superiores información obtenida de otros como parte de la dirección espiritual durante la charla, y Echevarría se vio obligado a enviar una carta pastoral para «aclarar el malentendido».[78] El hecho de que el Opus Dei estuviera dispuesto a mentir sobre ese «malentendido» no solo al papa, sino también a sus propios miembros, ilustra hasta dónde podía llegar la organización para proteger sus intereses. También subrayaba la eficacia de mantener su reglamento interno oculto al Vaticano y a la mayoría de sus miembros. Esconder sus normas internas permitió al Opus Dei eludir lo que podría haber sido una investigación seria de sus prácticas si las instrucciones y experiencias se hubieran publicado abiertamente.

Cuando en junio de 2011, unos padres se presentaron en un colegio del Opus Dei situado a las afueras de Bilbao para acusar a un numerario de acosar sexualmente a su hijo, el profesor fue trasladado en avión a otro centro en Sídney (Australia), donde enseñaría español a chicos de una edad similar a pesar de las acusaciones que pesaban sobre él.[79] El numerario fue condenado posteriormente a once años de prisión.[80] Aun haciendo la más generosa de las interpretaciones, ese comportamiento denotaba graves fallos en la salvaguarda de los menores en las escuelas dirigidas por el Opus Dei. Pero también indicaba la voluntad, como había ocurrido con la súbita desaparición de McCloskey en 2004, de utilizar la gran red de instituciones para proteger de la justicia a posibles criminales y poner a otras personas en peligro para salvar a la prelatura del escándalo. Además de crear una red para captar nuevos reclutas, el dinero del que disponía el Opus Dei proporcionaba una red para ocultar sus peores delitos.

Los beneficios de la red del Opus Dei no se limitaban al mundo físico —sus residencias, colegios, universidades y escuelas de hostelería—, sino que también se extendían al mundo espiritual. En la década de 2010, muchos miembros de la Iglesia católica estaban preocupados por la grave escasez de sacerdotes. Entre 1970 y 2010, mientras que la población católica mundial casi se había duplicado hasta alcanzar los 1.200 millones de personas, el número de curas había descendido,[81] lo cual dejó a casi cincuenta mil diócesis sin párroco y obligó a muchas otras a fusionarse para cubrir la falta de vocaciones.[82] El problema quizá era más agudo en Estados Unidos, donde el número de sacerdotes se había reducido en un tercio en ese mismo período, y el escándalo de los abusos sexuales estaba acelerando lo que ya era una tendencia creciente.[83] El Opus Dei intervino en ese vacío. A medida que el dinero distribuido desde España financiaba la expansión de su red por todo el mundo y generaba nuevos miembros y vocaciones para el sacerdocio de la Obra, su número de curas se duplicó con creces durante el mismo período.[84] El Banco Popular había tenido un papel fundamental en esa expansión, ya que su dinero se destinaba a subvencionar un seminario a las afueras de Pamplona y a pagar directamente los gastos de manutención de cientos de sacerdotes, muchos de los cuales se habían unido al Opus Dei en Latinoamérica y África y habían tenido la oportunidad de estudiar gratis en Europa con sus gastos cubiertos por la entidad. Aunque seguía siendo una pequeña parte de la Iglesia católica, no había duda de que el Opus Dei —gracias al incesante flujo de dinero del banco— estaba convirtiéndose en una fuerza dentro del Vaticano. Como reflejo de su creciente poder, en 2010 la prelatura contaba con veinticuatro obispos en todo el mundo —en Ecuador, Argentina, Perú, Chile, Estados Unidos, Austria, Kenia, Colombia, España, Venezuela, Paraguay y Brasil—,[85] así como dos cardenales.[86] En abril de 2010, un sacerdote del Opus Dei llamado José Horacio Gómez asumió el cargo de arzobispo de Los Ángeles, lo cual dio a la prelatura influencia sobre la mayor diócesis católica de Norteamérica.

Durante su segundo mandato de tres años como capellán del Centro de Información Católica, el padre Arne Panula introdujo una serie de nuevas iniciativas concebidas para generar un flujo más constante de donaciones y para integrar mejor al Opus Dei entre los católicos adinerados.[87] Su primer gran proyecto copió una estrategia popular que había demostrado ser lucrativa en casi todos los sectores: la cena de entrega de premios. Conceder una distinción a los católicos conservadores más respetados de Washington y organizar después un lujoso ágape en su honor —al que estaban invitados todos los católicos adinerados de la ciudad— generaba cientos de miles de dólares en una sola noche y situaría al Catholic Information Center en el corazón de esa influyente comunidad. Así nació el Premio Juan Pablo II en 2012. El galardón inaugural recayó en el cardenal Donald Wuerl, arzobispo de Washington, que era muy popular entre los miembros conservadores de su rebaño.[88] Recientemente había avivado la polémica al convertirse en uno de los miembros más veteranos de la Iglesia en firmar la Declaración de Manhattan.[89] Se trataba de un manifiesto ecuménico redactado por Robert George y firmado conjuntamente por Luis Téllez, Maggie Gallagher y otros miembros de la derecha católica en el que se instaba a los cristianos a no acatar las leyes que permitieran el aborto, el matrimonio entre personas del mismo sexo y otras prácticas contrarias a sus creencias. Al año siguiente, el premio fue para George Weigel, biógrafo del papa Juan Pablo II y gran figura de la derecha católica estadounidense. El caballero supremo de los Caballeros de Colón, una influyente y adinerada hermandad católica, el fundador del Becket Fund, un grupo de presión que defendía los derechos religiosos, y Antonin Scalia, el juez del Tribunal Supremo, serían galardonados en los años siguientes.

El padre Arne puso en marcha otra iniciativa llamada Leonine Forum, un programa para los mejores graduados que pretendía ofrecerles «seriedad intelectual y espiritual».[90] También atrajo generosas donaciones de católicos ricos deseosos de empapar a los líderes del mañana en las enseñanzas de la Iglesia. Como siempre, el nombre del Opus Dei se mantuvo al margen de cualquier material promocional, pero, aun así, esos actos reforzaron la presencia de la prelatura entre los católicos más influyentes de Estados Unidos. Para el padre Arne, el objetivo último de esa labor de divulgación era transformar la esfera política, en la que casi todos los aspectos se habían ido secularizando con el paso de los años. Creía que la política no podía ser elaborada por personas que no estuvieran versadas en las verdades universales de la Iglesia.[91] Su misión consistía en invertir el proceso de secularización y ubicar al Opus Dei en el epicentro del despertar espiritual.

Luis Téllez utilizó su red para impulsar el objetivo del padre Arne de transformar la esfera política. Ante los ataques cada vez mayores a la Organización Nacional para el Matrimonio por sus vitriólicas campañas y las crecientes dudas sobre sus vínculos con el Opus Dei y la Iglesia mormona, Téllez invirtió su energía en el Proyecto de Principios Estadounidenses. Gracias a las enormes aportaciones de Sean Fieler —que en Princeton se había convertido en amigo íntimo y compañero de *squash* del numerario mexicano—, el proyecto y su comité de acción política afiliado dirigieron millones de dólares a candidatos políticos y causas alineadas con la agenda católica conservadora del gabinete estratégico.

También pretendía influir en las políticas republicanas. En septiembre de 2011, el Proyecto de Principios Estadounidenses patrocinó un debate televisado entre los candidatos del partido a la presidencia.[92] Tras la reelección de Obama al año siguiente, el Comité Nacional Republicano publicó un extenso balance en el que concluía que había llegado el momento de que el partido fuera más «abierto e inclusivo» en cuestiones como el matrimonio homosexual y la inmigración. El Proyecto de Principios Estadounidenses contraatacó encargando otro informe con la ayuda de la encuestadora Kellyanne Conway en el que defendía lo contrario.[93] La organización también inyectó dinero en las decisivas contiendas electorales de Nueva Jersey, donde intentó que el supernumerario Jeff Bell fuera elegido senador, y de Oregón.[94] En Wyoming, intentó desbaratar las ambiciones senatoriales de Liz Cheney. «El objetivo era promover una legislación coherente con los principios conservadores», recuerda Téllez.[95]

En esa época, Téllez también utilizó su puesto en el Instituto Witherspoon para financiar otras misiones discretas para condicionar la política y atraer a donantes ricos. Gastó setecientos mil dólares en un «estudio» sobre el impacto de la paternidad homosexual en los niños.[96] Una serie de correos electrónicos de Téllez a Mark Regnerus, el académico encargado del informe, dejaban claras sus motivaciones: «Sería estupendo tenerlo antes de las decisiones importantes del Tribunal Supremo», escribió.[97] Aseguró a sus patrocinadores que estaba seguro de que el texto reivindicaría «la concepción tradicional del matrimonio, siempre que se haga bien y con honestidad».[98] Más tarde, las conclusiones del estudio serían ampliamente desacreditadas. Pero no hay que subestimar su impacto para atraer los conservadores católicos.[99] Téllez también gastó 1,4 millones de dólares del Instituto Witherspoon en la organización de una conferencia en el Vaticano que se anunció como «un coloquio interreligioso sobre la complementariedad del hombre y la mujer».[100] Aunque la iniciativa oficialmente era idea del académico Robby George, de Princeton, Téllez y sus compañeros del Opus Dei en Roma supervisaron la organización.[101] Witherspoon realizó una importante donación a la universidad del Opus Dei en Roma por la misma época.[102] «A menudo, Robby me abre la puerta —explicaba Téllez—. Yo no soy nadie.»[103] La conferencia Humanum generó cierto caché adicional para los operativos del Opus Dei en Estados Unidos, que utilizaron esa importante reunión de líderes religiosos como aliciente para cortejar a grandes nombres de la Iglesia católica conservadora. Leonard Leo fue uno de los convidados a participar.[104]

Su invitación coincidió con un esfuerzo más amplio del Centro de Información Católica por atraerlo a la órbita del Opus Dei. Más o menos por la misma época que la conferencia Humanum, Leo fue llamado a formar parte del consejo del Centro de Información Católica. Sus dos mundos ya estaban entrelazados. Los hijos de Leo iban a los dos colegios del Opus Dei —The Heights para los chicos[105] y Oakcrest para las chicas—[106] y él y su mujer participaban activamente en la vida escolar, donando miles de dólares al año además de los muchos miles que pagaban también en matrículas por sus varios hijos.[107] Los Leo también eran asiduos de una iglesia profundamente conservadora de McLean, situada cerca de su casa y muy popular entre muchos miembros del Opus Dei en la ciudad.[108] Ambos partidos también se estaban volviendo cada vez más agresivos políticamente. En 2011, Leo se asoció con Ginni, la esposa de Clarence Thomas, para fundar otra organización sin ánimo de lucro que se opuso con éxito a un centro islámico que se estaba construyendo cerca del lugar de los atentados del 11-S en Nueva York, denigrado como la «mezquita de la Zona Cero».[109] Un año después, se unió a la junta de la Asociación Católica, otra organización sin ánimo de lucro vinculada a los Corkery que financió campañas de oposición al matrimonio entre personas del mismo sexo.[110] Por su parte, el Centro de Información Católica —a pesar de ser teóricamente apolítico— también se había unido a una demanda contra la administración de Obama, impugnando el requisito de que las empresas proporcionaran y pagaran métodos anticonceptivos, esterilización y medicamentos abortivos como parte de los planes de seguro médico de los empleados.[111]

Sin embargo, el nombramiento de Leo se produjo a pesar de los recelos de la dirección nacional del Opus Dei, e ilustraba una actitud transaccional hacia aquella figura cada vez más influyente con profundas conexiones con el dinero ilícito. «Es una figura en Washington, y puede que haya tenido hijos en la escuela de allí —explicó el padre Tom Bohlin, que en aquel momento dirigía el Opus Dei en Estados Unidos y conoció a Leo en la conferencia Humanum en Roma—. No estoy seguro de que entienda siquiera el Opus Dei, pero a cierto nivel le gustan algunas cosas que hacemos y quiere apoyarlo.»[112] El nombramiento de Leo supuso un cambio en la dirección del Centro de Información Católica. Durante años, había estado dirigido por el padre Arne, otro sacerdote y un puñado de voluntarios de la congregación. La composición del consejo era decididamente apolítica: una mezcla de académicos, abogados y voluntarios que ayudaban a gestionar la librería.[113] Pat Cipollone, un abogado que había sido ayudante del fiscal general Bill Barr a principios de los años noventa pero había vuelto al sector privado, era el único miembro del consejo que estaba remotamente relacionado con la escena política de Washington. Pero, en 2014, todo eso cambió. Junto a Leo, también fue nombrado Bill Barr.[114] Leo y los suyos pronto se convertirían en un puente que conectaría la prelatura con personas importantes del Capitolio y con el mundo del dinero opaco poblado por multimillonarios reservados con una agenda profundamente conservadora. Juntos, formarían una coalición —unida por sus conexiones políticas, su fervor religioso y su dinero— que remodelaría la sociedad estadounidense y destruiría muchos derechos civiles que tanto había costado conseguir.

En opinión del padre Arne, la exitosa renovación de la misión apostólica de la librería y la capilla de la calle K formaba parte de un «gran despertar» que estaba a punto de inundar Estados Unidos y el mundo.[115] En la estela del movimiento Occupy Wall Street y el descontento general de los jóvenes tras la crisis económica, vio que ese gran despertar empezaba en los campus universitarios, donde el Opus Dei había vuelto a plantar su bandera con lo que él llamaba «contrainstituciones», como el Leonine Forum del Centro Católico de Información y el Instituto Witherspoon de Princeton.[116] «Lo que está llegando no es solo un despertar espiritual —afirmaba Arne Panula—. Los estudiantes salen de esas escuelas sin trabajo, sin un sustento intelectual que valga la pena y con una enorme deuda financiera [...] Los estudiantes están siendo engañados. Habrá una reacción utilitaria a ese abismo entre lo que se les promete y lo que realmente se les enseña, una especie de corrección del mercado de la educación. Pero la reacción más profunda es personal. Se trata de traición. Algunos de esos estudiantes se dan cuenta de que hay un mundo ahí fuera que no sabían que existía. Sus profesores y otras autoridades se lo han ocultado a propósito. Eso exige una reacción. Les han vendido una factura de productos progresistas laicos.»[117] El Opus Dei ayudaría a guiarlos hacia ese nuevo mundo.

Arne Panula tenía razón: se avecinaba un nuevo gran despertar, pero no surgiría de la población estudiantil, sino de las redes de dinero opaco. En el preciso momento en que el flujo de caja del Banco Popular empezó a tambalearse, la prelatura encontró otra fuente de ingresos aparentemente sin fondo. El reclutamiento de Leonard Leo cimentaría unos lazos entre el Opus Dei y el Tribunal Supremo de Estados Unidos que llevaban décadas fraguándose. Antonin Scalia había estado una vez en el centro de esa relación: el juez había dado charlas en el Centro de Información Católica[118] y en el Centro de Estudios Reston, que era la residencia numeraria masculina de los suburbios de Washington que acogía reuniones regulares para los miembros del Opus Dei.[119] El año anterior, Scalia había asistido también a un retiro de la Obra en la propiedad de diez millones de dólares de la prelatura, de trescientas cuarenta hectáreas, cerca de las montañas Shenandoah.[120] Sus hijos y nietos iban a colegios del Opus Dei. Era muy amigo del padre Malcolm Kennedy, un sacerdote opusdeísta que solía ir a cenar a casa de Scalia, tras lo cual ambos cantaban a coro canciones de Broadway.[121] Con Leo y su red de dinero opaco, la penetración del Opus Dei en el mundo político y judicial de Washington alcanzaría niveles sin precedentes. Aquella Navidad, como muchas otras, el Tribunal Supremo celebró su fiesta anual. Como siempre, el padre Malcolm estaba sentado al piano, tocando villancicos para los dignatarios allí reunidos por invitación de Scalia.[122] Mientras tocaba, los jueces —las figuras jurídicas más poderosas de Estados Unidos— cantaban al son de la melodía interpretada por el sacerdote del Opus Dei. Era un oscuro presagio de lo que estaba por venir.

301

13

La carta Trump
Rancho Cibolo Creek, Texas, febrero de 2016

Los hombres se quedaron perplejos cuando el juez del Tribunal Supremo no apareció para desayunar antes de la cacería de aquella mañana.[1] Antonin Scalia había llegado un día antes, y parecía realmente entusiasmado por la idea de pasar el puente del Día de los Presidentes cazando faisanes, perdices y codornices azules en el remoto rancho de doce mil hectáreas, enclavado en las montañas Chinati y a veinte kilómetros de la frontera con México.[2] El rancho Cibolo Creek era un lugar muy frecuentado por famosos —entre sus huéspedes figuraban Mick Jagger, Bruce Willis y Julia Roberts— y había servido de telón de fondo para superproducciones de Hollywood como *No es país para viejos* y *Pozos de ambición*.[3] Pero ese fin de semana, la ostentación y el glamur habían dado paso a las armas y a Dios. La mayoría de los hombres allí reunidos eran miembros de alto rango de la Orden Internacional de San Huberto, una sociedad secreta de cazadores de élite vinculada a la Iglesia católica cuyos seguidores visten túnicas de color verde oscuro con una cruz y el lema *Deum Diligite Animalia Diligentes*, que alude a «honrar a Dios honrando a sus criaturas».[4] Scalia, un aficionado a la caza que había formado parte del equipo de tiro en el instituto y cuyas habitaciones eran un auténtico museo de taxidermia,[5] había sido invitado a pasar el fin de semana —con todos los gastos pagados— por John B. Poindexter, propietario del rancho y exmilitar que había hecho fortuna fabricando camiones.[6]

Cuando el juez no apareció para desayunar, Poindexter llamó a su puerta. Al no obtener contestación, supuso que Scalia no le había oído o que no quería que lo molestaran.[7] Pero como seguía sin aparecer unas tres horas después, Poindexter volvió a llamar, esta vez en voz alta. Entonces decidió entrar y encontraron al anciano de setenta y nueve años tumbado en la cama, aún en pijama, perfectamente reposado y con las manos cruzadas sobre las sábanas.[8] Scalia había muerto. El mundo conservador había perdido a uno de sus mayores iconos, y el Opus Dei, a uno de sus aliados más poderosos e influyentes en Estados Unidos.

Leonard Leo fue una de las primeras personas ajenas a la familia inmediata del juez en conocer la noticia, gracias a una llamada de uno de los Scalia.[9] Era lógico que la familia se pusiera en contacto con el vicepresidente ejecutivo de la Federalist Society. Ambos habían mantenido una estrecha relación a lo largo de los años, unidos por su dogmática lectura originalista de la Constitución, su profunda fe católica y su misión común de anular el caso «Roe contra Wade». Scalia había hecho demostraciones públicas de su apoyo a Leo y a la Federalist Society asistiendo regularmente a su cena anual, lo que dio aún más caché a la sociedad entre la élite jurídica conservadora.[10] Leo demostraba su gratitud al juez del Tribunal Supremo recurriendo a su red de donantes adinerados para organizarle viajes de caza; dos veranos antes, los dos habían ido cinco días a pescar en Montana,[11] y anteriormente también habían ido de cacería a Colorado.[12]

Sin embargo, había otras razones más importantes para contactar con Leo. El repentino fallecimiento del juez Scalia brindó al presidente Barack Obama la oportunidad de inclinar decisivamente la balanza del tribunal hacia la izquierda y sustituirlo por un magistrado más progresista. Ese nombramiento marcaría un hito en la historia del tribunal, al otorgar a los jueces nombrados por los demócratas una mayoría tras más de cuarenta años viéndose superados en número por sus homólogos republicanos. Dada la lucha peligrosamente divisiva que se estaba librando en los medios de comunicación entre los candidatos, desesperados por ganar la nominación del Partido Republicano para las elecciones presidenciales que se celebrarían nueve meses después, y el creciente descontento entre las bases por la incapacidad del partido para capitalizar su control de ambas cámaras del Congreso, la pérdida del Tribunal Supremo en esa coyuntura crítica —la última línea de defensa que quedaba contra el avance del progresismo— sería un duro golpe. Los Scalia tendieron la mano a Leo para preservar el legado del difunto Antonin.[13]

Leo transmitió la noticia al despacho de Mitch McConnell, líder del Senado, y habló con su asesor para nombramientos judiciales.[14] Se puso en marcha un plan. En cuestión de horas, McConnell emitió una explosiva declaración que dejaba claro que la élite conservadora haría todo lo posible por impedir que el presidente sustituyera a Scalia. «El pueblo estadounidense debe tener voz en la elección de su próximo juez del Tribunal Supremo —decía—. Por lo tanto, esa vacante no debe cubrirse hasta que tengamos un nuevo presidente.»[15] Se enviaron por correo electrónico temas de debate al partido, incluida la falsa afirmación de que hacía ochenta años que no se confirmaba a un candidato al Tribunal Supremo en año electoral.[16] Aquella noche, en un debate televisado en el que participaron los candidatos a la nominación del Partido Republicano, el asunto dominó la agenda. Donald Trump, el magnate inmobiliario y favorito en la carrera, se mostró inusualmente fatalista cuando le preguntaron si creía que Obama intentaría cubrir la vacante. «Yo sin duda querría intentar nominar a un juez [...] Estoy absolutamente convencido de que el presidente Obama intentará hacerlo», dijo, ignorando los temas de conversación que tan cuidadosamente habían elaborado Leo y McConnell. «Es un golpe tremendo para el conservadurismo. Es un golpe tremendo para nuestro país», añadió.[17]

Ted Cruz, el senador por Texas que había sido secretario del Tribunal Supremo en los años noventa, siguió con una defensa mucho más firme de la posición republicana. Tras repetir la falsedad de McConnell sobre el precedente de ochenta años, lanzó una diatriba sobre las consecuencias de permitir que Obama nominara a un sustituto. «Estamos a un juez de un Tribunal Supremo que anulará todas las restricciones al aborto adoptadas por los estados —aseguró—. Estamos a un juez de un Tribunal Supremo que revocará la decisión Heller, uno de los dictámenes fundamentales del juez Scalia, que defendió el derecho de la Segunda Enmienda a poseer y portar armas. Estamos a un juez de un Tribunal Supremo que socavaría la libertad religiosa de millones de estadounidenses.»[18]

Cruz, un baptista devoto, era el preferido de Leonard Leo para la candidatura republicana, y sus palabras aquella noche fueron un bálsamo para las preocupaciones de este sobre lo que supondría la muerte de Scalia para el máximo órgano judicial.[19] Aun así, el debate marcaría un punto de inflexión crítico, tanto para Leo como para la influencia del Opus Dei en los niveles más altos del gobierno. Irónicamente, la deslucida actuación de Trump aquella noche pronto uniría a ambos en un pacto impío que cambiaría de manera decisiva la dirección del país durante muchos años.

Cuatro días después del inesperado fallecimiento de Scalia, el padre Bob Connor abandonó la residencia de numerarios en Nueva York y emprendió el viaje de cuatro horas hacia Washington, donde tenía previsto presentar sus respetos a su gran amigo «Nino», cuyo cuerpo reposaba en la Gran Sala del Tribunal Supremo.[20] En su primera noche en la capital, publicó una entrada de blog[21] en la que criticaba a Scalia por ceñirse demasiado estrictamente a las palabras de la Constitución, por dejarse llevar por una «arena de lexicología»,[22] y por hacer demasiado poco hincapié en las creencias cristianas de los hombres que la redactaron casi doscientos cincuenta años antes. «La cuestión relativa a la mente jurídica del juez Scalia es la cuestión de la ausencia de verdad y el nihilismo imperante a nivel mundial», conjeturó,[23] y añadía que la voluntad del difunto juez de remitirse a la aprobación democrática de las leyes —en lugar de un concepto universal de «verdad»— corría el riesgo de descender a «una dictadura de la voluntad arbitraria de los individuos».[24] Evidentemente, el originalismo legalista del magistrado más archiconservador del país era demasiado vago para aquel cura del Opus Dei. Más tarde se retractaría de sus críticas, tal vez presionado por sus superiores por ser demasiado político.[25] Pero sus palabras dejaban entrever la «dirección espiritual» que el sacerdote de la Obra dio a Scalia y sus consejos sobre cómo un juez del Tribunal Supremo podría «santificar» su trabajo.

Tres días después, en el funeral, los dolientes se reunieron para lo que se suponía que iba a ser «una sencilla misa familiar» en la basílica del Santuario Nacional de la Inmaculada Concepción, la mayor iglesia católica de Norteamérica.[26] Entre los cientos de invitados se encontraban el vicepresidente Joe Biden, el exvicepresidente Dick Cheney, el candidato presidencial republicano Ted Cruz y una pequeña delegación del Opus Dei que incluía al padre Connor. Tras el discurso de apertura del arzobispo, el hijo de Scalia, Paul, sacerdote católico y párroco de Saint John the Beloved, en McLean, una iglesia popular entre los miembros del Opus Dei de Washington, ofició la liturgia por su padre. Inmediatamente después, Leonard Leo subió los escalones, hizo una gran reverencia ante el altar y se situó en el púlpito para pronunciar la primera lectura de la mañana.[27] Desde su posición elevada, por encima de los dignatarios allí congregados, Leo leyó el Libro de la Sabiduría con voz por momentos entrecortada.

Tras otra lectura de Clarence Thomas —un compañero de Scalia en el Tribunal Supremo que había crecido impregnado de catolicismo e incluso había soñado con ordenarse sacerdote antes de dar la espalda a la fe y más tarde volver a convertirse de la mano de Paul Scalia—, el hijo del difunto jurista pronunció su homilía.[28] «Dios bendijo a papá, como es bien sabido, con un amor por su país —comenzó—. Él sabía bien lo reñida que fue la fundación de nuestra nación. Y vio en esa fundación, al igual que los propios fundadores, una bendición, una bendición que se pierde rápidamente cuando se prohíbe la fe en la plaza pública, o cuando nos negamos a llevarla allí. Por eso entendía que no hay conflicto entre amar a Dios y amar a la patria, entre la fe y el servicio público. Papá comprendió que cuanto más profundizaba en su fe católica, mejor ciudadano y servidor público era. Dios lo bendijo con el deseo de ser un buen servidor del país porque él era el primero de Dios.» Después de que sacaran el cuerpo de Scalia fuera de la basílica, flanqueado por un centenar de sacerdotes vestidos de blanco, Leo fue de los últimos en salir. Durante media hora se quedó trabajando en la sala en aquella coyuntura crítica para el Tribunal Supremo.

Pocos días después recibió una llamada del equipo de Trump preguntándole si estaría dispuesto a confeccionar una lista de candidatos al Tribunal Supremo para el magnate inmobiliario.[29] El vacío dejado por Scalia se estaba convirtiendo rápidamente en un tema candente de la campaña, y Cruz había ido ganando cada vez más ventaja, especialmente sobre Trump, que había propuesto a su hermana —una «extremista radical proaborto», en palabras del senador texano— como posible candidata al Tribunal Supremo.[30] Trump necesitaba dar la vuelta a esa narrativa, y Leo era el hombre adecuado para ayudarlo. Este se reunió con el candidato presidencial republicano en un bufete de abogados del centro de la ciudad y le entregó su lista, que pretendía ser una chuleta privada que Trump podría utilizar cuando le pidieran su opinión sobre posibles nominados.[31] Ni Leo ni la Federalist Society estaban dispuestos a entrar en la contienda republicana; a la organización aún le gustaba mantener un barniz de neutralidad, y algunos de sus miembros habían empezado a mostrarse reticentes ante el perfil cada vez más destacado de su vicepresidente ejecutivo, profundamente católico, cuya postura antiabortista entraba en conflicto con la política libertaria de muchos de sus miembros.[32] Pero la espectacularidad de Trump pronto cambiaría todo eso y abriría una brecha entre Leo y algunos sectores de la sociedad, obligándolo a elegir entre su lealtad a una organización a la que había dedicado su carrera y su propio anhelo de poder, dinero y un despertar católico de la sociedad. Deseoso de aumentar sus índices de audiencia, Trump sorprendió a Leo y a su propio equipo de campaña proponiendo hacer pública la lista,[33] y convocó una rueda de prensa anunciando dicha intención.[34] Tras la reunión entre ambos, Trump se volvió mucho más agresivo en su perspectiva hacia el Tribunal Supremo. Ya no hablaba de cómo el fallecimiento de Scalia era un «tremendo golpe para el conservadurismo», sino de cómo su muerte podría presagiar una completa toma de poder de la derecha en el tribunal. «Es posible que en los próximos cuatro años haya que elegir a cinco jueces del Tribunal Supremo, porque ya tenemos a uno, y probablemente habrá cuatro más —dijo Trump—. Así que se podría cambiar el equilibrio del tribunal muy rápidamente, muy fácilmente. Y una de las cosas que voy a hacer, y esto quizá sea rompedor, es dar una lista de cinco o diez jueces que elegiré, que elegiré al cien por cien, que presentaré para su nominación».[35]

La contribución de Leonard Leo a esa remodelación del tribunal pronto implicaría mucho más que proporcionar una lista de jueces conservadores. A las pocas semanas de la muerte de Scalia, empezó a movilizar cientos de millones de dólares para hacer realidad su sueño de renovar el tribunal y la sociedad en general. Aunque su nombramiento como miembro del consejo de administración del Centro de Información Católica del Opus Dei en la calle K era relativamente reciente en el momento del fallecimiento de Scalia, en realidad Leo había estado haciendo malabarismos con varias actividades paralelas durante sus más de veinte años en la Federalist Society, normalmente en organizaciones sin ánimo de lucro vinculadas a causas católicas importantes para él. En 2008, se había convertido en el presidente de Students for Life of America, una entidad concebida en la misma línea que la Federalist Society, pero dedicada a crear secciones locales en institutos y universidades de todo el país y a luchar contra el aborto.[36] En 2012, se unió a la Catholic Association, una pequeña organización sin ánimo de lucro dedicada a promover la voz católica en el espacio público creada por Neil Corkery, activista del Opus Dei.[37] La entrada de Leo coincidió con un repentino auge de las finanzas de la Catholic Association, que hasta entonces apenas había recaudado dinero, pero que de repente vio cómo entraban casi dos millones de dólares.[38] El dinero se utilizó para crear dos grupos de defensa. Uno se llamaba Catholic Association Foundation, que pronto se convirtió en una vía para financiar diversas iniciativas en los medios de comunicación, incluida una emisora de radio en Maine, donde se votaba un referéndum sobre el matrimonio entre personas del mismo sexo.[39] La otra se llamaba Catholic Voices y fue creada por Jack Valero, portavoz del Opus Dei en Londres, para cambiar la narrativa de los medios de comunicación sobre temas católicos. A los pocos meses de su creación, algunos «voluntarios» del grupo concedieron entrevistas o publicaron comentarios sobre diversos temas, incluidos el aborto y el matrimonio entre personas del mismo sexo, en *The New York Times*, *The Washington Post* y *Los Angeles Times*.[40] En una conferencia convocada por la organización estuvo presente un sacerdote del Opus Dei para bendecirlos.[41]

Para consternación de sus compañeros de la Federalist Society, Leo también había empezado a canibalizar a los donantes de la organización para ayudar a financiar algunas de sus iniciativas más personales y las de sus amigos. En 2010, fundó junto con Ginni Thomas una organización llamada Liberty Central;[42] Thomas era la esposa de su buen amigo el juez Clarence Thomas, y utilizaron una donación de quinientos mil dólares del multimillonario inmobiliario Harlan Crow,[43] de Dallas y también donante de la Federalist Society.[44] El grupo se autodenominaba «la plaza pública de Estados Unidos», y prometía preservar la libertad y reafirmar los principios fundamentales de los Padres Fundadores. Al año siguiente, se incorporó al consejo del Chicago Freedom Trust, creado por el multimillonario Barre Seid para canalizar fondos de forma anónima a iniciativas que deseaba apoyar y aprovechar la reciente sentencia «Citizens United», que protegía a los grandes donantes de la revelación de información.[45] Leo conoció a Seid a través de Eugene Meyer, presidente de la Federalist Society, que imaginaba al acaudalado magnate de la industria manufacturera como un donante potencial para la sociedad jurídica.[46] En lugar de eso, Leo se lo ganó como financiador de su propia red de dinero opaco.[47] Ese movimiento lo puso en contacto con otras figuras cruciales del mundo conservador del dinero ilícito, como Whitney Ball y Adam Meyerson, los principales responsables de DonorsTrust, que canalizaron de forma anónima cientos de millones de dólares a diversos grupos conservadores de base, incluyendo algunos vinculados a la extrema derecha. También utilizó su influencia para desviar fondos al Opus Dei, que pronto se convirtió en donante habitual de la Oakcrest School.[48]

A medida que crecía el acceso de Leo al mundo del dinero opaco, sus amigos supernumerarios, los Corkery, se convirtieron en una tapadera fundamental para las decenas de millones de dólares que fluían a través de la red oculta de organizaciones sin ánimo de lucro de Leo. Neil y Ann le habían proporcionado una cobertura crucial durante la campaña para asegurar las confirmaciones de John Roberts y Samuel Alito en 2005, ocultando los cientos de miles de dólares que gastó para influir en la opinión pública. Conforme entraba más dinero opaco a partir de 2010, empezaron a hacer lo mismo a través de varias organizaciones sin ánimo de lucro como el Wellspring Committee y la Judicial Crisis Network. Su importancia no hizo sino aumentar tras la muerte de Scalia, ya que Leo insuflaba a su red sumas cada vez mayores. En las semanas posteriores al fallecimiento del juez, los Corkery empezaron a abrir la cartera en lo que acabaría convirtiéndose en una campaña de diecisiete millones de dólares para impedir que Obama sustituyera a Scalia y asegurarse de que un conservador fiable ocupara la vacante.[49] Era solo el principio. En cinco años, Leo y los Corkery supervisarían la transferencia de casi seiscientos millones de dólares de dinero opaco a causas de derechas.[50] Su ecosistema oculto acabaría posibilitando que los conservadores se hicieran con el Tribunal Supremo, desbarataran los derechos civiles que tanto había costado conseguir y dieran marcha atrás en cuestiones que les eran muy queridas: el aborto, la discriminación positiva y grandes franjas de lo que consideraban una agenda progresista.

También utilizaron la red para llenarse los bolsillos. En los años siguientes, su patrimonio personal se dispararía al embolsarse decenas de millones de dólares en comisiones de asesoramiento.[51] Esas reservas de dinero opaco también se utilizaron para impulsar diversas iniciativas asociadas directa o indirectamente con el Opus Dei: la Catholic Association, la Catholic Association Foundation, Catholic Voices y el Centro de Información Católica de la calle K, de cuyo consejo formaba parte Leo, se beneficiaron de esa generosidad.[52]

Mientras las fortunas del Opus Dei crecían en Estados Unidos, parecían estar en declive en su lugar de nacimiento. Diez años después de la muerte de Luis Valls-Taberner, el Banco Popular era una sombra de lo que había sido. Poco después de su fallecimiento, Ángel Ron —el hombre elegido a dedo como sucesor de Valls-Taberner— se había embarcado en una gran incursión en el floreciente sector inmobiliario, concediendo miles de millones de euros en préstamos a promotores inmobiliarios y empresas de construcción y emitiendo hipotecas. Durante un tiempo había ido bien. Los beneficios del banco alcanzaron niveles récord y elevaron el valor de la participación controlada indirectamente por el Opus Dei a unos 1.500 millones de euros,[53] lo cual generó millones en dividendos para las diversas fundaciones vinculadas a la prelatura.[54] Pero la crisis económica mundial de 2008 acabó con esa munificencia. El mercado inmobiliario español se desplomó y dejó un exceso de propiedades sin vender y ciudades fantasma por todo el país, cosa que llevó a muchos promotores y constructores a la quiebra, incapaces de devolver los miles de millones que habían pedido prestados a bancos como el Popular.

Con docenas de entidades financieras españolas al borde del colapso, el gobierno se vio obligado a solicitar un rescate de cien mil millones de euros a la Unión Europea.[55] Aunque Alemania y Francia se sintieron obligadas a ayudar a sus vecinos —para salvar el euro y a sí mismas de un posible contagio—, insistieron en que el dinero tuviera condiciones. Ordenaron una auditoría exhaustiva de todos los bancos españoles, de los que sospechaban que no decían toda la verdad sobre la magnitud de sus pérdidas. De hecho, se encontraron enormes agujeros en sus balances[56] y se ordenó a docenas de bancos, incluido el Popular,[57] que suspendieran sus dividendos y ampliaran urgentemente su capital o serían absorbidos por el gobierno. La orden supuso un cese brusco de los ingentes flujos de dinero destinados a las fundaciones del Opus Dei, y planteó la posibilidad de que los bancos perdieran el control total si no eran capaces de inyectar suficiente capital nuevo antes de la fecha límite.

Los hombres del Opus Dei encargados de salvaguardar su participación en el banco se apresuraron a reunir el efectivo que necesitaban para contribuir en la ampliación de capital. La Unión Europea de Inversiones, uno de los principales vehículos que gestionaban las participaciones de la prelatura, acabó teniendo que pignorar cientos de millones de acciones del Popular que poseía para garantizar 155 millones de euros en préstamos de tres bancos, incluidos casi ochenta millones del Popular, un acuerdo muy poco ortodoxo que significaba que la entidad estaba proporcionando el dinero para su propio rescate.[58] Junto con las aportaciones de los demás accionistas del banco, el Opus Dei consiguió inyectar suficiente capital para evitar el rescate público. Pero esa operación tuvo un coste enorme, ya que dejó al principal vehículo que gestionaba la participación de la prelatura en el banco altamente endeudado, y potencialmente en graves problemas si el Popular seguía siendo incapaz de reanudar el pago de sus dividendos. Y eso es exactamente lo que ocurrió. Durante meses, los reguladores se negaron a levantar la moratoria, argumentando que la salud de la entidad financiera no era suficiente para reactivar los pagos a sus accionistas. Con el reloj de los reembolsos del préstamo en marcha, los guardianes del Opus Dei presionaron a Ángel Ron para que encontrara otra solución.[59] En mayo de 2013, alguien lo puso en contacto con Antonio del Valle,[60] un multimillonario mexicano que se ofreció a inyectar 450 millones de euros en el Banco Popular.[61] En diciembre de 2013 se hizo público un acuerdo.[62] Una semana después, Ron anunció alegremente que el Popular volvería a pagar sus dividendos.[63] El Opus Dei se salvó.

Aun así, las celebraciones no durarían mucho. Con las prisas por sacar a la prelatura y sus fundaciones del atolladero, Ron y los demás miembros del consejo habían dejado entrar a un extraño —Del Valle— que pronto alteraría el delicado equilibrio de poder dentro del banco. Durante dos años, el mexicano esperó su momento, pero saltó cuando un control rutinario por parte de los reguladores descubrió un agujero de 2.500 millones de euros en las cuentas del banco,[64] además de actividades sospechosas relacionadas con empresas fantasma con sede en Luxemburgo que parecían haber sido creadas para fingir que se seguían efectuando pagos de algunos grandes préstamos que el banco había concedido.[65] Del Valle viajó a Madrid para poner las cartas sobre la mesa y se ofreció a proporcionar gran parte del efectivo necesario para tapar el agujero a cambio de un mayor control sobre la entidad.[66] Ante la negativa de Ron, el multimillonario mexicano decidió pasar por encima de él. En un movimiento extraordinario que confirmó lo conocida que era realmente la influencia de la prelatura en el banco, Del Valle exigió ver al jefe del Opus Dei.[67] Nunca se le concedió dicha entrevista. En lugar de eso, las fundaciones de la Obra volvieron a pedir grandes préstamos para salvar al banco. En la frenética carrera por encontrar el dinero, la separación que supuestamente existía entre esas fundaciones «independientes» empezó a desvanecerse. Una de ellas se vio obligada a hipotecar el Edificio Beatriz que le había legado Luis a principios de los años setenta y utilizó los casi doscientos millones de euros obtenidos para asegurarse de que otra entidad supuestamente independiente pudiera participar en la obtención de capital y mantener su control sobre el banco durante décadas.[68] Gran parte del imperio oculto del Opus Dei en España —las acciones que poseía en el Popular, los edificios de oficinas de su propiedad y los bonos de su cartera— había sido empeñado en un último y desesperado movimiento para mantener el control. El Banco Popular sobreviviría un día más, pero la Obra estaba apalancada hasta los topes.

Ron había subestimado enormemente la tormenta que desatada tras su enfrentamiento con el mexicano. Mientras el presidente del Popular seguía adelante con su plan, respaldado por el consejo de administración, donde había muchos miembros del Opus Dei, Antonio del Valle lanzó una campaña para echarlo del banco. La negativa de la Obra a dialogar con él reavivó su viejo odio hacia la orden religiosa. De joven había sido miembro en México, pero la abandonó en misteriosas circunstancias.[69] Años después se unió a los Legionarios de Cristo, un movimiento creado a finales de los años cincuenta por Marcial Maciel, un sacerdote mexicano del que más tarde se supo que había sido drogadicto durante mucho tiempo y que había abusado sexualmente de los niños y jóvenes que tenía a su cargo.[70] La organización era otro movimiento religioso al que el papa Juan Pablo II había favorecido por las grandes aportaciones económicas que hacía a la Iglesia.[71] Sin embargo, había sido intervenida por el Vaticano en 2010 tras graves acusaciones de abusos sexuales y prácticas de culto, y en años posteriores se había descubierto una red multimillonaria de empresas y activos en paraísos fiscales.[72] Los paralelismos eran inquietantes. Un miembro del consejo del Popular descubrió que habían oído a Del Valle hablar de su inversión en el banco como parte de un plan mucho más amplio para unir las fuerzas del Opus Dei y los Legionarios de Cristo, en un movimiento que devolvería la prominencia al empañado movimiento religioso.[73] Pero el desaire que había recibido de la prelatura hizo que el mexicano se volviera vengativo, y decidió apoderarse del banco y deshacerse del Opus de una vez por todas. Se dedicó a convencer a otros integrantes del consejo, primero apuntando a los pocos que no pertenecían a la Obra y luego acabando individualmente con otros miembros. No pasó mucho tiempo antes de que la lucha que se estaba librando en el seno del consejo también llamara la atención del Banco de España, que, temiendo una debacle de la confianza en uno de los mayores bancos del país, dejó claro que había llegado el momento de encontrar un nuevo presidente en torno al cual pudiera aglutinarse el consejo.[74]

La búsqueda de sustituto recayó en Reyes Calderón, jefa de la junta de nombramientos internos del banco.[75] Calderón, que se había incorporado al banco solo unos meses antes como uno de los supuestos miembros independientes del consejo de administración, era vista como una apuesta segura por la facción aliada con la prelatura. Como diácona del departamento de Economía de la Universidad de Navarra, perteneciente al Opus Dei, y supernumeraria devota con nueve hijos, a Calderón en general se la consideraba una persona propensa a proteger los intereses de la prelatura. Afrontó su tarea con total profesionalidad y pronto fijó su atención en Emilio Saracho, que a pesar de no estar afiliado al Opus Dei tenía el perfil adecuado para el banco. Bajo, calvo y con una cuidada barba blanca, Saracho era uno de los banqueros más importantes de Europa, un pez gordo del JP Morgan de Londres que cobraba decenas de millones al año. Contactó con él y le dejó claro que el consejo quería a alguien que defendiese la «independencia» del Popular, un lenguaje en clave de los días de Luis Valls-Taberner que significaba proteger los intereses del Opus Dei ante cualquier ataque.[76] Indeciso, Saracho solicitó una reunión con Ron, que había aceptado a regañadientes que su tiempo había terminado. Aunque no eran amigos, se conocían desde hacía más de veinte años y se tenían respeto profesional. Saracho quería hablar con Ron sobre los retos. Pero lo que empezó como una reunión cordial no tardó en ponerse tenso. Saracho estalló, expuso sus dudas sobre el trabajo y se enfrentó a Ron por los rumores sobre el banco. «¿Si acepto esto, te voy a meter en la cárcel? —preguntó—. Si tienes algún problema en el banco [...] esta conversación acaba aquí, Ángel, porque no hay nada en el mundo que me compense en una situación a la que vengo a complicarte a ti la vida.»[77] A pesar de la acalorada conversación —y de sus serias dudas sobre el Banco Popular—, Saracho aceptó el puesto. Se abría una peligrosa nueva era para el Banco Popular.

Tras incorporarse formalmente en febrero de 2017, Saracho pasó tres meses trabajando sin descanso para encontrar una solución: cortejando a posibles compradores, identificando partes del banco que podrían venderse para obtener liquidez y sondeando a bancos de inversión sobre la posibilidad de captar nuevos fondos para tapar los agujeros dejados en sus cuentas mediante la venta de nuevas acciones a inversores. Todos los caminos conducían a un callejón sin salida. Los problemas financieros ya eran bastante graves, pero Saracho pronto descubrió que tenía que enfrentarse a otro problema aún más inesperado. El consejo de administración —las personas que necesitaba para apoyar sus esfuerzos por sanear el banco— parecía extrañamente dividido en dos facciones católicas rivales.[78] Después de casi cuarenta años tratando con empresas de todos los tamaños y de todos los rincones del mundo, nunca había visto nada parecido. Se hallaba en medio de una guerra religiosa: el Opus Dei contra los Legionarios de Cristo. Informó al Banco Central de su preocupación por los inusuales métodos de gobierno corporativo del Popular y, en una medida muy inusual que reflejaba la forma poco ortodoxa en que operaba la entidad, decidió contratar a su propio abogado en lugar de confiar en el consejo del Popular para cubrirse las espaldas.[79] Saracho empezó a sospechar lo que le estaban ocultando. Para empeorar las cosas, se producían constantes filtraciones a la prensa que entorpecían sus esfuerzos, filtraciones que creía obra de Ron, su predecesor. Cada día parecían llegar noticias nuevas sobre graves problemas financieros en el banco, de amargas luchas internas entre los miembros del consejo de administración y de una red secreta de empresas fantasma.

A principios de abril de 2017, presionado por sus auditores, el Popular se vio obligado a emitir un comunicado en el que reconocía irregularidades en sus cuentas.[80] El segundo de Saracho dimitió.[81] Los clientes del Popular reaccionaron con pánico. Apenas dos años antes, muchos habían visto con horror cómo el gobierno de Grecia —que, al igual que España, había ingresado en la Unión Europea en los años ochenta— cerraba repentinamente los bancos, privando a la gente de sus ahorros y limitando la retirada de dinero de los cajeros automáticos a solo sesenta euros diarios.[82] Decididos a no correr la misma suerte, los clientes del Popular reaccionaron a los rumores sobre la salud del banco llevándose su dinero. Aunque solo unas pocas personas conocían la magnitud del desastre, se desencadenó una gran estampida bancaria. En las semanas siguientes, los clientes retiraron más de veinte mil millones de euros de sus cuentas.[83] Entonces, a principios de junio, el Banco Popular se hundió, y el Opus Dei perdió la institución que había impulsado su crecimiento durante sesenta años.

Mientras se producía todo este drama en Madrid, en Villa Tevere, los altos cargos del Opus Dei estaban preocupados por otra crisis. En diciembre de 2016, Javier Echevarría, el prelado, había sido ingresado en un hospital de la Obra a causa de una infección pulmonar.[84] Su estado no tardó en empeorar y, a la semana de ser hospitalizado, falleció. Transcurrido poco más de un mes, 156 sacerdotes y numerarios varones del Opus Dei llegaron a Roma desde todo el mundo para escoger a un nuevo líder, que sería el tercer sucesor de Escrivá.[85] Se elegiría a Fernando Ocáriz, un español de setenta y dos años que había ingresado en el Opus Dei en la década de 1960, mientras estudiaba la carrera de Ciencias en Barcelona, y que ejercía de adjunto a Echevarría.

Ocáriz asumió sus nuevas funciones en una época de enorme agitación en la Iglesia. Casi cuatro años después de la sorprendente dimisión del papa Benedicto XVI, la elección del argentino Jorge Mario Bergoglio —el primer papa de la historia perteneciente a la orden de los jesuitas y el primero en adoptar el nombre de Francisco en honor al santo de los pobres— seguía conmocionando a la clase dirigente católica.[86] Benedicto había dimitido en un contexto de escándalo e indignación tras la filtración de documentos que destapaban la corrupción generalizada y el mal uso de los fondos de la Iglesia en toda la Santa Sede, en lo que se dio a conocer como el escándalo Vati-Leaks.[87] Francisco deseaba imprimir un sello distintivo a su papado y devolver a la Iglesia a lo que consideraba la verdadera misión de Jesucristo tras más de treinta años de dominio de las fuerzas conservadoras con Juan Pablo II y Benedicto XVI. «¡Cómo me gustaría una Iglesia pobre y para los pobres!», dijo a la prensa en uno de sus primeros discursos públicos tras ser elegido.[88] En los días posteriores, asombró al estamento eclesiástico, primero al romper con siglos de convenciones y negarse a mudarse al suntuoso apartamento papal,[89] y un par de semanas más tarde al saltarse la tradicional ceremonia del Jueves Santo en la que el papa emularía a Cristo lavando los pies a los sacerdotes, optando en su lugar por visitar un centro de detención de menores, donde lavó los pies a los reclusos, entre ellos dos mujeres musulmanas.[90] No se trataba de trucos publicitarios: durante su etapa como obispo auxiliar en Buenos Aires, en los años noventa, renunció al coche con chófer y prefería caminar o utilizar el transporte público.[91] Cuando fue nombrado arzobispo, decidió no vivir en el palacio arzobispal y se saltó el tradicional Jueves Santo en la catedral para ir a lavar los pies a los enfermos de sida.[92]

Aunque proyectaba un aura de humildad, Bergoglio también era conocido como un político astuto. Pragmático y con las ideas claras, Francisco dejó claro que no toleraría más la corrupción y el mal uso de los fondos de la Iglesia con los que sí habían transigido sus predecesores. Formó un nuevo consejo encargado de acabar con el dominio de la vieja guardia sobre el gobierno de la Santa Sede,[93] y puso en marcha otra investigación sobre las finanzas del Vaticano.[94] Para evitar las escuchas telefónicas y el posible sabotaje de la investigación por parte de aquella, los investigadores recibieron nuevos teléfonos móviles con números malteses en lugar de italianos, y se estableció una línea privada para enviar contraseñas de acceso a documentos encriptados.[95] Francisco apuntó especialmente a la Congregación para las Causas de los Santos, que había crecido con Juan Pablo II hasta convertirse en una «fábrica de santos», y en la cual se habían detectado actividades sospechosas de desaparición de documentos, dinero y posible corrupción.[96]

Aunque Bergoglio era conocido como un agente político astuto en su país, sabía poco sobre el funcionamiento interno de la política vaticana. Por ello, incluso cuando introdujo una revisión completa de la gobernanza y las finanzas de la Santa Sede, se apoyó en gran medida en las recomendaciones de los expertos vaticanos durante sus primeros años en el cargo. Después de tres décadas yendo a rebufo de Juan Pablo II y Benedicto XVI, y de haberse hecho un hueco como la organización de referencia en todo lo relacionado con el derecho canónico o las comunicaciones, gracias a las proezas de la Pontificia Universidad de la Santa Cruz, el Opus Dei y sus aliados estaban bien posicionados para obtener una serie de nuevas funciones importantes como parte de la inevitable remodelación que acompañó a la elección de Francisco. Por encima de todo, el nuevo papa quería gente competente, y los opusdeístas lo eran.

Durante los primeros años de Bergoglio como arzobispo de Buenos Aires, el Opus Dei había tenido escasa relación con él. Pero todo cambió cuando, por sorpresa, quedó por detrás de Ratzinger en el cónclave para elegir al sucesor de Juan Pablo II en 2005. Poco después, la prelatura trató de congraciarse con él, y envió a Mariano Fazio, un argentino afable y cordial, a la Conferencia General del Episcopado Latinoamericano, donde tuvo la oportunidad de conocer a esa estrella emergente.[97] Tras establecer contacto, Fazio fue destinado a Argentina como responsable de la región, donde intensificó el contacto con Bergoglio. El Opus Dei se hizo cargo de una escuela en un barrio pobre de Buenos Aires, algo totalmente fuera de lo común para la organización, que hasta entonces solo había dirigido academias para las clases altas de Argentina.[98] También trató de mostrar el trabajo que realizaba con las jóvenes desfavorecidas invitando a Bergoglio a una escuela de hostelería pagada por el Banco Popular, aunque es de suponer que no mencionó la presión que ejercía sobre las alumnas para que se convirtieran en numerarias auxiliares ni su historial de obligar a las jóvenes a trabajar gratis.[99] Si bien a Bergoglio le molestaba no tener jurisdicción sobre el Opus Dei, parecía que la Obra hacía todo lo correcto.[100]

Los esfuerzos de la prelatura dieron sus frutos. Pocas semanas después de su elección, Francisco optó por un obispo opusdeísta para la comisión de cinco miembros encargada de reformar las finanzas vaticanas y lo nombró coordinador del grupo.[101] Otra figura del Opus Dei elevada a un papel importante fue el sacerdote Lucio Ángel Vallejo Balda, el único clérigo —junto a siete expertos laicos del mundo de la economía, los negocios y el derecho— en una comisión de importancia crucial encargada de revisar las estructuras económicas y administrativas que sustentan la Santa Sede.[102] Balda había sido recomendado para el cargo por el cardenal George Pell, el revoltoso arzobispo de Sídney, conocido despectivamente como «Pedopell» y «Pell Pot» por algunos miembros del Vaticano a causa de una investigación policial sobre acusaciones de abusos sexuales a menores.[103] Amigo de la prelatura, Pell había eliminado las restricciones informales a la expansión del Opus Dei en Melbourne en los años noventa,[104] y lo había defendido de las acusaciones de lavado de cerebro.[105] Con los años, la relación había florecido. La prelatura siempre proporcionaba un confesor a Pell cuando se encontraba en Roma.[106] Más tarde, miembros del Opus Dei visitarían regularmente al desacreditado arzobispo en la cárcel.[107]

No obstante, en el momento de la investidura de Ocáriz, la relación cuidadosamente cultivada del Opus Dei con el papa Francisco estaba en crisis. El desencadenante del cambio repentino había venido de Argentina, donde una numeraria había donado todos sus ingresos y tres apartamentos de su propiedad a la organización, pero más tarde había decidido marcharse. Sin dinero, pidió a la prelatura que le devolviera parte de sus donativos para poder empezar una nueva vida. El Opus Dei se negó a atender su petición. Al enterarse de su situación por el representante del Vaticano en Buenos Aires, Francisco se indignó.[108] Intervino y ordenó a la prelatura que indemnizara a la mujer. Villa Tevere obedeció, aunque destruyó cualquier rastro de papel entre ellos y la mujer, y la indemnización acordada de cuarenta mil dólares se entregó en efectivo en una bolsa de McDonald's.[109] El incidente, sumado a los rumores de nuevos escándalos relacionados con otros nuevos movimientos que, como el Opus Dei, habían proliferado en torno a la Iglesia durante el siglo pasado, pareció despertar en Francisco un nuevo anhelo por volver a controlar a esos grupos marginales, a los que durante demasiado tiempo se había permitido operar al margen de la supervisión vaticana.

El deterioro de las relaciones entre el papa y el Opus Dei no tardaría en saltar a la esfera pública. En noviembre de 2015, la guardia suiza practicó una sorprendente detención en el Vaticano: nada menos que Lucio Ángel Vallejo Balda, el sacerdote del Opus Dei que se había acercado al papa y había sido elegido para ayudar a dirigir la limpieza de la curia. Balda había sido desenmascarado como agente doble tras haber sido descubierto filtrando documentos sensibles a la prensa y socavando los esfuerzos de Francisco por erradicar discretamente la corrupción y las malas prácticas dentro del Vaticano.[110] Finalmente sería condenado a dieciocho meses de prisión. El Opus Dei se distanció de los acontecimientos con rapidez y comentó que estaba «sorprendido y entristecido» por la detención.[111] «La prelatura del Opus Dei no tiene ninguna información sobre este caso —declaró—. Si las acusaciones resultan ser ciertas, será particularmente doloroso por el daño causado a la Iglesia.»[112] El siguiente movimiento de Francisco fue más difícil de obviar para la Obra. Tras la investidura de Ocáriz en enero de 2017, el papa hizo saber que no ordenaría obispo al nuevo jefe del Opus Dei, en contra de los privilegios concedidos a los dos predecesores del prelado con Juan Pablo II. La decisión supuso un duro golpe para Ocáriz, que ya no podría presidir las ceremonias de ordenación de los nuevos sacerdotes del movimiento.[113] La primera batalla entre los dos hombres significó una clara victoria para Francisco. Aunque no fueron más que las primeras salvas de una guerra cuyo resultado estaba lejos de ser seguro.

Al otro lado del Atlántico, el Opus Dei estaba formando nuevas y poderosas alianzas que podrían inclinar la balanza a su favor. Después de dos décadas o más cortejando a las fuerzas reaccionarias de la política estadounidense, sus esfuerzos empezaban a dar frutos. La sorprendente elección de Donald Trump —un hombre al que Francisco había descrito como «no cristiano» durante la campaña— pronto abriría las puertas de la Casa Blanca a hombres estrechamente aliados con el Opus Dei.[114] En el centro de todo estaba Leonard Leo. Poco después de la victoria de Trump, Leo viajó a Nueva York para ver al presidente electo en la Torre Trump. Salió de la reunión en un estado de euforia, convencido no solo de que el republicano elegiría a un nuevo juez del Tribunal Supremo a partir de la lista confeccionada por él, sino también de que tendría acceso directo al presidente, cosa que le daría otra vía, además de los tribunales, para influir en la dirección del país.[115] Mientras el terremoto de la victoria de Trump sacudía Washington, muchas figuras católicas conservadoras del entorno de Leo se posicionaron sutilmente para aprovechar tan inesperado giro. Ann Corkery fue una de ellas. Durante las primarias republicanas, ella —junto a otros destacados conservadores próximos al Opus Dei, como Robert George— había firmado una carta titulada «Un llamamiento a nuestros hermanos católicos».[116] El texto imploraba que no votaran al magnate inmobiliario, afirmando que su historial y su campaña solo prometían «una mayor degradación de nuestra política y nuestra cultura». Más tarde cambió de bando, utilizando su posición en Catholic Voices para impulsar una agenda protrumpista.[117]

En uno de los primeros actos de Donald Trump como presidente, cumplió su palabra con Leo y eligió al juez conservador Neil Gorsuch para el puesto vacante en el Tribunal Supremo. Una vez más, la maquinaria oculta de organizaciones sin ánimo de lucro —dirigida por los supernumerarios Corkery— entró en acción para asegurar su nominación. Otros miembros prominentes de la red del Opus Dei en Washington pronto fueron elevados a puestos de alto perfil en la nueva administración. El supernumerario Mick Mulvaney pasó a ser director de la Oficina de Gestión y Presupuesto.[118] Más tarde sería ascendido a jefe de gabinete de la Casa Blanca. Entre sus reuniones con multimillonarios, ejecutivos de Wall Street, grupos de presión y partidarios conservadores, Mulvaney también invitó a la Casa Blanca a Jeff Bell, otro supernumerario que Téllez y Fieler habían intentado que fuera elegido para el Senado. El tema de la reunión se registró simplemente como «Opus Dei».[119] Bell dijo más tarde que en ella se trataron «asuntos religiosos y políticos».[120] Dos miembros de la junta del Centro de Información Católica se unirían más tarde a la administración: Pat Cipollone como asesor de la Casa Blanca y Bill Barr como fiscal general. Larry Kudlow, que había sido convertido por el padre McCloskey, fue nombrado director del Consejo Económico Nacional. Desde el franquismo, el movimiento no había tenido un acceso tan directo al poder político.

En mayo de 2017, un grupo de abogados y sus adinerados patrocinadores se reunieron en un lujoso hotel de Nueva York para asistir a un acto de etiqueta en el que se rindió homenaje a un hombre al frente de la batalla emergente en el núcleo de la sociedad estadounidense. Se hizo un silencio en la sala mientras se proyectaba una película en homenaje a Leonard Leo, a quien el Becket Fund, una red de apoyo jurídico y uno de los mayores opositores a la cobertura sanitaria de la anticoncepción, iba a conceder una medalla esa misma noche.[121] El premio conmemoraba su compromiso con la defensa de los valores religiosos frente a lo que hasta hacía poco

322

parecía el avance imparable del progresismo. Una foto familiar de los Leo llenó la pantalla antes de que la película diera paso a una fotografía de Margaret Mary, su hija mayor, fallecida casi diez años antes. «En las últimas décadas, la causa de la libertad religiosa ha sufrido varios reveses», explicaba la voz en *off* mientras una estatuilla de Cristo llenaba la pantalla para luego dar paso a una figura de bronce de un águila real y a una imagen del Tribunal Supremo. «En muchos casos judiciales, la libertad religiosa se ha visto restringida de un modo u otro. Hay quienes dirían que, con demasiada frecuencia, los tribunales han intentado eliminar a Dios y la fe de la plaza pública.» Durante los tres minutos siguientes, un elenco de personajes entre los que se encontraban activistas multimillonarios, un arzobispo católico y un ex fiscal general de Estados Unidos caído en desgracia ensalzaron las virtudes heroicas del galardonado de aquella noche.

El inverosímil elenco representaba una nueva alianza que, apenas cuatro meses después del inicio de la presidencia de Trump, ya se había anotado una serie de importantes victorias. Apenas treinta días antes, la confirmación de Neil Gorsuch como sustituto de Scalia había sido la victoria más reciente —y sonada— de la alianza. Su ratificación había sido fraguada por Leo y una red de organizaciones sin ánimo de lucro encabezada por los Corkery, que habían ideado un bombardeo mediático para influir en la opinión pública y empujar al Congreso a aprobar el nombramiento. Ese motor había publicado artículos de opinión, aportado cinco mil citas a artículos, programado apariciones de expertos en televisión y subido vídeos en línea que fueron vistos unas cincuenta millones de veces. Mientras aparecían nuevas imágenes de Clarence Thomas y Antonin Scalia sonriendo junto a varios vástagos de Leo, Sean Fieler entonó sus elogios. «Leonard no solo ha dado lugar a una organización —dijo—, sino a un movimiento que ha creado un banco de jueces que se adherirá a los principios del experimento estadounidense con mayor fidelidad.»

Al terminar la película se oyeron aplausos y Leo subió al escenario. «Aquí están representados muchos credos y confesiones —dijo a los presentes mientras echaba un vistazo a la sala—, aunque no puedo evitar notar una gran asistencia de lo que santo Tomás Becket llamaría "los sacerdotes problemáticos".»[122] Se oyeron risas. Entre ese grupo de «sacerdotes problemáticos», Leo destacó al cardenal Timothy Dolan, el controvertido arzobispo de Nueva York, habitual en la cena del Becket Fund, pero que se encontraba de peregrinación en Lourdes. A pesar de ser arzobispo de una de las ciudades más liberales y diversas del país, Dolan se había labrado una reputación de defensor de la rama conservadora de la Iglesia estadounidense desde la elección de Francisco, lo cual complació a un sector pequeño pero con mucho dinero y cada vez más ruidoso que no estaba contento con la dirección que el nuevo papa estaba dando a la Iglesia. Tras la provocadora destitución del cardenal Raymond Burke, antiguo defensor del ala conservadora de la Iglesia estadounidense,[123] por parte de Francisco y una serie de discursos en los que el papa parecía cuestionar la moralidad del capitalismo, un adinerado donante estadounidense había amenazado incluso con retirar su apoyo a la restauración de la catedral de San Patricio, en el centro de Manhattan, con un coste de 180 millones de dólares.[124] Poco después, Dolan salió a «aclarar» el mensaje del papa, explicando que Francisco sabía que la respuesta a los problemas del libre mercado no era el control gubernamental y achacando la crítica del pontífice al capitalismo como resultado de su experiencia con el «fraude explotador» de la economía argentina, una experiencia que tenía poco que ver con el capitalismo estadounidense.[125] Además de tranquilizar a los acaudalados detractores de Francisco, Dolan intensificó su relación con el Opus Dei y ofreció a la prelatura una parroquia propia en el corazón de Manhattan, a pocas manzanas de su sede en Murray Hill y en un lugar privilegiado para captar a los católicos que se desplazan al trabajo a través de la Grand Central Station.[126] Más tarde se supo que Larry Kudlow, el animador del libre mercado reclutado por McCloskey para el Opus Dei, había ayudado al cardenal Dolan con su artículo de opinión donde aclaraba las declaraciones del papa.[127]

Leo explicó al público que la victoria de Trump les brindaba una oportunidad inesperada para recuperar terreno en las cuestiones morales que definían su fe católica. «Muchos todavía están tratando de discernir todas las lecciones de 2016 —dijo a la audiencia—. Pero puede que una lección sea esta: a veces, en una buena causa, tus victorias te cogen por sorpresa tanto como tus reveses.» Su discurso de aceptación se convirtió en un grito de guerra para que los que tenían dinero se unieran a él y a sus aliados del Opus Dei. «La política es como todo lo demás en la vida: no siempre controlamos los acontecimientos tanto como nos gusta pensar —continuó—. El resultado es que, de formas que nunca esperamos, ahora mismo tenemos razones para la esperanza. Y como miembro de la Federalist Society y director del Becket Fund, mi objetivo sigue siendo el mismo y es sencillo de enunciar. Se trata de salvaguardar el instrumento que nos protege a todos, preservar y extender la influencia de una de las mayores obras del hombre: la Constitución de Estados Unidos.»

Luego señaló a un grupo de monjas, las Hermanitas de los Pobres, que no habían logrado convencer al Tribunal Supremo de que las eximiera del mandato federal que las obligaba a proporcionar cobertura anticonceptiva a sus empleados. Pero unos días antes de la cena, Trump había emitido una orden ejecutiva que les daba carta blanca para ignorar la ley. Al enmarcar la cuestión como parte de las guerras culturales, Leo había ganado para la causa al presidente, un inverosímil defensor de los valores católicos. «En los cómodos rincones de la cultura de élite, ¿quién defendió a las Hermanitas? —preguntó Leo—. ¿Dónde estaban los editoriales indignados que hablaban a su favor y denunciaban a la administración anterior por su innecesaria y obvia extralimitación? Siempre nos dan sermones sobre el respeto y la protección de las opiniones minoritarias en nuestro diverso país. El silencio en este caso transmite un mensaje que nos resulta familiar: solo debes tener las opiniones minoritarias correctas. De lo contrario, estás solo.»

La apuesta atraería aún más a algunas de las fuerzas más poderosas del mundo católico estadounidense a la órbita del Opus Dei en un momento crítico para el movimiento. Con el papa mermando el codiciado estatus de la organización dentro de la jerarquía eclesiástica, sus finanzas sumidas en el caos tras la pérdida del Banco Popular y el reclutamiento cayendo en todo el mundo debido a la creciente incompatibilidad de su mensaje con la gran mayoría de los católicos, posicionarse como un defensor de los multimillonarios católicos descontentos de Estados Unidos brindaba al Opus Dei una nueva oportunidad. Incluso antes de la victoria de Trump, la estrategia ya había empezado a dar sus frutos. En 2014 y 2015, las donaciones a las fundaciones Woodlawn y Rosemoor y a la Association for Cultural Interchange, sus principales organizaciones sin ánimo de lucro en Estados Unidos, se dispararon.[128] Ello obedeció al acceso del Opus Dei a nuevos donantes, que ayudaron a compensar una disminución más general de la membresía entre la gente común. Durante largo tiempo, las fundaciones habían ingresado alrededor de veinte millones de dólares al año: salarios íntegros donados por miembros numerarios y diezmos de alrededor del 10 % de los ingresos de los supernumerarios. Gracias a una serie de donaciones puntuales, los ingresos de esas tres fundaciones ascendieron a más de cincuenta millones de dólares anuales (más de 46 millones de euros). Los ingresos repentinos habían llegado en un momento difícil para el Opus Dei, y habían ayudado a la organización a compensar las pérdidas causadas por la interrupción de los dividendos del Banco Popular. De repente, Estados Unidos se convirtió en uno de los principales financiadores de los proyectos de la Obra en todo el mundo y la Association for Cultural Interchange, en particular, pasó a ser una fuente esencial de fondos que sufragó un nuevo centro de peregrinación de cincuenta millones de dólares llamado Saxum y situado a las afueras de Jerusalén.[129]

Mientras esa nueva generosidad se destinaba a varios proyectos ostentosos, el Opus Dei mostraba poca preocupación por aquellos que habían quedado marcados por su pertenencia y sus años de trabajo en la organización. En el marco de una sentencia de marzo de 2013, un tribunal francés había condenado a una fundación del Opus Dei y a dos numerarios que trabajaban en ella a pagar una indemnización a Catherine Tissier. Pero tres años después, esta no había recibido ni un céntimo, lo cual la obligó a volver a los tribunales para que se hiciera justicia.[130]

El Opus Dei pronto contaría entre sus filas con algunos de los activistas y donantes católicos conservadores más influyentes de Estados Unidos. Tim Busch, un acaudalado abogado californiano descrito por el *National Catholic Reporter* como «uno de los laicos más influyentes de Estados Unidos y Roma»,[131] se unió al Opus Dei como «cooperador» después de que uno de sus colegas le hablara de la organización, y al poco tiempo conoció al padre Tom Bohlin, su cabeza visible en Estados Unidos, a quien pronto calificó de amigo íntimo.[132] «Creo que son muy accesibles, muy prácticos —dijo Busch, a quien le sorprendió que los numerarios tuvieran que trabajar "en el mundo real" antes de ser sacerdotes—. Es algo único, ¿verdad? Si lo piensas, son como una secta.»[133]

Empezó a recibir orientación espiritual del padre Patricio Mata, un sacerdote numerario español que prefiere hacerse llamar padre Lucas,[134] y se hizo íntimo de José Horacio Gómez, arzobispo de Los Ángeles y máxima figura del Opus Dei en la Iglesia católica estadounidense, a quien ha descrito como uno de sus consejeros más cercanos.[135] Fue invitado a la conferencia Humanum organizada en Roma por Luis Téllez, y también asistió a retiros dirigidos por la prelatura. La inculcación de Busch en el Opus Dei coincidió con la creación del Instituto Napa, que creó en respuesta a la preocupación por el hecho de que Estados Unidos estuviera convirtiéndose en un país secularizado hostil a los derechos religiosos y a la moral tradicional,[136] y que Busch ha descrito como una fortaleza católica en una Norteamérica cada vez más atea donde los fieles «se atrincheran y sobreviven» hasta que la sociedad laica se autodestruye.[137] El arzobispo Gómez mostró su apoyo a Napa aceptando ser el orador principal en su primera conferencia en 2011 y participando en una peregrinación privada a México organizada por Busch dos años después.[138] La Obra ha proporcionado apoyo financiero como patrocinador.[139] «Probablemente un 20 % de la gente de allí es del Opus Dei», dijo Busch, que a lo largo de los años ha correspondido con donaciones a diversas iniciativas del movimiento.

Animado por esa afluencia de dinero y por su creciente influencia, el Centro de Información Católica empezó a disfrutar de un renacimiento. Tras la muerte en 2017 del padre Arne Panula, el sacerdote al que se atribuyó el cambio de rumbo, la capellanía del Opus Dei pasó a manos de un sacerdote español de Barcelona. Carlos Trullols, una estrella emergente dentro de la prelatura, había sido destinado a Estados Unidos tras una breve estancia en España solo dos años después de ser ordenado, y sirvió en Pittsburgh, South Bend y Chicago.[140] Joven, simpático y con experiencia en el mundo de las organizaciones sin ánimo de lucro, parecía la elección perfecta para dirigir el revigorizado Centro de Información Católica. Trullols disfrutaría con su papel y se convertiría en un amigo y consejero cada vez más importante para Leonard Leo. Pero su reinado también sería difícil. A los pocos meses de asumir el cargo, resurgió el escándalo que había obligado a su predecesor a huir a Inglaterra. Esto sucedió después de que la mujer que había sido víctima de abusos por parte de McCloskey —y a la que el Opus Dei había asegurado que el sacerdote ya no ejercería un ministerio directo con mujeres tras el acuerdo económico— descubriera que se le había permitido continuar sin ninguna restricción, primero en Chicago y luego en San Francisco. La víctima había visto un artículo en *The New York Times* en el que se mostraba a McCloskey tomando cócteles en su nueva casa de Palo Alto y deleitándose una vez más en su celebridad, con la que dejó embelesada a su entrevistadora, que lo describía como «el hombre con el don inusual».[141] «Algunos sacerdotes son conocidos por su trabajo con los pobres, otros por su erudición, otros por décadas de servicio a una parroquia —continuaba el artículo—. El reverendo C. John McCloskey III, sacerdote de la orden tradicionalista del Opus Dei, tiene una vocación diferente. Hace conversos, a menudo entre ricos y republicanos.»[142] Horrorizada, la víctima hizo pública su historia y desveló que el Opus Dei le había pagado casi un millón de dólares para zanjar las acusaciones.[143] Una vez más, las transgresiones de McCloskey —y la complicidad de la Obra al permitir que su sacerdote estrella escapara de la justicia y de la responsabilidad por sus actos— amenazaron con destruir la labor del Centro de Información Católica justo en el momento en que estaba disfrutando de su mayor éxito. La maquinaria de prensa del Opus Dei se puso en marcha y Brian Finnerty, su portavoz en Estados Unidos, rompió a llorar durante una entrevista en un periódico para demostrar lo arrepentida que estaba la prelatura de los errores que había cometido en la gestión del caso.[144] Pocas semanas después de que resurgiera el escándalo, el padre Trullols dirigiría el rezo en un acto especial celebrado en la rosaleda de la Casa Blanca para conmemorar el Día Nacional de Oración. Trullols fue el primero de los líderes religiosos allí presentes en ser presentado por el presidente, quien pidió al sacerdote del Opus Dei que se pusiera en pie para recibir un aplauso.[145]

Semanas después, Fernando Ocáriz viajó a Nueva York en el contexto de una gira de costa a costa por Estados Unidos. Sería la primera visita de un prelado del Opus Dei al país en trece años, y reflejaba la creciente importancia de la nación dentro de la prelatura. Durante el viaje participó en un coloquio con académicos conservadores de varias universidades —entre ellos Robert George— como parte de una nueva campaña organizada por Luis Téllez para ampliar el alcance del Opus Dei y su mensaje.[146] Lo haría reproduciendo el éxito del Instituto Witherspoon en Princeton y en otros campus de Estados Unidos.

Gracias a su exitosa infiltración en la élite católica conservadora, el Opus Dei tenía una valiosa oportunidad de aprovechar su posición en Estados Unidos. Pero su alianza con personas como Leonard Leo, Tim Busch y Sean Fieler sería peligrosa, ya que lo situaría directamente en desacuerdo con el mensaje del papa Francisco. Busch, en particular, se convertiría en el centro de la controversia cuando salió en defensa de un cardenal destituido que había publicado una explosiva carta en la que alegaba que el papa Francisco conocía —e ignoraba— las acusaciones de abusos sexuales.

La publicación de esa carta fue programada para causar el máximo daño posible y apareció en un medio cercano a Busch en pleno viaje papal a Irlanda. «El arzobispo Viganò nos ha hecho un gran servicio —afirmó Busch—. Decidió dar la cara porque, si no lo hacía, se dio cuenta de que estaría perpetuando el encubrimiento.»[147] «Viganò nos ha ofrecido una agenda —dijo en una reunión de conservadores de ideas afines—. Tenemos que seguir esas pistas e impulsarlas.»[148] A medida que las tensiones entre el Vaticano y esa franja católica de derechas empezaban a intensificarse, el Opus Dei se encontraría peligrosamente expuesto. En su búsqueda de poder y dinero, la prelatura había olvidado las raíces de su verdadera legitimidad. El conflicto pronto amenazaría con destruir todo lo que Escrivá y sus seguidores habían construido durante el siglo anterior.

14

Revuelta
Buenos Aires, agosto de 2020

Lucía Giménez tardó más de quince años en encontrar por fin un abogado que se tomara en serio su caso.[1] Para entonces ya superaba los cincuenta, estaba casada y tenía una hija adolescente. Su época de numeraria podría parecer un recuerdo lejano si no fuera por el dolor en las rodillas que le producían los años fregando el suelo de los baños para los hombres y la rabia que aún le ardía por dentro por la explotación y los abusos que había sufrido durante sus dieciocho años en el Opus Dei.[2] Giménez había sido reclutada a los trece años en su pueblo del centro de Paraguay por dos numerarios enviados a recorrer las empobrecidas llanuras en busca de chicas jóvenes.[3] La adolescente fue atraída a la escuela que dirigían en la capital, Asunción, situada unos quinientos kilómetros al sur, con falsas promesas de una educación decente y una vida mejor. Giménez pronto fue presionada por uno de sus tutores para que se uniera al Opus Dei como numeraria. Este le aseguró que era lo que Dios quería para ella. Al principio, ella intentó resistirse y fue reprendida por su insolencia. «Jesús murió en la cruz por nosotros —le dijo el guía—. ¿Eres tan egoísta e indiferente que no quieres entregar tu corazón a Dios?»[4] Joven, indefensa y a cientos de kilómetros de su familia, acabó cediendo a la presión y escribió al Padre en Roma para pedir formalmente su admisión, transcribiendo cuidadosamente las palabras que le dictaba su tutor.[5] Fue trasladada sin documentos en un avión privado a la vecina Argentina, donde el Opus Dei tenía una presencia mucho mayor y donde la demanda de numerarias auxiliares era más grande.[6] Durante casi dos décadas llevó una vida de servidumbre, limpiando y cocinando en varias residencias de Buenos Aires con jornadas de doce horas sin paga, con descansos solo para comer y rezar, y durmiendo sobre una tabla de madera.[7] Intentó marcharse varias veces, pero fue amonestada por su director, que le dijo que esos pensamientos eran tentaciones del diablo. La trasladaron de un centro a otro y le recetaron medicamentos para aliviar su malestar.[8]

Cuando abandonó el Opus Dei a los treinta y dos años, Giménez era una mujer destrozada. Aunque se sentía violada —destruida física y emocionalmente—, buscar justicia era lo último que tenía en mente. Poco a poco, empezó a reconstruir su vida. Encontró un empleo, trabajaba durante el día e iba a la escuela nocturna para recibir por fin la educación que le habían prometido los numerarios que la reclutaron. Durante una clase de historia sobre la esclavitud, Giménez empezó a trazar paralelismos entre los trabajadores de las plantaciones de algodón y azúcar de hace cientos de años y su propia existencia dentro del Opus Dei en los años setenta, ochenta y noventa. Se dio cuenta de que ella también había sido una esclava: había pasado dieciocho años en el Opus Dei, trabajando de sol a sol, y no tenía ni un céntimo.[9] Decidió reclamar el dinero que le correspondía por derecho.

Un amigo de Estados Unidos la puso en contacto con un conocido abogado de Buenos Aires. Se organizó una reunión y este le preguntó qué pruebas tenía. Giménez se encogió de hombros. La habían llevado al país indocumentada, nunca le habían dado un recibo de nómina ni había firmado un contrato de trabajo; no tenía más pruebas que las cicatrices mentales que sufría. El abogado le dijo que un caso así no tendría ninguna posibilidad, sobre todo contra una institución tan poderosa como la Iglesia. Pasaron los años y Giménez se puso en contacto con otros abogados. Uno de ellos se mostró especialmente comprensivo y expresó su repulsa por lo que le había hecho el Opus Dei, pero la historia era la misma: sin pruebas, el caso estaba condenado al fracaso. Otro dijo que conocía muy bien el comportamiento del Opus Dei, pero que no podía hacer nada al respecto.

Sin embargo, un día recibió en Facebook una solicitud de amistad de otra exnumeraria. Tras comprobar que no seguía en el Opus Dei, por miedo a que sus superiores le hubieran pedido que se pusiera en contacto con Giménez, la aceptó. A su vez, la amiga la puso en contacto con un grupo de antiguas numerarias auxiliares en el que ayudó a construir una red que compartía su determinación de llevar al movimiento ante la justicia. Una de las principales organizadoras del grupo, una exnumeraria llamada Claudia Carrero, que al igual que Giménez había sido reclutada en la escuela de hostelería de Buenos Aires cuando era una niña, fue un gran apoyo, y juntas empezaron a reunir a un grupo de mujeres que habían evitado enfrentarse a sus torturadores a título individual, pero que colectivamente se sentían capaces de emprender algún tipo de acción contra el Opus Dei.[10]

A través de ese grupo escuchó por primera vez el nombre de Sebastián Sal. Este era socio de un bufete de abogados de Buenos Aires en el que se especializaba en casos de delitos de guante blanco.[11] En sus treinta años de carrera se había labrado una reputación formidable que le había valido una serie de puestos de prestigio, como asesor del Parlamento argentino, conferenciante académico y miembro de un organismo internacional creado para aplicar la Convención de las Naciones Unidas contra la Corrupción. A lo largo de los años, Sal también se había dedicado a representar a numerarias auxiliares que buscaban una compensación económica por sus años de trabajo no remunerado.[12] A diferencia de otros abogados de la ciudad, Sal tenía un profundo conocimiento del funcionamiento del Opus Dei gracias a su propia experiencia como numerario. En los años ochenta, mientras estudiaba Derecho, había entrado en contacto con la organización a través de un amigo de un amigo que había asistido a una charla en un centro local de la Obra. Sal decidió comprobarlo por sí mismo. Desde el principio hubo cosas que le causaron cierta inquietud. El sacerdote con el que habló no le permitió marcharse sin que aceptara que le prestaran un libro, un gesto que pretendía parecer un acto generoso de amistad. Pero Sal pronto se dio cuenta de que era simplemente una artimaña para que volviese y para que el cura pudiera obtener su nombre, dirección y número de teléfono, solo para que supieran dónde estaba el libro, según le dijeron. A medida que pasaban las semanas y Sal frecuentaba cada vez más el centro, también empezó a intuir que las cosas que había comentado en privado habían sido compartidas con los otros numerarios, que parecían sospechosamente bien informados sobre sus gustos y aversiones y los asuntos personales que había confiado al sacerdote.[13] Esa información fue difundida para ayudar a los numerarios a crear un vínculo con el posible nuevo recluta, para provocar en él una «crisis vocacional». Es un ataque coordinado durante el cual se plantea por primera vez la cuestión de convertirse en numerario, y el sacerdote y los demás numerarios trabajan de común acuerdo para presionar a la víctima hasta la sumisión. El hombre tuvo éxito; la desprevenida víctima «silbó». Era una táctica que Sal aprendería a utilizar poco después de solicitar ser admitido como numerario.

Sin embargo, no tardó mucho en cuestionarse dónde se había metido. Los numerarios que se habían mostrado tan cordiales y acogedores con él en el período previo a su crisis vocacional pronto le dieron la espalda. Llegó a comprender que la amistad real entre numerarios —a diferencia de la amistad simulada que se mostraba a los reclutas potenciales— estaba muy mal vista. El discurso entusiasta sobre la difusión de la Obra —Sal había oído historias sobre numerarios enviados a países exóticos cual misioneros embarcados en una santa cruzada— se desvaneció. Además de las clases de doctrina y apologética, le enseñaron a «pescar» vocaciones y aprendió las mismas técnicas que habían utilizado para captarlo a él.[14] Al final de su primer año, Sal pensó en abandonar, pero decidió continuar, cediendo a la presión de su sacerdote y director, quien le advirtió que no renunciara a la vocación que Dios le había trazado y le dijo que seguir el camino de un «traidor» lo haría infeliz el resto de su vida.[15]

Sal siguió adelante, infeliz, lo más ocupado posible con el trabajo y ganando nuevos reclutas, de modo que no tuviera demasiado tiempo para pensar. Como eso no funcionaba, pensó que un cambio de aires le ayudaría y pidió permiso a sus superiores para ir a estudiar al extranjero. Intentaron disuadirlo; Sal había tenido éxito en el reclutamiento de varios jóvenes y en Buenos Aires le necesitaban para organizar círculos para los miembros supernumerarios casados. Pero su resolución era firme, y solicitó sin que ellos lo supieran una plaza en la Universidad de Pensilvania, donde fue aceptado. Al final cedieron y le permitieron ir. Lo destinaron a la residencia numeraria masculina más cercana, en Princeton, situada a una hora de tren, donde compartió casa con el padre C. John McCloskey y donde veía regularmente a Luis Téllez, el hombre que estaba detrás del Instituto Witherspoon. McCloskey le caía muy mal, ya que hacía comentarios racistas sobre algunos numerarios, por lo que Sal escribió cartas a Nueva York y Roma quejándose del comportamiento inapropiado del sacerdote. Nunca obtuvo respuesta. Cuando volvió a Argentina en 1997, sus dudas sobre el Opus Dei eran abrumadoras. Empezó a cuestionar abiertamente a sus superiores por el control que ejercían sobre todos los aspectos de su vida. Poco después de su regreso, abandonó la organización.

Claudia Carrero escribió a Sebastián Sal en agosto de 2020 y le habló del grupo en el que ella y Giménez estaban involucradas, detallando cuántas carecían de pagos a la seguridad social, lo cual les impedía reclamar sus pensiones y otras prestaciones, y preguntándole si había algo que pudieran hacer al respecto.[16] Para entonces ya habían reunido a un grupo de 43 mujeres que se encontraban exactamente en la misma situación y querían reclamar las prestaciones de la seguridad social que se les adeudaban. Le preguntaron a Sal si estaba dispuesto a ocuparse de su caso. Aunque el número de partes implicadas era mucho mayor —hasta ese momento el abogado solo había representado a particulares—, los fundamentos de la demanda parecían similares a casos anteriores que había presentado contra el Opus Dei, que normalmente eran sencillos y terminaban en acuerdos. Aceptó hacerse cargo. Su primer paso fue comprobar en la base de datos de la Seguridad Social las cotizaciones realizadas en nombre de las mujeres en cuestión. Corroboró sus afirmaciones: de las 43, veinte no habían cotizado a la seguridad social durante su tiempo como numerarias auxiliares, y el resto solo tenían cotizaciones esporádicas en sus registros.[17] En septiembre, se puso en contacto con el Opus Dei para llegar a un posible acuerdo, por el que la prelatura pagaría las cotizaciones que faltaban para que las mujeres pudieran reclamar las pensiones y subsidios a los que tenían derecho.

Al principio, las señales eran buenas. Un abogado que representaba al Opus Dei solicitó una reunión, y ambos debatieron el caso mientras tomaban un café a la salida de un Starbucks en el centro de Buenos Aires. La reunión fue cordial y Sal era optimista con que se pudiera llegar fácilmente a un acuerdo. Sin embargo, ese optimismo no tardó en desmoronarse. Tras la reunión inicial con el abogado, hubo una oleada de actividad por WhatsApp: un intercambio de información en el que se detallaban los nombres de las mujeres y las cotizaciones a la seguridad social pendientes. Pero a principios de 2021, los avances se habían frenado. A Sal le dijeron que la oficina del vicario regional —el jefe del Opus Dei en Argentina— ya no podía discutir el caso y que debía dirigir su queja a la rama femenina. Le facilitaron una dirección de correo electrónico y le dijeron que volviera a remitir la queja allí, cosa que hizo, pero solo después de enviar una copia al vicario regional. Sal recibió respuesta de alguien que dejó muy claro que no actuaba en nombre de la prelatura, sino de una fundación benéfica que poseía varias residencias por todo el país. Estaba en marcha una calculada operación de lavado de manos.

Sin que Sal lo supiera, más o menos al mismo tiempo que había recibido la denuncia de las 43 mujeres, el vicario regional de Buenos Aires había recibido otra de alguien que alegaba haber sufrido abusos sexuales por parte de un numerario durante un campamento de verano del Opus Dei en los años ochenta.[18] La víctima estaba respondiendo a las nuevas normas introducidas por el papa Francisco para evitar que se encubrieran esos casos y que obligaban a denunciar cualquier abuso sexual directamente al Vaticano. La víctima pidió que el Opus Dei acatara las nuevas normas y denunciara los abusos a la Santa Sede. Su petición fue ignorada. Por el contrario, la prelatura respondió con tácticas de distracción similares a las del caso de Sal, lavándose las manos y diciendo a la víctima que no estaba obligada a denunciar el incidente, ya que había tenido lugar en un campamento de verano que no gestionaba el Opus Dei, sino una fundación benéfica que casualmente estaba dirigida por un grupo de numerarios.[19]

A Sal le dijeron que, para proceder, las mujeres tendrían que reunirse individualmente con los abogados que representaban a la fundación benéfica, o tal vez en grupos de dos, y sin que él estuviera presente. Era un claro intento de disolver el grupo. Sal se negó y pidió hablar con la misteriosa figura que representaba a la fundación. La mujer respondió diciendo que no tenía teléfono. El abogado se ofreció a comprarle uno y enviárselo a su oficina si le facilitaba una dirección. No hubo respuesta.

Sal se dio cuenta de que las negociaciones habían llegado a un callejón sin salida y su equipo empezó a entrevistar en detalle a las numerarias auxiliares con vistas a preparar una denuncia formal, pero descubrieron que tenían ante sí delitos graves como la trata de menores y la esclavitud, además de abusos físicos y psicológicos. En vista de ello, se sintió obligado a informar al Vaticano, por lo que solicitó una reunión con el nuncio papal, el representante oficial del sumo pontífice en Argentina.

El nuncio indicó a Sal que debía enviar una carta al papa. El abogado acabó enviando tres, por diferentes vías, para maximizar las posibilidades de que al menos una llegara a Francisco y para evitar que la queja fuera interceptada por otras partes interesadas dentro del Vaticano. En las cartas detallaba que lo que inicialmente era un caso de reclamación de pagos a la seguridad social se había convertido en algo mucho más grave. Expuso una serie de violaciones de los derechos humanos y actos delictivos sufridos por las mujeres durante su estancia en el Opus Dei, incluyendo esclavitud, violación de la intimidad, trata de seres humanos, empleo de menores, engaño, cautiverio, denegación de acceso a la atención médica, control del acceso a los medios de comunicación y explotación general.[20] Hizo cuatro peticiones concretas a Francisco: que el Opus Dei reconozca los abusos cometidos, que pida disculpas a las mujeres por el sufrimiento causado, que las indemnice y que tome medidas para que esas violaciones no vuelvan a repetirse.[21]

También denunció que la Obra utilizaba una red de fundaciones para ocultar su riqueza y eximirse de cualquier responsabilidad legal, proporcionando una lista detallada de quince organizaciones sin ánimo de lucro en Argentina vinculadas a la prelatura, así como los bienes que tenían a su nombre. No obtuvo respuesta. En mayo, dos meses después de enviar las cartas y casi ocho meses después de dirigirse al Opus Dei, el caso parecía estancado. Las mujeres se impacientaban y no les quedó más remedio que hacerlo público.

El Opus Dei se enfureció cuando el artículo, bajo el titular «¿Servidoras de Dios? El calvario de 43 mujeres que enfrentan al

Opus Dei», apareció en *La Nación*, uno de los principales periódicos del país, en mayo de 2021.[22] El artículo estaba lleno de detalles perjudiciales sobre cómo habían sido reclutadas cuando eran niñas, cómo se les había prometido una educación que nunca recibieron y cómo se esperaba que trabajaran hasta quince horas al día sin remuneración. Por pura casualidad, la historia salió a la luz el día en que el Opus Dei iba a celebrar un acto para recaudar fondos en su universidad a las afueras de Buenos Aires.[23] La Obra se apresuró a parar el golpe, acusando a Sal de no haber proporcionado suficiente información para investigar la situación adecuadamente, a pesar de que todas las mujeres habían vivido y trabajado en el centro propiedad de la organización, que según las normas internas debía mantener sus propios registros detallados de cada residente.[24] Subrayó que cada caso podía ser muy diferente, y dijo que seguía abierto a «escuchar a cada persona», persistiendo así en sus intentos por disolver el grupo.

En vista de la indignación que causó la noticia en Buenos Aires, donde el papa había vivido y trabajado casi toda su vida, a Sal le extrañaba el silencio permanente del Vaticano. Un día de mediados de 2021, recibió una llamada de otro conocido abogado de la ciudad, que le pidió que se reunieran.

—Tengo un mensaje de Jorge —dijo el abogado cuando ambos se encontraron por fin en persona. Sal no tenía ni idea de a quién se refería.[25]

—¿Jorge? ¿Quién es Jorge? —preguntó.

—¡El papa! —respondió el otro abogado.

Le explicó que, desde Roma, Francisco estaba siguiendo de cerca la historia y deseaba enviar un mensaje personal a Sal para que continuara con su buena labor. Aunque hasta entonces pensaba que el Vaticano no estaba interesado, el encuentro hizo que el abogado se diera cuenta de que en realidad había voluntad de abordar los abusos del Opus Dei. Aun así, era evidente que el papa, que jugaba un delicado juego político, no podía pedir públicamente una investigación. Sal llegó a la conclusión de que el siguiente paso lógico era presentar una queja oficial ante el Vaticano contra el Opus Dei.

En septiembre de 2021, se envió a la Sección de Abusos del Dicasterio para la Doctrina de la Fe del Vaticano un documento de

32 páginas en el que se detallaban los abusos sistemáticos a exnumerarias auxiliares durante más de cuarenta años —desde 1974 hasta 2015— en diversas residencias del Opus Dei en Argentina, Paraguay, Bolivia, Uruguay, Italia y Kazajistán.[26] El documento señalaba como cómplices de los abusos al prelado Fernando Ocáriz y a su adjunto Mariano Fazio, así como al menos veinticuatro sacerdotes de la Obra que tenían conocimiento directo de lo que les sucedía a las mujeres.[27] Además de sus cuatro demandas anteriores, Sal expuso una más: que los acusados fueran despojados de sus cargos eclesiásticos y sancionados por su papel en los abusos.[28] Lo que el abogado había previsto inicialmente como un caso bastante sencillo que se resolvería rápidamente con el pago por parte del Opus Dei de las cuotas de la seguridad social que no había abonado y un acuerdo en metálico con las 43 mujeres estaba adquiriendo repercusiones inesperadas que llegaban hasta lo más alto de la organización.

En noviembre de 2021, el caso de Argentina saltó a la escena internacional cuando Associated Press publicó un artículo sobre la difícil situación de las exnumerarias auxiliares y la denuncia que habían presentado en el Vaticano.[29] La información exponía la supuesta explotación laboral y los años de abusos, e incluía entrevistas con varias de las mujeres, entre ellas Lucía Giménez, que contó por primera vez su historia a un público internacional. «No te dan tiempo para pensar, para criticar y decir que no te gusta —explicaba—. Debes aguantar porque tienes que entregarte totalmente a Dios.» Ninguna de las mujeres estaba preparada para el impacto que tendría el artículo. A los pocos minutos de ser publicado, su lucha era noticia de portada en los sitios web de docenas de periódicos importantes de todo el mundo, desde Londres hasta Lagos y Taipéi. Sin embargo, la historia tuvo relativamente poca repercusión en Estados Unidos, donde se vio eclipsada por la noticia de última hora de que Steve Bannon, exasesor de la Casa Blanca, estaba acusado de desacato al Congreso.[30] La noticia tuvo tan poco impacto en Washington que, en la calle K, el padre Trullols y el resto de la junta directiva del Centro de Información Católica se sentían lo suficientemente seguros como para seguir adelante con el lanzamiento de la mayor recaudación de fondos hasta la fecha: la renovación multimillonaria de la capilla y librería de San Josemaría Escrivá de Balaguer.

Presentado como la «Campaña de San José Constructor», el proyecto de renovación prometía transformar el lugar en «el principal espacio para que los católicos y los interesados en la fe se reúnan en el centro de la ciudad». El impulso buscaba aprovechar el regreso del Centro de Información Católica a la primera línea bajo la administración de Trump, durante la cual tres de los miembros de la junta habían ocupado cargos importantes. Y el padre Trullols había dirigido el rezo de la nación desde la rosaleda de la Casa Blanca. La victoria de Joe Biden en las elecciones presidenciales de 2020 había restado algo de fuerza al CIC, a pesar de que el nuevo presidente era católico practicante. Pero en los meses transcurridos desde la toma de posesión, el CIC se había reposicionado como un refugio para el ejército en retirada de católicos conservadores que habían trabajado en el centro de la administración de Trump, pero cuyas ideas —y trayectoria en el gobierno— habían sido rotundamente rechazadas por los 81 millones de estadounidenses que votaron por Biden en las elecciones con la mayor participación en más de un siglo.

La derrota en las urnas creó tensiones entre Trump y algunos católicos conservadores que habían sido aliados incondicionales del presidente a lo largo de su tumultuoso mandato. Estos incluían a Bill Barr, que fue despedido como fiscal general siete semanas después de las elecciones perdidas, cuando admitió públicamente que el Departamento de Justicia no había encontrado pruebas de que se hubiera manipulado el voto, un argumento que Trump y sus aliados estaban impulsando enérgicamente. El CIC se movió para posicionarse como un hogar y una plataforma para Barr, que anteriormente fue miembro de la junta de la capilla y librería del Opus Dei, creando un nuevo cargo llamado Cátedra Santo Tomás Moro y eligiendo al ex fiscal general como su primer ocupante.[31]

Sin embargo, no todos los católicos conservadores en el corazón de la administración de Trump se retiraron tranquilamente del gobierno. Ginni Thomas, que había sido asesora del presidente y una aliada clave y amiga íntima de Leonard Leo, intercambió mensajes de texto con el jefe de Gabinete de la Casa Blanca, Mark Meadows, en los que compartía teorías conspirativas sobre el tiroteo de la escuela Sandy Hook como una operación de falsa bandera, así como historias que circulaban en Internet según las cuales el ejército estadounidense había ayudado a alterar las papeletas de voto en estados indecisos.[32] También compartió otro rumor infundado que circulaba entre conspiranoicos de extrema derecha que aseguraba que Biden, el presidente electo, estaba a punto de ser detenido por fraude electoral y trasladado en barcaza a la bahía de Guantánamo, donde se enfrentaría a un tribunal militar por sedición.[33] Su disposición a tragarse el cuento de las elecciones robadas —a pesar de las nulas pruebas que respaldaban las afirmaciones de Trump— reflejaba un temor común entre la élite católica conservadora de Washington a que el cambio de poder desencadenara una revolución liberal similar a la que sacerdotes como McCloskey les habían advertido durante mucho tiempo. «No cedáis —imploró a Meadows—. Hace falta tiempo para que el ejército que se está reuniendo le cubra las espaldas.»[34] Pocos días después, el jefe de Gabinete de la Casa Blanca respondió con un mensaje que exponía la batalla contra la derrota electoral de Trump como parte de una cruzada religiosa. «Esta es una lucha del bien contra el mal —escribió—. El mal siempre parece el vencedor hasta que triunfa el Rey de Reyes. No os canséis de hacer el bien. La lucha continúa. Me he jugado mi carrera. Bueno, al menos mi tiempo en Washington.»[35] Thomas respondió: «¡Gracias! ¡Lo necesitaba! Esto, además de una conversación con mi mejor amiga hace un momento [...] Intentaré seguir aguantando. ¡Estados Unidos lo merece!».[36]

La conversación ofrecía una mirada a las mentes de aquellos que se encontraban en lo más alto del gobierno y a cómo sus puntos de vista religiosos —y el veneno que les servían las voces conservadoras de la Iglesia— habían distorsionado su realidad. Cuando estallaron los disturbios en Washington D. C., dos semanas antes de la toma de posesión de Biden, y los manifestantes irrumpieron en el Congreso, se supo que uno de los principales grupos detrás de la manifestación autodenominada «Salvemos a América», que condujo a los disturbios, había recibido millones de dólares de uno de los vehículos de dinero opaco dirigidos por Leonard Leo y los Corkery.[37]

Tras la toma de posesión de Biden, el CIC aprovechó la incipiente guerra cultural para ofrecer una plataforma —y el sello de aprobación eclesiástica del Opus Dei— a un pequeño pero ruidoso grupo de conservadores católicos dedicados a animar a los creyentes a luchar contra lo que se consideraba el laicismo militante del nuevo gobierno demócrata, incitándolos a alzarse en contra la guerra ideológica que se avecinaba. Ignorando el llamamiento que hizo el papa Francisco tras las elecciones para que los católicos «muestren atención y compasión, trabajen por la reconciliación y la sanación y fomenten el respeto y la aceptación mutuos», el centro del Opus Dei en la calle K intensificó la guerra cultural dando tribuna a aquellas voces más proclives a llamar a la batalla que a buscar la reconciliación.[38] Su anterior calendario de charlas a cargo de escritores católicos sobre figuras inspiradoras de la fe pronto fue sustituido por mordaces conferencias que aprovechaban el *Zeitgeist*, el ánimo del momento, arremetiendo contra el auge de la «ideología de género», las políticas transgénero y otras causas liberales.[39]

Barr tuvo un papel clave en ese grupo, y ya había causado controversia durante su etapa como fiscal general al alegar que en Estados Unidos se estaba produciendo una «destrucción organizada» de la religión.[40] «Los laicistas y sus aliados entre los progresistas han reunido toda la fuerza de las comunicaciones de masas, la cultura popular, la industria del entretenimiento y el mundo académico en un asalto sin tregua contra la religión y los valores tradicionales», dijo durante un discurso de octubre de 2019 en unos comentarios que recuerdan a Escrivá y Del Portillo.[41] Como nuevo titular de la Cátedra Santo Tomás Moro del centro del Opus Dei, pronunció un discurso incendiario contra el adoctrinamiento de los niños en la escuela pública en relación con temas como el género y la sexualidad, en el que defendía el derecho de los padres a educar a sus hijos según su propio sistema de creencias.[42] «Hoy, el rasgo distintivo de nuestra época es el abandono de Dios por parte del hombre —dijo al público—. Vemos a nuestro alrededor el impresionante desmoronamiento de la visión cristiana del mundo y de la cultura que se ha basado en esa visión del mundo. Está siendo suplantada por un sistema de creencias totalmente ajeno, laico, materialista y solipsista.»[43] La charla exaltaba a los padres —en lugar de al Estado— como los más indicados para tomar decisiones sobre cómo se debe educar a los hijos y qué ideas deben escuchar. «Nuestras escuelas públicas se han convertido inevitablemente en cabinas de pilotaje de una feroz guerra cultural en la que el ganador se lo lleva todo en la formación moral de nuestros hijos», advertía.[44]

La pose de victimismo del CIC pasaba por alto el hecho de que, durante los años de Trump, los conservadores católicos habían tomado el control del Tribunal Supremo gracias a uno de sus miembros: Leonard Leo. Tras el nombramiento de Neil Gorsuch para sustituir a Antonin Scalia, otros dos puestos se habían liberado durante la presidencia de Trump, lo cual le permitió crear una sólida mayoría conservadora.[45] Uno de esos escaños había quedado vacante pocas semanas antes de las elecciones tras la inesperada muerte de Ruth Bader Ginsburg. Decidida a no dejar pasar la oportunidad de cambiar decisivamente el equilibrio del tribunal, la élite jurídica conservadora se olvidó de la supuesta tradición de no cubrir nunca un puesto libre del Tribunal Supremo en año electoral, un argumento que había esgrimido para impedir que Obama remplazara a Scalia. Una vez más, se pidió a Leonard Leo que ayudara a encontrar un sustituto.[46] En un acto de la Federalist Society, su buen amigo Clarence Thomas, el juez del Tribunal Supremo, se refirió bromeando a Leo como el tercer hombre más poderoso del mundo, presumiblemente por detrás del papa y el presidente de Estados Unidos.[47] «¡Que Dios nos asista!», había respondido el aludido.[48] Pero tras la muerte de Ginsburg, ni siquiera Dios pudo refrenar su ambición.

En lugar de ofrecer un candidato de concesión, dada la proximidad de las elecciones, Leo propuso a Amy Coney Barrett, una protegida de Antonin Scalia[49] que era abiertamente hostil a «Roe contra Wade».[50] No fue casualidad. Meses antes, Thomas E. Dobbs, el responsable de sanidad de Misisipi, había presentado un recurso ante el Tribunal Supremo después de que la Jackson Women's Health Organization —la única clínica abortista en ese estado— hubiera impugnado con éxito una ley estatal que prohibía los abortos a partir de las quince semanas.[51] Dos tribunales distintos ya habían confirmado una orden judicial contra la aplicación de la ley por parte del estado, pero una victoria de Dobbs en el Tribunal Supremo cuestionaba directamente la premisa de «Roe contra Wade» y creaba la oportunidad que la derecha católica había anhelado durante tanto tiempo para revocar casi cincuenta años de derecho al aborto. Coney Barrett fue confirmado en el Tribunal Supremo solo ocho días antes de las elecciones, lo que dio a la corte un fuerte sesgo antiabortista mientras se estudiaba el caso.[52]

El estatus de Leo como tercera figura más poderosa del mundo pronto lo convirtió en un hombre rico. Durante su etapa en la Federalist Society no era ni mucho menos un indigente, pues ingresaba unos cuatrocientos mil dólares al año.[53] Pero con seis hijos en The Heights y Oakcrest, los dos colegios del Opus Dei que cobraban hasta treinta mil dólares (unos 27.000 euros) anuales por alumno,[54] y un gusto cada vez mayor por la buena comida y los vinos caros,[55] no tardaba mucho en agotar su sueldo. Su vida había dado un giro fastuoso tras la victoria de Trump y su elección como asesor no remunerado del presidente en nombramientos judiciales.[56] El espectacular aumento de su fortuna personal coincidió con su incorporación a una entidad con ánimo de lucro llamada CRC Advisors junto con Greg Mueller, otro miembro de la junta de CIC.[57] Mueller había encabezado la mordaz estrategia de relaciones públicas de la Organización Nacional para el Matrimonio, que se estableció rápidamente como la empresa asesora de referencia para la red de dinero opaco de entidades sin ánimo de lucro que Leo había ayudado a crear a lo largo de los años. Una vez más, el nombre de Corkery estaba en todo el caudal de dinero.[58] La mayor parte de los ingresos de CRC procedían de The 85 Fund, una organización sin fines de lucro que Leo reutilizaba para financiar causas conservadoras en todo el país,[59] y ese fondo pagó 34 millones de dólares (casi 31,5 millones de euros) en honorarios a su nueva empresa de asesoría en un período de solo dos años.[60] A medida que entraba el dinero, Leo empezó a disfrutar de los mismos lujos que los multimillonarios a los que había estado cortejando largo tiempo. Durante la mayor parte de sus tres décadas en Washington, había llevado una vida doméstica modesta y residido varios años en un pequeño piso en el complejo de las Torres Randolph, en el centro de Arlington, antes de mudarse a una casa familiar de una sola planta y cinco dormitorios en los suburbios de McLean en 2010.[61] Pero en los años transcurridos desde 2016, había gastado millones de dólares en dos nuevas mansiones en Maine, comprado cuatro coches nuevos y contratado a un comprador de vinos y una cámara de frío en Morton's, un asador de lujo a tres manzanas del Centro de Información Católica.[62] Sin embargo, esto era solo un anticipo de lo que estaba por venir.

En 2020, Leo abandonó sus funciones en la Federalist Society para centrarse en la red de dinero ilícito que había fomentado como actividad paralela durante su tiempo allí. Con él, se llevó a uno de los mayores donantes de la Federalist Society: un multimillonario de la industria manufacturera de Chicago llamado Barre Seid, un descendiente de judíos que aun así compartía muchos de los puntos de vista conservadores de Leo. Durante dos décadas, Seid había inyectado al menos 775 millones de dólares (casi 716 millones de euros) en campañas para causas libertarias y conservadoras, por lo que se había convertido silenciosamente en uno de los donantes más importantes de la derecha política.[63] A sus casi noventa años, Seid había decidido dejar que su dinero continuara esa labor y llegó a la conclusión de que Leo era el hombre adecuado para supervisar su generosidad. Leo había traicionado a sus jefes: estos le habían encargado que cortejara al multimillonario como posible donante de la Federalist Society, pero él se lo había ganado para su propia red.[64] Seid cedió su negocio a Leo, le dio el control de un fondo de reserva de 1.600 millones de dólares (casi 1.478 millones de euros) y lo convirtió en donante en lugar de representante de los donantes de dinero opaco.[65]

El Opus Dei pronto se benefició de esas corrientes de dinero opaco. DonorsTrust, que había proporcionado la mayoría de la financiación de The 85 Fund, fuente de gran parte de la nueva riqueza encontrada por Leo, pronto empezó a donar millones a una fundación vinculada a la Catholic Association.[66] La organización, fundada por Neil Corkery, había financiado durante años diversas iniciativas de los medios de comunicación para promover el catolicismo en la plaza pública, entre ellas Catholic Voices USA, el fallido programa de formación de medios de comunicación vinculado al Opus Dei. Pronto destinó dinero a otras iniciativas de la Obra. Uno de los mayores beneficiarios de la fundación fue el Centro de Información Católica en la calle K.[67] En poco tiempo, el Opus Dei había empezado a cultivar donaciones directamente de muchos de los multimillonarios que también habían dado enormes sumas de dinero a la red oscura de Leo. Sean Fieler comenzó a aumentar su apoyo a las iniciativas del Opus Dei, enviando dinero para ayudar a financiar su universidad en Roma, así como una expansión del Instituto Witherspoon de Luis Téllez, que se estaba implantando en otros campus de la Ivy League bajo su último plan: la Foundation for Excellence in Higher Education (FEHE).[68] En los próximos años, el presupuesto de la FEHE aumentaría a más de diez millones de dólares anuales,[69] gracias a donaciones de siete cifras de archiconservadores como Charles B. Johnson y el multimillonario Franklin Templeton,[70] así como de las fundaciones Sarah Scaife[71] y Diana Davis Spencer.[72] Las donaciones permitirían a Téllez ampliar el programa a catorce universidades de élite, incluidas Columbia, Duke, Harvard, Oxford, Princeton, Stanford y Yale, formando a miles de jóvenes que llegarían a ocupar puestos de influencia cultural.[73] Para Téllez, la FEHE marcó una decisión de dirigirse a la siguiente generación —una estrategia probada por Escrivá en los años treinta y cuarenta— después de que los votantes no se comprometieran con el mensaje de la Organización Nacional para el Matrimonio y el Proyecto de Principios Estadounidenses. «Cuando perdimos en el proceso político y legal, pensé dónde podía ser más útil —explicaba, refiriéndose a la derrota con el matrimonio entre personas del mismo sexo—. Vamos a dedicarnos aún más a la educación de hombres y mujeres jóvenes para que ellos mismos puedan ocupar posiciones en la política pública.»[74]

Tim Busch, que había fundado el Instituto Napa para que católicos archiconservadores como él idearan, entre comida *gourmet* y buen vino, formas de devolver al país sus raíces cristianas, nombró a Leo miembro de su junta e hizo donaciones regulares a las diversas iniciativas de la prelatura.[75] Bohlin aprobó personalmente el nombramiento de Busch como «cooperador», una designación oficial para los colaboradores más cercanos de la organización.[76] Acoger a Busch en el Opus Dei como cooperador fue un movimiento controvertido, puesto que anteriormente había sido acusado de participar en una trama que culpaba a Francisco de encubrir abusos sexuales,[77] y más recientemente había estado vinculado a un polémico proyecto para influir en el próximo cónclave papal.[78] Dirigido por una misteriosa fundación llamada Better Church Governance, el «Informe Sombrero Rojo» implicaba la contratación de exagentes del FBI para recabar información sobre cardenales prominentes. La iniciativa se presentaba como un servicio a la Iglesia en general, que, a pesar de la llegada de Internet y la revolución de la información, creía estar menos cualificada para tomar decisiones importantes que en los años setenta. Más tarde, Busch hablaría abiertamente de los fallos humanos de la cúpula vaticana y de cómo los miembros laicos adinerados estaban mejor posicionados para liderar las campañas de evangelización en el futuro. «Creo que la Iglesia que fundó Jesucristo es perfecta porque existe desde hace dos mil años y ni siquiera los dirigentes mortales de la Iglesia pueden estropearla —explicó—. Pueden mancharla, pero no pueden hundirla. Pero, desde el punto de vista de la evangelización, creo que son los laicos. Son los apostolados laicos los que van a marcar la diferencia porque tienen mejor financiación, tienen dinero más inteligente y pueden ser mucho más móviles.»[79]

Philip Nielsen, líder de Better Church Governance, se reunió con un destacado periodista y defensor del Opus Dei durante un viaje a Madrid para recaudar fondos.

—Entonces ¿nada de espionaje? —preguntó el hombre, un antiguo numerario.[80]

—Depende de lo que entienda por espiar —respondió Nielsen—. La primera fase del proceso consiste en que los estudiantes de posgrado investiguen. Luego identificaremos las lagunas en la investigación y, cuando no sepamos lo suficiente sobre un determinado cardenal, indagaremos más a fondo. Tenemos a antiguos investigadores del FBI trabajando para nosotros. Son muy profesionales.

—¿No hay gente de la CIA?

—Sí, hay gente de la CIA. No quiero mentir.

—Entonces ¿cómo va a influir Better Church Governance en los líderes de la Iglesia para que puedan elegir con más precisión y eficacia a un papa mejor?

—Ahora hay dificultades para elegir a uno —respondió Nielsen—. Antes todos los italianos se conocían, y el papa era italiano. Luego, el primer no italiano fue san Juan Pablo II y, en muchos sentidos, eso fue posible porque hizo muchos viajes a Roma y conocía a muchos italianos. Además, como hubo dos cónclaves con un mes de diferencia y los cardenales pasaron el doble de tiempo juntos, llegaron a conocerse aún mejor y pudieron hacer una elección audaz. En los dos últimos cónclaves, es evidente que no había tanta información y, en cierto modo, la elección del último papa reflejó esa falta de datos.

En una clara muestra de apoyo por parte de Tim Busch, Nielsen tenía previsto lanzar la iniciativa «Informe Sombrero Rojo» en una conferencia del Instituto Napa que abogaba por una «reforma auténtica» en la Iglesia. La conferencia estaba prevista para octubre de 2018 y a ella asistirían Leonard Leo, Rick Santorum y Scott Hahn, miembro destacado del Opus Dei.[81] Pero cuando se filtró a la prensa una grabación de una reunión de los responsables del proyecto, el lanzamiento se canceló abruptamente.[82] «Para mí es un honor que los estadounidenses me ataquen», dijo más tarde Francisco a los periodistas a bordo del avión papal cuando le preguntaron por el «Informe Sombrero Rojo» y la implicación de Tim Busch. El fundador del Instituto Napa siguió dando tribuna a los detractores del papa.[83] A pesar de ello, Bohlin lo aprobó como cooperador, en un indicativo de las verdaderas lealtades del Opus Dei.[84]

La proximidad de la prelatura con esas figuras ascendentes y controvertidas de la derecha católica resultaba evidente en una placa que honraba a los mayores donantes de la «Campaña San José Constructor» en la gran reapertura del Centro de Información Católica tras su lujosa remodelación en septiembre de 2022. Entre los mayores donantes, el llamado círculo de san Josemaría, se encontraban Leonard y Sally Leo, así como el Instituto Napa de Busch y Greg Mueller, el socio de Leo.[85] Mientras los asiduos paseaban por el nuevo interior blanco, algunos no podían evitar quedarse boquiabiertos ante el retrato que colgaba en el vestíbulo, aún más prominente que las fotografías de san Josemaría, que estaban escondidas en un pasillo fuera de la zona común principal.[86] Era un cuadro de una joven con un vestido azul y una rebeca blanca, sonriente y con

348

unos ojos brillantes y alegres. Detrás de ella había una figura de Cristo, cuya mano derecha se alzaba para bendecir mientras la izquierda acariciaba el cabello de la joven. De esa mano emanaba una luz dorada que rodeaba la cabeza de la muchacha como un halo. Era Margaret Mary Leo, la hija mayor del activista conservador fallecido quince años antes. En el mostrador de recepción se repartían estampas con su imagen, en las que se leía: «Margaret Leo de McLean, reza por nosotros». En el retrato y las estampas, la joven llevaba una medalla del Sagrado Corazón como las que se suponía que habían aparecido inexplicablemente poco después de su fallecimiento. La historia de aquellos colgantes había empezado a circular cada vez más tras la publicación de un libro escrito por el supernumerario del Opus Dei Austin Ruse, que al igual que Leo fue uno de los fundadores del Desayuno Nacional Católico de Oración.[87] El libro se titulaba *Littlest Suffering Souls: Children Whose Short Lives Point Us to Christ* (Las almas más pequeñas que sufren: niños cuyas cortas vidas nos señalan a Cristo) y detallaba los milagros.[88] La demostración pública de amor de Ruse hacia la hija discapacitada de su acaudalado y poderoso amigo Leonard Leo contrastaba claramente con el veneno que repartía en Internet hacia quienes no estaban de acuerdo con él. Y ese veneno incluía burlarse públicamente de un niño de trece años por su tartamudez[89] y declarar que «no se debería permitir votar a las mujeres solteras».[90] Anteriormente había apoyado las leyes rusas contra la mal llamada «propaganda gay» como medio para «frenar el avance homosexual»,[91] y había declarado que «la gente de izquierdas que odia a los humanos y dirige las universidades modernas» debería «ser eliminada y fusilada».[92] El contraste de la retórica del supernumerario hacia sus amigos y sus enemigos era una clara demostración de que su visión del mundo estaba moldeada por una ideología ultraconservadora, más que por cualquier deseo de difundir los valores cristianos de amor, compasión y respeto.

Las estampas expuestas en el Centro de Información Católica eran un primer paso lógico hacia la posible beatificación de la joven Margaret. El Opus Dei había ofrecido el vestíbulo de su institución más pública en Estados Unidos para promover dicha causa. El retrato simbolizaba una creciente simbiosis entre la Obra y Leo. La librería y la capilla pronto servirían de plataforma para que Leo expusiera la filosofía y la visión del mundo que influirían en sus decisiones sobre el gasto de los 1.600 millones de dólares legados por Seid. La multitud del Opus Dei en Washington rebosaba orgullo y admiración cuando se dio cita en el hotel Mayflower, situado muy cerca del CIC, para otorgar el mayor honor del centro —el Premio Juan Pablo II a la Nueva Evangelización— en una cena de gala en octubre de 2022. La ceremonia de entrega del premio era especialmente pertinente, dado el éxito del caso Dobbs en el Tribunal Supremo, que había anulado la sentencia «Roe contra Wade» y había puesto fin al derecho constitucional de la mujer al aborto legal en Estados Unidos. «Resulta especialmente apropiado que el mismo año en que se decidió el caso Dobbs estemos homenajeando a Leonard Leo —declaró Bill Barr en un vídeo de felicitación emitido antes de la ceremonia de entrega del premio—. Nadie ha hecho más que Leonard por fomentar los valores tradicionales, y especialmente el derecho a la vida.»[93] Paul Scalia compartió sus recuerdos de Margaret Mary, y también se mostró al padre Trullols, sacerdote del Opus Dei responsable del Centro de Información Católica, de vacaciones en la mansión de Leonard en Maine.

«Muchas gracias, padre Charles, por este privilegio, por su liderazgo en el Centro de Información Católica y por su amistad —comenzó a decir Leo en su discurso de aceptación—. Ha sido un verdadero privilegio formar parte de esta gran empresa y tenerte como amigo. Creo que el verdadero premio de esta noche debería ser para el CIC, junto con el Leonine Forum, que considero una pieza muy importante de nuestro futuro.»[94] En 2022, el programa de «enriquecimiento espiritual» que había puesto en marcha el padre Arne Panula, sacerdote del Opus Dei, una década antes se había ampliado a otras ciudades, como Nueva York, Chicago y Los Ángeles, y contaba con más de ochocientos exalumnos.[95] «Son la vanguardia de la nueva evangelización —continuó Leo—. Pocas organizaciones están haciendo más para educar a una nueva generación de hombres y mujeres católicos valientes y fieles.»

Sin ironía, Leo dijo que los asistentes de aquella noche, algunos de los cuales habían pagado hasta veinticinco mil dólares (23.000 euros) por mesa, eran la minoría oprimida.[96] «El catolicismo se enfrenta a los viles y amorales bárbaros, laicistas e intolerantes de hoy en día —añadió—. A esos bárbaros se los puede conocer por sus signos: destrozaron e incendiaron nuestras iglesias cuando el Tribunal Supremo anuló "Roe contra Wade" y se presentan en actos como este intentando atemorizarnos y amordazarnos. De costa a costa, llevan a cabo una campaña coordinada y a gran escala para expulsarnos de las comunidades que quieren dominar.» Solo unas semanas antes, después de que un grupo de manifestantes escribiera «el dinero opaco vive aquí» en la acera situada frente a su casa, Leo utilizó su discurso de entrega de premios para culpar de tales ataques al «Ku Klux Klan progresista».[97] «Difunden una retórica falsa y calumniosa sobre apostolados e instituciones católicas como la representada aquí esta noche», dijo en referencia al Opus Dei.

A las pocas semanas de pronunciar el discurso, Leo había empezado a trabajar en su siguiente gran proyecto, en el que dejaba entrever cómo gastarían él y su red los 1.600 millones de dólares donados por Seid. Tras haber orquestado la toma del poder por parte de los conservadores católicos en el Tribunal Supremo, se marcó unos objetivos mucho más amplios y esbozó sus ambiciones de orquestar una revolución similar en otros sectores de la sociedad, como la educación, los medios de comunicación, Wall Street y Silicon Valley. «El *wokismo* en el entorno empresarial y educativo, el periodismo unilateral, el entretenimiento que realmente está corrompiendo a nuestros jóvenes: ¿por qué no podemos construir redes de talento que puedan afectar positivamente a esos ámbitos?»,[98] se preguntaba en un vídeo promocional de su última iniciativa, Teneo, que prometía «aplastar el dominio liberal».[99] En resumen, estaba creando una Federalist Society para todo. Casi un siglo después de la visión de Escrivá para el Opus Dei, la organización —a través del Centro de Información Católica, el Leonine Forum y las iniciativas de destacados simpatizantes como Leonard Leo— tenía su mayor oportunidad de influir definitivamente en la sociedad, tal como había imaginado el fundador.

Sus ambiciones iban mucho más allá de Washington. La Hawthorn Foundation se creó en 2019 como vehículo para abrir más escuelas del Opus Dei en Estados Unidos, empezando por una en Bedford, una localidad del condado de Westchester, en Nueva

York. «Esas escuelas se encuentran en ciudades estratégicas para influir en la formación de futuros líderes a través de la cultura, la política y los negocios», afirmaba la página de la fundación.[100] Leonard Leo prestó apoyo a la iniciativa, que según él daría a la próxima generación «una educación impregnada de la formación adecuada, una sana libertad y la inculcación de la responsabilidad personal».[101] Al final de su segundo año completo de funcionamiento, la fundación había reunido veinte millones de dólares, aunque no se reveló el origen de esos fondos.[102] Sin embargo, las altisonantes palabras de Leo y la página web de la Hawthorn Foundation contrastaban con la experiencia real de los estudiantes de otras instituciones del Opus Dei en Estados Unidos. Mientras recaudaba dinero de los donantes basándose en esa promesa de «sana libertad», la Oakcrest School del Opus Dei en Washington castigaba a los alumnos sospechosos de mantener prácticas homosexuales y la dirección de la escuela elaboraba planes para vigilar la vida diaria de los estudiantes con el fin de evitar que se desarrollaran tales relaciones.[103]

Mientras se producía esa campaña, Luis Téllez y sus adinerados patrocinadores trabajaban para influir en la enseñanza y el debate en los campus universitarios a través de una expansión multimillonaria de la Foundation for Excellence in Higher Education, cuyo objetivo era replicar el éxito del Instituto Witherspoon en todo el país y en todo el mundo. Téllez, inspirándose en la visión inicial de Escrivá para el Opus Dei, considera esos puestos avanzados una especie de «escuela de acabado» para la próxima generación de líderes.[104] En 2024, la FEHE estaba presente en catorce universidades de élite de Estados Unidos y en Oxford, Inglaterra.[105] En Nueva York, el Opus Dei ha hecho más incursiones en el entorno universitario y se ha visto recompensado con el nombramiento del padre Roger Landry, sacerdote de la Obra y capellán del programa del Leonine Forum de la ciudad, como capellán de la Universidad de Columbia. Téllez planea continuar la expansión de la FEHE con la creación de una serie de «institutos católicos» en el campus para aquellos estudiantes interesados en explorar su fe, al igual que hizo Escrivá en la España de los años treinta y cuarenta. En 2018 ayudó a crear el primero de ellos —el Instituto Aquinas— en Princeton, y hay planes para otro en Columbia.[106] Oficialmente, el Opus Dei no tendrá nada que ver con esos centros, pero Téllez ha hablado de su visión para atraer a la juventud de hoy con el prelado.[107] También ha reconocido que en esos «institutos católicos» suele haber muchas zonas grises. «Es una organización laica: no hay conexión formal con el Opus Dei, pero algunos miembros del Opus Dei han participado —explicó—. Algunos miembros del Opus Dei son buenos porque son pensadores fiables en este sentido: saben hacer el trabajo de campo.»[108] Casi un siglo después de su fundación, la Obra parece haber cerrado el círculo, avivando las guerras culturales y alimentando las profundas divisiones que desgarran nuestra sociedad, al tiempo que trata de reclutar subrepticiamente a los líderes del mañana en los campus universitarios, igual que hizo en la España de los años treinta y cuarenta.

Mientras el resto del mundo se encogía de horror ante las acusaciones lanzadas contra el Opus Dei por las mujeres en Argentina, la falta de repercusión de esa historia en Estados Unidos permitió a la prelatura acercarse a la derecha católica y embarcarse en nuevas y audaces iniciativas allí. A pesar de su discurso de lealtad al papa, el Opus Dei estaba alineándose con fuerzas que contradecían el mensaje y la misión de Francisco. Pero pronto se encontraría en un incómodo punto de mira.

Una pequeña delegación de supernumerarios y sus hijos fueron a recibir a Fernando Ocáriz cuando aterrizó en Sídney la mañana del 8 de agosto de 2023. Llevaban pancartas caseras en las que se leía «¡Buenos días, padre!» para dar la bienvenida al prelado en su regreso a territorio australiano.[109] Cansado de su vuelo nocturno desde Yakarta, Ocáriz posó para las fotos antes de que lo metieran en un coche y lo llevaran una hora hacia el norte, a las colinas que rodean la ciudad, donde iba a pasar cinco días en un retiro privado.[110] Su estancia en el Centro de Estudios de Kenthurst brindó al prelado de setenta y ocho años la oportunidad de relajarse y reponer fuerzas tras dos semanas de duro viaje bajo el calor sofocante de Filipinas e Indonesia. Al ser su primera visita pastoral fuera de Europa desde la pandemia —y la primera desde que se presentó la denuncia argentina en el Vaticano—, el viaje se consideraba una oportunidad vital para reorientar la narrativa cuando el Opus Dei se acercaba a su centenario. A consecuencia de ello, las últimas dos semanas habían estado llenas de reuniones y sesiones fotográficas concebidas para desviar la atención de las acusaciones de abusos. La estancia en Kenthurst ofreció a Ocáriz un descanso muy necesario. El centro de retiros, situado en cinco hectáreas de arbustos autóctonos, con vistas a las Montañas Azules,[111] y dotado de piscina, pistas de tenis y amplias rutas de senderismo, había sido financiado por Luis Valls-Taberner a principios de los años noventa como parte de una gran expansión del Opus Dei en Australia que había llevado a la prelatura a construir tres nuevas escuelas en los suburbios ricos de Sídney.[112] En 2008, el papa Benedicto XVI también había ido allí en un retiro privado de tres días, antes de las celebraciones de la Jornada Mundial de la Juventud en Sídney.[113] Villa Tevere había planeado un tiempo de relax para Ocáriz, describiendo su estancia en Kenthurst como «el descanso del padre», antes de que emprendiera la segunda mitad de su gira por Australia y Nueva Zelanda.[114]

Sin embargo, los acontecimientos que estaban produciéndose en Roma, a veinticinco mil kilómetros de distancia, pronto darían al traste con cualquier esperanza que tuvieran Ocáriz y su equipo de gozar de una estancia tranquila. Pocas horas después de la llegada del prelado, saltó la noticia de un decreto firmado por el papa que anulaba los privilegios de los que el Opus Dei había disfrutado durante cuarenta años, desde que Juan Pablo II elevó la organización a la categoría de prelatura personal en 1983.[115] A primera vista, el *motu proprio* —«por iniciativa propia» en latín, lo cual indicaba que era una medida personal del pontífice— no parecía más que una serie de pequeños retoques técnicos al derecho canónico vigente. Pero el equipo del prelado no tardó en darse cuenta de la importancia del breve documento. Con unos pocos trazos de su pluma, el papa eliminó la autoridad directa del Opus Dei sobre la gran mayoría de sus noventa mil miembros y su capacidad para operar independientemente de las diócesis locales.[116] El documento liberaba a miles de numerarios, numerarias y numerarias auxiliares, a los que durante años se les había dicho que los votos que habían hecho con el Opus Dei eran vinculantes de por vida. Solo sus sacerdotes permanecerían directamente bajo el control de la organización.

Ocáriz y su equipo no sabían qué responder. ¿Se había hecho coincidir el *motu proprio* con el viaje pastoral? ¿Había firmado Francisco el decreto cuando Ocáriz estaba lo más lejos posible de Roma para aislarlo y neutralizarlo durante la mayor crisis que había afrontado el Opus Dei en sus 95 años de historia? Durante dos días hubo silencio mientras el prelado y su equipo se ponían en contacto con el Consejo General en Roma e intentaban redactar una declaración que tendría que parecer leal al papa pero también tranquilizar a los miembros y evitar una posible deserción masiva. El 10 de agosto, Ocáriz firmó el texto acordado. «Las modificaciones establecidas en estos cánones se refieren a la ley general sobre las prelaturas personales», decía, en un claro intento de restarle importancia como ataque al movimiento y obviando el hecho de que el Opus Dei era la única prelatura personal de la Iglesia.[117] «En el añadido que se refiere a los laicos, se explicita que son fieles de sus diócesis, como cualquier otro católico —continuaba—. En el caso de la Obra, además, son miembros de esta familia sobrenatural gracias a una llamada vocacional específica.»[118] El movimiento ganaba tiempo enturbiando las aguas y afirmando que los numerarios y supernumerarios siempre habían sido miembros de sus diócesis locales, al tiempo que aseguraba que también formaban parte de la gran familia del Opus Dei.

Aunque el momento y el contenido del *motu proprio* eran inesperados, el decreto papal no debería haber sido una sorpresa para Ocáriz, teniendo en cuenta las diversas advertencias que había lanzado el papa Francisco en los dos años transcurridos desde que Sebastián Sal presentó la denuncia contra el Opus Dei por el abuso sistemático contra numerarias auxiliares.[119] En lugar de tomarse la demanda como una oportunidad para la reforma, la Obra se había movido para proteger sus intereses en cuanto fue presentada y trasladó a su máximo representante en Argentina —que aparecía en la acusación— a la vecina Paraguay.[120] Sal vio en ese traslado una maniobra calculada para dificultar a las autoridades de Buenos Aires la investigación del asunto.[121] En un principio, el nuevo jefe de la región manifestó su voluntad de resolver la situación, e incluso pidió disculpas a las mujeres, pero las conversaciones no tardaron en descarrilar. En marzo de 2022, sin ningún progreso real, el papa adoptó su primera medida contra el Opus Dei al incluir una frase en un documento en el que esbozaba su reforma de la Santa Sede.[122] Esa frase proponía transferir la supervisión de las prelaturas personales del Dicasterio para los Obispos al Dicasterio para el Clero. En esencia, como la única prelatura personal existente, el Opus Dei estaba siendo degradado dentro de la jerarquía eclesiástica. Pasaba de ser un organismo que dependía directamente del papa a ser un órgano principalmente administrativo que se ocupaba de los sacerdotes no pertenecientes a órdenes religiosas. Fue una primera salva políticamente cautelosa y cuidadosamente pensada por parte de Francisco, que en sus años de trato con las dictaduras militares de su país había aprendido a jugar a largo plazo. Sin embargo, el Opus Dei no captó la indirecta. En Argentina, continuó con sus intentos de disolver el grupo de más de cuarenta numerarias auxiliares mediante la creación de lo que denominó Comisión de Escucha y Estudio, integrada por miembros de la Obra provenientes de otras regiones.[123]

La comisión fue extremadamente perjudicial. Conscientes de que era un intento por disolverlas, las mujeres se mantuvieron firmes y respondieron por medio de Sebastián Sal que solo se comunicarían como grupo y a través de su abogado.[124] Y para disgusto del Opus Dei, que veía la comisión como una medida astuta para acallar la publicidad sobre el escándalo, empezaron a surgir nuevas acusaciones de antiguos miembros.[125]

En julio de 2022, el papa firmó la degradación del Opus Dei en la ley canónica y emitió un *motu proprio* que especificaba cómo entraría en vigor.[126] Francisco exigió a la Obra que sometiera un nuevo conjunto de estatutos a la aprobación de la Santa Sede[127] y que, en adelante, también presentara un informe anual al Dicasterio para el Clero detallando sus operaciones y cómo estaba cumpliendo su labor apostólica.[128] Ese primer *motu proprio* incluía una cláusula adicional particularmente irritante para Ocáriz, la cual confirmaba que el jefe del Opus Dei ya no se convertiría automáticamente en obispo.[129] El decreto del papa dejaba claro que apoyaba la misión fundamental del movimiento de difundir la santidad en el mundo a través de la glorificación del trabajo, pero también insinuaba que la Obra se había desviado de esa misión. Francisco escribió que el *motu proprio* nacía del deseo de «proteger el carisma del Opus Dei y promover la acción evangelizadora que sus miembros llevan a cabo en el mundo», lo cual denotaba que la estructura actual de la organización no estaba cumpliendo sus objetivos.[130] «Se pretende reforzar la convicción de que, para la protección del don particular del Espíritu, es necesaria una forma de gobierno más basada en el carisma que en la autoridad jerárquica», añadió.[131]

El decreto fue un tiro en la línea de flotación del Opus Dei, una advertencia para que pusiera orden en su casa o se atuviera a las consecuencias. Mientras la Obra se preparaba para un congreso general extraordinario de sus miembros más antiguos en Roma para debatir cómo responder al decreto, Francisco hizo otro disparo de advertencia. Cerca del décimo aniversario de su papado, en marzo de 2023 —apenas unas semanas antes del Congreso—, el pontífice concedió una entrevista en la que subrayó su punto de vista. «El Opus Dei tiene cosas maravillosas de su trabajo, y tiene defectos como cualquier hijo de vecino, que son locales, no universales», dijo.[132]

Bergoglio también apareció en un documental titulado *Amén: Francisco Responde*, que se distribuyó internacionalmente en Disney Plus y Hulu dos semanas antes del gran encuentro en Villa Tevere.[133] En él, Francisco respondía a las preguntas de diez jóvenes de todo el mundo. A mitad de la película, durante un debate sobre el aborto que el papa estaba manejando extremadamente bien, un hombre de unos veinte años que llevaba una camisa de franela rosa decidió intervenir.

—A mí me gustaría llevarlo más a la visión de la institución como es la Iglesia con respecto a este asunto —dijo—. Es que yo creo, sin generalizar, por supuesto, pero hay mucha visión hipócrita con respecto a ciertos asuntos [...] como es, por ejemplo, este. Que se habla mucho del derecho a la vida, de que hay que proteger las vidas, que es un pecado. Pero luego, por ejemplo, en otros aspectos, por ejemplo el tema de pederastia en la iglesia.

En ese momento, el papa dejó escapar un fuerte suspiro.

—¡Buf!

—Muchas personas dentro de la Iglesia rechazan a las víctimas, o se ponen del lado del perpetrador —continuó el joven, que se estaba emocionando—, y ahí la vida ya pasa a un segundo plano.

Francisco tiene un historial nada impecable en lo que respecta a la gestión de las denuncias de abusos sexuales. Durante un viaje a Chile en 2018, acusó de difamaciones a las víctimas de un sacerdote católico —el pedófilo más famoso de ese país—, en un error extraordinario que socavó una visita destinada a sanar heridas en lugar de abrir otras nuevas.[134] El papa defendió a un destacado obispo de las afirmaciones de que era cómplice en el encubrimiento de los delitos, aduciendo que tales acusaciones eran «calumnias». Sin embargo, la conversación estaba a punto de dar un giro inesperado.

—Yo soy Juan Cuatrecasas —continuó el joven— y fui a un colegio del Opus Dei, en Bilbao. Ahí [...] cuando tenía once o doce años sufrí abusos sexuales por parte de un numerario.

En ese momento, Cuatrecasas empezó a derrumbarse.

—Tranquilo, tranquilo —dijo el papa en español—. Tranquilo, hijo.

Cuatrecasas recordó que su padre había escrito al pontífice para pedirle consejo, y mostró una respuesta de Francisco en la que este los animaba a presentar una denuncia ante la Congregación para la Doctrina de la Fe, que se ocupaba de este tipo de acusaciones.

—¿Y tuvieron respuesta de la Congragación para la Doctrina de la Fe?—preguntó el papa—. Yo la envié allí para que instruyeran.[135]

Cuatrecasas respondió que la Congregación para la Doctrina de la Fe no le había escrito a él, sino al colegio del Opus Dei al año siguiente, declarando que se cerraba la investigación y ordenando que se restituyera el buen nombre del numerario. Más tarde, un tribunal español declaró culpable al numerario y lo condenó a once años de cárcel.

—Mi pregunta creo que es evidente, ¿por qué tomar esa decisión? —dijo Cuatrecasas.

—Es un drama, lo del abuso de los menores, no solo en la iglesia sino en todas partes —respondió el papa—. En la iglesia es más escandaloso porque, donde precisamente tenés que cuidar a la gente, la destruís, o sea hay hombres y mujeres que destruyen [...] y si es una persona de iglesia es una hipocresía y una doble vida horrorosa.[136]

Tras aceptar la reapertura del caso, el papa tuvo palabras muy duras para la forma en que se habían tratado estos casos anteriormente, palabras que tendrían eco en Argentina, donde el Opus Dei seguía intentando lavarse las manos en otro caso de abusos sexuales contra un numerario.

—Puede ser que haya gente que esté jugando mal —dijo el papa—. Para eso la política es limpiar. Si alguien está jugando mal, que venga la denuncia y limpiamos. Pero tolerancia cero, esa es la política de la Iglesia.[137]

En Buenos Aires, ciudad natal del papa, el mensaje pareció calar, al menos en un caso. El Opus Dei emitió una declaración pública el día de la inauguración del congreso y desveló por primera vez que, en la región del Río de la Plata —que abarca Argentina, Bolivia, Paraguay y Uruguay—, ocho miembros, tres de ellos sacerdotes y el resto numerarios, habían sido acusados de abusos.[138] Aun así, a la hora de pedir disculpas por el abuso sistemático de las numerarias auxiliares y de revisar el reglamento interno redactado por Escrivá, el Opus Dei se mostró incapaz de reaccionar ante el llamamiento del papa. En el congreso de abril de 2023 solo se presentaron revisiones menores de los estatutos, que fueron remitidas al Vaticano semanas más tarde. Frustrado por la negativa del Opus Dei a adoptar una reforma real, Francisco convocó dos veces a Ocáriz al apartamento papal para que explicara por qué el movimiento no había atendido su petición.[139]

Otro golpe llegó unas semanas más tarde, cuando dos exnumerarios de España presentaron una denuncia ante el Vaticano, respaldada por setecientos documentos que incluían docenas de registros internos ocultos fuera de la organización a lo largo de los años. Dichos papeles detallaban los abusos sistemáticos a los miembros desde su fundación.[140] Antonio Moya y Carmen Rosario Pérez entregaron la denuncia en mano en la oficina del nuncio papal en Madrid.[141] Después de pasar décadas dentro del Opus Dei como numerarios, ambos habían abandonado el movimiento, y a través de la página web OpusLibros.org, habían descubierto a innumerables personas que habían sufrido abusos sistemáticos bajo la prelatura. La denuncia,[142] firmada por exmiembros de México, Guatemala, El Salvador, Argentina, Italia, España y el Reino Unido, alegaba abusos generalizados, el encubrimiento de actos delictivos —incluidos abusos a menores—, así como un fraude institucionalizado hacia la propia Iglesia en el que el Opus Dei ocultaba intencionadamente sus normas y prácticas internas al Vaticano.[143] Anteriormente se habían publicado en Internet docenas de documentos que exponían esas prácticas internas, pero la Obra había demandado al sitio web, que se había visto obligado a retirarlos. Sin embargo, el caso de Argentina había inspirado a ese grupo a organizarse; si las numerarias auxiliares, los miembros más débiles del Opus Dei, podían levantarse y luchar contra el movimiento que había abusado de ellas, los numerarios también podían hacerlo. La denuncia pedía que el Vaticano interviniera directamente en la Obra, erradicara su sistema institucionalizado de abusos y castigara a los responsables, incluidos Ocáriz, sus adjuntos y los dos órganos que supervisaban las secciones masculina y femenina. «El Opus Dei se basa en una relación asimétrica que engloba las características de una secta destructiva», dijo Moya a los periodistas al presentar la denuncia.[144] Asimismo, añadió que había muchas personas buenas en la Obra, pero que habían sido inducidas a hacer lo que hacían porque creían que el Opus Dei actuaba con la plena autoridad de la Iglesia.[145]

Visto en el contexto de esos acontecimientos, el segundo *motu proprio* de Francisco en agosto de 2023 no fue del todo inesperado. A pesar del bombazo papal, el viaje pastoral a Australia continuó según lo previsto, mientras el Opus Dei intentaba proyectar una imagen de normalidad, aunque la cuestión de lo que eso significaba para el futuro de la Obra planeaba sobre cada acto. Durante una aparición en el Warrane College, la residencia universitaria del Opus Dei donde el abuso de la privacidad y la seguridad de los estudiantes ocasionó protestas en los años setenta, Ocáriz se encontró con una sala llena de hombres e inició su discurso invocando la historia de Jesús calmando la tormenta. «¡No tengáis miedo!», dijo a los presentes, haciéndose eco de las palabras de Cristo.

Pero Ocáriz pronto tendría más motivos de preocupación. En su primer día completo de regreso a Sídney, tras unos viajes breves para visitar los centros del Opus Dei en Brisbane y Melbourne, apareció una noticia en *The Sydney Morning Herald* sobre niños de familias supernumerarias de la ciudad a los que se obligaba a asistir a sesiones de terapia de conversión gay y a los que los sacerdotes y

360

profesores de un colegio del Opus Dei presionaban para que reprimieran su orientación sexual.[146] El escándalo coincidió con un mitin de la Obra programado en un hipódromo para mostrar la presencia de la prelatura en el país. Allí, Ocáriz trató de desmarcarse de ese último ataque acudiendo al Evangelio. Contó la historia de la mujer cananea cuya hija había sido atormentada por el diablo, que persistió aun cuando parecía que Jesús no iba a ayudarla.[147] Ocáriz dijo a la multitud que era una lección de perseverancia en la oración, incluso cuando parece que Dios no escucha, incluso cuando no vemos los resultados que queremos.[148] No mencionó el hecho de que el colegio en cuestión —junto con otro centro escolar del Opus Dei en Sídney— había sido investigado recientemente por las autoridades educativas del Estado[149] tras una revelación de la cadena nacional ABC que dejó al descubierto el reclutamiento, adoctrinamiento y abuso sistemáticos de niños y adolescentes.[150] En la Tangara School for Girls, a alumnas de tan solo doce años y a sus padres supuestamente se les dijo que no necesitaban vacunarse contra el cáncer porque el virus que lo causaba se transmitía sexualmente, y que solo tendrían una pareja sexual, su futuro marido, ignorando el hecho de que podrían contraer el virus de él. Los profesores pasaban un trozo de cinta adhesiva por la clase para demostrar que tener múltiples parejas sexuales convertía a una persona en sucia e «inservible». Se inculcaba la castidad a las niñas, a las que se obligaba a ver vídeos y se enseñaba que la masturbación era un «trastorno objetivo» —igual que la homosexualidad— y que los psicólogos que argumentaban que no lo era habían sido engañados. Su castidad se celebraba en la graduación con una ceremonia en la que las chicas llevaban vestidos blancos idénticos que simbolizaban su pureza.

En el Redfield College, la escuela para chicos, ABC descubrió que se animaba a los estudiantes a ir a una residencia numeraria local después de clase, donde supervisaban sus estudios y asistían a campamentos y actividades en las que muchos eran sometidos a agresivos intentos de reclutamiento, a pesar de que algunos apenas eran adolescentes. Un chico encontró una lista negra con sus nombres, además de los puntos débiles de cada uno y las virtudes que podían ofrecer como posibles reclutas del Opus Dei. El primer ministro, que también se crio en una familia de supernumerarios y era exalumno del Redfield College, se vio obligado a abrir una investigación en medio de las protestas, aunque también dejó claro que había sido «bendecido con una gran educación» en el colegio del Opus Dei.[151] La autoridad educativa, que dependía de él, abandonó posteriormente las indagaciones.

En lugar de distanciarse de los colegios y del escándalo, Ocáriz dedicó su último día en Australia a visitar ambos colegios.[152] Durante esas visitas, se repitió la vieja historia del origen: cómo un grupo de padres fieles había creado espontáneamente una escuela y luego había pedido a la Obra que se hiciera cargo de ella.[153] Nadie mencionó que la construcción de ambas había sido pagada con más de un millón de dólares del Banco Popular y Luis Valls-Taberner, ni que formaban parte de una red global de cientos de escuelas del Opus Dei cuyo principal objetivo era generar nuevos reclutas.

Esa doble realidad perduró cuando Ocáriz regresó a Villa Tevere, donde se iniciaron frenéticas conversaciones sobre la mejor manera de gestionar la presión del pontífice. Públicamente, el prelado recalcó su lealtad al papa y escribió una carta a los miembros en la que afirmaba que el Opus Dei estaba trabajando estrechamente con el Vaticano en la revisión de sus estatutos.[154] La carta no reconocía la verdad incómoda: la revisión de los estatutos era una lucha de ayer. De hecho, la situación se había deteriorado notablemente desde que el papa había pedido por primera vez la revisión un año antes. «Le agradezco y comprendo su preocupación por la Obra, que es de todos —escribió Ocáriz al papa—. Aprovechemos esta noticia para difundir con alegría el espíritu que hemos recibido de nuestro Señor.»

No todos los allegados a la Obra fueron tan diplomáticos. Algunos de sus simpatizantes más acérrimos en España y Estados Unidos se apresuraron a expresar su enfado. Salvador Sostres, un polémico columnista de un periódico de Barcelona, escribió una airada diatriba contra el papa. «El ataque de Francisco al Opus Dei es populista, montonero —escribió—. La Obra es la élite de la Iglesia y Francisco la persigue porque no alcanza su nivel intelectual ni espiritual. Francisco es sordo a la Gracia, no entiende el Misterio.»[155] El artículo de un simpatizante tan destacado del Opus Dei en su país de origen no pasó desapercibido en el Vaticano. El responsable del movimiento en España publicó una respuesta manifestando su disgusto por el artículo y subrayando que no mantenía ninguna relación personal con el autor, aunque nunca aclaró si Sostres estaba vinculado de algún modo a la Obra.[156] Su disgusto tampoco bastó para retirar otro artículo de Sostres publicado en la web oficial del Opus Dei.[157]

En Estados Unidos, Austin Ruse, un destacado supernumerario de Washington que había ayudado a organizar el Desayuno Nacional Católico de Oración y dedicado un capítulo entero de uno de sus libros a los milagros de Margaret Mary Leo, entró en el debate. «Pase lo que pase con el Vaticano, seguiré siendo del Opus Dei», escribió.[158] Cuando el papa Francisco organizó un sínodo en el Vaticano dedicado a modernizar la Iglesia, Tim Busch dirigió un acto en Nueva York que a muchos les pareció un retroceso a la Iglesia de los años cincuenta.[159] Sacerdotes con elaborados ornamentos desfilaron por el centro de la ciudad detrás de la eucaristía, sostenida en alto bajo un dosel dorado. «Podemos reconquistar la cultura de Estados Unidos», declaró el cooperador del Opus Dei. Aunque Villa Tevere mantuvo públicamente su postura de que allí no ocurría nada, estaba claro que el decreto papal había provocado una onda expansiva entre simpatizantes del movimiento en todo el mundo.

Ahora que el Opus Dei se aproxima a su centenario, su futuro es más incierto que en ningún otro momento desde la guerra civil española. Las recientes acusaciones que ha recibido no son nada nuevo, pero llegan en un momento en que el papa Francisco está tratando de impulsar una reforma radical de la Iglesia —poniendo fin a años de corrupción, mala gestión y encubrimiento sistemático de abusos— con la esperanza de devolverla a su misión original. Es imposible pasar por alto los claros abusos cometidos por el Opus Dei en nombre de la Iglesia y de Dios. Francisco ha manejado la situación con comprensible cautela: la Obra sigue teniendo influencia, y hay facciones de la Iglesia que la ven como un aliado fiable en la revolución contra las reformas de Bergoglio.

Dadas sus declaraciones públicas de lealtad, la mayor esperanza de que el Opus Dei llegue intacto a su centenario depende de que

Francisco muera antes de que pueda cumplir su claro deseo de cortar las alas a la Obra y poner fin a sus prácticas abusivas. Ahora, acercándose a los noventa años y con una salud delicada, el Opus Dei ve ese resultado como una posibilidad. Aunque Francisco se ha mostrado dispuesto a actuar con decisión contra la Obra, su estrategia de erosionar lentamente el poder del movimiento significa que el resultado final que él imagina puede estar todavía a años vista, y tal vez no viva lo suficiente para llevar a cabo el proyecto. Puede que el Opus Dei profese lealtad al papa, pero al mismo tiempo ha optado por acercarse a fuerzas controvertidas y desestabilizadoras, especialmente en Estados Unidos. Esas fuerzas miran claramente más allá del papado actual, al que ven como una causa perdida. El Opus Dei intenta jugar a dos bandas; declara públicamente su amor por Francisco porque sabe que su capacidad para reclutar y perpetuar sus sistemas institucionalizados de abusos depende de la autoridad que la Iglesia le ha otorgado.

Pero, al mismo tiempo, está cortejando a gente como Tim Busch, a quien se ha vinculado al proyecto «Informe Sombrero Rojo», que ha contratado a exagentes del FBI para recopilar dosieres sobre los posibles candidatos a próximo papa, con la clara ambición de influir en el cónclave cuando se reúna la próxima vez. Busch y otras figuras conservadoras se muestran optimistas ante la posibilidad de que a Francisco se le acabe el tiempo, en otras palabras, que este papa reformador pueda morir. «Creo que está ocurriendo algo importante, algo no muy bueno —me dijo Busch cuando le pregunté por las medidas de Francisco contra el Opus Dei—. Creo que está tensando la cuerda, pero dudo que vaya a tener tiempo suficiente. Y luego hay que hacerse una pregunta: ¿el próximo papa logrará hacer lo mismo o se echará atrás?»[160] No obstante, incluso el fallecimiento de Francisco podría dejar al Opus Dei en peligro. En diciembre de 2023, el cardenal Juan Luis Cipriani —uno de los dos únicos cardenales del Opus Dei que quedan— cumplió ochenta años, lo cual le inhabilita para votar en el próximo cónclave papal. El otro, Julián Herranz, ha superado ya con creces los noventa años, por lo que tampoco podrá participar en la elección del próximo papa. Y no está claro qué influencia ejerce ahora mismo el Opus Dei entre los demás electores.

La Iglesia se halla en una encrucijada. Si el Opus Dei no logra reformarse en la línea indicada por Francisco, el Vaticano podría intervenir. Una frase del segundo *motu proprio* de agosto de 2023 sienta las bases precisamente para ese curso de acción. El primer artículo del decreto estipula que el papa puede aprobar —o emitir— nuevos estatutos para las prelaturas personales. Ese parece ser el siguiente paso más probable. Teniendo en cuenta lo arraigada que está la postura del Opus Dei de mantener la autoridad sobre sus miembros, existen pocas posibilidades de que el movimiento sea capaz de imponer los cambios que quiere el Vaticano. Una intervención, como ya ha ocurrido con otros elementos de la Iglesia católica, como los Legionarios de Cristo, parece por tanto inevitable. Aunque tampoco sería la panacea, en el sentido de que previsiblemente no erradicaría por completo a las fuerzas del Opus Dei que han permitido que el abuso y el control se enconen durante décadas.

Hay indicios de que el Opus Dei ya se está preparando para una intervención más directa. En noviembre de 2023 se firmó un acuerdo con el grupo de lujo francés LVMH, propietario de docenas de hoteles prestigiosos y trenes emblemáticos como el Venice Simplon-Orient-Express, para vender el Castello di Urio, un suntuoso castillo del siglo XVI situado a orillas del lago de Como que en su día había sido utilizado como refugio de verano por Escrivá.[161] Aunque no se ha revelado su precio, los periódicos afirman que la compra y posterior reforma podría costar a LVMH más de 92 millones de euros.[162] Asimismo, se están vendiendo grandes propiedades en otras partes del mundo, incluyendo Boston, donde la mansión Tiffany adquirida por el Opus Dei en los años sesenta y convertida en residencia para numerarios actualmente está en el mercado por quince millones de dólares (13,8 millones de euros).[163] Liquidar esos activos manifiestos de la Obra y transferir el dinero a entidades sin ánimo de lucro ayudará a garantizar que el Vaticano —y los miles de numerarios, numerarias y numerarias auxiliares descontentos— probablemente nunca reciban ni un céntimo de las riquezas de la prelatura. También es una manera de crear un alijo oculto de poder económico para seguir librando la guerra de guerrillas y rehacer la sociedad a imagen de Escrivá. «El destino del producto de la venta será la sociedad propietaria, de acuerdo con sus estatutos», dejó claro el Opus Dei en un comunicado emitido tras la operación.[164]

Mientras Escrivá y Del Portillo sigan siendo venerados por la Iglesia católica, persiste el riesgo de que una facción extremista de partidarios del Opus Dei dirija la organización de acuerdo con los desacreditados puntos de vista y métodos del fundador y su sucesor. Una verdadera limpieza en el movimiento debe significar una revisión del legado que dejaron esas dos importantes figuras. Una mirada objetiva al papel que desempeñaron en la creación de los métodos sistémicos de control sobre las vidas de los miembros, que infligieron abusos y causaron un grave dolor a miles de víctimas, llevaría casi con toda seguridad a su excomunión, con Escrivá despojado de su santidad y Del Portillo de su beatificación. Para la Iglesia católica, medidas tan drásticas probablemente quedarían fuera de su zona de confort.

Si Francisco fallece antes de que se produzca una reforma real —y si su sucesor se muestra poco dispuesto o incapaz de continuar con su iniciativa—, el Opus Dei saldrá vigorizado y desafiante de su experiencia cercana a la muerte. Revitalizado y respaldado por su ejército de donantes, el movimiento seguirá adelante con sus planes de recristianizar el planeta, tanto si eso es lo que la gente quiere como si no. El matrimonio homosexual, la educación laica, la investigación científica y las artes se convertirán rápidamente en sus próximos objetivos. Dada la inesperada victoria de sus partidarios en la cuestión del aborto, es muy posible que el Opus Dei y sus simpatizantes cosechen victorias igualmente devastadoras en esos ámbitos.

Agradecimientos

Este libro nació como una serie de artículos sobre la quiebra del Banco Popular publicada por *IFR*, donde el director —mi jefe Matthew Davies— ha sido para mí un bastión de apoyo inquebrantable en los últimos quince años. Por alguna razón, Matthew, un periodista de la vieja escuela con olfato para las buenas historias y estómago para defender a sus periodistas en una pelea, vio potencial en mí y me ofreció generosamente un puesto de reportero en un momento en que las dificultades del sector de los medios de comunicación estaban empujando a casi todas las demás publicaciones en la dirección opuesta. Me encomendó un único objetivo —escribir artículos interesantes que nadie más estuviera publicando— y me envió a Rusia, Arabia Saudí, Japón y toda Europa para investigar cualquier idea descabellada que se me ocurriera. Le estoy eternamente agradecido por esa libertad y respaldo. Sin su patrocinio y aliento, nunca me habría trasladado temporalmente a Madrid a principios de 2019, y desde luego no habría descubierto los secretos ocultos en el esqueleto del desaparecido Banco Popular.

La familia Valls-Taberner ha sido una fuente vital de información y apoyo en este proyecto. Javier, que con gran generosidad me dedicó días y días de su tiempo en España y Suiza, y que compartió recuerdos de su larga vida junto a su hermano mayor Luis, proporcionó la chispa vital que revitalizó con una perspectiva totalmente nueva lo que hasta ese momento era en buena medida una historia financiera. Cristina, su mujer, y su hijo Luis fueron igual de generosos con su tiempo, hospitalidad y respaldo. Otros miembros de la familia Valls-Taberner también me ofrecieron su apoyo. Asimismo, tuve la suerte de hablar con docenas de personas que trabajaron directamente con Luis Valls-Taberner, incluidos Miguel Ángel Prieto y Ángel Rivera, sus secretarios personales; Armando Guerra, el que fuera su guardaespaldas durante muchos años; y un sinfín de personas más. Aunque comprendo que este libro puede sacar a relucir indeseadamente ciertos elementos de la vida de don Luis para aquellos que estaban cerca de él y lo veneraban, espero sinceramente que no lo vean como una condena a su persona. Creo que Luis Valls-Taberner fue tan víctima de las maquinaciones del Opus Dei como los miles de personas que pasaron por su abusivo sistema de coacción y control. En mi opinión, don Luis fue, como tantos otros reclutados por la organización, un católico devoto y de buen corazón que buscaba hacer el bien en este mundo, pero fue manipulado y presionado para que entregara su vida, su familia y su banco a las insaciables exigencias del fundador de la organización. Espero que mis escritos reflejen la gran admiración que sentían por don Luis quienes estaban a su alrededor.

El equipo del Archivo Histórico Banco Santander atendió con mucha paciencia y profesionalidad mis interminables peticiones relacionadas con la enorme documentación del Banco Popular conservada en Solares, España. Durante las siempre cambiantes restricciones a los viajes durante la pandemia, hicieron cuanto estuvo en su mano para facilitarme la investigación, guiándome sabiamente a través de los millones de documentos conservados en los archivos y aportando sugerencias para nuevas líneas de investigación. En Pamplona, el equipo de la Universidad de Navarra me ayudó amablemente en mis diversas visitas para consultar los extensos archivos personales de Luis Valls-Taberner. En Estados Unidos, Thomas P. Lester ahondó en los archivos históricos de la archidiócesis de Boston en busca de cualquier cosa que pudiera ser de interés, mientras que Jane Freiman hizo un trabajo fantástico al revisar los documentos de Antonin Scalia. Innumerables funcionarios de Estados Unidos me ayudaron en mis investigaciones y amparadas por la Ley de Libertad de Información. Además, Allison Kole y Zehava Robbins me ofrecieron un valioso asesoramiento sobre mis diversos intentos por abrir documentos públicos. Hubo muchos otros que me ayudaron en mi labor y pidieron no ser nombrados por temor a posibles represalias o porque consideraban que podía afectar negativamente a su vida profesional. Por sí solo, esto dice mucho de la poderosa y peligrosa influencia que siguen ejerciendo el Opus Dei y su red de fundaciones en el mundo.

Las comunidades OpusLibros.org, Opus Dei Awareness Network (ODAN) y OpusDeiExposed Reddit fueron fuentes vitales de contactos, contexto y estímulo a lo largo del proyecto. Formadas por cientos de exmiembros —muchos de los cuales han pasado por desgarradoras experiencias de abuso, drogadicción y manipulación—, esas comunidades desempeñan un papel crucial a la hora de educar a la ciudadanía sobre las realidades de la vida en el Opus Dei y brindan un apoyo fundamental a quienes desean abandonarlo o intentan recuperarse de su dura experiencia. Dichas fuentes vitales solo existen gracias al compromiso desinteresado de esos antiguos miembros y, en el caso de OpusLibros.org, un presupuesto exiguo que casi siempre está a punto de agotarse. Los lectores que quieran ayudar a los supervivientes e impedir que más gente sea captada por el Opus Dei harían bien en realizar aportaciones a esas comunidades. Desde luego, yo les ofreceré mi apoyo. Tales comunidades operan sobre la base del anonimato —los exmiembros, como es comprensible, no quieren que sus nuevas existencias, libres de ataduras, se vean definidas por los años que pasaron dentro de la organización— y deseo mantener ese principio en estos agradecimientos. En el curso de mi investigación, hablé con cientos de antiguos miembros a través de diversas comunidades y deseo expresar mi sincero agradecimiento a todos los que me han ayudado a entender la vida dentro del Opus Dei. Este libro está dedicado a todos vosotros. Un agradecimiento especial a Sebastián Sal y a las 43 exnumerarias sirvientes de Argentina, con muchas de las cuales hablé.

Como periodista imparcial cuyo único objetivo es descubrir la verdad, habría sido una negligencia por mi parte no hablar con gente del Opus Dei. En los últimos cinco años he dedicado cientos de horas a conversar con miembros actuales, desde supernumerarios que no podrían estar más alejados de las maquinaciones de la organización hasta algunos de los miembros de mayor rango en Roma.

Marco Carroggio, Jack Valero y Brian Finnerty, portavoces de la organización en Roma, Londres y Nueva York, respectivamente, fueron esenciales para organizar muchas de esas reuniones. Mónica Herrero, en Roma, y Josefina Madariaga, en Buenos Aires, también organizaron algunos encuentros. Aunque no me hago ilusiones de que ellos —y las docenas de altos miembros del Opus Dei con los que hablé— estén contentos con este libro, espero que reconozcan que mi perspectiva sobre él y sobre nuestras interacciones ha sido profesional en todo momento y me ha movido únicamente el deseo de comprender la verdad. Espero sinceramente que algún día puedan leer esta obra con distancia suficiente para reconocer que las graves cuestiones planteadas merecen una acción decisiva, y que utilicen la influencia que ejercen dentro de la organización para abogar por un cambio real. Gracias también a los numerosos obispos, cardenales y vaticanólogos que me ayudaron a entender la política de la Santa Sede.

Los abusos, manipulaciones y maquinaciones del Opus Dei que se detallan en este libro no son nada nuevo, e innumerables periodistas y escritores han publicado a lo largo de los años una revelación tras otra sobre el modo en que opera la organización. Estoy especialmente en deuda con María del Carmen Tapia, Alberto Moncada, Jesús Ynfante, Vladímir Felzmann, John Roche, Eileen Johnson, Robert Hutchinson y Michael Walsh, que fue tan amable de prestarme numerosos libros para ayudarme en mi investigación. En años más recientes, Paula Bistagnino, en Buenos Aires, Jesús Bastante, en Madrid, y Antonia Cundy, en Londres, han contribuido a las abundantes pruebas contra el Opus Dei con sus diligentes y minuciosas denuncias de abusos. Johnny Daukes ha escrito sobre los abusos sexuales y psicológicos que sufrió durante los años en que estuvo vinculado al Opus Dei. Un sinnúmero de personas han compartido sus experiencias a través de las comunidades OpusLibros.org, Opus Dei Awareness Network y OpusDeiExposed Reddit. Este libro les debe mucho a todos ellos. Tengo la esperanza de que ahora más gente se sienta segura y presente cargos contra las personas que permitieron que eso sucediera para que no vuelva a repetirse.

En lo tocante a Leonard Leo y el mundo del dinero opaco, Lisa Graves y Evan Vorpahl han sido guías indispensables. El infatigable Tom Carter también ha sido una fuente de abundante material e ideas. He recurrido en numerosas ocasiones a Andy Kroll, Andrew Perez, Heidi Przybyla, Jay Michaelson y Jane Mayer, y estoy profundamente en deuda con ellos. John Gehring y Tom Roberts me han ayudado a comprender mejor la Iglesia católica estadounidense, mientras que John Allen, Gerard O'Connell y Massimo Faggioli han sido excelentes guías del Vaticano en general.

En Simon & Schuster no podría haber tenido mejor editor que Eamon Dolan. Desde nuestras primeras conversaciones, Eamon entendió la importancia y complejidad de esta historia y vio el potencial de la propuesta que tenía ante sí. Me ayudó a ver el bosque a través de los árboles y a perfeccionar mi propuesta de cien páginas para convertirla en un plan de acción mucho más claro, conciso y centrado. Sus orientaciones, consejos y sugerencias —y sus frecuentes interjecciones de «CONFUSO» en los márgenes— han mejorado inmensamente este libro. Gracias, Eamon, por haberme dado una oportunidad como autor novel. Siempre estaré en deuda contigo. También quiero dar las gracias a Larry Hughes, Stephen Bedford y Rebecca Rozenberg, que han liderado la comercialización del libro. En Scribe, Molly Slight fue una de las primeras editoras con las que hablé y me ofreció su apoyo inmediatamente. Carmen Esteban, de Editorial Crítica, también ha sido una firme defensora del proyecto. Os estoy inmensamente agradecido a ambas.

En C&W, mi agente Richard Pike vio el potencial de este libro desde el principio y respondió casi instantáneamente a mi propuesta de cuatro párrafos por correo electrónico con claro entusiasmo: «Parece una historia increíble». En Londres, mientras tomábamos café en una lluviosa tarde de octubre, escuchó atentamente mi relato, me guio a través del proceso de elaboración de una propuesta formal y pasó pacientemente por el tamiz de innumerables versiones, ofreciéndome palabras sabias y ánimos en todo momento. Ha contado con el apoyo de un excelente equipo de compañeros, entre ellos Saida Azizova, Kate Burton y César Castañeda Gámez. Estoy en deuda con Luke Speed, Anna Weguelin y Theo Roberts, de Curtis Brown. Bradley Hope también merece una mención por ser tan generoso con su tiempo y explicarme cómo funciona la publicación de un libro. En CAA, Nueva York, no podría haber deseado

371

una mejor agente para representarme en Estados Unidos que Andrianna deLone. De alguna manera convenció a todas las grandes editoriales de que tenían que reunirse conmigo. Gracias, Andrianna. Tanto tú como Richard habéis sido sabios consejeros durante todo este proceso.

Innumerables amigos y familiares me han alojado —y aguantado— durante mis diversos viajes de trabajo para documentarme para el libro. Miguel Ángel Usoz y Caridad de la Fuente me han tratado como a uno de los suyos, ofreciéndome amablemente una cama y un coche —y obsequiándome con copiosas cantidades de tortilla y vino tinto— en mis numerosos y largos viajes a los archivos del norte de España. Les debo mucho. Mikel y Frantxa hicieron lo mismo en Madrid, mientras que Gary y Kelly me acogieron cortésmente en su casa y me llevaron a varias reuniones en Nueva York y sus alrededores. Gracias también al resto de los amigos y familiares que me han escuchado parlotear sobre esta historia durante los últimos cinco años. Ahora tendré que buscar otro tema de conversación. Mi madre, Dorothy, falleció justo al comienzo de este proyecto y escribo estas palabras exactamente cinco años después de que nos dejara. Mi padre Jimmy falleció muchos años antes. No pasa un día en que no los eche de menos a los dos. Sois las personas más generosas que he conocido: ninguno de los dos tenía mucho, pero lo disteis todo por vuestros hijos. Este libro está dedicado a los dos.

Hannah, Emmie y Alice, ¿qué puedo decir? Sois las hijas más maravillosas del mundo. Me hacéis sentir muy orgulloso. Gracias por todas vuestras sonrisas, abrazos y apoyo.

Y Maite. Las últimas palabras tienen que ser para ti. Este libro no habría sido posible sin ti. Me has animado, apoyado y soportado hablando sin parar de este proyecto durante casi cinco años. Sin quejarte ni una sola vez, has leído cada página de este libro —a menudo varias veces— y siempre me has aconsejado para mejorarlo. Has soportado mis incesantes preguntas sobre las traducciones y has sido una fuente esencial de conocimientos sobre el trasfondo político y cultural de esta historia. Has aguantado mis cambios de humor, mis dudas y mis numerosos bloqueos con elegancia, comprensión y cariño. Gracias por tu apoyo incondicional. Soy muy afortunado de tenerte en mi vida.

Notas

INTRODUCCIÓN

1. Gareth Gore, «Rushed Popular Resolution Casts Long Shadow over Europe's Banks», *International Financing Review*, 7 de junio de 2019, https://www.ifre.com/story/1586009/rushed-popular-resolution-casts-long-shadow-over-europes-banks-53fvxp7lqv, consultado el 13 de enero de 2024.

2. A principios de los años noventa, el Banco Popular encabezó en tres ocasiones la clasificación de los cien mejores bancos del mundo elaborada por *Euromoney*.

3. Christopher Spink, «Santander Pressed by Pimco over Banco Popular Sale», *International Financing Review*, 4 de abril de 2018, https://www.ifre.com/story/1494960/santander-pressed-by-pimco-over-banco-popular-sale-2gr14v6f3p, consultado el 13 de enero de 2024.

4. Gore, «Rushed Popular Resolution».

5. Según los registros del banco, el Popular contaba con 303.251 inversores particulares a finales de 2016. Véase *Informe Anual 2016*, Banco Popular Español, Madrid, 2017, p. 138.

6. Gabriel Tortella, José María Ortiz-Villajos y José Luis García Ruiz, *Historia del Banco Popular: La lucha por la independencia*, Marcial Pons, Madrid, 2011, p. 131.

7. Según los registros del banco, la Sindicatura de Accionistas del Banco Popular Español poseía el 9,55 % del capital social en circulación de la entidad a finales del año completo anterior. Véase *Informe Anual 2016*, p. 139.

8. La cotización del Banco Popular superó los dieciséis euros en abril de 2007. En aquel momento, la Sindicatura de Accionistas del Banco Popular Español representaba a más de cien millones de acciones del banco. Véase *Informe Anual 2006*, Banco Popular Español, Madrid, 2007, pp. 65-69.

9. Registro bursátil de Unión Europea de Inversiones, 27 de julio de 2017,

https://www.cnmv.es/webservices/verdocumento/ver?e=W0hG9W7Lw%-2f0H%2fVpi8oFxjbojc5caDaczWitwUsYwRmRQSRh0dt1K2vXNhAR3mLSV, consultado el 16 de febrero de 2024.

10. Esto incluye el dinero pagado en dividendos a Unión Europea de Inversiones, las donaciones caritativas abonadas a fundaciones afiliadas y el alquiler pagado a otra fundación propietaria de la sede del Popular. Véase el capítulo 10 de este libro para más detalles.

11. Javier Valls-Taberner se incorporó al banco en 1966 y fue ascendido a copresidente junto a su hermano Luis en 1989. Permaneció en ese puesto hasta que fue destituido en 2006.

12. Entrevista del autor con Javier Valls-Taberner, noviembre de 2019.

13. Luis murió el 25 de febrero de 2006. Su hermano Javier fue despedido del banco menos de un mes después. Véase la declaración bursátil del Banco Popular, 22 de marzo de 2006, https://www.cnmv.es/webservices/verdocumento/ver?e=%2bZFQU0BFTyaGJsR6EyGsv3oVWDfesgkpo6eZDnmbdpma3phc%-2fKDdGHMm7I9fO0VE, consultada el 16 de febrero de 2024.

14. Débora Rey, «Women in Argentina Claim Labor Exploitation by Opus Dei», *Associated Press*, 12 de noviembre de 2021, https://apnews.com/article/business-paraguay-europe-argentina-uruguay-43b48ed43c2f7ddebf05ec6203b12d8d, consultado el 6 de septiembre de 2023.

15. Gareth Gore, «Santander Considered Bidding €1.6bn for Popular Weeks Before Collapse», *International Financing Review*, 17 de mayo de 2019, https://www.ifre.com/story/1592384/santander-considered-bidding-16bn-for-popular-weeks-before-collapse-vqwz9ywt2c, consultado el 16 de febrero de 2024.

16. Entrevista del autor a José Antonio Gutiérrez Sebares (archivista de Solares), junio de 2022.

17. Véase el informe «Balance de Cooperación Internacional», con una instantánea de los gastos a marzo de 1995, AHBPE.

18. La Fundación del Plata, que gestionaba escuelas de hostelería y varias residencias del Opus Dei implicadas en el escándalo, fue la que más dinero recibió de la red vinculada al banco a principios de los años noventa. La Asociación para el Fomento de la Cultura, otra fundación implicada en el escándalo, también recibió dinero. Informe Balance de Cooperación Internacional.

19. Para más detalles, véase el capítulo 6 de este libro.

20. Kurt Jensen, «New Eucharistic Procession Aims to Bring Christ into the U.S. Capital's Public Square», *Our Sunday Visitor*, 2 de mayo de 2023, https://www.oursundayvisitor.com/new-eucharistic-procession-aims-to-bring-christ-into-the-u-s-capitals-public-square/, consultado el 16 de febrero de 2024.

21. «2023 CIC Eucharistic Procession», vídeo, 20 de mayo de 2023, https://www.youtube.com/watch?v=hBXR4YMSdDw, consultado el 16 de febrero de 2024.

22. «Eucharistic Procession in Downtown DC», *Arlington Catholic Herald*, 11 de mayo de 2023, https://www.catholicherald.com/article/local/eucharistic-procession-in-downtown-dc/, consultado el 16 de febrero de 2024.

23. William Murray, «CIC Hosts its First Eucharistic Procession in Downtown Washington», *Catholic Standard*, 25 de mayo de 2023, https://cathstan.org/news/local/cic-hosts-its-first-eucharistic-procession-in-downtown-washington, consultado el 16 de febrero de 2024.

24. Entrevista del autor a Daryl Glick (director de una de las residencias del Opus Dei en la ciudad), febrero de 2023.

25. Fernanda Lopes, «I Like to Think of Opus Dei as a Family of Families», 13 de julio de 2022, https://opusdei.org/en-uk/article/i-like-to-think-of-opus-dei-as-a-family-of-families/, consultado el 16 de febrero de 2024.

26. Correspondencia por correo electrónico con Marco Carroggio (portavoz jefe del Opus Dei a nivel mundial), febrero de 2024.

27. Véase «Apostolic Letter Issued "Motu Proprio" of the Supreme Pontif Francis "Ad Charisma Tuendum"», 22 de julio de 2022, https://press.vatican.va/content/salastampa/en/bollettino/pubblico/2022/07/22/220722a.html, consultado el 21 de septiembre de 2023.

28. Véase «Lettera Apostolica in Forma di "Motu Proprio" del Sommo Pontefice Francesco con La Quale Vengono Modificati i Cann. 295-296 Relativi Alle Prelature Personali», 8 de agosto de 2023, https://www.vatican.va/content/francesco/it/motu_proprio/documents/20230808-motu-proprio-prelature-personali.html, consultado el 20 de septiembre de 2023.

Capítulo 1. La Sindicatura

1. *Informe Anual 2003*, Banco Popular Español, Madrid, 2004, p. 81.

2. Entrevistas del autor con dos personas que participaron en la organización de la reunión, julio y septiembre de 2022.

3. Entrevistas del autor con Miguel Ángel Prieto (asistente personal de Luis Valls-Taberner, 1998- 2004), julio y septiembre de 2022.

4. Entrevistas a Prieto.

5. Entrevistas del autor con varios empleados del Banco Popular, julio y septiembre de 2022.

6. Entrevista a Prieto, julio de 2022.

7. Entrevistas a empleados del Banco Popular.

8. Archivo bursátil del Banco Popular, 18 de diciembre de 2003, https://www.cnmv.es/portal/HR/ResultadoBusquedaHR.aspx?division=3&nif=A28000727&page=124, consultado el 15 de septiembre de 2022.

9. María Jesús Pérez, «La Mutua Madrileña sale del Popular y compra un

1,2 % del Santander por 531 millones», *ABC*, 27 de abril de 2004, https://www.abc.es/economia/abci-mutua-sale-popular-y-compra-2por-ciento-santander-millones-200404270300-9621186021002_noticia.html, consultado el 21 de julio de 2023.

10. «Spain's Mutua Madrilena Buys 3 pct of Popular», *Reuters*, 5 de noviembre de 2003, consultado el 21 de julio de 2023.

11. El precio de las acciones cayó desde un máximo de 50,25 euros en enero de 2004 hasta un mínimo de 44,81 euros en mayo de ese año, un descenso del 10,8 %. Durante el mismo período, el índice español IBEX 35 se mantuvo prácticamente plano. Extrapolando a los 227 millones de acciones en circulación del banco, la caída de valor equivaldría a 1.200 millones de euros, unos mil millones de dólares de la época. Véase *Informe Anual 2004*, Banco Popular Español, Madrid, 2005, p. 61.

12. Entrevistas del autor a dos personas que participaron en la organización de la reunión, julio y septiembre de 2022.

13. *Ibid.*

14. *Ibid.*

15. *Ibid.*

16. El número de accionistas presentes se anuncia en una grabación en VHS de la junta general de 2004, AHPBE, caja 800, punto 3.

17. *Informe Anual 2003*, Banco Popular Español, Madrid, 2004, p. 81.

18. Entrevistas del autor con varias personas que estuvieron presentes, julio y septiembre de 2022.

19. VHS de la junta anual de accionistas de 2004, AHBPE.

20. *Ibid.*

21. Registro bursátil del Banco Popular, 18 de diciembre de 2003, https://www.cnmv.es/portal/HR/ResultadoBusquedaHR.aspx?division=3&nif=A28000727&page=124, consultado el 15 de septiembre de 2022.

22. Entrevistas del autor con varios empleados del Banco Popular, julio y septiembre de 2022.

23. *Constituciones del Opus Dei 1950*, segunda parte, capítulo II, artículos 1-3, reproducido por The Opus Dei Guidebook, https://sites.google.com/a/realcatholiconline.org/the-opus-dei-guidebook/statutes-1/1950-constitutions, consultado el 23 de septiembre de 2022. Aunque las constituciones de 1950 fueron sustituidas por los estatutos de 1982, las primeras contienen una lista de normas mucho más detallada y hasta hoy son consideradas la guía a seguir por la mayoría de los miembros.

24. Entrevista del autor a un miembro anónimo de la junta, septiembre de 2022.

25. Entrevista del autor a un directivo bancario anónimo, septiembre de 2022.

26. Concretamente, la reunión empezó a las 13:00 horas.

27. Entrevistas del autor y confirmación visual durante una visita a la residencia del Opus Dei donde vivía entonces Luis Valls-Taberner, julio de 2022.

28. Entrevista del autor a un miembro del consejo de administración y confidente íntimo de Luis Valls-Taberner durante muchos años, julio de 2022.

29. *Informe Anual 2003*, Banco Popular Español, Madrid, 2004, p. 82.

30. Visita del autor a la residencia de Mirasierra y entrevistas a los residentes, julio de 2022.

31. *Constituciones del Opus Dei 1950*.

32. *Reglamento Interno de la Administración*, 1985, artículo 18, apartado 1.

33. *Ibid.*, artículo 8.

34. *Ibid.*, artículo 46, apartado 2.

35. *Ibid.*, artículo 24.

36. *Ibid.*, artículo 25.

37. *Ibid.*, artículo 33.

38. *Constituciones del Opus Dei 1950*, segunda parte, cap. IV, p. 236.

39. Reconstrucción del autor sobre la rutina nocturna habitual de Luis Valls-Taberner a partir de entrevistas con residentes, julio de 2022.

40. *Constituciones del Opus Dei 1950*, p. 260.

41. *Vademécum del Gobierno Local*, 2002, p. 5.

42. Entrevista del autor con residentes, julio de 2022.

43. *Vademécum del Gobierno Local*, p. 117.

44. *Ibid.*, p. 24.

45. *Ibid.*, p. 187.

46. *Ibid.*, pp. 24-25.

47. *Ibid.*, p. 201.

48. *Ibid.*, p. 20.

49. *Ibid.*, p. 21.

50. *Guia Bibliografica 2003*, reproducida por Opus Dei Awareness Network en https://www.opuslibros.org/Index_libros/guia_general.htm, consultada el 22 de septiembre de 2022.

51. *Vademécum del Gobierno Local*, pp. 155-156.

52. Entrevistas del autor con varias personas que vieron películas con Luis, incluso en los años setenta.

53. *Vademécum del Gobierno Local*, p. 7.

54. *Ibid.*, p. 106.

55. Entrevista del autor con un numerario que asistió a uno de los cursos anuales con él por esa época.

56. Véase «Saint Nicholas, Intercessor of Opus Dei», 5 de diciembre de 2021, https://opusdei.org/en-uk/article/saint-nicholas-intercessor-of-opus-dei/, consultado el 22 de noviembre de 2023.

57. Recuerdo de Escrivá escrito por Luis Valls-Taberner pocas semanas después de su muerte, escrito en Pozoalbero, 30 de agosto de 1975, GAPOD .

58. Entrevista del autor con Luis Sánchez Socías, julio de 2022.

59. Entrevista a Sánchez Socías.

60. *Vademécum del Gobierno Local*, 16.

61. *Ibid.*, p. 28.

62. *Ibid.*, p. 28 .

63. «Il capo dell'Opus Dei contro gli abusi sessuali», *Giornale di Sicilia*, 10 de abril de 1997, reproducido en https://www.opuslibros.org/nuevaweb/modules.php?name=News&file=article&sid=7883, consultado el 19 de febrero de 2024.

64. *Vademécum del Gobierno Local*, 28.

65. *Ibid.*, p. 30.

66. *Ibid.*, p. 34.

67. *Ibid.*, p. 38.

68. *Ibid.*, p. 30.

69. Entrevista del autor con varios residentes que vieron actuaciones similares en la residencia.

70. Entrevista del autor con Daryl Glick, febrero de 2023.

71. Según los registros de la propiedad de la Oficina de Impuestos e Ingresos del Distrito de Columbia, consultados el 22 de noviembre de 2023.

72. Visita del autor a Wyoming Hose, febrero de 2023.

73. Padre C. John McCloskey, «A Eucharistic Recollection of Pope John Paul the Great», https://www.catholicity.com/mccloskey/johnpaulthegreat.html, consultado el 28 de septiembre de 2022.

74. Padre C. John McCloskey, «Mother Merrill», https://www.catholicity.com/mccloskey/merrill.html, consultado el 28 de septiembre de 2022.

75. Raymond de Souza, «From Wall Street to the Ivy League», *National Catholic Register*, 16 de agosto de 1998, https://www.ncregister.com/interview/from-wall-street-to-the-ivy-league, consultado el 28 de septiembre de 2022.

76. Mary Claire Kendall, «Opus Dei Bishop to Beatified Saturday», *Aleteia*, septiembre de 2014, https://www.catholicity.com/mccloskey/opus-dei-bishop.html, consultado el 28 de septiembre de 2022.

77. Chris Suellentrop, «The Rev. John McCloskey: The Catholic Church's K Street Lobbyist», *Slate*, 9 de agosto de 2002, https://slate.com/news-and-politics/2002/08/the-catholic-church-s-k-street-lobbyist.html, consultado el 28 de septiembre de 2022.

78. De Souza, «From Wall Street to the Ivy League».

79. *Ibid.*

80. *Ibid.*

81. *Ibid.*

82. James Hitchcock, «Condom, Coercion, and Christianity: A Princeton

Tale», *Academic Questions*, 4, n.º 1 (Invierno de 1990-1991), reproducido en https://www.catholicity.com/mccloskey/princeton.html, consultado el 28 de septiembre de 2022.

83. Hitchcock, «Condom, Coercion, and Christianity».

84. Joe Feuerherd, «Selling Orthodoxy to Washington Power Brokers», *National Catholic Reporter*, 5 de septiembre de 2003, https://natcath.org/NCR_Online/archives2/2003c/090503/090503c.htm, consultado el 28 de septiembre de 2022.

85. Joe Heim, «"Quite a Shock": The Priest Was a D.C. Luminary. Then He Had a Disturbing Fall from Grace», *The Washington Post*, 14 de enero de 2019, https://www.washingtonpost.com/local/quite-a-shock-the-priest-was-a-dc-luminary-then-he-had-a-disturbing-fall-from-grace/2019/01/14/99b48700-1453-11e9-b6ad-9cfd62dbb0a8_story.html, consultado el 28 de septiembre de 2022.

86. Laurie P. Cohen, «Tyco Scandal, Money to Opus Dei?», *Wall Street Journal*, 4 de junio de 2003, https://www.wsj.com/articles/SB105467469545317500, consultado el 28 de septiembre de 2022.

87. Feuerherd, «Selling Orthodoxy to Washington Power Brokers».

88. Michelle Boorstein, «Opus Dei Paid $977,000 to Settle Sexual Misconduct Claim Against P ominent Catholic Priest», *Washington Post*, 7 de enero de 2019, https://www.washingtonpost.com/religion/2019/01/08/opus-dei-paid-settle-sexual-misconduct-claim-against-prominent-catholic-priest/, consultado el 29 de septiembre de 2022.

89. Heim, «"Quite a Shock"».

90. Boorstein, «Opus Dei Paid $977,000».

91. Véase «Statements Regarding Fr. C. John McCloskey», que confirma que el Opus Dei fue informado de la acusación en noviembre de 2002 y que no se puso ninguna limitación a su ministerio durante todo el período hasta que abandonó Estados Unidos en diciembre de 2003, https://opusdei.org/en-us/article/message-from-msgr-thomas-bohlin-2/, consultado el 2 de noviembre de 2023.

92. Boorstein, «Opus Dei Paid $977,000».

93. *Ibid.*

94. Padre John McCloskey, «American Lessons From Europe's Fall», *National Catholic Register*, mayo de 2004, https://www.catholicity.com/mccloskey/americanlessons.html, consultado el 2 de noviembre de 2023.

95. Frank Bruni, «New Saint Reflects Lay Group's New Influence», *New York Times*, 3 de octubre de 2002, https://www.nytimes.com/2002/10/03/world/new-saint-reflects-lay-group-s-new-influence.html, consultado el 2 de noviembre de 2023.

96. Según los registros fiscales, además de los 5.095.600 de dólares gastados en la compra de las seis propiedades, Murray Hill Place, Inc. gastó posteriormente 57.818.675 de dólares en obras de construcción y otros 6.918.761 en mobiliario y equipamiento entre 1995 y 2001.

97. Vladimir de Gmeline, «Opus Dei: l'enquête interdite...», *Marianne*, 15 de abril de 2017, https://www.marianne.net/societe/opus-dei-l-enquete-interdite, consultado el 19 de febrero de 2024.

CAPÍTULO 2. EL NEGOCIO FAMILIAR

1. José María es un nombre compuesto frecuente en España. Aunque a partir de los años sesenta Escrivá decidió fusionarlos en la inusual forma Josemaría, posiblemente con vistas a la posteridad, en sus primeros años utilizó la versión estándar, que aparece en su partida de nacimiento.

2. Andrés Vázquez de Prada, *El Fundador del Opus Dei I*, Rialp, Madrid, 2010, p. 206.

3. *Ibid.*, p. 209.

4. *Ibid.*, p. 184.

5. *Ibid.*, p. 117.

6. *Ibid.*, p. 62.

7. *Ibid.*, p. 70.

8. *Ibid.*, pp. 202-207.

9. Jesús Ynfante, *La prodigiosa aventura del Opus Dei*, Ruedo Ibérico, París, 1970, p. 4.

10. Vázquez de Prada, *op. cit.*, p. 92.

11. Un detalle revelador en las biografías oficiales de Escrivá es que ni su madre ni su hermana mayor Carmen, que se formó como maestra de escuela en Logroño, parecieron tener un empleo durante esos años, a pesar de sus supuestas penurias. Es probable que tuvieran otra fuente de ingresos, quizá de la propiedad familiar que más tarde venderían. Y, aunque el estipendio sacerdotal de unas cinco pesetas por misa era bajo para la época, bastaba para pagar el alojamiento y la comida en los hospedajes donde iba Escrivá. Más tarde complementaba esos ingresos con la enseñanza. Algunos trabajadores, como los camareros, ganaban tan solo una peseta al día a pesar de trabajar ocho horas. Véase «El salario y la jornada en Madrid, Año de 1929», *Anuario 1930*, publicado por el Instituto Nacional de Estadística en https://www.ine.es/inebaseweb/pdfDispacher.do?td=45719.

12. Vázquez de Prada, *op. cit.*, p. 240.

13. Paul Preston, *The Spanish Civil War*, Harper Perennial, Londres, 2006, p. 27.

14. *Ibid.*, p. 242.

15. Vázquez de Prada, *op. cit.*, p. 551.

16. *Ibid.*, pp. 235-239.

17. *Ibid.*, p. 235.

18. *Ibid.*, p. 250.

19. *Ibid.*, pp. 540- 543 y 550-551, para una exposición detallada de su expediente académico.

20. *Ibid.*, p. 21.

21. *Ibid.*, p. 252.

22. *Ibid.*, p. 273.

23. *Ibid.*, p. 257.

24. Véase Michael Walsh, *The Secret World of Opus Dei*, Grafton Books, Londres, 1990, pp. 32-34.

25. Vázquez de Prada, *op. cit.*, p. 293.

26. José Luis González Gullón y John F. Coverdale, *Historia del Opus Dei*, Rialp, Madrid, 2022, p. 38.

27. González Gullón y Coverdale, *Historia del Opus Dei*, p. 38.

28. Vázquez de Prada, *op. cit.*, p. 252.

29. *Ibid.*, p. 267.

30. *Ibid.*, p. 263.

31. *Gaceta de Madrid* 267 (24 de septiembre de 1929): 1924, consultado en https://www.boe.es/datos/pdfs/BOE//1929/267/A01923-01924.pdf el 17 de octubre de 2022.

32. *Gaceta de Madrid* 197 (16 de julio de 1929): 370, consultado en https://www.boe.es/datos/pdfs/BOE//1929/197/A00370-00372.pdf el 17 de octubre de 2022.

33. Vázquez de Prada, *op. cit.*, p. 312.

34. Preston, *Spanish Civil War*, p. 49.

35. Hugh Thomas, *The Spanish Civil War*, Penguin Books, Londres, 1965, p. 58.

36. Vázquez de Prada, *op. cit.*, p. 313.

37. *Ibid.*, p. 324.

38. *Ibid.*, p. 324.

39. José María Escrivá, *Singuli Dies*, 24 de marzo de 1930, artículo 4.

40. José María Escrivá, *Videns Eos*, 24 de marzo de 1931, artículos 21, 23 y 47.

41. José María Escrivá, *Res Omnes*, 9 de enero de 1932, artículos 4 y 71.

42. *Ibid.*, artículo 91.

43. *Ibid.*, artículo 85.

44. Escrivá se refirió varias veces a los miembros del Opus Dei como un «ejército» y una «milicia» de soldados en los documentos fundacionales que escribió. Véase *Videns Eos*, 24 de marzo de 1931, artículo 54; *Vos Autem*, José María Escrivá, 16 de julio de 1933, artículo 3; *Instrucción acerca del espíritu sobrenatural de la Obra de Dios*, 19 de marzo de 1934, artículo 45; e *Instrucción sobre el modo de hacer proselitismo*, 1 de abril de 1934, artículo 9.

45. Ynfante, *La prodigiosa aventura*, 15.

46. Vázquez de Prada, *op. cit.*, p. 443.

47. González Gullón y Coverdale, *Historia del Opus Dei*, p. 56.

48. *Ibid.*, p. 57.

49. *Ibid.*, p. 59.

50. La primera, titulada *Instrucción acerca del espíritu sobrenatural de la Obra de Dios* estaba fechada el 19 de marzo de 1934, casi dos meses después de que la academia DYA abriera oficialmente sus puertas.

51. Escrivá, *Instrucción acerca del espíritu*, artículo 8.

52. *Ibid.*, artículo 32.

53. *Ibid.*, artículo 45.

54. *Ibid.*, artículo 27.

55. *Ibid.*, artículo 42.

56. José María Escrivá, *Instrucción sobre el modo de hacer proselitismo*, 1 de abril de 1934.

57. Escrivá, *Instrucción acerca del espíritu*, artículo 44.

58. *Ibid.*, artículo 46.

59. *Ibid.*, artículo 15.

60. *Ibid.*, artículo 86.

61. *Ibid.*, artículo 18.

62. *Ibid.*, artículo 41.

63. *Ibid.*, artículo 25.

64. *Ibid.*, artículo 81.

65. *Ibid.*, artículo 66.

66. *Ibid.*, artículo 67.

67. Vázquez de Prada, *op. cit.*, p. 410.

68. *Ibid.*

69. Vázquez de Prada, *op. cit*, p. 515, para una explicación detallada de sus prácticas de mortificación.

70. *Ibid.*, p. 521.

71. *Ibid.*

72. *Ibid.*, pp. 462 y 472.

73. *Ibid.*, p. 459.

74. *Ibid.*, p. 464.

75. *Ibid.*, p. 468.

76. *Ibid.*, p. 471.

77. El nombre de la ceremonia se cambió posteriormente por el menos polémico «fidelidad». Para más información sobre la ceremonia, véase Vázquez de Prada, *op. cit.*, p. 475.

78. González Gullón y Coverdale, *Historia del Opus Dei*, p. 62.

79. *Interview with Miguel Fisac*, pp. 13-14.

80. González Gullón y Coverdale, *op. cit.*, p. 67.

81. Vázquez de Prada, *op. cit.*, p. 506.

82. González Gullón y Coverdale, *op. cit.*, p. 67.

83. Vázquez de Prada, *op. cit.*, p. 510.

84. José María Escrivá, *Instrucción para los directores*, 31 de mayo de 1936.

85. *Ibid.*, artículos 69, 70 y 71.

86. *Ibid.*, artículos 75 y 76.

87. *Ibid.*, artículo 58.

88. *Ibid.*, artículo 35.

89. *Ibid.*, artículo 66.

90. Thomas, *Spanish Civil War*, p. 185.

91. Vázquez de Prada, *op. cit.*, p. 12.

92. Thomas, *op. cit.*, p. 207.

93. Vázquez de Prada, *op. cit.*, vol. II, p. 12.

94. Thomas, *op. cit.*, p. 207.

95. Vázquez de Prada, *op. cit.*, vol. II, pp. 12-13.

96. El hecho de que los Escrivá tuvieran teléfono en casa es una prueba futura de que sus finanzas distaban mucho de ser calamitosas. También tenían asistenta.

97. Para un diario detallado de los primeros días de la guerra, véase Vázquez de Prada, *op. cit.*, vol. II, pp. 864-868.

98. Vázquez de Prada, *op. cit.*, vol. II, p. 14.

99. *Ibid.*, p. 22.

100. González Gullón y Coverdale, *Historia del Opus Dei*, p. 71.

101. *Ibid.*

102. Vázquez de Prada, *op. cit.*, vol. II, p. 36.

103. Para más detalles sobre su estancia, véase Vázquez de Prada, *op. cit.*, vol. II, pp. 37- 55.

104. González Gullón y Coverdale, *op. cit.*, p. 73.

105. *Ibid.*, p. 66.

106. *Ibid.*, p. 81.

107. *Ibid.*, p. 92.

108. *Ibid.*, p. 269.

109. *Interview with Miguel Fisac*, p. 4.

110. *Ibid.*, p. 236.

111. *Ibid.*, p. 298.

112. González Gullón y Coverdale, *op. cit.*, p. 79.

113. Vázquez de Prada, *op. cit.*, vol. II, p. 317.

114. *Ibid.*, p. 341.

115. *Ibid.*, p. 302.

116. *Ibid.*, p. 426.

117. Thomas, *Spanish Civil War*, p. 737.

118. Vázquez de Prada, *op. cit.*, vol. II, p. 299.

119. González Gullón y Coverdale, *op. cit.*, p. 81.

1. Vázquez de Prada, *op. cit.*, vol. II, p. 515.

2. *Ibid.*, p. 666.

3. Joan Estruch, *Saints and Schemers: Opus Dei and Its Paradoxes*, Oxford University Press, Nueva York, 1995, p. 115.

4. Vázquez de Prada, *op. cit.*, vol. II, p. 579.

5. Paul Preston, *A People Bretayed: A History of Corruption, Political Incompetence and Social Division in Modern Spain 1874-2018*, William Collins, Londres, 2020, p. 341.

6. *Ibid.*, p. 334.

7. Entrevistas del autor a Javier Valls-Taberner (hermano menor de Luis), abril y noviembre de 2019.

8. Para más información sobre la huida de la familia, véase Gonzalo Fernández de la Mora, *Semblanza de Luis Valls-Taberner* (2000), reproducido en https://www.luisvallstaberner.com/wp-content/uploads/2014/02/Semblanza-LVT-FERNANDEZ-DE-LA-MORA-2000.pdf, consultado el 17 de abril de 2024.

9. José María Mas Solench, *Fernando Valls-Taberner: Una vida entre la historia y la política*, Planeta, Barcelona, 2004, pp. 94-99.

10. Paul Preston, *The Spanish Holocaust*, Harpers, Londres, 2012, pp. 471-517.

11. Entrevista con Javier Valls-Taberner.

12. Fernández de la Mora, *Semblanza de Luis Valls-Taberner*, p. 4.

13. Para más información sobre el Palau, véase Josep Masabeu, *Escrivá de Balaguer a Catalunya, 1913-1974*, Publicacions de l'Abadia de Montserrat, Barcelona, 2015.

14. Preston, *The Spanish Holocaust*, p. 333.

15. *Ibid.*, p. 336.

16. Carta de Luis Valls-Taberner al Padre Escrivá en el aniversario de los seis meses en el Opus Dei, 5 de octubre de 1945, GAPOD.

17. Michael Walsh, *The Secret World of Opus Dei*, Grafton Books, Londres, 1990, pp. 42-43.

18. Para más información sobre la expansión del Opus Dei inmediatamente después de la guerra, véase Vázquez de Prada, *op. cit.*, vol. II, capítulo 12.

19. José Luis González Gullón y John F. Coverdale, *Historia del Opus Dei*, Rialp, Madrid, 2022, p. 93.

20. En el primer curso académico después de la guerra, los miembros del Opus Dei realizaron sesenta de esos viajes de fin de semana a once ciudades de toda España; véase González Gullón y Coverdale, *op. cit.*, pp. 92-95.

21. González Gullón y Coverdale, *op. cit.*, p. 94.

22. Vázquez de Prada, *op. cit.*, vol. II, p. 431.

23. González Gullón y Coverdale, *op. cit.*, p. 107.

24. Carta de Luis Valls-Taberner a Escrivá, 14 de abril de 1947, GAPOD.

25. José María Escrivá, *Instrucción para la obra de San Miguel*, 8 de diciembre de 1941.

26. José María Escrivá, *Instrucción para los directores*, artículos 69, 70 y 71.

27. Escrivá, *Instrucción para la obra de San Miguel*, artículo 20.

28. *Ibid.*

29. José María Escrivá, *Camino*, p. 15, reproducido en https://escriva.org/en/camino/, consultado el 17 de abril de 2024.

30. *Ibid.*, p. 5.

31. *Ibid.*, p. 22.

32. Para un registro detallado de las visitas de Escrivá por toda España durante este período, véase Vázquez de Prada, *op. cit.*, vol. II, apéndice XXII.

33. Véase AFNFF, rollo 228, documento 27198.

34. AFNFF.

35. Vázquez de Prada, *op. cit.*, vol. II, p. 895.

36. *Ibid.*, p. 592.

37. González Gullón y Coverdale, *op. cit.*, p. 96.

38. Vázquez de Prada, *op. cit.*, vol. II, p. 705.

39. Walsh, *Secret World of Opus Dei*, p. 21.

40. Escrivá, *Instrucción para la obra de San Gabriel*, mayo de 1941.

41. *Ibid.*, artículo 5.

42. *Ibid.*, artículo 17.

43. *Ibid.*, artículo 7.

44. *Ibid.*, artículo 27.

45. *Ibid.*, artículo 101.

46. *Ibid.*, artículo 30.

47. *Ibid.*, artículo 101.

48. *Ibid.*, artículo 10.

49. *Ibid.*, artículo 138.

50. Vázquez de Prada, *op. cit.*, vol. II, p. 506.

51. González Gullón y Coverdale, *Historia del Opus Dei*, p. 106.

52. Walsh, *Secret World of Opus Dei*, p. 47.

53. González Gullón y Coverdale, *op. cit.*, p. 98.

54. Walsh, *Secret World of Opus Dei*, p. 45.

55. Alberto Moncada, *Historia oral del Opus Dei*, Plaza & Janés, Barcelona, 1987, p. 18.

56. Moncada, *Historia oral del Opus Dei*, p. 18.

57. «Es menester —aprovecho este momento para deciros algo que no es un mandato: es un consejo imperativo—, es menester que tengáis completa libertad para confesaros con quien queráis. Pero que vuestro director espiritual sea siempre un sacerdote de la Obra», José María Escrivá, *Instrucción sobre el modo de hacer proselitismo*, 1 de abril de 1934.

58. Para más información, véase Vázquez de Prada, *op. cit.*, vol. II, capítulo 14.

59. Vázquez de Prada, *op. cit.*, vol. II, p. 748.

60. María del Carmen Tapia, *Beyond the Threshold*, Continuum, Nueva York, 1997, [hay edición española, *Tras el umbral*, Ediciones B, Barcelona, 1992].

61. González Gullón y Coverdale, *op. cit.*, p. 106.

62. José María Escrivá, *Instrucción sobre el modo de hacer proselitismo*, 1 de abril de 1934.

63. Carta de Luis Valls-Taberner a Escrivá, 15 de mayo de 1947, GAPOD.

64. Para más información sobre el viaje a Roma, véase Andrés Vázquez de Prada, *El fundador del Opus Dei*, vol. III, Rialp, Madrid, 2003, pp. 25-29.

65. *Ibid.*, p. 28.

66. *Ibid.*, p. 33.

67. *Ibid.*, p. 33.

68. La cláusula 440.2 de la constitución del Opus Dei de 1950 define específicamente a esas «numerarias sirvientes» como mujeres «que se dedican a los trabajos manuales o al servicio doméstico en las casas de la institución». Publicado en https://www.opus-info.org/index.php/Constituciones_del_Opus_Dei_1950#-Cap%C3%ADtulo_I:_De_su_modalidad,_su_fin_y_sus_miembros, consultado el 30 de junio de 2023.

69. Tapia, *op. cit.*

70. Vázquez de Prada, *El fundador del Opus Dei: La vida de San Josemaría Escrivá*, Scepter Publishers, Nueva York, 2003, tomo II, p. 444. Esta cita ha sido suprimida de la versión original española de este libro.

71. Escrivá, *Surco*, 498, reproducido en https://escriva.org/en/surco/, consultado el 17 de abril de 2024.

72. Vladimir Felzmann, *A Journey to Eternity: My Years in Opus Dei 1959-1982*, All Squared, Hartpury, 2023, p. 33.

73. Moncada, *Historia oral del Opus Dei*, pp. 24-25.

74. Robert Hutchison, *Their Kingdom Come: Inside the Secret World of Opus Dei*, Transworld, Londres, 1997, p. 103.

75. Vázquez de Prada, *op. cit.*, vol. III, p. 148.

76. Estruch, *Saints and Schemers*, p. 140.

77. *Ibid.*, p. 112.

78. González Gullón y Coverdale, *op. cit.*, p. 161.

79. Carta de Luis Valls a Escrivá, 14 de mayo de 1950, GAPOD.

80. *Ibid.*

81. Un informe sobre Luis elaborado por la reputada empresa de análisis Dun & Bradstreet a principios de la década de 1960 estimaba su fortuna en 75 millones de pesetas. Gran parte de ese patrimonio procedía de negocios familiares heredados a la muerte de su padre, según los informes. Véase AGUN, colección 299, caja 2, carpeta 1.

82. Luis aparece con Escrivá en la abadía en una fotografía fechada en mayo de 1948. Sus nombres figuran al dorso. AGUN, colección 299, caja 14, carpeta 3.

83. Carta de Luis Valls a Escrivá, 2 de mayo de 1949, GAPOD.

84. González Gullón y Coverdale, *op. cit.*, p. 138.

85. Carta de José María Albareda Herrera, secretario general del Consejo de Investigación, a Luis Valls-Taberner, julio de 1949. AGUN, colección 299, caja 125, carpeta 4.

86. Carta Constitutiva del Consejo de Investigación, 24 de noviembre de 1939, reproducida en https://www.boe.es/datos/pdfs/BOE/1939/332/A06668-06671.pdf, consultado el 17 de abril de 2024.

87. Hutchison, *Their Kingdom Come*, p. 92.

88. Walsh, *Secret World of Opus Dei*, p. 44.

89. González Gullón y Coverdale, *op. cit.*, p. 103.

90. *Ibid.*

91. Moncada, *Historia oral del Opus Dei*, pp. 33- 34.

92. *Ibid.*, p. 34.

93. María del Carmen Tapia se incorporó al Consejo de Investigación poco después que Luis y escribió extensamente sobre la prevalencia de miembros del Opus Dei en el instituto. «Casi todos los altos cargos del Consejo son miembros», le dijeron sus colegas. Véase Tapia, *op. cit.*

94. El obrero industrial medio ganaba por aquella época unas doce pesetas al día, equivalentes a unas tres mil pesetas al año. Véase Pedro González, «La depresión de la autarquía», *Público*, 3 de abril de 2009, https://www.publico.es/actualidad/depresion-autarquia-1.html, consultado el 17 de noviembre de 2022.

95. Carta de Luis Valls a Escrivá, 14 de mayo de 1950, GAPOD.

96. Fisac visitó varias veces a Escrivá en Roma. «Cada vez estaba más convencido de su propia importancia —dijo—. A lo largo de los años que viví con él, ese engreimiento fue a más.» Véase *An Interview with Miguel Fisac*, Opus Dei Awareness Network, Pittsfield, 2000, p. 28.

97. Vázquez de Prada, *op. cit.*, vol. III, p. 90.

98. La compra del palacio costó cincuenta millones de liras en 1947. En los primeros meses se hicieron pequeñas modificaciones. Las obras de mayor envergadura comenzaron en junio de 1949, e inicialmente se preveía que costarían unos diez millones de liras, pero pronto adquirieron «nuevas dimensiones» y hubo que firmar un segundo contrato por más de diez veces esa cantidad. Según un estudio de Alfredo Méndiz, cuando se terminaron las obras en 1960, «sería más cercano a la realidad añadir otro cero» al gasto diez veces superior, con lo que el coste de las obras superaría con creces los mil millones de liras. Véase Alfredo Méndiz, «Orígenes y primera historia de Villa Tevere. Los edificios de la sede central del Opus Dei en Roma (1947-1960)», en *Studia et Documenta*, vol. 11, Istituto Storico San Josemaría Escrivá, Roma, 2017, pp. 153-225.

99. Méndiz, «Orígenes y primera historia de Villa Tevere», p. 205.

100. *Ibid.*

101. González Gullón y Coverdale, *op. cit.*, p. 164.

102. Hutchison, *Their Kingdom Come*, p. 94.

103. González Gullón y Coverdale, *op. cit.*, p. 164.

104. Vázquez de Prada, *op. cit.*, vol. III, pp. 126-132.

105. González Gullón y Coverdale, *op. cit.*, p. 168.

106. Méndiz, «Orígenes y primera historia de Villa Tevere», p. 205.

107. *Ibid.*, p. 207.

108. Carta de Álvaro del Portillo al ministro de Asuntos Exteriores, 5 de julio de 1949, AFNFF, rollo 110, documento 12063.

109. Méndiz, «Orígenes y primera historia de Villa Tevere», p. 205.

110. Los sellos de su pasaporte indican que entró en Italia el 9 de junio y salió el 23 de junio. AGUN, colección 299, caja 1, carpeta 6.

111. La correspondencia de trabajo enviada a Luis durante su estancia en Italia se remite a Via Bruno Buozzi 73, dirección de Villa Tevere. AGUN, colección 299, caja 125, carpeta 4.

112. Carta de Luis Valls a Escrivá, 20 de julio de 1950, GAPOD.

113. «No tenía sentido que tanto el Padre como D. Álvaro emplearan su tiempo, y anduvieran preocupados por problemas económicos. Para afrontar esos problemas podíamos y debíamos estar los demás, y, de este modo, liberar al Padre y a D. Álvaro de esa preocupación. A partir de esa fecha, de este primer viaje, decidí emplearme a fondo en esta cuestión, para liberar en lo que pudiera el peso que a mí se me antojaba que era como muy grande para ellos.» Recuerdo de Escrivá escrito por Luis Valls pocas semanas después de su muerte en Pozoalbero, 30 de agosto de 1975, GAPOD.

114. Durante el mes de julio, la correspondencia laboral y personal se dirigía a Luis en Molinoviejo, Segovia. AGUN, colección 299, caja 125, carpeta 4.

115. El visado figura en su pasaporte. AGUN, colección 299, caja 1, carpeta 6.

116. Moncada, *Historia oral del Opus Dei*, p. 38.

117. Tapia, *op. cit.*

118. Véanse los sellos en sus pasaportes. AGUN, colección 299, caja 1, carpeta 6.

119. En su pasaporte expedido en 1952 figura como domicilio permanente Diego de León, 14, dirección de la sede del Opus Dei. AGUN, colección 299, caja 1, carpeta 6.

120. Moncada, *Historia oral del Opus Dei*, p. 36.

121. *Interview with Miguel Fisac*, p. 27.

122. Tapia, *op. cit.*

123. *Ibid.*

124. «La España de los cincuenta era bastante pobretona y nuestras casas lo reflejaban. Las numerarias y las sirvientas hacían milagros para darnos de comer, muchas legumbres, mucha patata y recosían nuestras escasas ropas. La ducha fría era obligatoria porque no había caliente.» Artículo de Alberto Moncada, abril de 2009, http://www.opuslibros.org/nuevaweb/modules.php?name=News&file=print&sid=14586, consultado el 18 de noviembre de 2022.

125. Véase Vázquez de Prada, *op. cit.*, vol. III, pp. 192-205.

126. Vázquez de Prada, *op. cit.*, vol. III, p. 184.

127. Carta de Álvaro del Portillo a Francisco Franco, 14 de julio de 1952, A FNFF, rollo 103, documento 10868.

128. El castillo de Peñíscola, carta de Álvaro del Portillo a Francisco Franco, 14 de julio de 1952.

129. Carta de Álvaro del Portillo a Francisco Franco, 14 de julio de 1952.

130. John Allen, *Opus Dei: An Objective Look Behind the Myths and Reality of the Most Controversial Force in the Catholic Church*, Doubleday, Nueva York, 2005, p. 57.

131. Carta de Luis Valls a Escrivá, 21 de noviembre de 1952, GAPOD.

132. Carta de Luis Valls a Escrivá, 16 de agosto de 1952, GAPOD.

133. Carta de Luis Valls a Escrivá, 21 de noviembre de 1952, GAPOD.

134. A principios de los años cincuenta había 692 supernumerarios, lo que representaba el 23 % del total de miembros del Opus Dei, es decir, una afiliación de algo más de tres mil personas. González Gullón y Coverdale, *Historia del Opus Dei*, p. 168.

CAPÍTULO 4. NO ES UN INSTRUMENTO TERRENO

1. Para un relato detallado del complot para apoderarse del Banco Popular, véase Alberto Moncada, *Historia oral del Opus Dei*, Plaza & Janés, Barcelona, 1987, pp. 41-45.

2. Aunque Moncada afirma que la célebre intervención tuvo lugar en 1952, parece probable que este relato —escrito más de treinta años después de los hechos— haya errado ligeramente en la fecha. Los propios registros del banco muestran que la primera comparecencia de Mariano Navarro Rubio en una junta de accionistas se produjo en abril de 1954 y confirman que, efectivamente, intervino en esa reunión. Juan Caldés, el segundo supernumerario mencionado en el relato de Moncada, no figura por su nombre en las actas de la junta del banco, pero es posible que estuviera allí representando a una entidad corporativa llamada Laryc, que estaba controlada por miembros del Opus Dei y llegó a ser crítica en su adquisición del Banco Popular. Véase Acta de la Junta General Ordinaria de Accionistas del Banco Popular Español, 10 de abril de 1954, AHBPE, caja 802.

3. Moncada, *Historia oral del Opus Dei*, p. 42.

4. El relato de Moncada está respaldado por una entrevista que Luis Valls-Taberner concedió en 2000, en la que hablaba del trato secreto en París y confirmaba que se había enviado a dos hombres —entre ellos Mariano Navarro Rubio— a una junta de accionistas, uno de ellos para montar un numerito y el otro para afianzar su reputación ante los presentes. Véase la entrevista realizada por Fernández de la Mora a Luis Valls-Taberner para su artículo *Semblanza de Luis Valls-Taberner* (2000), reproducida en https://www.luisvallstaberner.com/wp-content/uploads/2014/02/Semblanza-LVT-FERNANDEZ-DE-LA-MORA-2000.pdf, consultada el 17 de abril de 2024.

5. Moncada, *Historia oral del Opus Dei*, p. 42.

6. El relato de Moncada es especialmente creíble porque el numerario en cuestión —Antonio Pérez-Tenessa, que llegó a ser jefe de la región española del Opus Dei— fue una de las fuentes principales de su libro. Documentos conservados en AHBPE confirman también que el propio Moncada participó en la operación, por lo que tuvo conocimiento directo.

7. La versión de Moncada se ve confirmada por las propias actas de la reunión.

8. Navarro Rubio fue nombrado director general por Millet a finales de diciembre de 1954, ocho meses después de la junta de accionistas. Véase Gabriel Tortella, José María Ortiz-Villajos y José Luis García Ruiz, *Historia del Banco Popular: La lucha por la independencia*, Marcial Pons, Madrid, 2011, p. 119.

9. Moncada, *Historia oral del Opus Dei*, p. 36.

10. *Ibid.*

11. José María Escrivá, *Instrucción para la obra de San Gabriel*, mayo de 1941, artículo 31.

12. José Luis González Gullón y John F. Coverdale, *Historia del Opus Dei*, Rialp, Madrid, 2022, p. 271.

13. *Ibid.*, p. 271.

14. Moncada, *Historia oral del Opus Dei*, p. 40.

15. *Ibid.*

16. Véase González Gullón y Coverdale, *Historia del Opus Dei*, pp. 268-272; y Moncada, *Historia oral del Opus Dei*, p. 34-38.

17. González Gullón y Coverdale, *op. cit.*, p. 271.

18. Antonio Pérez, Andrés Rueda, Rafael Termes y Fernando Valenciano, AHBPE.

19. «Shots Complicate $200,000 Will Case», *Life*, 17 de marzo de 1952, p. 41, https://books.google.co.uk/books?id=x1QEAAAAMBAJ, consultado el 21 de noviembre de 2022.

20. John Coverdale, *Putting Down Roots: Joseph Muzquiz and the Growth of Opus Dei*, Scepter, Nueva York, 2009, capítulo 9.

21. Carta de Sol Rosenblatt a Jorge Brosa Palau, 23 de mayo de 1957, AHBPE, caja 447, carpeta 2057.

22. Véase entrevista en Fernández de la Mora, *Semblanza de Luis Valls-Taberner.*

23. Aunque, más tarde, Luis Valls-Taberner siempre presentó la adquisición del banco como un acuerdo amistoso que había iniciado Fèlix Millet, el cual se puso en contacto con él para vender, esto se contradice en otras fuentes. Cartas de Millet escritas años más tarde indican que se sintió engañado y traicionado por Luis; véase carta de Millet a Valls, 2 de febrero de 1962, AGUN colección 299, caja 153, carpeta 7. Véase también Moncada, *Historia oral del Opus Dei*, para un relato de otra persona implicada que contradice la versión de Luis.

24. Véase entrevista en Fernández de la Mora, *Semblanza de Luis Valls-Taberner.*

25. Tortella y otros, *Historia del Banco Popular*, p. 119.

26. Carta de Escrivá a Luis Valls, 2 de octubre de 1954, GAPOD.

27. Mariano Navarro Rubio, *Mis memorias: Testimonio de una vida política truncada por el «Caso Matesa»*, Plaza & Janés, Madrid, 1991, p. 65.

28. Para los detalles de la oferta, véase la carta de Julián Navarro García a Fèlix Millet Maristany, 25 de abril de 1955, AHBPE, caja 445, carpeta 2056.

29. Véanse las cuentas de Eolo y Laryc, AHBPE, caja 540.

30. Moncada, *Historia oral del Opus Dei*, p. 34. Alberto Moncada fue uno de los accionistas fundadores de Eolo a partir de 1955, por lo que su relato tiene cierto peso.

31. Véanse las cuentas de Eolo y Laryc, AHBPE, caja 540.

32. José Luis Moris fue nombrado secretario general y Jorge Brosa secretario técnico en enero de 1956. Tortella y otros, *Historia del Banco Popular*, p. 131.

33. Tortella y otros, *Historia del Banco Popular.*

34. Véanse las cuentas de Eolo y Laryc, AHBPE, caja 540.

35. Véanse las actas de la junta de accionistas de marzo de 1957, AHBPE.

36. Tortella y otros, *Historia del Banco Popular*, p. 133.

37. *Ibid.*

38. Véase Paul Preston, *Franco: A Biography*, Harper Press, Londres, 1993, capítulo 25.

39. Carta de Escrivá a Luis Valls, 17 de junio de 1959, GAPOD.

40. Paul Preston, *A People Betrayed: A History of Corruption, Political Incompetence and Social Division in Modern Spain 1874-2018*, William Collins, Londres, 2020, p. 335.

41. Véase Preston, *Franco.*

42. Carlos Hernández Quero, «Silbidos y gritos de traidor: así fueron las tres veces que abuchearon en vida a Franco en el Valle de los Caídos», *Vanity Fair*, https://www.revistavanityfair.es/poder/articulos/silbidos-abucheos-y-gritos-de-traidor-asi-fueron-las-tres-veces-que-franco-sufrio-en-el-valle-de-los-caidos/41349, consultado el 2 de diciembre de 2022.

43. Benjamin Welles, «Talk of Madrid: The Grapevine Flourishes, to Censor's Chagrin», *New York Times*, 17 de diciembre de 1960, p. 13. https://www.ny times.com/1960/12/17/archives/talk-of-madrid-the-grapevine-flourishes-to-cen sors-chagrin-franco.html, consultado el 17 de abril de 2024.

44. Preston, *A People Betrayed*, p. 403.

45. Carta de José María Escrivá al general Francisco Franco, 23 de mayo de 1958, AFNFF, publicada por *Razón española*, enero-febrero de 2001, reproducida en https://www.lamarea.com/2013/02/05/escriva-de-balaguer-y-su-pasion-por-la-libertad/, consultada el 28 de julio de 2023.

46. Moncada, *Historia oral del Opus Dei*, p. 72.

47. *Ibid*.

48. *Ibid*.

49. González Gullón y Coverdale, *op. cit.*, p. 280.

50. Andrés Vázquez de Prada, *El fundador del Opus Dei III*, Rialp, Madrid, 2003, p. 320.

51. Para un relato detallado de los sucesos de Pamplona, véase *La Vanguardia*, 22 de octubre de 1960, p. 4, http://hemeroteca.lavanguardia.com/preview/1960/10/22/pagina-4/32728121/pdf.html, consultado el 6 de enero de 2023.

52. En una fotografía de la ocasión, se ve a Luis sentado en la fila inmediatamente posterior y dos asientos a la derecha de Escrivá, el único hombre con traje entre las togas y sotanas académicas, AGUN, colección 299, caja 14, carpeta 3.

53. Moncada, *Historia oral del Opus Dei*, p. 13.

54. En las actas de las reuniones del consejo de administración durante sus primeros años en el banco, apenas se menciona la contribución de Luis Valls-Taberner al debate. Véase AHBPE, caja 402, carpetas 1041 y 1037.

55. Artículo de la revista interna del banco, *Panorama*, octubre de 1959, reproducido en Javier Pérez-Sala Valls-Taberner (ed.), *Luis Valls-Taberner: Un personaje en la penumbra*, Fundación para Atenciones Sociales, Madrid, 2007, p. 37.

56. Luis recibió notas sugiriendo nombres de personal del banco e importantes clientes industriales a los que invitar a los próximos retiros que se iban a celebrar en Molinoviejo. Véase AGUN, colección 299, caja 325.

57. Los archivos oficiales del Banco Popular están salpicados de menciones a diversas empresas auxiliares del Opus Dei, entre ellas Esfina, Eolo, Rotopress y muchas otras a partir de 1957. A finales de 1962 y principios de 1963, el banco prestó a Eolo más de treinta millones de pesetas para participar en una ampliación de capital, después de que no pudiera obtener el dinero de sus propios accionistas del Opus Dei. Los registros muestran que no pagó ni una sola peseta de intereses por lo que entonces era una cantidad muy grande de dinero. Véase AHBPE, especialmente las cajas 539 y 540.

58. Tortella y otros, *Historia del Banco Popular*, pp. 143-144.

59. Tesifonte López y Rafael Termes, encargados de la expansión exterior. Ambos eran numerarios del Opus Dei. Tortella y otros, *Historia del Banco Popular*.

60. Panfleto de la Falange atacando al Opus Dei. AFNFF, rollo 35, documento 2424.

61. Panfleto de la Falange atacando al Opus Dei. AFNFF.

62. Benjamin Welles, «Red "Front" Accused», *The New York Times*, 9 de junio de 1962, p. 10, https://timesmachine.nytimes.com/timesmachine/1962/06/09/82044449.html?pageNumber=10, consultado el 6 de diciembre de 2022.

63. Moncada, *Historia oral del Opus Dei*, p. 43.

64. El mal genio de Escrivá ha sido señalado por varias fuentes que pasaron tiempo con él y se mencionan en María del Carmen Tapia, *Tras el umbral, op. cit.* y en Moncada, *Historia oral del Opus Dei*. El autor también ha confirmado esos relatos en una entrevista con Vladímir Felzmann (asistente personal de Escrivá a principios de los sesenta), realizada en agosto de 2020.

65. Moncada, *Historia oral del Opus Dei*, p. 75.

66. *Ibid.*, p. 53.

67. *Ibid.*, pp. 49-50.

68. Los sellos de su pasaporte demuestran que visitó Italia una vez en 1957, dos en 1958, otras dos en 1959, tres en 1960 y dos más en 1961. Esos viajes a veces eran de ocho días o más y casi siempre tenían lugar fuera del período de vacaciones habitual, cuando se esperaba que los empleados —incluso los más veteranos— estuvieran trabajando. AGUN, colección 299, caja 1, carpeta 6.

69. Moncada, *Historia oral del Opus Dei*, p. 73.

70. Para una excelente exploración de esta dinámica, basada en sus propias experiencias y en las de otros jóvenes profesionales del Opus Dei de su entorno, véase Alberto Moncada, *Los hijos del padre*, Argos, Barcelona, 1977.

71. Aristóbulo de Juan, *De bancos, banqueros y supervisores: 50 años desde la trinchera*, Deusto, Barcelona, 2021, p. 42.

72. De Juan, *De bancos*, p. 65.

73. A finales de 1956, justo antes de la absorción, el total de préstamos ascendía a 3.200 millones de pesetas, y a 9.200 millones de pesetas a finales de 1961. Durante el mismo período, el apalancamiento del banco pasó de 34 a 53. Para la evolución del balance del banco, véase Tortella y otros, *Historia del Banco Popular*, p. 418.

74. Véanse los comentarios de Juan Manuel Fanjul durante la reunión del consejo de mayo de 1959, AHBPE, caja 402, carpeta 1041.

75. Véase el acuerdo del consejo de administración celebrado en julio de 1962, AHBPE, caja 402, carpeta 1041.

76. Una cuenta denominada «Cuenta ampliación B. P. E. en Eolo» muestra que en enero de 1963, tras la ampliación de capital, había un saldo de 31 millones de pesetas en descubierto. Las líneas de operaciones que aparecen encima mues-

tran diversas compras de acciones correspondientes a la ampliación de capital. AHBPE, cajas 539 y 540.

77. Una carta del banco a Abelardo Alonso, fechada el 18 de febrero de 1963, preguntaba cómo debían acreditarse los depósitos realizados por los Valls-Taberner: tres millones de pesetas de la madre de Luis, tres millones de pesetas de su hermano Javier, y otro millón de pesetas de Luis. Irónicamente, el membrete del banco se jacta de que ahora tiene trescientos millones de pesetas de capital y reservas tras la reciente emisión de derechos. AHBPE, cajas 539 y 540. AHBPE, cajas 539 y 540.

78. Escrivá pide a Luis que le comunique lo que han dicho los médicos de Pamplona; carta de Escrivá a Luis Valls, 17 de junio de 1963, GAPOD (sin catalogar).

79. Carta de Escrivá a Luis Valls, 16 de julio de 1963, AGUN, colección 299, caja 153, carpeta 7.

80. Véase https://opusdei.org/en-uk/article/historical-overview/, consultado el 9 de diciembre de 2022.

81. González Gullón y Coverdale, *op. cit.*, p. 280.

82. *Ibid.*, p. 16.

83. Vázquez de Prada, *op. cit,* vol. III, p. 349.

84. Recuerdos del padre Escrivá escritos por Luis Valls-Taberner poco después de la muerte del fundador, redactados en Pozoalbero el 30 de agosto de 1975 a partir de notas contemporáneas tomadas por Luis durante la reunión, GAPOD (sin catalogar).

85. González Gullón y Coverdale, *op. cit.*, p. 366.

86. Moncada, *Historia Oral del Opus Dei*, p. 52.

87. Tapia, *op. cit.*

88. Moncada, *Historia Oral del Opus Dei*, p. 38.

89. Realizó viajes a Portugal en septiembre de 1953, enero de 1954, septiembre de 1955, marzo de 1956 y enero de 1964. Véanse los sellos de sus pasaportes, AGUN, colección 299, caja 1, carpeta 6.

90. «Ortega Pardo habría desfalcado casi dos millones de dólares», *La República*, 13 de diciembre de 1965; conservado en los archivos de AFNFF, rollo 49, documento 3631. Su afirmación de estar emparentado con el archiduque de Austria se repite también en un informe preparado por el embajador de España en Portugal, José Ibáñez-Martín, para Francisco Franco, fechado el 19 de noviembre de 1965, que se encuentra en AFNFF, rollo 48, documento 3628.

91. Véase Moncada, *Los hijos del padre*, pp. 12-13, para una exploración de los privilegios de los que gozaban por esas fechas Luis Valls-Taberner, Laureano López Rodó y muchas otras personalidades de alto rango en su residencia madrileña.

92. Para una biografía detallada de Ortega Pardo antes del incidente en Venezuela, véase el informe Ibáñez-Martín, AFNFF.

93. Véase el informe Ibáñez-Martín, AFNFF.

94. Véase la carta de José Ibáñez-Martín a Pedro Salvador de Vicente en el Ministerio de Asuntos Exteriores, 10 de noviembre de 1965, AFNFF, rollo 40, documento 2879.

95. Véase la carta de Ibáñez-Martín, AFNFF .

96. Véase el informe Ibáñez-Martín, AFNFF .

97. «Español detenido por la policía venezolana», *Ya*, 7 de noviembre de 1965, AFNFF, rollo 25, documento 1723.

98. Véase el informe Ibáñez-Martín, AFNFF.

99. Véase el telegrama del embajador de España en Venezuela al Ministerio de Asuntos Exteriores en Madrid, 6 de noviembre de 1965, AFNFF, rollo 25, documento 1723.

100. Telegrama de la delegación española ante las Naciones Unidas a la Oficina de Información Diplomática en Madrid, 8 de noviembre de 1965, AFNFF, rollo 25, documento 1723.

101. «Español detenido», *Ya*, AFNFF.

102. El Liceo Los Arcos abrió finalmente sus puertas en septiembre de 1967.

103. Véase el informe Ibáñez-Martín, AFNFF.

104. De Juan, *De bancos*, p. 77. Los detalles del archivo bancario también parecen confirmar las observaciones de De Juan. Véase Notas de Presidencia, 17 de noviembre de 1965, AHBPE, caja 771, carpeta 1.

105. La AHBPE contiene numerosas cartas entre los dos hombres que se remontan a la década de 1950.

106. De Juan, *De bancos*, p. 77.

107. *Ibid.*, p. 78.

108. «Me consta, de fuente fidedigna, es decir, de las mismas personas que con él convivían, que no dijo la finalidad de su viaje a sus compañeros de vida y también, que en esa misma fecha, escribió cartas, que él mismo colocó en Correos, dimitiendo de sus cargos directivos en los organismos que actuaba», Informe Ibáñez-Martín, AFNFF.

109. En noviembre y diciembre de 1965, y durante los primeros meses de 1966, el banco pidió a Ortega Pardo que firmara varios documentos vinculados a dichas empresas, dando a entender que aún tenía cierta autoridad. AHBPE, caja 771, carpetas 1 y 2.

110. Tapia, *op. cit.*

111. Véase el informe Ibáñez-Martín, AFNFF.

112. *Ibid.*

113. «Ortega Pardo internado en una finca», *El Mundo*, 29 de diciembre de 1965, AFNFF, rollo 49, documento 3631.

114. Las Notas de Presidencia recogen varias reuniones con altos cargos del régimen para tratar el asunto de Ortega, entre ellos el ministro de Comercio, Al-

berto Ullastres, numerario del Opus Dei, y el gobernador del Banco de España, Mariano Navarro Rubio, miembro supernumerario del grupo religioso. AHBPE, caja 771, carpetas 1 y 2.

115. «Ortega Pardo habría desfalcado casi dos millones de dólares», *La República*, 13 de diciembre de 1965, AFNFF, rollo 49, documento 3631.

116. Notas de Presidencia, 14 de marzo de 1966, AHBPE, caja 771, carpeta 2.

117. Son numerosos los ejemplos de numerarios a los que se drogaba para aliviar supuestos trastornos mentales. Véase Moncada, *Los hijos del padre*, pp. 214-216, y el testimonio de Eileen Johnson, una antigua numeraria del Reino Unido durante la década de 1960, en una conferencia sobre sectas celebrada en Bilbao en 2020 y reproducido en https://www.opus-info.org/index.php/Opus_Dei_Tactics_-_Testimony_of_Eileen_Johnson, consultado el 17 de enero de 2023.

118. Notas de Presidencia, 27 de marzo de 1966, AHBPE, caja 771, carpeta 2.

119. «Visita de Termes y Butragueño. Se le recogió la firma de los documentos básicos sobre los hechos importantes de su actuación y se trató de la posible recuperación de algunas cantidades adeudadas por terceros a Ortega, conviniéndose que este facilitaría cartas de presentación para sus deudores, las cuales serán recogidas por Butragueño», Notas de Presidencia, 26 de marzo de 1966, AHBPE, caja 771, carpeta 2.

120. Notas de Presidencia, 12 de abril de 1966, AHBPE, caja 771, carpeta 2.

121. Ese encuentro tuvo lugar el 3 de octubre de 1966 en la puerta de la capilla de Molinoviejo. Luis Valls-Taberner creía que el fundador se refería al incidente ocurrido en Portugal casi un año antes. Véanse los recuerdos del padre Escrivá escritos por Luis Valls-Taberner poco después de la muerte del fundador, redactados en Pozoalbero, 30 de agosto de 1975, GAPOD (sin catalogar).

122. Recuerdos del Padre Escrivá, 30 de agosto de 1975, GAPOD.

123. Recuerdos del Padre Escrivá, 30-VIII-1975, GAPOD.

CAPÍTULO 5. PORQUE NO ME DA LA GANA

1. Para un relato detallado de su estancia en Roma, véase María del Carmen Tapia, *Beyond the Threshold*, Continuum, Nueva York, 1997 [hay edición española, *Tras el umbral*, Ediciones B, Barcelona, 1992]. Se han realizado todos los esfuerzos para contactar, identificar y recabar la autorización de los herederos de M. C. Tapia. Con todo, si no se ha conseguido la autorización o el crédito correcto, el editor ruega que le sea comunicado y se corregirá en ediciones posteriores.

2. *Ibid.*

3. *Ibid.*

4. *Ibid.*

5. *Ibid.*

6. Visita de autor al complejo de Villa Tevere, incluyendo un recorrido por el interior, noviembre de 2023.

7. Tapia, *op. cit.*

8. *Ibid.*

9. *Ibid.*

10. *Ibid.*

11. José Luis González Gullón y John F. Coverdale, *Historia del Opus Dei*, Rialp, Madrid, 2022, p. 378.

12. *Ibid.*, p. 378.

13. Alberto Moncada, *Historia oral del Opus Dei*, Plaza & Janés, Barcelona, 1987, p. 25.

14. José María Escrivá, *Non ignoratis*, 2 de octubre de 1958, artículo 9.

15. Michael Walsh, *The Secret World of Opus Dei*, Grafton Books, Londres, 1990, p. 27.

16. Walsh, *Secret World of Opus Dei*, p. 72.

17. Hans Urs von Balthasar, «Integralismus», en *Wort und Wahrheit* 18 (1963), pp. 737-744.

18. *Ibid.*

19. *Ibid.*

20. Vladimir Felzmann, *A Journey to Eternity: My Years in Opus Dei 1959-1982*, All Squared, Hartpury, 2023, pp. 18-19.

21. *Ibid.*, p. 25.

22. *Ibid.*, p. 13.

23. *Ibid.*, p. 25.

24. *Ibid.*, p. 31.

25. *Ibid.*, p. 23.

26. Tapia, *op. cit.*

27. *Ibid.*

28. *Ibid.*

29. *Ibid.*

30. *Ibid.*

31. Felzmann, *Journey to Eternity*, p. 32.

32. Tapia, *op. cit.*

33. *Ibid.*

34. *Ibid.*

35. *Ibid.*

36. *Ibid.*

37. Para un perfil detallado del cardenal Cushing, véase «The Unlikely Cardinal», *Time*, 21 de agosto de 1964, https://content.time.com/time/subscriber/article/0,33009,876036,00.html, consultado el 11 de enero de 2023.

38. «Unlikely Cardinal», *Time*.

39. William J. Jorden, «Smoke Signals Stir Inaugural», *The New York Times*, 21 de enero de 1961, 8, https://timesmachine.nytimes.com/timesmachine/1961/01/21/97650363.html?pageNumber=8, consultado el 11 de enero de 2023.

40. Work of God, Inc. compró 4.134 metros cuadrados de terreno en la esquina de las calles Ellery y Broadway en octubre de 1963. En el periódico se indica que el precio fue de doscientos mil dólares. La propiedad no estaba hipotecada. Véanse los registros de la propiedad del sur del condado de Middlesex, libro 10371, p. 84.

41. Herbert A. Kenny, «Cardinal to Erect Cultural Site», *The Boston Globe*, 26 de junio de 1963, p. 22.

42. Carta del cardenal Richard Cushing al padre Joseph Múzquiz, 16 de abril de 1964, Archivo de la Archidiócesis de Boston, documentos del cardenal Cushing, cajas 7 y 8.

43. Work of God, Inc. compró dos propiedades en los números 22 y 24 de la calle Marlborough en noviembre de 1953 por unos 50.000 dólares. La residencia se conocía como Trimount House. Véanse los registros de la propiedad del condado de Suffolk, libro 6912, p. 46.

44. Work of God, Inc. compró la propiedad del 25 de la calle Follen en septiembre de 1959 por unos cincuenta mil dólares. La propiedad no estaba hipotecada. Véanse los registros de la propiedad del condado de Southern Middlesex, libro 9456, p. 7.

45. John Arthur Gueguen describe la residencia, conocida como Wynnview, como un lugar campestre que pronto se convertiría en el primer centro de conferencias y retiros del Opus Dei en Estados Unidos y albergaría futuros viajes de esquí, así como campamentos y cursos de verano. Véase John Arthur Gueguen, «The Early Days of Opus Dei in Boston as Recalled by the First Generation (1946-1956)», en *Studia et Documenta*, Istituto Storico San Josemaría Escrivá, Roma, 2007, 1:97.

46. Carta del cardenal Richard Cushing al padre Joseph Múzquiz, 16 de abril de 1964, Archivo de la Archidiócesis de Boston.

47. Carta del padre Joseph Collins al padre Francis Sexton fechada el 24 de abril de 1964, tras una reunión con Cushing, durante la cual Collins lo oyó dar esas órdenes al padre Robert Bucciarelli, sacerdote del Opus Dei afiliado a Trimount House. Archivo de la Archidiócesis de Boston, SI-195.

48. Work of God, Inc. fue la primera de estas empresas, creada en Chicago a finales de la década de 1940. Le siguieron la creación del Maryland Institute of General Studies, Inc. en 1957 y la Association for Cultural Change, Inc. en 1958. En los estatutos presentados por los directores del Maryland Institute of General Studies, Inc. se indica claramente que «actúan en nombre de la Institución Católica Romana comúnmente conocida como Opus Dei».

49. Las listas de pasajeros consultadas en Ancestry.com muestran que Barturen realizó no menos de diecinueve vuelos de Nueva York a Europa entre mayo de 1956 y diciembre de 1962, principalmente a Madrid, pero también a Roma, París y Lisboa.

50. Dan Davies, *Lying for Money: How Legendary Frauds Reveal the Workings of Our World*, Profile Books, Londres, 2018, p. 50.

51. Norman C. Miller, *The Great Salad Oil Swindle*, Coward McCann, Nueva York, 1965, pp. 107-110.

52. Véanse los registros de la propiedad del condado de Cook, PIN 20-14-106-020-0000.

53. González Gullón y Coverdale, *op. cit.*, p. 227.

54. John F. Coverdale, *Putting Down Roots: Father Joseph Múzquiz and the Growth of Opus Dei*, Scepter, Nueva York, 2009, capítulo 6.

55. Coverdale, *Putting Down Roots*.

56. Véanse los registros de la propiedad del condado de Suffolk, libro 6412, pp. 46 y 48.

57. John Arthur Gueguen, «The Early Days of Opus Dei in Boston as Recalled by the First Generation (1946-1956)», en *Studia et Documenta*, vol. 1, Istituto Storico San Josemaría Escrivá, Roma, 2007, 1:80.

58. Federico M. Requena, «Fr. William Porras, un capellán católico en la Universidad de Harvard», en *Studia et Documenta*, Istituto Storico San Josemaría Escrivá, Roma, 2018, 12: 325.

59. Requena, «Fr. William Porras», 12:334.

60. El cardenal Cushing dijo a los asistentes a la ceremonia en Trimount House: «Conocí el Opus Dei en España hace unos años, en la residencia de Santiago de Compostela. Quedé tan impresionado que empecé a alimentar la esperanza de que el Opus Dei viniera a Boston». Gueguen, «Early Days», 1:82.

61. González Gullón y Coverdale, *Historia del Opus Dei*, p. 229.

62. Carta del Padre Bill Porras al padre Lawrence Riley, 12 de diciembre de 1957, Archivo de la Archidiócesis de Boston, M-2178.

63. Elizabeth W. Green, «Opening the Doors of Opus Dei», *The Crimson*, 10 de abril de 2003, https://www.thecrimson.com/article/2003/4/10/opening-the-doors-of-opus-dei/, consultado el 12 de enero de 2023.

64. Carta del padre Joseph Collins al Padre Francis Sexton, Archivo de la Archidiócesis de Boston.

65. Maryland Institute of General Studies, Inc. adquirió la propiedad en Pembroke en junio de 1964 por unos 120.000 dólares. Pidió una hipoteca sobre la propiedad por 35.000 dólares. Véanse los registros de la propiedad del condado de Plymouth, libro 3116, pp. 284 y 287.

66. Un anuncio de 1968 de la Arnold Hall Academy, en East Pembroke, lo describe como un «internado de dos años» para chicas de entre catorce y diecisie-

te años. El plan al parecer acabó en fracaso, ya que la propiedad se convirtió poco después en un centro para retiros del Opus Dei. Véase *The Boston Globe*, 29 de septiembre de 1968, 16-A.

67. La propiedad volvió a salir al mercado por 14.995.000 dólares casi cincuenta años después. Para consultar la lista de la inmobiliaria y los detalles de la propiedad, véase https://tiffanyayermansion.com/, consultado el 12 de enero de 2023.

68. Association for Cultural Interchange, Inc. compró tres propiedades colindantes en los números 395, 397 y 399 de la avenida Commonwealth en diciembre de 1964 por unos cuatrocientos mil dólares. Se constituyó una hipoteca de trescientos mil dólares sobre las tres propiedades, lo que implicaba el pago en efectivo de los cien mil dólares restantes. Véanse los registros de la propiedad del condado de Suffolk, libro 7916, pp. 285 y 286.

69. González Gullón y Coverdale, *Historia del Opus Dei*, p. 297.

70. *Ibid.*, p. 381.

71. *Ibid.*, p. 384.

72. Kenneth L. Woodward, «A Questionable Saint», *Newsweek*, 12 de enero de 1992, https://www.newsweek.com/questionable-saint-197568, consultado el 4 de diciembre de 2023.

73. Antonio Pérez-Tenessa, Raimundo Panikkar y María del Carmen Tapia —junto con Miguel Fisac, que se marchó unos años antes que ellos— son las fuentes principales del libro de Alberto Moncada *Historia Oral del Opus Dei*. El propio Moncada se marchó poco después.

74. Antonio Pérez-Tenessa, «No hablaré mal de la Obra», *El País*, 12 de abril de 1992, https://elpais.com/diario/1992/04/13/sociedad/703116007_850215.html, consultado el 28 de julio de 2023.

75. Joaquín Prieto, «Una crisis en el Opus Dei», *El País*, 12 de abril de 1992, p. 4, http://opuslibros.org/nuevaweb/modules.php?name=News&file=article&sid=12847, consultado el 28 de julio de 2023.

76. Pérez-Tenessa, «No hablaré mal de la Obra».

77. Eileen Johnson, a quien el propio Fisac contó el incidente, lo relató a *The Scottish Catholic Observer* en 1994, lo cual provocó que el Opus Dei escribiera al periódico refutando la historia. Esto hizo que Fisac replicara al medio insistiendo en que el relato era cierto. Véase https://www.opus-info.org/index.php/Opus_Dei_Tactics_-_Testimony_of_Eileen_Johnson, consultado el 17 de enero de 2023.

78. Moncada cita a Antonio Pérez-Tenessa: «Y lo mismo que en el caso de la política, se vio en seguida que en el mundo de los negocios, las tensiones internas, las peleas entre hermanos, eran un perjuicio mucho mayor que los beneficios, que tampoco eran tan claros»; Moncada, *Historia Oral del Opus Dei*, p. 50.

79. «Los mensajes sobre tensiones y conflictos iban y venían a Roma donde Escrivá, muy zarandeado ya por la crítica internacional a la politización franquista

de la Obra, empezó a tener también disgustos graves por esta causa»; en Monca-da, *Historia Oral del Opus Dei*, p. 50.

80. Entrevista del autor a una de las personas encargadas de preparar las respuestas de Escrivá, febrero de 2023.

81. Una persona que vivió con él en Roma durante el período que coincide con las entrevistas afirma que Escrivá hacía venir regularmente a un dietista y un masajista a causa de un brote de diabetes. Entrevista del autor con la persona encargada de preparar las respuestas.

82. González Gullón y Coverdale, *Historia del Opus Dei*, p. 293.

83. *Conversations with Monseñor Escrivá de Balaguer*, Sinag-Tala Publishers, Manila, 1977, p. 81.

84. González Gullón y Coverdale, *op. cit.*, pp. 306-370.

85. Una solicitud de préstamo de veinte millones de pesetas por parte de Matesa fue debatida en el comité de crédito del banco el 7 de diciembre de 1966. Fue rechazada. Véanse Notas de Presidencia, 9 de diciembre de 1966, AHBPE, caja 771, carpeta 1.

86. Robert Hutchison, *Their Kingdom Come: Inside the Secret World of Opus Dei*, Transworld, Londres, 1997, p. 132.

87. Jesús Ynfante, que dedicó muchos años a investigar y publicar libros sobre el Opus Dei, afirmó que se enviaron 270 millones de pesetas a Villa Tevere, 120 millones se repartieron entre centros del Opus Dei en Roma, Barcelona y Pamplona, así como la Universidad de Navarra, otros novecientos millones se enviaron a dos nuevas escuelas en Estados Unidos y 1.200 millones de pesetas se enviaron a una nueva universidad del Opus Dei que se estaba construyendo en ese momento en Perú. Véase Jesús Ynfante, *Opus Dei: Así en la Tierra como en el Cielo*, Grijalbo Mondadori, Barcelona, 1996, p. 416. Véase también Hutchison, *Their Kingdom Come*, p. 134, y Paul Preston, *A People Betrayed: A History of Corruption, Political Incompetence and Social Division in Modern Spain 1874-2018*, William Collins, Londres, 2020, p. 435.

88. Una investigación andorrana posterior descubrió que grandes sumas de dinero en efectivo, en fajos de billetes de mil pesetas, se llevaban en coche desde Madrid o Barcelona hasta el principado, donde la peseta española era prestamista legal junto al franco francés, y donde se depositaba en el banco Credit Andorra, afiliado al Opus Dei desde los años cincuenta. El tribunal concluyó que el dinero pasó entonces de Andorra a Suiza. Las autoridades españolas nunca investigaron otra ruta de salida de dinero de España a través de una empresa luxemburguesa llamada Sodetex. Hutchison, *Their Kingdom Come*, p. 134.

89. Paul Preston, *Franco: A Biography*, Harper Press, Londres, 1993, p. 1087.

90. Preston, *People Betrayed*, p. 436.

91. Preston, *Franco: A Biography*, pp. 1041-1045.

92. *Ibid.*, p. 1046.

93. Richard Eders, «Falangist Commits Suicide in Apparent Protest», *New*

York Times, 24 de noviembre de 1969, p. 7, https://timesmachine.nytimes.com/timesmachine/1969/11/24/79438149.html?pageNumber=7, consultado el 19 de enero de 2023.

94. González Gullón y Coverdale, *op. cit.*, p. 383.

95. *Ibid.*

96. *Ibid.*

97. Walsh, *Secret World of Opus Dei*, p. 73.

98. «Como consecuencia lógica de estas exigencias fundamentales del espíritu del Opus Dei, se procederá a la revisión de nuestro derecho particular, en aquellos lugares en los que no hubiera más remedio que aceptar provisionalmente determinados conceptos o términos propios del derecho del llamado estado de perfección o del estado religioso», citado en Amadeo de Fuenmayor, Valentín Gómez-Iglesias y José Luis Illanes Maestre, *The Canonical Path of Opus Dei: The History and Defense of a Charism*, Scepter Publishers, Princeton, 1994, p. 355.

99. González Gullón y Coverdale, *op. cit.*, p. 383.

100. Andrés Vázquez de Prada, *El fundador del Opus Dei III*, Rialp, Madrid, 2003, p. 552.

101. *Ibid.*, vol. III, p. 555.

102. *Ibid.*, vol. III, p. 556.

103. *Ibid.*, vol. III, pp. 610-637.

104. María Eugenia Ossandón Viuda, «Josemaría Escrivá de Balaguer en Santiago de Chile (1974)», en *Studia et Documenta*, Istituto Storico San Josemaría Escrivá, Roma, 2017, 11:130.

105. *Catequesis en América*, II:43.

106. Véanse, por ejemplo, las tres misivas «Campanadas» que envió entre 1973 y 1974.

107. Vázquez de Prada, *op. cit.*, vol. III, p. 658.

108. *Ibid.*, vol. III, p. 659.

109. Para un relato de su muerte y de la frenética actividad para resucitarlo, véase Álvaro del Portillo, *Nuestro Padre en el Cielo*, 29 de junio de 1975.

110. Para un relato detallado del deterioro gradual y la muerte del caudillo, véase Preston, *Franco: A Biography*, pp. 1084-1087.

CAPÍTULO 6. HABEMUS PAPAM

1. George Weigel, *Witness to Hope: The Biography of Pope John Paul II*, Harper Perennial, Nueva York, 2009, p. 242.

2. Para una crónica de la cena entre Karol Józef Wojtyła y Álvaro del Portillo en agosto de 1978 y un relato de su amistad y las relaciones del futuro papa con el

Opus Dei, véase https://opusdei.org/en-uk/article/stories-about-john-paul-ii/, consultado el 30 de enero de 2023.

3. Martin A. Lee, «Their Will Be Done», *Mother Jones*, julio/agosto de 1983, https://www.motherjones.com/politics/1983/07/their-will-be-done/, consultado el 31 de julio de 2023.

4. José Luis González Gullón y John F. Coverdale, *Historia del Opus Dei*, Rialp, Madrid, 2022, p. 437.

5. El Opus Dei no dice específicamente que ambos visitaran la tumba de Escrivá. Sin embargo, sí dice que se arrodillaron y rezaron en la capilla del Santísimo Sacramento. Dicha capilla se encuentra en la misma cripta donde Escrivá fue enterrado tras su muerte en junio de 1975. Véase https://romanchurches.fandom.com/wiki/Santa_Maria_della_Pace_dell%27Opus_Dei, consultado el 30 de enero de 2023.

6. Weigel, *Witness to Hope*, p. 246.

7. *Ibid.*, p. 245.

8. *Ibid.*, p. 251.

9. Betty Clermont, *The Neo-Catholics: Implementing Christian nationalism in America*, Clarity Press, Atlanta, 2009, p. 58.

10. Penny Lernoux, *People of God: The Struggle for World Catholicism*, Viking, Nueva York, 1989, p. 28.

11. Vladimir Felzmann, *A Jorney to Eternity: My Years in Opus Dei 1959-1982*, All Squared, Hartpury, 2023, p. 68.

12. Michael Walsh, *The Secret World of Opus Dei*, Grafton Books, Londres, 1990, pp. 130-131.

13. Maurice Roche, «Los secretos del Opus Dei», *Magill*, 30 de abril de 1983, https://magill.ie/archive/secrets-opus-dei, consultado el 31 de enero de 2023.

14. Según el relato de una persona implicada en la retirada de esos dispositivos de escucha, el edicto se publicó a principios de 1977. Véase http://www.opuslibros.org/nuevaweb/modules.php?name=News&file=article&sid=27985, consultado el 6 de diciembre de 2023.

15. González Gullón y Coverdale, *op. cit.*, p. 440.

16. *Ibid.*, p. 439.

17. Amadeo de Fuenmayor, Valentín Gómez-Iglesias y José Luis Illanes Maestre, *The Canonical Path of Opus Dei: The History and Defense of a Charism*, Scepter Publishers, Princeton, 1994, p. 396.

18. Fuenmayor y otros, *Canonical Path of Opus Dei*, p. 396.

19. *Ibid.*

20. González Gullón y Coverdale, *op. cit.*, p. 454.

21. Walsh, *Secret World of Opus Dei*, p. 77.

22. Luis empezó a utilizar la finca que el banco poseía en San Rafael, a una hora de Madrid, tras el cierre de esta al personal a finales de los años setenta. Su

rutina consistía en trabajar en Madrid los lunes y martes por la mañana, marcharse a la sierra por la tarde y quedarse allí hasta el sábado por la mañana, cuando regresaba a la residencia del Opus Dei. Le encantaban el campo, el estilo de vida solitario que le proporcionaba el lugar y la libertad de los rituales opresivos de la residencia numeraria. Entrevistas realizadas por el autor a antiguos compañeros —incluidos numerarios del Opus Dei— en julio y septiembre de 2022.

23. Entrevistas del autor con varias personas de San Rafael y el banco que trabajaron estrechamente con Luis Valls-Taberner, septiembre de 2023.

24. Para más información sobre el Edificio Beatriz, véase Eduardo Delgado Orusco, *La piel dura: Edificio Beatriz, Madrid*, Lampreave, Madrid, 2013.

25. Gabriel Tortella, José María Ortiz-Villajos y José Luis García Ruiz, *Historia del Banco Popular: La lucha por la independencia*, Marcial Pons, Madrid, 2011, pp. 177-178.

26. Paul Preston, «Adolfo Suárez Obituary», *The Guardian*, 23 de marzo de 2014, https://www.theguardian.com/world/2014/mar/23/adolfo-suarez, consultado el 10 de febrero de 2023.

27. Entrevista de Luis Valls-Taberner con *El País*, publicada el 5 de diciembre de 1976, y citada en Tortella y otros, *Historia del Banco Popular*, p. 245.

28. Tortella y otros, *Historia del Banco Popular*, pp. 244-254.

29. Entrevista a Luis Valls-Taberner, Televisión Española, 1977.

30. Véanse las Actas de Presidencia, 18 de noviembre de 1978, AHBPE, caja 37, carpeta 170.

31. Tortella y otros, *Historia del Opus Dei*, p. 224.

32. A finales de 1981, la fundación contaba con 2.100 millones de pesetas en activos, de los cuales 710,6 se habían concedido en créditos blandos a diversos proyectos sociales y otros 129,2 se habían donado a buenas causas. Los mayores receptores de dinero fueron la Fundación Aliatar (un centro cultural y social gestionado por el Opus Dei en Andalucía), la Asociación de la Juventud de La Pedriza (un campamento vacacional para chicos en las montañas de los alrededores de Madrid gestionado por una red de colegios del Opus Dei) y el Colegio Mayor Bonaigua (una residencia universitaria del Opus Dei en Barcelona solo para mujeres). Véase Memoria Anual Fundación Hispánica 1982, AHBPE, caja 422, carpeta 2020.

33. Tortella y otros, *Historia del Banco Popular*, p. 224.

34. Desde su apertura en 1978, Las Cabañas —la colonia de vacaciones gestionada por la Asociación de la Juventud de La Pedriza y financiada por la Hispanic Foundaction— ha acogido a unos cuarenta mil niños en edad escolar. Véase https://www.tajamar.es/las-cabanas-otro-plan-de-mejora/, consultado el 10 de febrero de 2023.

35. González Gullón y Coverdale, *op. cit.*, p. 628.

36. *Ibid.*, p. 517.

37. Maxine Shaw, «Opus Dei School Is Unique, Experimenta», *Catholic News Service*, 1 de octubre de 1970, https://thecatholicnewsarchive.org/?a=d&d=cns19 701001-01.1.8&srpos=1&e=------197-en-20--1--txt-txIN-%22the+heights%22-------Washington%2c+DC, consultado el 3 de febrero de 2023.

38. Northridge Prep, en Chicago, abrió sus puertas con 33 chicos y ocho profesores, y alquiló un local de la Park View School en Mount Prospect, en 1976.

39. El Opus Dei abrió la Oakcrest School para niñas en la campiña de Virginia, en los alrededores de Washington D. C., en 1976. En 1979 abrió la Montrose School para niñas en las afueras de Boston.

40. Véase Montgomery County, «History of The Heights School and the Existing Special Exception Operations», pp. 7-9, https://www.montgomerycountymd.gov/OZAH/Resources/Files/pdf/2015/CBA-2197-C%2C%20Heights%20School%20ModificationReport%20(Grossman)-signed.pdf, consultado el 3 de febrero de 2023.

41. González Gullón y Coverdale califican el tamaño de la residencia de doscientas camas de inusual para el Opus Dei. González Gullón y Coverdale, *Historia del Opus Dei*, p. 420.

42. Carta de Graeme Robertson al director, *Tharunka*, 27 de abril de 1971, p. 5, https://digitalcollections.library.unsw.edu.au/nodes/view/1943#idx4247, consultado el 13 de febrero de 2023.

43. Stanley Joseph, «Octopus Dei», *Tharunka*, 6 de abril de 1971, p. 5, https://digitalcollections.library.unsw.edu.au/nodes/view/1941#idx4273, consultado el 13 de febrero de 2023.

44. *Ibid*.

45. *Ibid*.

46. Carta de Stan Correy al director, *Tharunka*, 27 de abril de 1971, p. 4, https://digitalcollections.library.unsw.edu.au/nodes/view/1943#idx4245, consultado el 13 de febrero de 2023.

47. Liz Fell, «Family Issue», *Tharunka*, 28 de julio de 1971, https://digitalcollections.library.unsw.edu.au/nodes/view/1950, consultado el 13 de febrero de 2023.

48. José Manuel Cerda, «Like a Bridge over Troubled Water in Sydney: Warrane College and the Student Protests of the 1970s», en *Studia et Documenta*, editado por Maria Carla Giammarco, Istituto Storico San Josemaría Escrivá, Roma, 2010, 4: 171-172.

49. Cerda, «Like a Bridge», p. 173.

50. *Ibid*., p. 176.

51. Relato de Dennis Dubro, numerario del Opus Dei destinado a trabajar en el Warrane College desde 1974, reproducido en https://www.opus-info.org/index.php/Seventeen_Years_in_Opus_Dei, consultado el 13 de febrero de 2023.

52. Crónica de Dubro.

53. *Ibid.*

54. «Lo primero que descubrí fue que faltaba dinero. La residencia había estado presentando auditorías falsas durante muchos años»; en crónica de Dubro y entrevista del autor con Dennis Dubro, febrero de 2022.

55. «Fue una época muy estresante para mí, en la que me costaba dormir. En un momento dado, mis directores querían que tomara sedantes que me conseguirían de uno de nuestros médicos. ¡Esto era una completa abominación! ¡Era una falta de todo lo espiritual! Aquí había directores que decían tener dones espirituales especiales para llevar a cabo las responsabilidades que Dios les había dado, y en lugar de quitarme el silenciamiento, las falsas acusaciones de desobediencia y los directores inexpertos y malhumorados, ¡sugirieron cubrir los efectos con drogas!»; en crónica de Dubro.

56. John F. Coverdale, *Putting Down Roots: Father Joseph Múzquiz and the Growth of Opus Dei*, Scepter, Nueva York, 2009, capítulo 9.

57. «Old Ways Reign in Columbia Hall», *The New York Times*, 10 de enero de 1971, p. 53, https://timesmachine.nytimes.com/timesmachine/1971/01/10/91262231.html?pageNumber=53, consultado 3 de febrero de 2023.

58. *Columbia Daily Spectator* 114, n.º 97 (24 de abril de 1970), p. 4, https://spectatorarchive.library.columbia.edu/cgi-bin/columbia?a=d&d=cs19700424-01.1.4&e=-------en-20--1-byDA-txt-txIN-%22schuyler+hall%22------, consultado el 3 de febrero de 2023.

59. Fred Schneider, «Schuyler Hall Administration Accused of Biased Practices», *Columbia Daily Spectator* 116, n.º 113 (5 de junio de 1972), p. 5, https://spectatorarchive.library.columbia.edu/cgi-bin/columbia?a=d&d=cs19720605-01.2.18&srpos=35&e=-------en-20--21-byDA-txt-txIN-%22schuyler+hall%22------, consultado el 3 de febrero de 2023.

60. David Raab, «Opus Dei: Spirit Behind Schuyler», *Columbia Daily Spectator* 97, n.º 105 (13 de abril de 1973), pp. 1 y 3, https://spectatorarchive.library.columbia.edu/cgi-bin/columbia?a=d&d=cs19730413-01.2.7&srpos=4&e=-------en-20--1-byDA-txt-txIN-%22schuyler+hall%22+%22families%22------, consultado el 3 de febrero de 2023.

61. Véase https://www.columbiaspectator.com/the-eye/2017/11/17/blinks-in-the-archives/, consultado el 3 de febrero de 2023.

62. Entrevista a Daryl Glick (administrador regional del Opus Dei en Estados Unidos durante los años setenta), febrero de 2023.

63. Banque d'Investissements Mobiliers et de Financement, también conocido como Imefbank.

64. Carta del Banco Popular a Mariano Navarro Rubio, 10 de agosto de 1965, AHBPE, cajas 283-286. No hay pruebas de que el banco abonara realmente el segundo pago aplazado a los antiguos propietarios de Imefbank mencionados en la carta a Navarro Rubio.

65. La sociedad panameña Argesco, que se había constituido mucho antes de la operación, en 1953, compró una participación del 35 % en el banco al mismo tiempo que el Banco Popular. Los documentos del archivo del Banco Popular muestran que esa participación se financió mediante un préstamo de otra entidad panameña llamada Crédito Suizo Latinoamericano, filial del Imefbank. Véase AHBPE, cajas 283- 286.

66. Edwin Zobel fue nombrado director de Argesco, la empresa que compró la participación secreta. Para una biografía de Zobel y su papel dentro del Opus Dei, véase https://opusdei.org/fr-ch/article/deux-intrepides-et-un-appartement/, consultado el 7 de febrero de 2023.

67. Crédito Suizo Latinoamericano, filial de Imefbank que financió la participación de Argesco en el banco, realizó una serie de préstamos millonarios a partir de 1972, incluso a entidades vinculadas al Opus Dei como Sexim, Valfinsa y Bartyzelinvest. AHBPE, cajas 283-286.

68. Bartyzelinvest, una empresa de Liechtenstein que recibió casi seis millones de dólares en préstamos, estaba dirigida por Carl Schmitt y Paul Deck. Ambos eran miembros numerarios del Opus Dei en Nueva York. Paul Deck declaró que le pidieron que asumiera el cargo porque «necesitaban a un estadounidense», pero dijo no recordar el objeto de la empresa ni sus actividades. Más tarde se hicieron cargo de la empresa Alberto Pacheco Escobedo, uno de los primeros miembros del Opus Dei en México que más tarde se hizo sacerdote, y Carlos Llano Cifuentes, fundador de la universidad de la Orden en Ciudad de México. Entrevista del autor a Paul Deck, febrero de 2023. También AHBPE, cajas 283-286.

69. Bartyzelinvest, la empresa dirigida por Carl Schmitt y Paul Deck, recibió casi seis millones de dólares en préstamos.

70. Véase el informe «Perspectiva de resultados a corto plazo y sugerencia de una política a seguir para incidir sobre los mismos», 15 de marzo de 1975, AHBPE, cajas 283-286.

71. Jesús Cacho, «Ruiz-Mateos implica al Banco Popular y al Opus Dei en una operación financiera realizada en Suiza en 1978», *El País*, 10 de julio de 1986, https://elpais.com/diario/1986/07/10/economia/521330402_850215.html, consultado el 7 de febrero de 2023.

72. Ernesto Erkaizer, *José María Ruiz-Mateos: El último magnate*, Plaza & Janés, Barcelona, 1985, p. 354.

73. Para una crónica de esos años, véase Erkaizer, *José María Ruiz-Mateos*, pp. 50-76.

74. Entre 1963 y 1982, Rumasa realizó donaciones por un valor superior a 3.300 millones de pesetas a obras benéficas, a menudo fundaciones vinculadas al Opus Dei. Véase Erkaizer, *José María Ruiz- Mateos*, p. 509.

75. Entrevistas del autor a varios allegados de José María Ruiz-Mateos, realizadas entre marzo de 2021 y febrero de 2023.

76. Entrevistas del autor a colaboradores de Ruiz-Mateos.

77. Según los archivos del Banco Popular, ambos se reunieron tres veces en 1979, ocho en 1980, cuatro en 1981 y siete más en 1982. Siete de esas reuniones tuvieron lugar en la mansión del banco en San Rafael. Véase AHBPE (sin catalogar).

78. Erkaizer, *op. cit.*, p. 522.

79. *Ibid.*, p. 74.

80. Robert Hutchison, *Their Kingdom Come: Inside the Secret World of Opus Dei*, Transworld, Londres, 1997, p. 305.

81. Erkaizer, *op. cit.*, pp. 509-511.

82. *Ibid.*, p. 261.

83. Enrique Díaz González, *Rumasa: La verdadera historia del holding desde su inicio en los años sesenta hasta el momento de su expropiación*, Planeta, Barcelona, 1983, pp. 12-13.

84. Exactamente qué ayuda ofreció Luis Valls-Taberner a José María Ruiz-Mateos se convertiría más tarde en una batalla judicial pública. El empresario andaluz alegó hasta su muerte que el presidente del Banco Popular se había ofrecido a facilitar sobornos a las personas adecuadas en el gobierno para hacer desaparecer los problemas fiscales de Ruiz-Mateos. Valls-Taberner siempre lo negó.

85. De Fuenmayor y otros, *Canonical Path of Opus Dei*, p. 398.

86. «Para llevar a cabo una labor pastoral o misionera especial en favor de diversas regiones o grupos sociales necesitados de una asistencia especial, la Sede Apostólica puede establecer provechosamente prelaturas compuestas por sacerdotes del clero secular dotados de una formación especial», *Motu Proprio Ecclesiae Sanctae*, emitido por el papa Pablo VI, 6 de agosto de 1966, artículo 4, https://www. vatican.va/content/paul-vi/en/motu_proprio/documents/hf_p-vi_motu-proprio_ 19660806_ecclesiae-sanctae.html, consultado el 6 de diciembre de 2023.

87. *Motu Proprio Ecclesiae Sanctae*.

88. *Ibid.*

89. González Gullón y Coverdale, *op. cit.*, p. 461.

90. *Ibid.*, p. 462.

91. Juan Arias, «El Opus Dei intenta cambiar su "status" jurídico dentro de la Iglesia», *El País*, 8 de noviembre de 1979, https://elpais.com/diario/1979/11/08/ sociedad/310863602_850215.html, consultado el 31 de enero de 2023.

92. *Ibid.*

93. *Ibid.*

94. González Gullón y Coverdale citan estadísticas oficiales del Opus Dei que muestran que los miembros eran solo 32.800 en 1975 y ascendieron a 61.700 en 1984, cinco años después de que se preparara ese informe para el Vaticano. Parece que no superó el umbral de los setenta mil miembros hasta principios de

los años noventa. Véase González Gullón y Coverdale, *Historia del Opus Dei*, p. 485.

95. González Gullón y Coverdale, *op. cit.*, p. 463.

96. *Ibid.*, p. 463.

97. «The New Face of the "Opus Dei": A personal Prelacy?», panfleto anónimo distribuido en círculos vaticanos, citado en González Gullón y Coverdale, *Historia del Opus Dei*, p. 465.

98. Lee, «Their Will Be Done».

99. David Remnick, «The Pope in Crisis», *The New Yorker*, 9 de octubre de 1994, p. 52, https://www.newyorker.com/magazine/1994/10/17/the-pope-in-crisis, consultado el 31 de julio de 2023.

100. Clifford Longley, «A Profile of Opus Dei», *The Times* (Londres), 12 de enero de 1981.

101. Véase «Guidelines for Opus Dei within the Diocese of Westminster», publicado por el arzobispo de Westminster el 2 de diciembre de 1981 y reproducido en https://www.opus-info.org/index.php?title=Guidelines_for_Opus_Dei_within_the_Diocese_of_Westminster, consultado el 2 de marzo de 2023.

102. «*Hic habemus criterium voluntarium, et ad Ecclesiam particularem aliquis non secundum suam voluntatem intrat; si haberetur criterium subiectivum, non fuisset Ecclesia particularis sed specialis, in qua omnes seipsos eligunt: Ecclesia quaedam electorum, et hoc non!*», actas de la Comisión Pontificia para la Interpretación Auténtica del Derecho Canónico, 20-29 de octubre de 1981, http://www.opuslibros.org/libros/raztinger/CONGREGATIO_PLENARIA.pdf, consultado el 31 de julio de 2023.

103. Comisión Pontificia.

104. González Gullón y Coverdale, *op. cit.*, p. 467.

105. *Ibid.*, p. 468.

106. *Ibid.*, p. 468.

107. Charles Raw, *The Money Changers: How the Vatican Bank Enabled Roberto Calvi to Steal $250 Million for the Heads of the P2 Masonic Lodge*, Harvill, Londres, 1992, p. 447.

108. Rupert Cornwell, *God's Banker: The Life and Death of Roberto Calvi*, Counterpoint, Londres, 1984, pp. 27-28.

109. *Ibid.*, p. 20.

110. *Ibid.*, p. 180.

111. *Ibid.*, p. 191.

112. Giuseppe Zaccaria, «Parla Calvi: il "complotto" le banche, i giornali, la P2», *La Stampa*, 15 de junio de 1982, 1- 2, http://www.archiviolastampa.it/component/option,com_lastampa/task,search/mod,libera/action,viewer/Itemid,3/page,1/articleid,1040_01_1982_0123_0001_17374437/, consultado el 8 de febrero de 2023.

113. Cornwell, *God's Banker*, p. 177.

114. *Wall Street Journal*: [sin título], *Wall Street Journal*, 19 de agosto de 1982.

115. Ennio Caretto, «Le accuse della vedova di Calvi "Perché uccisero mie marito"», *La Stampa*, 7 de octubre de 1982, pp. 1-2, http://www.archiviolastampa. it/component/option,com_lastampa/task,search/mod,libera/action,viewer/Itemid,3/page,2/articleid,1043_01_1982_0216_0002_14928817/, consultado el 8 de febrero de 2023.

116. «Inquest Jury Undecided on Calvi», *The New York Times*, 28 de junio de 1983, D1 y D6, https://timesmachine.nytimes.com/timesmachine/1983/06/28/2601 11.html?pageNumber=60, consultado el 8 de febrero de 2023.

117. John L. Allen Jr., *Opus Dei: An Objective Look Behind the Myths and Reality of the Most Controversial Force in the Catholic Church*, Doubleday, Nueva York, 2005, p. 136.

118. Enrique Díaz González, *Rumasa*, Planeta, Barcelona, 1983, p. 67.

119. Memorándum sobre el Grupo Rumasa difundido por la dirección regional del Banco Popular en Barcelona, enviado el 5 de enero de 1983 y reproducido en Díaz González, *Rumasa*, p. 324.

120. Hutchison, *Their Kingdom Come*, p. 310.

121. Erkaizer, *José María Ruiz-Mateos*, pp. 21 y 29; Luis Valls-Taberner lo confirmó posteriormente en una entrevista con la prensa, en una entrevista televisiva y ante el tribunal. Véanse las actas judiciales de su declaración, prestada el 7 de abril de 1986, AHBPE, carpeta «Rumasa».

122. Mariano Guindal, «Ruiz Mateos escapó a Londres, desapareció en Jamaica y finalmente fue detenido en Fráncfort», *La Vanguardia*, 1 de diciembre de 1985, p. 59.

123. Hutchison, *Their Kingdom Come*, p. 311.

124. Erkaizer, *José María Ruiz-Mateos*, p. 477.

125. *Ibid.*, p. 462.

126. Testimonio de Michael D. Bulmash, publicado por el repositorio institucional del Kenyon College, https://digital.kenyon.edu/bulmash/1615/, consultado el 3 de marzo de 2023; véase también Erkaizer, *José María Ruiz-Mateos*, pp. 561-567.

127. Harald Schützeichel, *Opus Dei: Goals, Claims and Influence*, Patmos Verlag, Düsseldorf, 1992, p. 124.

128. Erkaizer, *op. cit.*, p. 482.

129. «El destino de tal dinero se manifestó a mi representado era única y exclusivamente el de resolver sus problemas, no indicándole los medios ni destinos concretos del mismo [...] Lejos de solucionar la situación, los querellados se han adueñado del dinero, presumiblemente en provecho propio, negando incluso su recepción.» Documentos judiciales, cuyas copias se encuentran en los archivos del Banco Popular, AHEPE (sin catalogar).

130. Erkaizer, *op. cit.*, p. 519.

131. Entrevista del autor a Benedicto Alguacil de la Blanca (también conocido como Ben Whyte), estrecho colaborador de Ruiz-Mateos, a quien el empresario caído en desgracia leyó la carta durante un paseo por Hyde Park en 1983. Entrevista realizada en febrero de 2023.

132. «This Is Only the Start of a Very Long Film», *Financial Times*, 30 de abril de 1983.

133. Para una crónica de esta reunión, véase Erkaizer, *José María Ruiz-Mateos*, p. 521. Los sellos del pasaporte de Luis Valls-Taberner también confirman la visita a Londres. Véase AGUN, colección 299, caja 1, carpeta 6.

134. La escena se reproduce en Erkaizer, *José María Ruiz-Mateos*, pp. 520-522.

135. Hutchison, *Their Kingdom Come*, pp. 312-313.

136. *Ibid.*, pp. 319-320.

137. González Gullón y Coverdale, *Historia del Opus Dei*, p. 475.

Capítulo 7. Bendito día

1. Para un relato de su viaje, véase Javier Medina Bayo, *Álvaro del Portillo: Un hombre fiel*, Rialp, Madrid, 2012, cap. 20.

2. Para más información sobre el Santuario de María Madre del Amor Hermoso, véase https://www.fairestloveshrine.org/about, consultado el 11 de diciembre de 2024.

3. Medina Bayo, *Álvaro del Portillo*, cap. 20.

4. Véase Penny Lernoux, *People of God: The Struggle for World Catholicism*, Viking, Nueva York, 1989.

5. *Ibid.*, p. 168.

6. *Ibid.*, p. 227.

7. *Ibid.*, p. 207.

8. *Ibid.*, p. 175.

9. Medina Bayo, *Álvaro del Portillo*, cap. 20.

10. Monseñor James Kelly, «Priestly Life in the Writings and Example of Venerable Álvaro del Portillo», escrito para el Arnold Hall Seminar for Priests, 21 de abril de 2014, https://www.catholicpreaching.com/wp/wp-content/uploads/2014/03/Msgr.-Jim-Kelly-on-Venerable-Alvaro-del-Portillo.pdf, consultado el 11 de diciembre de 2023.

11. Entrevista del autor a John Haley (administrador regional del Opus Dei en aquella época), septiembre de 2023.

12. *Ibid.*

13. *Ibid.*

14. Véase el relato de una persona a la que se pidió que lo hiciera, en https://

opuslibros.org/nuevaweb/modules.php?name=News&file=article&sid=28316, consultado el 23 de febrero de 2024.

15. Entrevista a Haley.

16. *Ibid.*

17. *Ibid.*

18. *Ibid.*

19. *Ibid.*

20. *Ibid.*

21. *Ibid.*

22. Véase la necrológica de Dorothy Bunting Duffy, archivada en https://webcache.googleusercontent.com/search?q=cache:SIgakRU-lHIJ:https://www.ncadvertiser.com/past_obituaries/article/Obituary-Dorothy-Duffy-79-Montessori-founder-14037834.php&hl=en&gl=uk, consultada el 12 de diciembre de 2023.

23. Entrevista del autor a Mary Ellen Kranzlin (hija de Dorothy y Joe Duffy), noviembre de 2023.

24. Entrevista a Haley.

25. Mark Potts, «Noxell Accepts Takeover by Procter & Gamble», *Washington Post*, 23 de septiembre de 1989, https://www.washingtonpost.com/archive/business/1989/09/23/noxell-accepts-takeover-by-procter-gamble/2d5aa411-e38a-49f6-9010-d95f420b00b8/, consultado el 12 de diciembre de 2023.

26. Entrevista del autor a monseñor James Kelly, octubre de 2023.

27. *Ibid.*

28. *Ibid.*

29. *Vademécum del apostolado de la opinión pública*, 1987, p. 11.

30. *Ibid.*, p. 12.

31. *Ibid.*, p. 17.

32. *Ibid.*, p. 32.

33. *Ibid.*, p. 21.

34. *Ibid.*, p. 35.

35. Véase *Catecismo de la Prelatura de la Santa Cruz y Opus Dei*, 5.ª ed., abril de 1983, artículos 210, 226 y 236.

36. *Vademécum de los Consejos Locales*, 1987, p. 142.

37. Según el artículo 97 del Código de Derecho Canónico, "La persona que ha cumplido dieciocho años es mayor; antes de esa edad, es menor. ". El artículo 98 afirma además que "La persona menor está sujeta a la potestad de los padres o tutores en el ejercicio de sus derechos, excepto en aquello en que, por ley divina o por el derecho canónico, los menores están exentos de aquella potestad; respecto a la designación y potestad de los tutores, obsérvense las prescripciones del derecho civil a no ser que se establezca otra cosa por el derecho canónico, o que el Obispo diocesano, con justa causa, estime que en casos determinados se ha de proveer mediante nombramiento de otro tutor. " Además, el artículo 20 de los

Estatutos del Opus Dei aprobado por el Vaticano establece claramente que "Para que alguien pueda ser admitido en la Prelatura se require... que haya cumplido al menos la edad de diecisiete años".El Opus Dei habitualmente apuntaba y preparaba a menores para que se convirtieran en miembros, y muchas veces ordenaba a los numerarios que llevaban a cabo dicho reclutamiento que lo ocultaran a los padres de los menores.

38. *Catecismo de la Prelatura*, artículo 60. Más detalles en *Vademécum de los Consejos Locales*, pp. 19-21.

39. Entrevista del autor a un miembro de esa familia que sufrió repetidos abusos sexuales por parte de un numerario del Opus Dei, octubre de 2023.

40. Entrevista a un niño víctima de abusos sexuales.

41. Según documentos judiciales vistos por el autor.

42. Johnny Daukes, *Shadowman: Records of a Life Corrupted*, Red Door Press, Des Moines, 2022, p. 34.

43. *Ibid.*, p. 44.

44. Entrevista del autor a Johnny Daukes, febrero de 2024.

45. *Ibid.*

46. *Ibid.*

47. *Ibid.*

48. Entrevista a Daukes; y Daukes, *Shadowman*, p. 362.

49. J. J. M. Garvey, *Parent's Guide to Opus Dei*, Sicut Dixit Press, Nueva York, 1988.

50. Véase el relato de Tammy DiNicola, «I Was Shocked by Hidden Agendas Behind Opus Dei "Service Projects"», publicado por la Opus Dei Awareness Network, 10 de junio de 1993, http://www.opus-info.org/index.php?title=I_Was_Shocked_by_Hidden_Agendas_Behind_Opus_Dei_%22Service_Projects%22, consultado el 13 de diciembre de 2023.

51. Véase Tammy DiNicola, «Fishing for Vocations in Opus Dei», Opus Dei Awareness Network website, 19 de marzo de 1994, https://www.opus-info.org/index.php?title=Fishing_for_Vocations_in_Opus_Dei, consultado el 13 de diciembre de 2023.

52. Tammy DiNicola, «I Was Shocked by Hidden Agendas Behind Opus Dei "Service Projects"», 10 de junio de 1993.

53. Tammy DiNicola, «Deception and Drugs in Opus Dei», https://odan.org/tw_deception_and_drugs, consultado el 23 de febrero de 2024.

54. *Ibid.*

55. Entrevista del autor a una persona visitada por ese médico que conocía a muchas otras que habían recibido el mismo trato, febrero de 2024.

56. Vladimir Felzmann, *A Journey to Eternity: My Years in Opus Dei 1959-1982*, All Squared, Hartpury, 2023, p. 68.

57. *Ibid.*, p. 33.

58. *Ibid.*, p. 45.

59. Unas sesenta empresas se escindieron en tres entidades: Sociedad de Gestión de Industrias S. A., Sociedad de Gestión de Servicios S. A. y Sociedad General Fiduciaria S. A. Véase AHBPE (sin catalogar).

60. Viviendas y Oficinas S. A.

61. En 1979, la cartera original de empresas propiedad de Sogefi (BEN, Financiera Alcalá, Heller Factoring, Iberleasing, Sociedad Anónima de Financiación, Fiventas, Sogeval) se había ampliado para incluir el Banco de Andalucía, Vividendas y Oficinas, Unión Europea de Inversiones, Arte y Regalos y otras. AHBPE, caja 481, carpeta 6.

62. Según un informe de 1978, en la Sociedad General Fiduciaria S. A. solo trabajaban siete personas, y el mejor pagado era Santiago Escrivá, con un sueldo de 1,9 millones de pesetas, lo que hoy equivaldría a más de 230.000 euros. El informe lamenta que los sueldos sean inasequibles debido a la falta de negocio, y se presenta una propuesta para que las personas pasen a formar parte de la plantilla del banco. AHBPE, caja 481, carpeta 6.

63. Al año siguiente se crearía la Fundación para Atenciones Sociales. A partir de 1982, se haría cargo de la participación del 5 % de la Fundación Hispánica en los beneficios anuales del Banco Popular. Con el tiempo se convertiría en propietaria de muchos de los activos agrupados en Sociedad General Fiduciaria S. A. Véase Gabriel Tortella, José María Ortiz-Villajos y José Luis García Ruiz, *Historia del Banco Popular: La lucha por la independencia*, Marcial Pons, Madrid, 2011, p. 224; y AHBPE, cajas «Sogefi» 1, 2, 4, 5, 8 y 12.

64. A finales de marzo de 1995, se habían gastado unos 5.800 millones de pesetas en proyectos internacionales vinculados al Opus Dei. Véase el informe Balance de Cooperación Internacional con un resumen del gasto a marzo de 1995, AHBP (sin catalogar).

65. Un total de 2.700 millones de pesetas se gastaron en proyectos en Europa —por orden de magnitud— en Francia, Suecia, Bélgica, el Reino Unido, los Países Bajos e Italia. Otros 870 millones de pesetas se gastaron en Argentina, 314 millones en Canadá y 290 millones en Australia. AHBPE (sin catalogar).

66. Entre julio de 1991 y marzo de 1995, las fundaciones españolas vinculadas al Banco Popular efectuaron pagos por valor de 2,9 millones de francos franceses —equivalentes a unos 554.000 euros de la época— a la École Hôtelière Dosnon y al centro de retiro contiguo. Véase el informe «Balance de Cooperación Internacional» con un resumen de los gastos en marzo de 1995, AHBPE (sin catalogar).

67. José Luis González Gullón y John F. Coverdale, *Historia del Opus Dei*, Rialp, Madrid, 2022, p. 297.

68. Véase el resumen de los hechos en la sentencia dictada por el Tribunal de Apelación de Amiens, caso *Catherine Tissier v. Association de Culture Universitaire*

et Technique, Claire de Bardon de Segonzac, and Agnés Duhail el 27 de julio de 2016, https://www.opus-info.org/images/1/1d/Arr%C3%AAt_de_la_Cour_d%27Appel_d%27Amiens_confirmant_le_jugement_de_la_Cour_d%27Appel_de_Paris.pdf, consultado el 22 de marzo de 2023.

69. Testimonio de Catherine Tissier y otras jóvenes que asistieron a la École Hôtelière Dosnon durante los años ochenta y noventa; sumario de los hechos, Tribunal de Apelación de Amiens.

70. Testimonios de varias chicas, entre ellas Alexandra Thibaut, Aline Deswarte y Anne Cécile Renard; resumen de los hechos, Tribunal de Apelación de Amiens.

71. Testimonio de Anne Cécile Renard; resumen de los hechos, Tribunal de Apelación de Amiens.

72. Perrine Cherchève, «La boniche de l'Opus Dei», *Marianne*, 14 de abril de 2017, pp. 40-44, https://www.marianne.net/societe/la-boniche-de-l-opus-dei, consultado el 22 de marzo de 2023.

73. *Ibid.*

74. Testimonio de Catherine Tissier; resumen de los hechos, Tribunal de Apelación de Amiens.

75. *Ibid.*

76. Resumen de los hechos, Tribunal de Apelación de Amiens.

77. Cherchève, *op. cit.*

78. *Ibid.*

79. Resumen de los hechos, Tribunal de Apelación de Amiens.

80. Cherchève, *op. cit.*

81. Testimonio de Tissier, resumen de los hechos, Tribunal de Apelación de Amiens.

82. Cherchève, *op. cit.*

83. Dictamen médico del doctor Caumont tras el examen del 12 de enero de 2001, citado en el resumen de los hechos, Tribunal de Apelación de Amiens.

84. Los padres de Nelly Peugnet hicieron acusaciones similares contra la escuela; citado en el resumen de los hechos, Tribunal de Apelación de Amiens.

85. Más de 120 millones de pesetas se enviaron a la fundación ICIED, que dirigía un centro para mujeres que más tarde se relacionó con casos de malos tratos. Véase el informe «Balance de Cooperación Internacional», AHBPE.

86. Más de trescientos millones de pesetas enviados a la fundación Cooperative Centres Culturels, que gestionaba una escuela de hostelería en el Château de Dongelberg; Informe «Balance de Cooperación Internacional», AHBPE .

87. Más de 450 millones de pesetas se enviaron a la Stiftelsen Pro Cultural Foundation, que gestionaba una escuela de hostelería llamada Trädlärkan; informe «Balance de Cooperación Internacional», AHBPE.

88. Se enviaron casi 130 millones de pesetas a la Fundación para la Forma-

ción Profesional, que gestionaba una escuela de hostelería en el país; Informe «Balance de Cooperación Internacional», AHBPE.

89. Véase «Confusion About a Court Case in France», comunicado de prensa de Béatrice de la Coste, de la oficina de información del Opus Dei en Francia, https://opusdei.org/en-uk/article/confusion-about-a-court-case-in-france/, consultado el 20 de junio de 2023.

90. Entrevista a la numeraria en cuestión, noviembre de 2023. Su cuenta de LinkedIn describe su papel entre 1990 y 1998 como «asesora del prelado del Opus Dei en Roma, especializada en la promoción y el bienestar de las personas en los servicios de hostelería del Opus Dei en todo el mundo».

91. Entrevista a la numeraria. Su perfil de LinkedIn describe esta trabajo como «consultoría de recursos humanos en Nigeria, Francia, Irlanda, Bélgica, Holanda, Filipinas, Hong Kong y Taiwán».

92. *Ibid.*

93. Artículo 3 del «Protocolo para prevenir, reprimir y sancionar la trata de personas, especialmente mujeres y niños» de las Naciones Unidas pone:

«Para los fines del presente Protocolo: a) Por "trata de personas" se entenderá la captación, el transporte, el traslado, la acogida o la recepción de personas, recurriendo a la amenaza o al uso de la fuerza u otras formas de coacción, al rapto, al fraude, al engaño, al abuso de poder o de una situación de vulnerabilidad o a la concesión o recepción de pagos o beneficios para obtener el consentimiento de una persona que tenga autoridad sobre otra, con fines de explotación. Esa explotación incluirá, como mínimo, la explotación de la prostitución ajena u otras formas de explotación sexual, los trabajos o servicios forzados, la esclavitud o las prácticas análogas a la esclavitud, la servidumbre o la extracción de órganos; b) El consentimiento dado por la víctima de la trata de personas a toda forma de explotación que se tenga la intención de realizar descrita en el apartado a) del presente artículo no se tendrá en cuenta cuando se haya recurrido a cualquiera de los medios enunciados en dicho apartado; c) La captación, el transporte, el traslado, la acogida o la recepción de un niño con fines de explotación se considerará "trata de personas" incluso cuando no se recurra a ninguno de los medios enunciados en el apartado a) del presente artículo; d) Por "niño" se entenderá toda persona menor de 18 años.» See UN General Assembly, Resolution 55/25, Protocol to Prevent, Suppress and Punish Trafficking in Persons, Especially Women and Children, Supplementing the United Nations Convention against Transnational Organized Crime, Article 3 (November 15, 2000), https://www.unodc.org/ res/ human-trafficking/ 2021the-protocol-tip_html/ TIP.pdf, accessed April 22, 2024.

94. Entrevistas del autor con decenas de antiguas numerarias sirvientes que trabajaron en residencias del Opus Dei de todo el mundo. Algunas formaban parte del grupo de cuarenta y dos mujeres que presentaron una denuncia oficial ante el cardenal Luis Francisco Ladaria Ferrer, entonces prefecto del Dicasterio para

la Doctrina de la Fe, la autoridad vaticana encargada de investigar las acusaciones de abusos en el seno de la Iglesia católica. La denuncia, que fue presentada ante el Vaticano en septiembre de 2021, alega que todas las mujeres fueron reclutadas en el Opus Dei entre los doce y los dieciséis años por miembros que «se aprovecharon de sus situaciones precarias [...] y abusaron específicamente de su vulnerabilidad a causa de su corta edad, ofreciéndoles la posibilidad de venir a Buenos Aires bajo la falsa promesa –hecha a ellas y a sus familias– de completar sus estudios secundarios y mejorar sus oportunidades de vida». Asimismo, aduce que, una vez en Buenos Aires, las niñas y mujeres eran explotadas, obligadas a trabajar sin salario y trasladadas a otros centros cuando se quejaban. También se han publicado relatos similares, entre ellos algunos de mujeres que fueron reclutadas en Europa y otros lugares. Associated Press, *Financial Times* y otros medios. Véase Debora Rey, «Women in Argentina Claim Labor Exploitation by Opus Dei», Associated Press, 12 de noviembre de 2021, https://apnews.com/article/business-paraguay-europe-argentinauruguay-43b48ed43c2f7ddebf05ec6203b-12d8d; Antonia Cundy, «The Opus Dei Diaries», *Financial Times*, 16 de marzo de 2024, https://www.ft.com/ content/ 53bbc8a8-1c5b-4c6e-8d50-8b7c00ffa5f8; Nicolas Cassese y Paula Bistagnino, «¿Servidoras de Dios? El calvario de 43 mujeres que enfrentan al Opus Dei», *La Nación*, 18 de mayo de 2021, https://www.lanacion.com.ar/ sociedad/ servidoras-de-dios-el-calvario-de-las-43-mujeres-que-enfrentan-al-opus-dei-nid17052021/; y Paula Bistagnino, «La Escuela de Mucamas del Opus Dei», *Anfibia*, 26 de junio de 2023, https://www.revistaanfibia.com/ la-escuela-de-mucamas-del-opus-dei/

95. Albert Escala, «La beatificación del fundador del Opus Dei congregó a doscientas mil personas», *La Vanguardia*, 18 de mayo de 1992, p. 25, https://hemeroteca.lavanguardia.com/preview/1992/05/18/pagina-25/33512643/pdf.html, consultado el 8 de marzo de 2023.

96. Véase https://opusdei.org/es/article/17-de-mayo-del-92-una-experiencia-que-vale-la-pena-repetir/.

97. Boletín sobre la vida de Mons. Escrivá, edición especial, p. 21, https://cedejbiblioteca.unav.edu/web/centro-de-estudios-josemaria-escriva/biblioteca-virtual/en/viewer/13708/blessed-josemaria-escriva-founder-of-opus-dei-bulletin-10-special, consultado el 8 de marzo de 2023.

98. Robert Hutchison, *Their Kingdom Come: Inside the Secret World of Opus Dei*, Transworld, Londres, 1997, pp. 5-6.

99. Escala, «La beatificación del fundador».

100. Entrevistas del autor a estudiantes de la Universidad de Navarra en aquella época, a los que se ofrecieron viajes a Roma a precio reducido coincidiendo con la beatificación a pesar de no tener ningún deseo de vincularse al Opus Dei.

101. Las fotos de Luis Valls-Taberner en la beatificación de 1992 demues-

tran que tenía un asiento en primera fila, en el escenario junto al estrado papal. AGUN, colección 299, caja 14, carpeta 2.

102. «Numerosos vip en la ceremonia», *La Vanguardia*, 18 de mayo de 1992, p. 25, https://hemeroteca.lavanguardia.com/preview/1992/05/18/pagina-25/33512643/pdf.html, consultado el 8 de marzo de 2023.

103. González Gullón y Coverdale, *Historia del Opus Dei*, p. 457.

104. Hutchison, *Their Kingdom Come*, p. 10.

105. Kenneth L. Woodward, «A Questionable Saint», *Newsweek*, 12 de enero de 1992, https://www.newsweek.com/questionable-saint-197568, consultado el 9 de marzo de 2023.

106. Hutchison, *Their Kingdom Come*, p. 14.

107. Raffaello Cortesini, que era presidente de la comisión médica de la Congregación para las Causas de los Santos del Vaticano en la época en que se evaluaba la beatificación de Escrivá de Balaguer, por la misma época fue nombrado también presidente del comité científico internacional de la Universidad Campus Bio-Medico di Roma, un instituto médico afiliado al Opus Dei. Véase Martina Ballmaier, «Opus Dei Works for the Future of Italian Biomedical Science», *Nature Medicine* 2, n.º 9 (septiembre de 1996): 957. https://www.nature.com/articles/nm0996-957a.pdf, consultado el 8 de marzo de 2023. Véase también Hutchison, *Their Kingdom Come*, p. 14.

108. Antonio Pérez-Tenessa, «No hablaré mal de la Obra», *El País*, 12 de abril de 1992, https://elpais.com/diario/1992/04/13/sociedad/703116007_850215.html, consultado el 28 de julio de 2023.

109. Kenneth L. Woodward, «A Questionable Saint», *Newsweek*, 12 de enero de 1992, https://www.newsweek.com/questionable-saint-197568, consultado el 4 de diciembre de 2023.

110. *Ibid.*

111. González Gullón y Coverdale, *op. cit.*, p. 544.

112. Entrevista a Juan de Dios Martín Velasco, que había ocupado altos cargos en la archidiócesis de Madrid, en *Il Regnio*, reproducida en Hutchison, *Their Kingdom Come*, p. 14.

113. Véase Lernoux, *People of God*, para un análisis de este tema.

114. David Remnick, «The Pope in Crisis», *The New Yorker*, 9 de octubre de 1994, p. 52. https://www.newyorker.com/magazine/1994/10/17/the-pope-in-crisis, consultado el 31 de julio de 2023.

115. Remnick, «The Pope in crisis».

116. Lernoux, *People of God*, p. 60.

117. *Ibid.*, p. 61.

118. Remnick, «The Pope in crisis», p. 56.

119. *Ibid.*

120. *Ibid.*

121. *Ibid.*

122. González Gullón y Coverdale, *op. cit.*, p. 479.

123. Véase https://www.catholic-hierarchy.org/diocese/dqod0.html, consultado el 13 de diciembre de 2023.

CAPÍTULO 8. UNA NUEVA DEMOGRAFÍA

1. Joe Feuerherd, «The Real Deal: How a Philosophy Professor with a Checkered Past Became the Most Influential Catholic Layman in George W. Bush's Washington», *National Catholic Reporter*, 19 de agosto de 2004, https://www.nationalcatholicreporter.org/update/bnHOLD081904.htm, consultado el 15 de diciembre de 2023.

2. Feuerherd, «Real Deal».

3. *Ibid.*

4. Hans Urs von Balthasar, «Integralismus», en *Wort und Wahrheit* 18 (1963): 737-744.

5. Entrevista del autor a alguien con conocimiento directo del incidente, noviembre de 2023.

6. Robert A. Best, *The Lord and the Links*, Leonine Publishers, Phoenix, 2012, pp. 149-151.

7. Colman McCarthy, «Celebrating Good Men», *The Washington Post*, 14 de abril de 1995, https://www.washingtonpost.com/archive/lifestyle/1995/04/14/celebrating-good-men/3fbe6855-8694-426b-a3b5-f9fd3880b02a/, consultado el 15 de diciembre de 2023.

8. David Ruppe, «Opus Dei: A Return to Tradition», *ABC*, 18 de junio de 2001, https://culteducation.com/group/1086-opus-dei/15629-opus-dei-a-return-to-tradition.html, consultado el 19 de diciembre de 2023.

9. Lisa Socarra, «Vocation Thursdays: Father Ron Gillis», *Catholic Herald*, 29 de diciembre de 2011, https://apriestlife.blogspot.com/2011/12/vocation-thursdays-father-ron-gillis.html, consultado el 15 de diciembre de 2023.

10. Evan Thomas, «Washington's Quiet Club», *Newsweek*, 8 de marzo de 2001, https://www.newsweek.com/washingtons-quiet-club-149005, consultado el 6 de junio de 2023.

11. *Experiencias de las labores apostólicas*, 2003, p. 115. Aunque procede de un documento interno publicado posteriormente, se trataba de una actualización de un texto similar que se venía utilizando desde 1987.

12. *Ibid.*, p. 128.

13. *Ibid.*, p. 142.

14. *Ibid.*, p. 153.

15. *Ibid.*, p. 158.

16. *Ibid.*

17. *Ibid.*, p. 159.

18. Según un documento de referencia proporcionado por la oficina de prensa del Opus Dei en Nueva York.

19. Guy Lamolinara, «Against Hitler: Exhibition Commemorating German Resistance Opens», Biblioteca del Congreso. 5 de septiembre de 1994, volume 53, número 16, https://www.loc.gov/loc/lcib/94/9416/open.html, consultado el 24 de abril de 2024

20. Entrevista del autor a Damian von Stauffenberg, noviembre de 2023.

21. *Ibid.*

22. Best, *Lord and the Links*, 3.

23. *Ibid.*, p. 5.

24. *Ibid.*, p. 4.

25. *Ibid.*, p. 4.

26. *Ibid.*, p. 33.

27. *Ibid.*, p. 138.

28. *Ibid.*, pp. 139-140.

29. *Ibid.*, pp. 35-40.

30. Entrevista a Von Stauffenberg.

31. Entrevista a Von Stauffenberg; y Best, *Lord and the Links*, p. 41.

32. Entrevista a Von Stauffenberg.

33. Véase la necrológica en https://www.washingtonpost.com/archive/local/1999/02/07/obituaries/b890d4cd-2665-4287-95e5-192b5ece5c15/, consultada el 15 de diciembre de 2023.

34. Feuerherd, «Real Deal».

35. *Ibid.*

36. *Ibid.*

37. Entrevista del autor a una persona que estuvo presente, noviembre de 2023.

38. Entrevista a una persona presente.

39. James Rosen, *Scalia: Rise to Greatness*, Regnery, Washington D. C., 2023, 1:31.

40. *Ibid.*, 1:71.

41. *Ibid.*, 1:31.

42. La asistencia de Scalia se remonta al menos a 1988; véanse documentos de Antonin Scalia, Harvard Law School Library, caja 79, carpeta 7.

43. Documentos de Scalia, Harvard Law School Library.

44. Véase el relato de Hadley Arkes, en NR Symposium, «Antonin Scalia - A Justice in Full», *National Review*, 29 de febrero de 2016, https://www.nationalreview.com/2016/02/antonin-scalia-supreme-court-justice-remembrances/, consultado el 12 de junio de 2023.

45. Entrevista del autor a una persona que estuvo presente, noviembre de 2023.

46. Feuerherd, «Real Deal».

47. *Ibid*.

48. Las propiedades eran el 239, 241 y 243 de la avenida Lexington y el 137, 139 y 141 de la calle 34.ª Este. Las compras se efectuaron el 8 de septiembre de 1993. Véase https://a836-acris.nyc.gov/DS/DocumentSearch/DocumentDetail?-doc_id=FT_1740000445174, consultado el 10 de marzo de 2023.

49. Según los documentos fiscales, Association for Cultural Interchange, Inc. hizo un préstamo de cuatro millones de dólares a National Center Foundation, Inc. en septiembre de 1993. El préstamo tenía una duración de diez años y un tipo de interés del 4 %, sin que se pagara el principal en los dos primeros años.

50. «A Catholic Organization Builds a New Headquarters», *The New York Times*, 21 de febrero de 1999, sec. 11, 1, https://timesmachine.nytimes.com/times-machine/1999/02/21/403083.html?pageNumber=385, consultado el 10 de marzo de 2023.

51. Según los registros fiscales, además de los 5.095.600 de dólares gastados en la compra de las seis propiedades, Murray Hill Place, Inc. gastó posteriormente 57.818.675 de dólares en obras y otros 6.918.761 en mobiliario y equipamiento entre 1995 y 2001.

52. «A Catholic Organization Builds a New Headquarters».

53. Steven P. Millies, «If We'd Listened to Cardinal Bernardin, the Catholic Church Would Not Be Where It Is Today», *National Catholic Reporter*, 4 de noviembre de 2021, https://www.ncronline.org/news/if-wed-listened-cardinal-bernardin-catholic-church-would-not-be-where-it-today, consultado el 14 de diciembre de 2023.

54. «Opus Dei Appointment Questioned by Clergy», *National Catholic Reporter*, 18 de enero de 1991.

55. Robert McClory, «Diocese May Sell Seminary to School Tied to Opus Dei», *National Catholic Reporter*, 24 de febrero de 1995.

56. Robert McClory, «Chicago Rejects Bid from Opus Dei for Seminary», *National Catholic Reporter*, 26 de mayo de 1995.

57. Según un documento facilitado por la oficina de prensa del Opus Dei en Nueva York.

58. El viaje tuvo lugar del 14 al 22 de marzo de 1994. Véase José Luis González Gullón y John F. Coverdale, *Historia del Opus Dei*, Rialp, Madrid, 2022, p. 442.

59. González Gullón y Coverdale, *op. cit.*, p. 576.

60. Según el portavoz del papa Juan Pablo II en declaraciones a Jordi Picazo, https://www.roterdamus.com/blog---roterdamus/joaquin-navarro-valls-el-ser-hu-

mano-no-esta-fabricado-tiene-que-hacerse-con-su-libertad, consultado el 14 de diciembre de 2023.

61. González Gullón y Coverdale, *op. cit.*, p. 558.

62. *Ibid.*, p. 561.

63. «R. Templeton Smith Services Tomorrow», *Pittsburgh Post-Gazette*, 11 de agosto de 1967, p. 15, https://www.newspapers.com/article/pittsburgh-post-gazette-obituary-for-r/42538441/, consultado el 14 de diciembre de 2023.

64. John L. Allen Jr., *Opus Dei: An Objective Look Behind the Myths and Reality of the Most Controversial Force in the Catholic Church*, Doubleday, Nueva York, 2005, pp. 223-225.

65. Allen, *Opus Dei: Objective Look*.

66. Para una visión general de la vida de Eliza Kennedy Smith, véase «Mrs R. Templeton Smith: Pittsburgh Civic Leader», *Congressional Record*, U.S. Government Printing Office, Washington D. C., 1965), 111: parte 29, A3040-A3041, https://play.google.com/books/reader?id=lmdOrBDimukC&pg=GBS.SL1-PA2870&hl=en_GB, consultado el 13 de marzo de 2023.

67. Véase en la sección «In Brief» la noticia en la publicación del sector *The Pink Sheet*, 29 de enero de 1996, https://pink.pharmaintelligence.informa.com/PS027549/In-Brief-Ben-Venue, consultado el 13 de marzo de 2023.

68. Intercambio de correos electrónicos del autor con Mary Elizabeth Podles (hija de Kennedy Smith), marzo de 2023.

69. Entrevista del autor a Luis Téllez (que conoce a la familia Smith desde hace muchos años), octubre de 2023.

70. Raquel Santiago, «German Drug Giant to Acquire Ben Venue», *Crain's Cleveland Business*, 3 de noviembre de 1997, https://www.crainscleveland.com/article/19971103/SUB/711030734/german-drug-giant-to-acquire-ben-venue, consultado el 14 de diciembre de 2023.

71. Allen cifra el valor de las acciones donadas al Opus Dei tras la oferta en ochenta millones de dólares; véase Allen, *Opus Dei: Objective Look*, p. 223. Esta cifra está respaldada por las declaraciones fiscales de la Sauganash Foundation y la Rockside Foundation, que valoraron sus participaciones en 35 millones de dólares cada una en el momento de la transferencia.

72. Véanse las declaraciones fiscales del IRS en https://projects.propublica.org/nonprofits/organizations/311538838, consultado el 14 de diciembre de 2023.

73. Véanse las declaraciones fiscales del IRS en https://projects.propublica.org/nonprofits/organizations/311538837, consultado el 14 de diciembre de 2023.

74. Ambas entidades lo tenían recogido en sus estatutos; véanse declaraciones fiscales al IRS.

75. Las declaraciones de impuestos del IRS muestran que la Sauganash Foundation tenía activos de menos de un millón de dólares en 2014, mientras que Rockside Foundation tenía activos de 3,4 millones de dólares.

76. Entrevista del autor a Lucas Niklison (numerario que trabaja estrechamente con Austral), junio de 2023.

77. Entrevistas del autor a dos numerarios argentinos activos en el país en esa época, junio de 2023.

78. Entrevista del autor a la persona en cuestión, junio de 2023.

79. Visita del autor al campus, que contaba con una maqueta de los planos originales, en junio de 2023.

80. Entrevista del autor a Brian Finnerty (portavoz del Opus Dei en Estados Unidos), febrero de 2023.

81. *Ibid.*

82. Patrick Allitt, «La amarga victoria: Catholic Conservative Intellectuals in America, 1988-1993», en *Catholic Lives, Contemporary America*, Thomas J. Ferraro (ed.), Duke University Press, Durham, 1997, p. 156.

83. Entrevista del autor a Sebastián Sal (numerario que compartió la residencia de la calle Mercer con McCloskey durante esos años), junio de 2023.

84. Barbara Matuswo, «The Conversion of Bob Novak», *Washingtonian*, 1 de junio de 2003, https://www.washingtonian.com/2003/06/01/the-conversion-of-bob-novak/, consultado el 19 de diciembre de 2023.

85. La propaganda y el material de marketing para el libro de McClosky, *Good News, Bad News: Evangelization, Conversion and the Crisis of Faith de McClosky*, de 2005. Véase https://www.catholicity.com/mccloskey/goodnews.html, consultado el 8 de junio de 2023.

86. Thomas, «Washington's Quiet Club».

87. Véase el resumen de la historia del club en https://www.universityclub-dc.com/history, consultado el 8 de junio de 2023.

88. Thomas, «Washington's Quiet Club».

89. «An Opus Dei Priest with an Unusual Gift», *Crux*, 12 de junio de 2015, https://cruxnow.com/church/2015/06/an-opus-dei-priest-with-an-unusual-gift, consultado el 8 de junio de 2023.

90. Charles P. Pierce, «The Crusaders», *The Boston Globe*, 2 de noviembre de 2003, http://archive.boston.com/news/globe/magazine/articles/2003/11/02/the_crusaders/, consultado el 8 de junio de 2023.

91. Betty Clermont, *The Neo-Catholics: Implementing Christian Nationalism in America*, Clarity Press, Atlanta, 2009, p. 132.

92. Michael S. Rose, «The Conversion Specialist», en *Priest: Profiles of Ten Good Men Serving the Church Today*, Sophia Institute Press, Bedford, 2013, disponible en https://www.catholicity.com/mccloskey/conversionspecialist.html, consultado el 8 de junio de 2023.

93. Pierce, «The Crusaders».

94. Padre John McCloskey, «The Key to the Evangelization of Men», https://www.catholicity.com/mccloskey/friendship.html, consultado el 8 de junio de 2023.

95. «An Opus Dei Priest».

96. *Ibid.*

97. Steve Fishman, «The Convert», *New York Magazine*, 30 de julio de 2004, https://nymag.com/nymetro/news/people/features/9572/, consultado el 8 de junio de 2023.

98. Laurie P. Cohen, «Tyco Scandal, Money to Opus Dei?», *The Wall Street Journal*, 4 de junio de 2003, https://www.wsj.com/articles/SB105467469545317500, consultado el 9 de junio de 2023.

99. Cohen, «Tyco Scandal».

100. Fishman, «The Convert», 4.

101. *Ibid.*

102. *Ibid.*

103. *Ibid.*

104. Feuerherd, «Real Deal».

105. *Ibid.*

106. *Ibid.*

107. «The Catholic Vote-A Special Report: The Mind of the Catholic Voter», *Crisis*, 1 de noviembre de 1998, https://crisismagazine.com/vault/the-catholic-vote-a-special-report-the-mind-of-the-catholic-voter, consultado el 18 de diciembre de 2023.

108. Peter J. Boyer, «Party Faithful», *The New Yorker*, 1 de septiembre de 2008, https://www.newyorker.com/magazine/2008/09/08/party-faithful, consultado el 18 de diciembre de 2023.

109. Cohen, «Tyco Scandal».

110. *Ibid.*

111. *Ibid.*

112. *Ibid.*

113. Véase la página web de Culture of Life Foundation & Institute, archivado en https://web.archive.org/web/20030627092233/http://christianity.com/CC_Content_Page/0,,PTID4211%7cCHID116414%7cCIID,00.html, consultado el 20 de diciembre de 2023.

114. Página web de la Culture of Life Foundation.

115. Según los registros del IRS presentados por la Culture of Life Foundation, Best era el único miembro remunerado del consejo y que dedicaba horas a trabajar para la fundación y vivía en la zona de Washington; véase https://projects.propublica.org/nonprofits/display_990/522055185/2002_05_EO%2F52-2055185_990_200012, consultado el 20 de diciembre de 2023.

116. Registros de la Culture of Life Foundation en el IRS.

117. Cohen, «Tyco Scandal».

118. *Ibid.*

119. *Ibid.*

120. *Ibid.*

121. *Ibid.*

122. Christine Creech, «Cardinal Hickey Dedicates Chapel Honoring Josemaria Escriva», *Catholic Way*, p. 15 de septiembre de 2000, http://sites.silaspartners.com/partner/Article_Display_Page/0,,PTID5339_CHID28_CIID155862,00.html, consultado el 27 de marzo de 2023.

123. Creech, «Cardenal Hickey Dedicates».

124. Robert D. McFadden, «Cardinal James A. Hickey of Washington Dies at 84», *The New York Times*, 25 de octubre de 2004, sec. B, p. 7, https://www.nytimes.com/2004/10/25/obituaries/cardinal-james-a-hickey-of-washington-dies-at-84.html, consultado el 27 de marzo de 2023.

125. McFadden, «Cardenal James A. Hickey».

126. Expediente CP-86-C-121-13: Tyson Study Center, Inc., extraído de https://plus.fairfaxcounty.gov/CitizenAccess/cap/CapDetail.aspx?type=1000&Module=Zoning&capID1=09HS5&capID2=00000&capID3=000BK&agencyCode=FFX&FromACA=Y, consultado el 20 de diciembre de 2023.

127. Véase la declaración de impuestos del Reston Study Center al IRS, presentada para el ejercicio fiscal que finalizó en junio de 2006, https://projects.propublica.org/nonprofits/display_990/541826300/2006_12_EO%2F54-1826300_990_200606, consultada el 20 de diciembre de 2023.

128. Neil Corkery figura como tesorero del proyecto; véase la declaración de la renta de principios de la década de 2000, https://projects.propublica.org/nonprofits/organizations/541826300, consultado el 20 de diciembre de 2023.

CAPÍTULO 9. INTRIGA Y MISTERIO

1. Mayor Garrett, presentador, *Agent of betrayal: The Double Life of Robert Hanssen*, episodio 8, «Dosvedanya», pódcast de CBS News, thttps://podcasts.apple.com/us/podcast/dosvedanya/id1505853304?i=1000635011298, consultado el 20 de diciembre de 2023.

2. Entrevista del autor a antiguos alumnos, febrero de 2023.

3. Craig Unger, *American Kompromat: How the KGB Cultivated Donald Trump, and Related Tales of Sex, Greed, Power, and Treachery*, Scribe, Londres, 2021, p. 105.

4. Entrevista del autor al padre John Wauck (hermano menor de Bonnie y sacerdote del Opus Dei), noviembre de 2023.

5. Garrett, *Agent of Betrayal*, episodio 2, «The Spy Next Door», https://podcasts.apple.com/us/podcast/the-spy-next-door/id1505853304?i=1000629481398.

6. *Ibid.*, episodio 2.

7. Entrevista de la autora a Mary Ellen Kranzlin (hija), noviembre de 2023.

8. Kenneth L. Woodward, «Opus Dei in the Open», *Newsweek*, 6 de octubre

de 2002, https://www.newsweek.com/opus-dei-open-146563, consultado el 20 de diciembre de 2023.

9. Garrett, *Agent of Betrayal*, episodio 8.

10. *Ibid.*, episodio 8.

11. Garrett, *Agent of Betrayal*, episodio 7, «Room 9930», https://podcasts. apple.com/us/podcast/room-9930/id1505853304?i=1000634235035.

12. *Ibid.*, episodio 7.

13. *Ibid.*, episodio 7.

14. Unger, *American Kompromat*, p. 105; para más lecturas sobre el incidente, véase David Wise, *Spy: The Inside Story of How the FBI's Robert Hanssen Betrayed America*, Random House, Nueva York, 2003; y David A. Vise, *The Bureau and the Mole: The Unmasking of Robert Philip Hanssen, the Most Dangerous Double Agent in FBI History*, Atlantic, Nueva York, 2002.

15. Unger, *American Kompromat*, 106.

16. *Ibid.*, p. 106.

17. Informe de la Oficina del Inspector General.

18. Rachel Donadio, «Leaked Cables Show Vatican Tensions and Diplomacy with U.S.», *New York Times*, 11 de diciembre de 2010, A9, https://www.nytimes. com/2010/12/11/world/europe/11vatican.html, consultado el 1 de agosto de 2023.

19. Donadio, «Leaked Cables».

20. Véase «A Review of the FBI's Performance in Deterring, Detecting, and Investigating the Espionage Activities of Robert Philip Hanssen», Oficina del Inspector General, 14 de agosto de 2003, https://oig.justice.gov/sites/default/files/ archive/special/0308/index.htm, consultado el 20 de febrero de 2023.

21. *Ibid.*

22. *Ibid.*

23. Donadio, «Leaked Cables».

24. Según los datos publicados en el *Annuario Pontificio*, que es el anuario oficial de la Santa Sede de la Iglesia católica, publicado por el Vaticano. Una serie histórica de los datos está disponible en https://www.catholic-hierarchy.org/diocese/dqod0.html, consultada el 15 de junio de 2023.

25. Véase https://opusdei.org/en-uk/article/historical-overview/, consultado el 21 de diciembre de 2023.

26. Comunicado de prensa del Vaticano, 23 de enero de 2001, https://press. vatican.va/content/salastampa/it/bollettino/pubblico/2001/01/23/0048/00132. html, consultado el 27 de marzo de 2023.

27. Charles W. Bell, «Catholics' Strict Offshoot», *Daily News*, 13 de mayo de 2001, disponible en en https://culteducation.com/group/1086-opus-dei/15624-catholics-strict-offshoot-.html, consultado el 27 de marzo de 2023.

28. Entrevista del autor a Daryl Glick (que identificó al donante como uno de los fundadores de AES), febrero de 2023.

29. Según el documento «Woodlawn Foundation Campaign for the Twenty First Century», facilitado por la oficina de prensa del Opus Dei en Estados Unidos.

30. Bell, «Catholics' Strict Offshoot».

31. *Ibid.*

32. La acusación se publicó la víspera de la ceremonia prevista y habría sido noticia de portada en todos los periódicos de ese día. Véase https://irp.fas.org/ops/ci/hanssen_indict.html, consultado el 21 de diciembre de 2023.

33. James Risen y David Johnston, «Wife Says Suspect Told a Priest 20 Years Ago of Aiding Soviets», *The New York Times*, 16 de junio de 2001, A1, https://www.nytimes.com/2001/06/16/us/wife-says-suspect-told-a-priest-20-years-ago-of-aiding-soviets.html, consultado el 21 de diciembre de 2023.

34. Risen y Johnston, «Wife Says Suspect Met».

35. Noam Friedlander, *What Is Opus Dei?: Tales of God, Blood, Money and Faith*, Collins & Brown, Londres, 2005, p. 125.

36. Friedlander, *What Is Opus Dei?*

37. Evan Thomas, «Washington's Quiet Club», *Newsweek*, 8 de marzo de 2001, https://www.newsweek.com/washingtons-quiet-club-149005, consultado el 6 de junio de 2023.

38. Véase la página web de la Culture of Life Foundation & Institute, https://web.archive.org/web/20030627092233/http://christianity.com/CC_Content_Page/0,,PTID4211%7cCHID116414%7cCIID,00.html, consultado el 20 de diciembre de 2023.

39. «Investigación con células madre», *Washington Journal*, C-SPAN, vídeo, 6 de julio de 2001, https://www.c-span.org/video/?165054-4/stem-cell-research&desktop=#!, consultado el 21 de diciembre de 2023.

40. Véase la página web de la Culture of Life Foundation & Institute, https://web.archive.org/web/20020601121852/http://www.christianity.com:80/CC_Content_Page/0,,PTID4211%7cCHID116414%7cCIID,00.html, consultado el 21 de diciembre de 2023.

41. Entrevista del autor a Luis Téllez (uno de los numerarios del Opus Dei con los que intimó), octubre de 2023. También estuvo cerca del padre McCloskey.

42. «Pro-Life Doctor Recalls Life in the Trenches», *Defend Life*, enero-febrero de 2005, https://www.defendlife.org/newsletters/Feb2005/hogan.shtml, consultado el 21 de diciembre de 2023.

43. Véase Culture of Life Foundation & Institute, https://web.archive.org/web/20011120134550/http://www.christianity.com:80/CC_Content_Page/0,,PTID4211%7cCHID120680%7cCIID,00.html, consultado el 21 de diciembre de 2023.

44. Véase la declaración de impuestos al IRS de la Culture of Life Founda-

tion, Inc., correspondiente al ejercicio que finalizó el 31 de diciembre de 2000, https://projects.propublica.org/nonprofits/display_990/522055185/2002_05_EO%2F52-2055185_990_200012, consultado el 21 de diciembre de 2023.

45. Véase Culture of Life Foundation & Institute, https://web.archive.org/web/20010204013000/http:/culture-of-life.org/news_lrci.html, consultado el 9 de junio de 2023.

46. Robert A. Best, «Our Nobility», https://web.archive.org/web/2000081 6033602/http:/www.culture-of-life.org/cull_best_ournobility.htm, consultado el 9 de junio de 2023.

47. «Gore Cites His "Tolerance" of Homosexuals», https://web.archive.org/web/20000816034734/http://www.culture-of-life.org/gores_tolerance_of_gays.htm, consultado el 21 de diciembre de 2023.

48. «DC Comics to Include Homosexual Couple!», https://web.archive.org/web/20000816034754/http://www.culture-of-life.org/dc_comics_homo.htm, consultado el 21 de diciembre de 2023.

49. Véase carta del Presidente Bush a la Culture of Life Foundation, https://web.archive.org/web/20020807201432/http://www.christianity.com/partner/Article_Display_Page/0,,PTID4211%7cCHID102753%7cCIID442205,00.html, consultada el 21 de diciembre de 2023.

50. Véase «Address to the Nation on Stem Cell Research», 9 de agosto de 2001, https://www.presidency.ucsb.edu/documents/address-the-nation-stem-cell-research, consultado el 21 de diciembre de 2023.

51. Según la entrevista del autor a Álvaro Sánchez-Carpintero (director de promoción y desarrollo de la universidad), los gastos de funcionamiento nunca se han cubierto con las tasas que pagan los estudiantes; entrevista de noviembre de 2023.

52. Según Jack Valero, portavoz del Opus Dei en el Reino Unido, fundaciones independientes de todo el mundo reciben habitualmente peticiones de Roma para contribuir a los gastos de funcionamiento de la universidad, julio de 2023.

53. Véase la declaración de la renta de la Universidad Pontificia de la Fundación de la Santa Cruz para el ejercicio fiscal que finalizó el 31 de diciembre de 2002, https://projects.propublica.org/nonprofits/display_990/133458562/2003_12_EO%2F13-3458562_990_200212, consultada el 22 de diciembre de 2023.

54. José Luis González Gullón y John F. Coverdale, *Historia del Opus Dei*, Rialp, Madrid, 2022, p. 507.

55. Véase el perfil oficial y la declaración de objetivos de la universidad, https://en.pusc.it/chi-siamo, consultada el 22 de diciembre de 2023.

56. Entrevista a Sánchez-Carpintero.

57. Juan Ignacio Arrieta, que dirigió la Facultad de Derecho Canónico durante gran parte de los años ochenta y noventa, fue ascendido en febrero de 2007.

58. Entrevista del autor a Jack Valero (portavoz del Opus Dei en el Reino Unido), septiembre de 2023.

59. Véase   https://web.archive.org/web/20020927025252/http://www.escri-va2002.org/, consultado el 22 de diciembre de 2023.

60. «Congress at the Pontificial University of the Holy Cross, Rome», *Romana: Bulletin of the Prelature of the Holy Cross and Opus Dei*, p. 34, https://romana.org/en/34/the-centennial-of-his-birth/congress-at-the-pontifical-university-of-the-holy/, consultado el 22 de diciembre de 2023.

61. Véase «Centennial of Saint Josemaría Escrivá's Birth», https://opusdei.org/en-us/article/centennial-of-saint-josemaria-escrivas-birth/, consultado el 22 de diciembre de 2023.

62. Entrevista del autor al padre Tom Bohlin (antiguo vicario regional del Opus Dei para Estados Unidos), septiembre de 2023.

63. Según otra persona que estuvo presente; entrevista del autor, noviembre de 2023.

64. Stephanie McCrummen y Jerry Markon, «Rick Santorum's Journey to Devout Catholicism, View of Religion in Governance», *The Washington Post*, 19 de marzo de 2012, https://www.washingtonpost.com/national/rick-santorums-jour-ney-to-devout-catholicism-view-of-religion-in-governance/2012/03/16/gIQA-j4NzNS_story.html, consultado el 22 de diciembre de 2023.

65. Jennifer Rubin, «Exclusive: Santorum the homebody?», *The Washington Post*, blog, 20 de marzo de 2012, https://www.washingtonpost.com/blogs/right-turn/post/exclusive-santorum-the-homebody/2012/03/20/gIQAn0pBPS_blog.html, consultado el 22 de diciembre de 2023.

66. John L. Allen Jr., «Opus Dei Prestige on Display at Centenary Event», *National Catholic Reporter*, 18 de enero de 2002, https://natcath.org/NCR_Online/archives2/2002a/011802/011802f.htm, consultado el 22 de diciembre de 2023.

67. Allen, «Opus Dei Prestige».

68. McCrummen y Markon, «Rick Santorum's Journey».

69. Allen, «Opus Dei Prestige».

70. *Ibid.*

71. *Ibid.*

72. *Ibid.*

73. Véase en https://www.bostonglobe.com/news/special-reports/2002/01/06/church-allowed-abuse-priest-for-years/cSHfGkTIrAT25qKGvBuDNM/story.html la lista de artículos publicados a lo largo de 2002 por el equipo Spotlight del periódico, consultado el 27 de abril de 2023.

74. «La Iglesia de E.U. sacudida por los casos de pederastia de sacerdotes», *Aceprensa*, 3 de abril de 2002, una entrevista con el Padre John McCloskey, dispo-nible en https://www.catholicity.com/mccloskey/pederastia.html, consultado el 22 de diciembre de 2023.

75. Betty Clermont, *The Neo-Catholics: Implementing Christian nationalism in America*, Clarity Press, Atlanta, 2009, p. 170.

76. Melinda Henneberger, «Vatican Weighs Reaction to Accusations of Molesting by Clergy», *The New York Times*, 3 de marzo de 2002, https://www.nytimes.com/2002/03/03/us/vatican-weighs-reaction-to-accusations-of-molesting-by-clergy.html, consultado el 22 de diciembre de 2023.

77. Entrevista del autor a varios asistentes alrededor de esa hora, febrero y noviembre de 2023.

78. Según declaró en *Meet the Press*, NBC, 31 de marzo de 2002.

79. Charles P. Pierce, «The Crusaders», *The Boston Globe*, 2 de noviembre de 2003, http://archive.boston.com/news/globe/magazine/articles/2003/11/02/the_crusaders/, consultado el 8 de junio de 2023.

80. Entrevista del autor a una persona que conocía con la situación, noviembre de 2023.

81. Véase la declaración de la renta de 2002 de Wyoming House, Inc., propietaria tanto del inmueble de Wyoming Avenue como del Centro de Conferencias de Longlea que acogía los retiros, https://projects.propublica.org/nonprofits/display_990/521760051/2003_08_EO%2F52-1760051_990_200212, consultado el 6 de junio de 2023.

82. Wyoming House, Inc., declaración de la renta.

83. Véase Canon 630 bajo el código de 1983. https://www.vatican.va/archive/cod-iuris-canonici/eng/documents/cic_lib2-cann607-709_en.html#CHAPTER_IV, consultado el 17 de abril de 2024.

84. Javier Echevarría, *Experiencias sobre el modo de llevar charlas fraternas*, marzo de 2001, p. 4.

85. *Ibid.*, p. 5.

86. *Ibid.*, p. 12.

87. Véase el vídeo en https://opusdei.org/es-co/article/canonizacion-de-san-josemaria/, consultado el 27 de marzo de 2023.

88. Nick Pisa, «Vatican Hid Pope's Parkinson's Disease Diagnosis for 12 Years», *The Daily Telegraph*, 19 de marzo de 2006, https://www.telegraph.co.uk/news/worldnews/europe/italy/1513421/Vatican-hid-Popes-Parkinsons-disease-diagnosis-for-12-years.html, consultado el 27 de marzo de 2023.

89. Véase el anuncio del Vaticano, https://www.vatican.va/latest/documents/escriva_miracolo-canoniz_en.html, consultado el 27 de marzo de 2023.

90. *Ibid.*

91. Pisa, «Vatican Hid Pope's Parkinson's Disease».

CAPÍTULO 10. EL ASESINO ALBINO

1. Entrevista del autor a Brian Finnerty, febrero de 2023.

2. Charlotte Abbott, «Code Word: Breakout», *Publishers Weekly*, 27 de enero de

2003, https://www.publishersweekly.com/pw/print/20030127/32725-code-word-breakout.html, consultado el 24 de abril de 2023.

3. Abbott, «Code Word».

4. Véase https://opusdei.org/en/article/chronology-of-the-cause-of-canonization-of-bishop-alvaro-del-portillo/, consultado el 17 de mayo de 2023.

5. Entrevista a Finnerty.

6. *Ibid.*

7. *Ibid.*

8. «El código Da Vinci», *Publishers Weekly*, 3 de febrero de 2003, https://www.publishersweekly.com/9780385504201, consultado el 25 de abril de 2023.

9. Relatos de numerarios, numerarias y numerarias auxiliares de varios países, que hablan bajo condición de anonimato.

10. E. B. E., *Opus Dei as Divine Revelation: Analysis of Its Theology and the Cnsequences in Its History and P*eople, autoedición, 2019, p. 170.

11. *Ibid.*

12. Escrivá describió los ataques contra el Opus Dei en los primeros tiempos del movimiento como «los que sufrió Jesús a manos de los sacerdotes y de los príncipes locales: calumnias, mentiras, engaños, insultos», y los ataques modernos contra la prelatura se veían a menudo a través de ese mismo prisma. Véase *Meditaciones*, 29-III-1959.

13. Véase el anuncio «Rev. Thomas G. Bohlin Appointed Regional Vicar of the Prelature of Opus Dei in the United States», 11 de diciembre de 2002, https://opusdei.org/en-uk/article/rev-thomas-g-bohlin-appointed-regional-vicar-of-the-prelature-of-opus-dei-in-the-united-states/, consultado el 17 de mayo de 2023.

14. Entrevista del autor al padre Thomas Bohlin, septiembre de 2023.

15. *Ibid.*

16. *Ibid.*

17. Entrevista del autor a decenas de numerarios a los que se informó de sus nuevos destinos sin consulta real, entre julio de 2022 y noviembre de 2023.

18. «Creo que ya sabes lo que hacen con los jóvenes [...] trabajas con ellos y te forman. Recibes formación. No me di cuenta». Entrevista a Bohlin.

19. *Ibid.*

20. Se trata de Estonia, Eslovaquia, Líbano, Panamá, Uganda, Kazajstán y Sudáfrica. Entrevista a Bohlin.

21. Según los datos publicados en *el Annuario Pontificio*, el anuario oficial de la Santa Sede de la Iglesia católica que publica el Vaticano cada año. Una serie histórica de los datos se vuelve a publicar en https://www.catholic-hierarchy.org/diocese/dqod0.html, consultado el 15 de junio de 2023.

22. Véase el vídeo colgado en YouTube por el exnumerario David Gilbert,

«The Key to Understanding Opus Dei», https://www.youtube.com/watch?v=Ip-6FFDQvEtY, consultado el 6 de junio de 2023.

23. Entrevista a Finnerty.

24. Marc Carroggio, Brian Finnerty y Juan Manuel Mora, «Three Years with The Da Vinci Code», ponencia preparada para una conferencia titulada *Strategic Management of Church Communications: New Challenges, New Directions*, organizada por la Pontificia Universidad de la Santa Cruz, abril de 2006, http://bib26.pusc.it/jjgn/seminar06/com_pdf/carroggio_finnerti_en.pdf, consultada el 25 de abril de 2023.

25. Entrevista a Finnerty.

26. Abbott, «Code Word».

27. Janet Maslin, «Spinning a Thriller From a Gallery at the Louvre», *The New York Times*, 17 de marzo de 2003, E: 8, https://www.nytimes.com/2003/03/17/books/books-of-the-times-spinning-a-thriller-from-a-gallery-at-the-louvre.html, consultado el 25 de abril de 2023.

28. Bill Goldstein, «As a Novel Rises Quickly, Book Industry Takes Note», *The New York Times*, 21 de abril de 2003, C: 11, https://www.nytimes.com/2003/04/21/business/media-as-a-novel-rises-quickly-book-industry-takes-note.html, consultado el 25 de abril de 2023.

29. Relato de un miembro numerario afincado en Estados Unidos en la época, mayo de 2023.

30. «The Da Vinci Code, the Catholic Church, and Opus Dei: A Statement from the Prelature of Opus Dei in the United States on The Da Vinci Code», publicado *online*, 30 de septiembre de 2003, https://web.archive.org/web/20040101040351/http://www.opusdei.org/art.php?w=32&p=6437, consultado el 25 de abril de 2023.

31. «The Da Vinci Code, the Catholic Church, and Opus Dei», comunicado.

32. En https://odan.org/opus_dei_in_the_media, consultado el 25 de abril de 2023, figura una lista de la cobertura mediática de la publicación de *El código Da Vinci*, con enlaces a los artículos originales.

33. «Secret Societies: Opus Dei», *Anderson Cooper 360°*, CNN, 9 de diciembre de 2003, http://edition.cnn.com/TRANSCRIPTS/0312/09/acd.00.html, consultado el 25 de abril de 2023.

34. Carroggio y otros, «Three Years with The Da Vinci Code».

35. Entrevista a Finnerty.

36. «Rat Pack», *Los Soprano*, temporada 5, episodio 2. HBO, 14 de marzo de 2004.

37. Véanse las declaraciones sobre el padre C. John McCloskey de Mons. Thomas Bohlin, vicario del Opus Dei en Estados Unidos, publicadas en Internet, 7 de enero de 2019, https://opusdei.org/en-us/article/message-from-msgr-thomas-bohlin-2/, consultado el 26 de abril de 2023.

38. Joe Heim, «"Quite a Shock": The Priest Was a D.C. Luminary. Then He Had a Disturbing Fall from Grace», *The Washington Post*, 14 de enero de 2019. https://www.washingtonpost.com/local/quite-a-shock-the-priest-was-a-dc-luminary-then-he-he-had-a-disturbing-fall-from-grace/2019/01/14/99b48700-1453-11e9-b6ad-9cfd62dbb0a8_story.html.

39. Michelle Boorstein, «Opus Dei P aid $977,000 to Settle Sexual Misconduct Claim Against Prominent Catholic Priest», *The Washington Post*, 7 de enero de 2019. https://www.washingtonpost.com/religion/019/01/08/opus-dei-paid-settle-sexual-misconduct-claim-against-prominent-catholic-priest/.

40. «La verdadera acusación no llegó hasta años después, porque la mujer no nos lo contó todo». Entrevista a Bohlin.

41. Entrevista del autor a una persona que conocía la investigación y sus consecuencias, febrero de 2023.

42. Joe Feuerherd, «Selling Orthodoxy to Washington Power Brokers», *National Catholic Reporter*, 5 de septiembre de 2003, https://natcath.org/NCR_Online/archives2/2003c/090503/090503c.htm, consultado el 26 de abril de 2023.

43. Entrevista del autor a una persona que conocía la investigación y sus consecuencias, febrero de 2023.

44. Scalia asistió a un acto para el Reston Study Center en mayo de 2003; véanse documentos de Antonin Scalia, Harvard Law School Library, caja 99, carpeta 45.

45. Noam Friedlander, *What Is Opus Dei? Tales of God, Blood, Money and Faith*, Collins & Brown, Londres, 2005, p. 125.

46. Best se había sentido especialmente indignado por la disposición del presidente a dar luz verde a la financiación federal de la investigación con embriones humanos previamente desechados: Robert A. Best, *The Lord and the Links*, Leonine Publishers, Phoenix, 2012, p. 47.

47. *Ibid.*, p. 47.

48. Véase la declaración fiscal del Desayuno Nacional Católico de Oración en 2004, donde declara un préstamo que le hizo a la Culture of Life Foundation, https://projects.propublica.org/nonprofits/display_990/200408543/2006_02_EO%2F20-0408543_990R_200412, consultado el 12 de junio de 2023.

49. Según sus respectivas declaraciones de la renta de 2004, ambas organizaciones estaban registradas en el 1413 de la calle K Noroeste, suite 1000.

50. Entrevista a Bohlin.

51. *Ibid.*

52. Christopher White, «Case of Opus Dei Priest Raises Fresh Questions About Clerical Abuse Crisis», *Crux*, 15 de enero de 2019, https://cruxnow.com/church-in-the-usa/2019/01/case-of-opus-dei-priest-raises-fresh-questions-about-clerical-abuse-crisis, consultado el 27 de abril de 2023.

53. Véase la página web archivada en https://web.archive.org/web/20050407192956/http:/www.catholicprayerbreakfast.com/inaugural.html, consultada el 12 de junio de 2023.

54. Padre John McCloskey, «American Lessons from Europe's Fall», *National Catholic Register*, mayo de 2004, https://www.catholicity.com/mccloskey/americanlessons.html, consultado el 27 de abril de 2023.

55. *Evening News*, CNN, 12 de abril de 2004, https://tvnews.vanderbilt.edu/broadcasts/752820, consultado el 27 de abril de 2023.

56. White, «Case of Opus Dei Priest».

57. José Luis González Gullón y John F. Coverdale, *Historia del Opus Dei*, Rialp, Madrid, 2022, p. 439.

58. *Ibid.*, pp. 560-561.

59. John L. Allen Jr., *Opus Dei: An Objective Look Behind the Myths and Reality of the Most Controversial Force in the Catholic Church*, Doubleday, Nueva York, 2005, pp. 207-208.

60. Las acciones pertenecían a un entramado de empresas y fundaciones que oficialmente funcionaban de forma independiente, pero que en la práctica solían estar dirigidas por los mismos miembros numerarios, que coordinaban la actividad y canalizaban cualquier ingreso procedente de las participaciones hacia proyectos del Opus Dei en todo el mundo, a menudo en consulta con Roma. A finales de 2003, cuatro entidades estrechamente vinculadas al Opus Dei (Sindicatura de Accionistas del Banco Popular Español S. A., Instituto de Educación e Investigación S. A., Popularinsa S. A. y Naarden International S. A.) poseían más de veinticinco millones de acciones del banco, directa o indirectamente a través de empresas filiales y subsidiarias. En aquel momento, el valor de esas acciones ascendía a casi 1.200 millones de euros. Véase *Informe anual 2003*, Banco Popular Español, Madrid, 2004, p. 82.

61. Recuerdos del padre Escrivá por Luis Valls-Taberner poco después de la muerte del fundador, escritos en Pozoalbero, el 30 de agosto de 1975, GAPOD (sin catalogar).

62. Los veinticinco millones de acciones que controlaban directa e indirectamente las cuatro entidades vinculadas al Opus Dei recibieron más de cuarenta millones de euros en dividendos en 2003. Véase *Informe Anual 2003*, p. 84.

63. «El Banco Popular destina 40 millones de euros a acción social», *La Gaceta*, disponible en https://www.ccoo-servicios.info/noticias/imprimir/8060.html, consultado el 2 de mayo de 2023.

64. «No tenía sentido que tanto el Padre como D. Álvaro emplearan su tiempo, y anduvieran preocupados por problemas económicos. Para afrontar esos problemas podíamos y debíamos estar los demás, y, de este modo, liberar al Padre y a D. Álvaro de esa preocupación. A partir de esa fecha, de este primer viaje, deci-

434

dí emplearme a fondo en esta cuestión, para liberar en lo que pudiera el peso que a mí se me antojaba que era como muy grande para ellos». Recuerdo del padre Escrivá, GAPOD (sin catalogar).

65. Entrevistas del autor a varios compañeros del Banco Popular, julio y septiembre de 2022.

66. *Ibid.*

67. *Ibid.*

68. Carta de Diethart Breipohl, consejero representante de Allianz, a Javier Valls-Taberner, 12 de marzo de 2002, AHBPE, caja 297, carpeta 745.

69. Comunicado del banco al regulador bursátil español, 21 de octubre de 2002, https://www.cnmv.es/Portal/hr/verDoc.axd?t={a5fbf4c8-df74-4290-ba76-a7 f8126730c7}, consultado el 4 de mayo de 2023.

70. El acuerdo de compra del Banco Nacional de Crédito Inmobiliario se anunció el 23 de enero de 2003. Tras la operación, su propietario, Américo Amorim, acabó teniendo una participación superior al 5 % en el Banco Popular, cosa que lo convirtió en el tercer mayor accionista por detrás de la Sindicatura de Accionistas del Banco Popular Español S. A., alineada con el Opus Dei, y de la aseguradora alemana Allianz. Véase *Informe anual 2005*, Banco Popular Español, Madrid, 2005, p. 61.

71. Entrevista del autor a José Ramón Rodríguez García (miembro de la junta y compañero supernumerario), julio y septiembre de 2022.

72. *Ibid.*

73. Platero también ocupaba un alto cargo en el consejo de Mutua Madrileña y ayudó a negociar un acuerdo para comprar una participación del 1 % en el Popular. Cuando la aseguradora aumentó su participación por encima del 3 %, Luis temió otro golpe y destituyó a Platero del consejo. Véase el comunicado del banco al regulador bursátil español, 7 de noviembre de 2003, https://www.cnmv.es/ Portal/hr/verDoc.axd?t={7fbab4a2-e94c-44b9-baec-9f30b89cc276}, consultado el 4 de mayo de 2023.

74. Entrevista del autor a uno de los presentes, septiembre de 2022.

75. *Ibid.*

76. Comunicado del banco al regulador bursátil español, 18 de diciembre de 2003, https://www.cnmv.es/Portal/hr/verDoc.axd?t={84d274fc-3cf5-45d2-8616-2c e364896e50}, consultado el 4 de mayo de 2023.

77. María Jesús Pérez, «La Mutua Madrileña sale del Popular y compra un 1,2 % del Santander por 531 millones», *ABC*, 27 de abril de 2004. https://www. abc.es/economia/abci-mutua-sale-popular-y-compra-2por-ciento-santander-mi-llones-200404270300-9621186021002_noticia.html.

78. «Spain's Mutua Madrilena buys 3 pct of Popular», *Reuters*, 5 de noviembre de 2003.

79. Entrevista a Rodríguez García.

80. Esta práctica está bien documentada. Véanse en OpusLibros.org varios relatos de numerarios, así como el control de la correspondencia.

81. Entrevistas del autor a Javier Valls-Taberner, abril y noviembre de 2019.

82. Javier era uno de los tres administradores que figuraban en la sociedad panameña Crédito Suizo Latinoamericano, el vehículo utilizado para canalizar el dinero hacia varias empresas vinculadas al Opus Dei, en Europa y América. AHB-PE, cajas 283-286.

83. Crédito Suizo Latinoamericano, AHBPE.

84. Nota enviada a Javier Valls-Taberner, supuestamente a petición de su hermano Luis, fechada el 17 de enero de 2006 y encontrada en los archivos personales del destinatario.

85. Entrevista a Rodríguez García.

86. *Ibid.*

87. Véase la declaración de Unión Europea de Inversiones al regulador bursátil español, 1 de marzo de 2006.

88. Véase el folleto de ampliación de capital presentado por Unión Europea de Inversiones al regulador bursátil español, 23 de noviembre de 2006, https://www.cnmv.es/Portal/verDoc.axd?t={a2788e70-fab4-43e4-a317-9048e1c303f7}, consultado el 26 de mayo de 2023.

89. La mayor parte de los fondos procedía de tres fuentes (Fundación IEISA, Fundación Para el Desarrollo y la Cooperación, y Viviendas y Oficinas) que eran afiliadas al Opus Dei. Véanse los cambios en la base accionarial entre diciembre de 2005 y diciembre de 2006 para más detalles en esta, registrada en el regulador bursátil español.

90. El grupo incluía las participaciones colectivas de Francisco Aparicio, Americo Ferreira de Amorim, Luis Herrando, Casimiro Molins, Luis Montuenga, José Ramón Rodríguez y la Sindicatura de Accionistas de BPE y equivalía a más de 250 millones de acciones, o el 20 % del capital social en circulación del banco a finales de 2005. Véase *Informe Anual 2005*, p. 58.

91. Entrevista del autor a Armando Guerra (guardaespaldas personal y chófer de Luis Valls-Taberner durante muchos años), septiembre de 2022.

92. Carroggio *et al.*, «Three Years with The Da Vinci Code».

93. *Ibid.*

94. Devin Gordon, «The "Code" Breakers», *Newsweek*, 26 de diciembre de 2005, https://www.newsweek.com/code-breakers-114221, consultado el 26 de mayo de 2023.

95. Gordon, «The "Code" Breakers».

96. Carroggio *et al.*, «Three Years with The Da Vinci Code».

97. *Ibid.*

98. *Ibid.*

99. *Ibid.*

100. Véronique Grousset, «Statut, Argent et Prosélytisme: Les Réponses du "Pape" de l'Opus Dei», *Le Figaro*, 21 de abril de 2006, https://www.lefigaro.fr/lefigaromagazine/2006/04/21/01006-20060421ARTMAG90513-statut_argent_et_proselytisme_les_reponses_du_pape_de_l_opus_dei.php, consultado el 26 de mayo de 2023.

101. *Hardball with Chris Matthews*, NBC, 18 de mayo de 2006, https://www.nbcnews.com/id/wbna12870827, consultado el 23 de febrero de 2024.

102. Boorstein, «Opus Dei paid $977,000 dólares».

103. Véase la declaración de Bohlin sobre el padre C. John McCloskey.

104. Véase la publicación en YouTube de la entrevista, https://www.youtube.com/watch?v=uYZRkID96X4, consultada el 12 de junio de 2023.

105. Véase la página web archivada de *Road to Cana* en https://web.archive.org/web/20051125130328/http://roadtocana.com/, consultada el 12 de junio de 2023.

CAPÍTULO 11. MATRIMONIO DE CONVENIENCIA

1. Maria Newman, «Bush Backs Gay Marriage Ban as Senate Debates», *The New York Times*, 5 de junio de 2006, https://www.nytimes.com/2006/06/05/washington/05cnd-bush.html, consultado el 7 de enero de 2024.

2. Jim Rutenberg, «Conservatives Watching Senate Debate on Gay Marriage», *The New York Times*, 6 de junio de 2006, https://www.nytimes.com/2006/06/06/washington/06bush.html, consultado el 7 de enero de 2024.

3. Jeff Sharlet, «God's Senator», *Rolling Stone*, 9 de febrero de 2006, https://www.rollingstone.com/politics/politics-features/sam-brownback-gods-senator-883564/, consultado el 7 de enero de 2024.

4. Chris Suellentrop, «The Rev. John McCloskey: The Catholic Church's K Street lobbyist», *Slate*, 9 de agosto de 2002, https://slate.com/news-and-politics/2002/08/the-catholic-church-s-k-street-lobbyist.html, consultado el 7 de enero de 2024.

5. Sharlet, «God's Senator».

6. Véase *Congressional Record* 152, n.º 69 (5 de junio de 2006), https://www.congress.gov/congressional-record/volume-152/issue-69/senate-section/article/S5401-11, consultado el 7 de enero de 2024.

7. Véase la lista de ponentes en https://web.archive.org/web/20041204180904/http://www.winst.org/index2.html, consultada el 7 de enero de 2024.

8. Entrevista del autor a Luis Téllez, noviembre de 2023.

9. *Ibid*.

10. Francisco Gómez Franco y Begoña Laresgoiti Foix crearon la organización benéfica, inicialmente llamada Mass Foundation, en 1985. Su idea era crear una fun-

dación que apoyara proyectos en México y otras partes del mundo. Esos proyectos tendrían fines benéficos, educativos y culturales. Véase https://www.cloverfdn.org/our-history/, consultado el 16 de junio de 2023.

11. Entrevista a Téllez.

12. Véanse las declaraciones fiscales al IRS en https://projects.propublica.org/nonprofits/organizations/742390003, consultadas el 30 de diciembre de 2023.

13. Entrevista a Téllez.

14. *Ibid.*

15. James Merritt, «Hereje en el Templo: Robby George Once Worked for George McGovern; Now He's the Hero of the Intellectual Right», *Princeton Alumni Weekly*, 8 de octubre de 2003, https://www.princeton.edu/~paw/archive_new/PAW03-04/02-1008/features1.html, consultado el 26 de febrero de 2024.

16. Entrevista a Téllez.

17. *Ibid.*

18. *Ibid.*

19. «Spotted History Aside, Opus Dei Forges Close Campus Links», *Daily Princetonian*, 21 de marzo de 2005, https://www.dailyprincetonian.com/article/2005/03/spotted-history-aside-opus-dei-forges-close-campus-links, consultado el 12 de junio de 2023.

20. Max Blumenthal, «Princeton Tilts Right», *The Nation*, 13 de marzo de 2006, https://www.thenation.com/article/archive/princeton-tilts-right/, consultado el 30 de diciembre de 2023.

21. Blumenthal, «Princeton Tilts Right».

22. *Ibid.*

23. Entrevista a Téllez.

24. *Ibid.*

25. Blumenthal, «Princeton se inclina a la derecha».

26. Deborah Yaffe, «A Conservative Think Tank with Many Princeton Ties», *Princeton Alumni Weekly*, 16 de julio de 2008, http://www.princeton.edu/~paw/web_exclusives/plus/plus_071608witherspoon.html, consultado el 12 de junio de 2023.

27. Entrevista a Téllez.

28. Véanse las declaraciones fiscales al IRS, reproducidas en https://www.guidestar.org/profile/22-3576915, consultadas el 7 de enero de 2024.

29. *Ibid.*

30. *Ibid.*

31. Entrevista a Téllez.

32. Yaffe, «A Conservative Think Tank».

33. Véase la entrevista con Ana Samuel, publicada en YouTube, https://www.youtube.com/watch?v=oLxxL7eI98g, consultada el 7 de enero de 2024.

34. Entrevista del autor al padre Tom Bohlin, septiembre de 2023.

35. Entrevista del autor a Luis Téllez, enero de 2024.

36. «Spotted History Aside», *Daily Princetonian*.

37. Yaffe, «A Conservative Think Tank».

38. «Spotted History Aside», *Daily Princetonian*.

39. Entrevista a Bohlin.

40. Entrevistas del autor a dos miembros de la junta directiva, febrero de 2023.

41. Para una biografía del padre Bill Stetson, véase su obituario, https://angelusnews.com/obituaries/monsignor-william-h-stetson/, consultado el 7 de julio de 2023.

42. Entrevista del autor a un miembro de la junta, febrero de 2023.

43. *Ibid.*

44. *Ibid.*

45. Así lo atestigua la declaración fiscal de la Woodlawn Foundation, principal canalizadora de los diezmos de la sección masculina en Estados Unidos, que detalla los préstamos realizados en sus declaraciones de 2007 y 2008 al Centro de Información Católica; véase https://projects.propublica.org/nonprofits/organiztions/133055729, consultado el 7 de julio de 2023.

46. Sandro Magister, «Ruling in the Shadow of John Paul II: The Vatican Four», *Chiesa*, https://web.archive.org/web/20061015221317/http:/www.chiesa.espressonline.it/printDettaglio.jsp?id=19630&eng=y, consultado el 7 de enero de 2024.

47. Betty Clermont, *The Neo-Catholics: Implementing Christian Nationalism in America*, Clarity Press, Atlanta, 2009, p. 226.

48. Clermont, *The Neo-Catholics*.

49. Julián Herranz, *Dos papas: Mis recuerdos con Benedicto XVI y Francisco*, Rialp, Madrid, 2023, p. 55.

50. Para una biografía del padre Bill Stetson, véase su obituario, https://www.colefuneral.com/obituary/FrArne-Panula, consultado el 7 de julio de 2023.

51. Mary Eberstadt, *The Last Homily: Conversations with Father Arne Panula*, Emmaus Road, Steubenville, 2018, pp. 148-149.

52. Las opiniones libertarias de Thiel son bien conocidas. Panula también veía con desaprobación la intervención gubernamental. Sobre la acción gubernamental para salvar el medio ambiente, dijo: «El problema con el ecologismo tal como algunos lo interpretan ahora es que si se dice que el problema es "emisión de carbono" o "la capa de ozono" o abstracciones afines, a la gente le parece abrumador. Por eso la gente se resigna a que el gobierno cumpla con la obligación moral, o lo intenta, porque parece que solo una gran organización puede resolver un problema tan grande [...] Y eso es precisamente lo que prepara el terreno para una posible prevaricación: el hecho de que los individuos hayan externalizado su preocupación a una entidad sin rostro sobre la que ejercen poca supervisión». Véase Eberstadt, *Last Homily*, pp. 61-62.

53. «Cualquier sacerdote que diga misa todos los días, o la liturgia de las Horas, o cualquier otra disciplina adoptada por el Opus Dei, no es territorio fértil para las semillas del mal que condujeron a los escándalos. Esas semillas fueron plantadas durante las décadas de 1960 y 1970 en circunstancias totalmente opuestas, en un momento en el que muchos miembros de las órdenes religiosas dejaron de vivir como religiosos [...] Fue una época de gran confusión, y la gente arrastrada por esa confusión, y atraída por esa confusión, acabó provocando los escándalos». Eberstadt, *Last Homily*, p. 77.

54. Eberstadt, *Last Homily*, p. 112.

55. Entrevista del autor a un miembro de la junta en ese momento, febrero de 2023.

56. Eberstadt, *Last Homily*, p. 138.

57. *Ibid.*, p. 138.

58. *Ibid.*, p. 137.

59. Jeffrey Toobin, «The Conservative Pipeline to the Supreme Court», *The New Yorker*, 10 de abril de 2017, https://www.newyorker.com/magazine/2017/04/17/the-conservative-pipeline-to-the-supreme-court, consultado el 11 de julio de 2023.

60. Andy Kroll, Andrea Bernstein e Ilya Marritz, «We Don't Talk About Leonard: The Man Behind the Right's Supreme Court Supermajority», *ProPublica*, 11 de octubre de 2023, https://www.propublica.org/article/we-dont-talk-about-leonard-leo-supreme-court-supermajority, consultado el 7 de enero de 2024.

61. *Ibid.*

62. *Ibid.*

63. Toobin, «Conservative Pipeline».

64. Kroll *et. al.*, «We Don't Talk About Leonard».

65. Robert O'Harrow Jr. y Shawn Boburg, «A Conservative Activist's Behind-the-Scenes Campaign to Remake the Nation's Courts», *Washington Post*, 21 de mayo de 2019. https://www.washingtonpost.com/graphics/2019/investigations/leonard-leo-federalists-society-courts/, consultado el 19 de abril de 2024.

66. Véase Austin Ruse, *Littlest Suffering Souls: Children Whose Short Lives Point Us to Christ*, TAN Books, Charlotte, 2017, cap. 7.

67. O'Harrow y Boburg, «Conservative Activist's Behind-the-Scenes».

68. *Ibid.*

69. The Federalist Society Annual Report 2007, 29, https://fedsoc-cms-public.s3.amazonaws.com/update/pdf/Mm5ulxBoFDTe0z0bjuG5uaxCIuloUjHFBmE2u5Dy.pdf, consultado el 11 de julio de 2023.

70. Toobin, «Conservative Pipeline».

71. Charles Lane, «Roberts Listed in Federalist Society 97-98 Directory», *The Washington Post*, 25 de julio de 2005, https://www.washingtonpost.com/wp-

dyn/content/article/2005/07/24/AR2005072401201.html, consultado el 11 de julio de 2023.

72. Jackie Calmes, *Dissent: The Radicalization of the Republican Party and Its Capture of the Court*, Twelve, Nueva York, 2021, p. 31.

73. *Ibid.*, p. 31.

74. Viveca Novak y Peter Stone, «The JCN Story: How to Build a Secretive, Right-Wing Judicial Machine», *Daily Beast*, 14 de abril de 2017, https://www.the-dailybeast.com/the-jcn-story-how-to-build-a-secretive-right-wing-judicial-ma-chine?utm_content=buffer271c0&utm_medium=social&utm_source=twitter.com&utm_campaign=buffer, consultado el 12 de julio de 2023.

75. Stephanie Mencimer, «These Right-Wing Groups Are Gearing Up for an Onslaught on Obama's Supreme Court Nominee», *Mother Jones*, 19 de marzo de 2016, https://www.motherjones.com/politics/2016/03/right-wing-groups-gea-ring-up-onslaught-merrick-garland-supreme-court/, consultado el 14 de julio de 2023.

76. Véase descripción de los negocios de Arkley en https://web.archive.org/web/20080208124445/http://www.snsc.com/AboutUs.aspx, consultado el 12 de julio de 2023.

77. Novak y Stone, «JCN Story».

78. *Ibid.*

79. Carol Brzozowski, «Love of God Is Shrouded in Secrecy Opus Dei Wants Others to Understand Devotion», *Sun Sentinel*, 25 de mayo de 1990, https://web.archive.org/web/20181202104027/https://www.sun-sentinel.com/news/fl-xpm-1990-05-25-9001100227-story.html, consultado el 12 de julio de 2023.

80. Brzozowski, «Love of God».

81. Leo y Scalia fueron de caza a Colorado en octubre de 2006, según los papeles del exjuez, Biblioteca de la Facultad de Derecho de Harvard, https://ho-llisarchives.lib.harvard.edu/repositories/5/archival_objects/2953039, consultado el 11 de julio de 2023.

82. Jay Michaelson, «The Secrets of Leonard Leo, the Man Behind Trump's Supreme Court Pick», *Daily Beast*, 24 de julio de 2018, https://www.thedailybeast.com/the-secrets-of-leonard-leo-the-man-behind-trumps-supreme-court-pick, consultado el 12 de julio de 2023.

83. Entrevista del autor a alguien que trabajó estrechamente con Leo en esa época, julio de 2023.

84. Véase el anuncio presidencial, https://georgewbush-whitehouse.archi-ves.gov/news/releases/2007/05/text/20070510-10.html, consultado el 14 de julio de 2023.

85. Para una lista completa de las visitas que Leo realizó, véanse los informes anuales publicados por la comisión, https://www.uscirf.gov/annual-reports, con-sultados el 14 de julio de 2023.

86. Entrevista del autor a alguien que trabajó estrechamente con Leo en esa época.

87. Michaelson, «Secrets of Leonard Leo».

88. Toobin, «Conservative Pipeline».

89. «President Bush Delivers Remarks at Federalist Society's 25th Annual Gala», 15 de noviembre de 2007, https://georgewbush-whitehouse.archives.gov/news/releases/2007/11/20071115-14.html, consultado el 11 de julio de 2023.

90. Toobin, «Conservative Pipeline».

91. Véase Ruse, *Littlest Suffering Souls*, capítulo 7.

92. *Ibid.*

93. Toobin, «Conservative Pipeline».

94. *Ibid.*

95. Véase Ruse, *Littlest Suffering Souls*.

96. *Ibid.*

97. Tom McCarthy, «Obama's Gay Marriage Controversy: "I Am Just Not Very Good at Bullshitting"», *The Guardian*, 10 de febrero de 2015, https://www.theguardian.com/us-news/2015/feb/10/obama-frustrated-same-sex-marriage-david-axelrod-book, consultado el 7 de enero de 2024.

98. Arzobispo Charles Chaput, «Little Murders», *Public Discourse*, 18 de octubre de 2008, https://www.thepublicdiscourse.com/2008/10/127/, consultado el 7 de enero de 2024.

99. Chaput, «Little Murders».

100. Correo electrónico de Luis Téllez, 10 de octubre de 2008, http://robertaconnor.blogspot.com/2008/10/email-on-election-abortion-and-gay.html, consultado el 7 de enero de 2024.

101. Mark Oppenheimer, «The Making of Gay Marriage's Top Foe», *Salon*, 8 de febrero de 2012, https://www.salon.com/2012/02/08/the_making_of_gay_marriages_top_foe/, consultado el 28 de febrero de 2024.

102. Entrevista a Téllez, enero de 2024, corroborado en correspondencia por correo electrónico con Maggie Gallagher, febrero de 2024.

103. Entrevista a Téllez.

104. Véase la declaración de impuestos al IRS para el año que terminó el 31 de diciembre de 2008, https://projects.propublica.org/nonprofits/display_990/260240498/2010_08_EO%2F26-0240498_990O_200812, consultado el 7 de enero de 2024.

105. Entrevista a Téllez.

106. Correo electrónico de Luis Téllez, 10 de octubre de 2008.

107. Véanse las declaraciones de impuestos al IRS, https://projects.propublica.org/nonprofits/organizations/260240498, consultado el 7 de enero de 2024.

108. Sofia Resnick, «National Organization for Marriage's 2010 Financial Records Raise Questions», *The Washington Independent*, 12 de diciembre de 2011,

https://web.archive.org/web/20120107203322/http://washingtonindependent. com/116452/nom%E2%80%99s-2010-financial-records-raise-questions, consulta- do el 7 de enero de 2024.

109. Véanse los documentos judiciales en el caso «National Organization for Marriage and American Principles in Action v. Walter F. Mckee et al.».

110. Gustav Niebuhr, «Catholic Organization Opus Dei Struggles to Shed Image of Secrecy», *The Washington Post*, 29 de diciembre de 1993, https://www. washingtonpost.com/archive/politics/1993/12/29/catholic-organization- opus-dei-struggles-to-shed-image-of-secrecy/42cfeda2-dfa6-4d3a-ab62- 88f9c91ea272/, consultado el 7 de enero de 2023.

111. Véase https://onlyattheheights.files.wordpress.com/2012/10/ar_final_ updated.pdf, consultado el 7 de enero de 2024.

112. Véanse los documentos judiciales en el caso «National Organization for Marriage and American Principles in Action v. Walter F. Mckee et al.».

113. Kevin Merida, «The GOP's Town Criers», *The Washington Post*, 9 de julio de 1997, https://www.washingtonpost.com/archive/lifestyle/1997/07/10/the- gops-town-criers/5cd071ce-fff3-441a-9c5f-60ade6f61ed3/, consultado el 28 de fe- brero de 2024.

114. Eliana Johnson, «PR Firm Helped Whelan Stoke Half-Baked Kavanau- gh Alibi», *Politico*, 21 de septiembre de 2018, https://www.politico.com/ story/2018/09/21/ed-whelan-kavanaugh-tweets-pr-firm-836405, consultado el 28 de febrero de 2024.

115. Johnson, «PR Firm Helped Whelan».

116. Howard Kurtz, «Forbes Ads Target Abortion Opposition», *The Washing- ton Post*, 12 de enero de 2000, https://www.washingtonpost.com/wp-srv/WP- cap/2000-01/12/004r-011200-idx.html, consultado el 28 de febrero de 2024.

117. Greg Mueller se autodefine como «católico, marido, padre y conserva- dor al que le gusta disparar, jugar al golf y esquiar» en su perfil de X, https://twit- ter.com/gregmcrc?lang=en, consultado el 28 de febrero de 2024.

118. Según una placa en el interior del Centro de Información Católica, Greg Mueller y su esposa estuvieron entre los principales donantes para su renovación en 2022; visita del autor en febrero de 2023.

119. Véase https://cicdc.org/faqs/, consultado el 28 de febrero de 2024.

120. Michael Foust, «A Winning Strategy to Stop "Gay Marriage"?», *Baptist Press*, 17 de abril de 2009, https://web.archive.org/web/20120320070909/http://www.sbc- baptistpress.org/BPnews.asp?ID=30303, consultado el 25 de febrero de 2024.

121. Reproducido en https://www.goodasyou.org/maggie2000.png, consulta- do el 25 de febrero de 2024.

122. Véase «Anti-Gay Animus», publicado por NOM Exposed, https://web. archive.org/web/20120314175745/http://hrc.org/nomexposed/section/anti-gay- animus, consultado el 7 de enero de 2024.

123. Tim Drake, «National Organization for Marriage Names John Eastman Chairman of the Board», *National Catholic Register*, 28 de septiembre de 2011, https://www.ncregister.com/news/national-organization-for-marriage-names-john-eastman-chairman-of-the-board, consultado el 25 de febrero de 2024.

124. Véanse los documentos judiciales en el caso «National Organization for Marriage and American Principles in Action v. Walter F. Mckee et al».

125. Entrevista a Téllez.

126. «Interview with Sean Fieler», *Philanthropy*, invierno de 2019, https://www.philanthropyroundtable.org/magazine/interview-with-sean-fieler/, consultado el 23 de agosto de 2023.

CAPÍTULO 12. ENCONTRARÁS DRAGONES

1. Oscar Ranzani, «¿La respuesta a "El código Da Vinci"?», p. 12, 25 de agosto de 2009, https://www.pagina12.com.ar/diario/suplementos/espectaculos/5-15057-2009-08-25.html, consultado el 29 de febrero de 2024.

2. Entrevista del autor a Heriberto Schoeffer, junio de 2023.

3. *Ibid*.

4. Véase el registro inicial de «The Work, LLC» realizado en el estado de California el 7 de julio de 2005, https://bizfileonline.sos.ca.gov/api/report/GetImageByNum/161079078173232217223238190134240219075137167012, consultado el 29 de junio de 2023.

5. Entrevista a Schoeffer; entrevista del autor a Barbara Harrington (apellido de soltera Nicolosi), junio de 2023.

6. Laurie Goodstein, «Bringing a Saint's Life to the Screen», *The New York Times*, 21 de agosto de 2009, https://www.nytimes.com/2009/08/22/movies/22opus.html, consultado el 14 de junio de 2023.

7. Goodstein, «Bringing a Saint's Life to the Screen».

8. Elizabeth Nash, «Opus Dei Lets Film Director in on Some of Its Secrets», *The Independent*, 8 de junio de 2009, https://www.independent.co.uk/news/world/europe/opus-dei-lets-film-director-in-on-some-of-its-secrets-1699227.html, consultado el 15 de junio de 2023.

9. Entrevista del autor a Dámaso Ezpeleta, junio de 2023.

10. Nash, «Opus Dei Lets Film Director».

11. Entrevista del autor con el padre Juan Wauck (sacerdote del Opus Dei en el rodaje), junio de 2023.

12. Paula Bistagnino, «La sede principal del Opus Dei en la Argentina, un regalo de dos dictaduras militares», *El Diario AR*, 8 de agosto de 2021, https://www.eldiarioar.com/politica/sede-principal-opus-dei-argentina-regalo-dictaduras-militares_1_8202696.html, consultado el 30 de junio de 2023.

13. Entrevistas del autor a antiguos residentes, junio de 2023.

14. Paula Bistagnino, «La Escuela de Mucamas del Opus Dei», *Anfibia*, 26 de junio de 2023, https://www.revistaanfibia.com/la-escuela-de-mucamas-del-opus-dei/, consultado el 30 de junio de 2023.

15. *Ibid.*

16. Entrevistas del autor a algunas de las mujeres —entonces niñas— que llegaron a Argentina por esta vía, junio de 2023.

17. Entrevista del autor a varias numerarias auxiliares que pasaron por la escuela de hostelería y luego trabajaron en la residencia de La Recoleta, junio de 2023.

18. Este relato se basa en una crónica publicada de una numeraria auxiliar que vivía en el centro, corroborado mediante entrevistas del autor a auxiliares numerarias auxiliares del lugar, realizadas personalmente en Buenos Aires en junio de 2023. Véase http://www.opuslibros.org/nuevaweb/modules.php?name=News&file=article&sid=26627, consultado el 30 de junio de 2023.

19. Entrevista del autor a una numeraria auxiliar que vivió en el centro en la década de 2000, quien dijo que otras se sintieron de forma similar, junio de 2023.

20. Entrevista del autor a una numeraria auxiliar que vivió en el centro en la década de 2000, julio de 2023.

21. Los acontecimientos de la vida del padre Danilo se comentan ampliamente en un artículo de OpusLibros.org, que incluye imágenes de la nota dejada en su cuerpo y el informe policial tras una visita a la residencia del Opus Dei indicada. Véase http://www.opuslibros.org/nuevaweb/modules.php?name=News&file=article&sid=23037, consultado el 3 de julio de 2023.

22. Artículo de OpusLibros.org.

23. Stephen Holden, «A Guess-the-Flavoring Game, and Then Along Comes a War», *The New York Times*, 5 de mayo de 2011, https://www.nytimes.com/2011/05/06/movies/there-be-dragons-roland-joffes-film-review.html?ref=movies, consultado el 28 de febrero de 2024.

24. Mark Holcomb, «There Be Historical Inaccuracies and Lame Storytelling in *There Be Dragons*», *The Village Voice*, 4 de mayo de 2011, https://www.villagevoice.com/there-be-historical-inaccuracies-and-lame-storytelling-in-there-be-dragons/, consultado el 28 de febrero de 2024.

25. Jesús Colina, «Movie Inspires a Forgiveness Movement», *Zenit*, 4 de mayo de 2011, https://web.archive.org/web/20111112103926/https://zenit.org/article-32479?l=English, consultado el 28 de febrero de 2024.

26. La cifra procede de IMDbPro, una respetada base de datos del sector; véase https://www.boxofficemojo.com/title/tt1316616/, consultada el 14 de julio de 2023.

27. Entrevista del autor a varias personas que estaban en Roma en ese momento, noviembre de 2023.

28. «IESE's New York Center Hosts First Programs», https://web.archive.org/web/20100909214826/http://www.iese.edu/en/ad/NY/1011/iese_ny_center.html, consultado el 15 de junio de 2023.

29. «IESE'S New York Center: Past & Future of a Landmark», https://web.archive.org/web/20100602094458/http://www.iese.edu/en/ad/NY/0910/past-and-future-of-a-landmark.html, consultado el 15 de junio de 2023.

30. Véanse los estados financieros consolidados correspondientes al ejercicio cerrado a 31 de diciembre de 2018, publicados por Clover Foundation and Subsidiary, https://www.cloverfdn.org/financial-information/, consultados el 15 de junio de 2023.

31. «New Frontier: European Schools in America», *The Economist*, 11 de noviembre de 2009, https://www.economist.com/business/2009/11/11/new-frontier, consultado el 15 de junio de 2023.

32. «IESE's New York Center Hosts First Programs».

33. «New Frontier».

34. *Ibid.*

35. Beatriz Torres, *Los orígenes del IESE*, LID, Madrid, 2015, cap. 2.

36. José Luis González Gullón y John F. Coverdale, *Historia del Opus Dei*, Rialp, Madrid, 2022, p. 258.

37. Véase *Notas de Presidencia*, 23 de abril de 1969, AHBPE, caja 461, carpeta 1, para un ejemplo de varios en los archivos que confirman el apoyo financiero ofrecido al IESE.

38. Gabriel Tortella, José María Ortiz-Villajos y José Luis García Ruiz, *Historia del Banco Popular: La lucha por la independencia*, Marcial Pons, Madrid, 2011, p. 151.

39. «La Capellanía del IESE proporciona un contexto para el crecimiento espiritual de todos los miembros de la comunidad del IESE basado en principios cristianos [...] Los sacerdotes que sirven en la Capellanía del IESE son miembros del Opus Dei». Véase https://www.iese.edu/chaplaincy/, consultado el 16 de junio de 2023.

40. Véase Memoria Anual del IESE, 2009-2010, https://www.iese.edu/wp-content/uploads/2018/10/IESE-Annual-Report-2009-2010.pdf, consultada el 16 de junio de 2023.

41. *Ibid.*

42. *Ibid.*

43. Francisco Gómez Franco y Begoña Laresgoiti Foix crearon la organización benéfica, inicialmente llamada Mass Moundation, en 1985. Su idea era crear una fundación que apoyara proyectos en México y otras partes del mundo. Esos proyectos tendrían fines benéficos, educativos y culturales. Véase https://www.cloverfdn.org/our-history/, consultado el 16 de junio de 2023.

44. Es nombrado tesorero y se le identifica como la persona a la que deben

dirigirse las solicitudes de ayuda económica, según varias declaraciones de la renta de principios de la década de 2000. Véase https://projects.propublica.org/nonprofits/organizations/742390003, consultado el 16 de junio de 2023.

45. La iniciativa Villa Fontana figura en su sitio web como uno de los proyectos de la Clover Foundation. Véase https://www.cloverfdn.org/portfolio/villa-fontana/, consultado el 16 de junio de 2023.

46. Véase la declaración fiscal de la Clover Foundation correspondiente a 2007, en https://projects.propublica.org/nonprofits/display_990/742390003/2008_05_PF%2F74-2390003_990PF_200712, consultada el 16 de junio de 2023.

47. Los documentos encontrados en los Papeles de Panamá, cuyo acceso facilitó el Consorcio Internacional de Periodistas de Investigación, así lo confirmaron.

48. Véase el estado financiero consolidado correspondiente al ejercicio cerrado a 31 de diciembre de 2018, elaborado por Clover Foundation and Subsidiary, https://www.cloverfdn.org/financial-information/, consultado el 15 de junio de 2023.

49. «La fundación cobra un alquiler al inquilino por un importe igual al gasto de depreciación del edificio por parte de la fundación. La depreciación del inmueble se contabiliza por el método lineal a lo largo de treinta años». Véase el «Estado financiero consolidado», 2018, p. 7.

50. *Ibid.*

51. *Ibid.*

52. Varias organizaciones, incluida la Opus Dei Awareness Network, una organización sin ánimo de lucro 501(c)3 creada por antiguos miembros, han recopilado listas de fundaciones y organizaciones sin ánimo de lucro vinculadas a la prelatura. El autor las ha tomado y actualizado. Las cifras se basan en los activos totales declarados por esas organizaciones sin ánimo de lucro en las declaraciones anuales del IRS. Véase https://odan.org/foundations, consultado el 19 de junio de 2023.

53. Para más información sobre las adquisiciones inmobiliarias de Association for Cultural Interchange, Inc., véase el capítulo 4 de este libro.

54. Véase Association for Cultural Interchange, Inc., declaración fiscal de 2010, https://projects.propublica.org/nonprofits/display_990/526054124/2011_12_EO%2F52-6054124_990_201012, consultada el 19 de junio de 2023.

55. Véase https://web.archive.org/web/20140111043516/http://culturalinterchange.org/, consultado el 19 de junio de 2023.

56. Véase Association for Cultural Interchange, Inc., declaración de impuestos de los años 2010 a 2022, https://projects.propublica.org/nonprofits/organizations/526054124, consultado el 19 de abril de 2024.

57. Por ejemplo, véase https://www.culturalinterchange.org/projects/, consultado el 19 de junio de 2023.

447

58. Véase Fixed Asset & Depreciation Schedule, parte de la declaración de impuestos de 2006, https://projects.propublica.org/nonprofits/display_990/5260 54124/2007_08_EO%2F52-6054124_990_200612, consultado el 19 de junio de 2023.

59. Véase la declaración de impuestos de 2010 de Association for Cultural Interchange, Inc.

60. Esto es según los datos del *Annuario Pontificio*, el anuario oficial de la Santa Sede de la Iglesia Católica, publicado por el Vaticano cada año. Una serie histórica de los datos está disponible en https://www.catholic-hierarchy.org/diocese/dqod0.html, consultado el 15 de junio de 2023.

61. Véase https://opusdei.org/en-uk/article/historical-overview/, consultado el 19 de junio de 2023.

62. Entrevistas del autor a varios numerarios y directores de que participaron directamente en muchas de esas iniciativas en 2022, 2023 y 2024.

63. Véase «Confusion About a Court Case in France», comunicado de prensa de Béatrice de la Coste, oficina de información del Opus Dei en Francia, https://opusdei.org/en-uk/article/confusion-about-a-court-case-in-france/, consultado el 20 de junio de 2023.

64. Estelle Maussion, «Un procès pour travail dissimulé vise les pratiques de l'Opus Dei», *La Croix*, 23 de septiembre de 2011, https://www.la-croix.com/Actualite/France/Un-proces-pour-travail-dissimule-vise-les-pratiques-de-l-Opus-Dei-_NG_-2011-09-23-714929, consultado el 20 de junio de 2023.

65. *Ibid.*

66. Véase el resumen de los hechos en la sentencia dictada por el Tribunal de Apelación de Amiens, en el caso «Catherine Tissier contra Association de Culture Universitaire et Technique, Claire de Bardon de Segonzac, et Agnés Duhail», 27 de julio de 2016, https://www.opus-info.org/images/1/1d/Arr%C3%AAt_de_la_Cour_d%27Appel_d%27Amiens_confirmant_le_jugement_de_la_Cour_d%27Appel_de_Paris.pdf, consultado el 22 de marzo de 2023.

67. Antonio Rubio y Santiago Saiz, «Seis mujeres denuncian al Opus Dei por presunto fraude a la Seguridad Social», *El Mundo*, 29 de enero de 2012, https://www.elmundo.es/elmundo/2012/01/29/espana/1327838306.html, consultado el 14 de julio de 2023.

68. Jack Valero, portavoz del Opus Dei en el Reino Unido, confirmó varias veces al autor que los directores y sacerdotes de la Obra no recibían salario ni cotizaciones a la seguridad social hasta hace relativamente poco tiempo. Otros numerarios confirmaron que tampoco recibían salario ni cotizaciones a la seguridad social después de que se les pidiera que dejaran sus trabajos y fueran trasladados a puestos internos dentro de la organización.

69. Según correspondencia vista por el autor, fechada en 2002.

70. Entrevistas del autor a varios numerarios en 2022, 2023 y 2024.

71. Jesús Bastante, «Un sacerdote del Opus Dei, investigado por Doctrina de la Fe por abusar de varios estudiantes después de la confesión», *Religión Digital*, 10 de abril de 2019, https://www.religiondigital.org/espana/Manuel-Cocina-Karadima-Opus-Dei-religion-abusos-sevilla-granada_0_2111188883.html, consultado el 1 de marzo de 2024.

72. *Ibid.*

73. *Ibid.*

74. Véase «Conclusión del proceso canónico contra un sacerdote de la Prelatura», 16 de julio de 2020, https://opusdei.org/es-es/article/comunicado-16-julio-2020/, consultado el 1 de marzo de 2024.

75. La crónica de ese numerario está en http://www.opuslibros.org/libros/MI_VIDA.htm, consultada el 5 de julio de 2023.

76. *Ibid.*

77. *Ibid.*

78. González Gullón y Coverdale, *Historia del Opus Dei*, pp. 572-573.

79. Koldo Domínguez, «Un viaje previo a Australia, clave para determinar el riesgo de fuga del exprofesor de Gaztelueta», *El Correo*, 20 de noviembre de 2018, https://www.elcorreo.com/bizkaia/viaje-previo-australia-20181120224610-nt.html, consultado el 4 de julio de 2023.

80. Julio Núñez, «Condenado a 11 años de prisión un profesor de un colegio del Opus de Bizkaia por abusos sexuales», *El País*, 15 de noviembre de 2018, https://elpais.com/sociedad/2018/11/15/actualidad/1542273994_044195.html, consultado el 4 de julio de 2023.

81. Véase «Frequently Requested Church Statistics», cotejada por el Center for Applied Research in the Apostolate, una organización sin ánimo de lucro afiliada a la Universidad de Georgetown, https://cara.georgetown.edu/faqs, consultada el 4 de julio de 2023.

82. *Ibid.*

83. *Ibid.*

84. Alrededor de 2.100 sacerdotes diocesanos eran miembros del Opus Dei en 2010, según el *Annuario Pontificio* publicado por el Vaticano. Según González Gullón y Coverdale, el número de sacerdotes diocesanos pertenecientes a la prelatura aumentó en unos seiscientos durante los años de Álvaro del Portillo. Si nos remontamos a las cifras del Vaticano, esto indica que había menos de mil cuando murió el fundador en 1975. Véase González Gullón y Coverdale, *Historia del Opus Dei*, pp. 485-486; y https://www.catholic-hierarchy.org/diocese/dqod0.html, consultado el 4 de julio de 2023.

85. Según el *Annuario Pontificio*.

86. *Ibid.*

87. Entrevista de la autora con un miembro de la junta del Centro de Información Católica que ejercía en aquel momento, febrero de 2023.

449

88. Para consultar la lista de ganadores anteriores, véase https://cicdc.org/john-paul-ii-new-evangelization-awardees/, consultado el 11 de julio de 2023.

89. Véase «Manhattan Declaration: A Call of Christian Conscience», redactada el 20 de octubre de 2009 y publicada el 20 de noviembre de 2009, https://web.archive.org/web/20130901171332/http://demossnews.com/manhattandeclaration/press_kit/manhattan_declaration_signers, consultada el 11 de julio de 2023.

90. Véase el plan del Leonine Forum, antes de su lanzamiento previsto en otoño de 2013, https://web.archive.org/web/20131027085506/http://cicdc.org/sites/cicdc/leonine/, consultado el 11 de julio de 2023.

91. Entrevista del autor a un miembro de la junta del Centro de Información Católica que trabajaba en ese momento y conocía bien al padre Arne, febrero de 2023.

92. Paul Steinhauser, «Next Two Months Could Shake Up GOP Race», *CNN*, 9 de septiembre de 2011, https://edition.cnn.com/2011/POLITICS/09/05/gop.two.months/index.html, consultado el 1 de marzo de 2024

93. Jack McCordick, «The Shadowy Right-Wing Think Tank Pushing Transphobia», *New Republic*, 25 de octubre de 2023, https://newrepublic.com/article/176012/american-principles-project-think-tank-pushing-transphobia, consultado el 1 de marzo de 2024.

94. Véase https://www.opensecrets.org/outside-spending/detail/2014?cmte=C00544387&tab=targeted_candidates, consultado el 1 de marzo de 2024.

95. Entrevista del autor con Luis Téllez, enero de 2024.

96. Ari Rabin-Havt, «This Is How to Invent a Lie: An Essay from the Author of Lies, Incorporated», https://knopfdoubleday.com/2016/05/18/this-is-how-to-invent-a-lie/, consultado el 7 de enero de 2024.

97. *Ibid.*

98. *Ibid.*

99. Véanse declaraciones fiscales de Witherspoon Institute, Inc., IRS para el año terminado el 31 de diciembre de 2014, https://projects.propublica.org/nonprofits/display_990/550835528/2015_06_EO%2F55-0835528_990_201412, consultado el 4 de marzo de 2024.

100. Edward Pentin, «Humanum Conference Highlights Sanctity and Beauty of Marriage», *National Catholic Register*, 20 de noviembre de 2014, https://www.ncregister.com/news/humanum-conference-highlights-sanctity-and-beauty-of-marriage-i809vcr3, consultado el 4 de marzo de 2024.

101. Téllez dijo que pidió a Villa Tevere que le recomendara a alguien para organizar la conferencia. Contrató a la persona que le recomendaron. También pidió consejo sobre cómo manejar las relaciones con el Vaticano. Entrevista a Téllez.

102. Véanse las declaraciones fiscales de Witherspoon Institute, Inc., para 2014.

103. Entrevista a Téllez.

104. John Gehring, «Leonard Leo Has Reshaped the Supreme Court. Is He Reshaping Catholic University Too?», *National Catholic Reporter*, 15 de diciembre de 2022, https://www.ncronline.org/news/leonard-leo-has-reshaped-supreme-court-he-reshaping-catholic-university-too, consultado el 4 de marzo de 2024.

105. Anthony Leo figura como alumno de The Heights en un documento publicado por la escuela, https://issuu.com/heightsschool/docs/upperschool_faculty_v5, consultado el 12 de julio de 2023.

106. Elizabeth Leo figura como alumna de Oakcrest en un documento publicado por la escuela, https://anyflip.com/gyntu/vujz/basic, consultado el 12 de julio de 2023.

107. Sally y Leonard Leo están clasificados como donantes del «Cavalier Circle» en el informe anual 2011-2012 publicado por la escuela The Heights. Véase https://issuu.com/robwright31/docs/ar_final_updated, consultado el 12 de julio de 2023.

108. Sally y Leonard Leo figuran en numerosas ocasiones en las peticiones de misa de la iglesia por esa época; véase https://www.stjohncatholicmclean.org/bulletins/bulletin-archive/february-9-2014/, consultado el 12 de julio de 2023.

109. Jay Michaelson, «The Secrets of Leonard Leo, the Man Behind Trump's Supreme Court Pick», *Daily Beast*, 24 de julio de 2018. https://www.thedailybeast.com/the-secrets-of-leonard-leo-the-man-behind-trumps-supreme-court-pick, consultado el 19 de abril de 2024.

110. Véase Catholic Association, Inc., declaración de impuestos para 2012, https://projects.propublica.org/nonprofits/display_990/208476893/2013_12_EO%2F20-8476893_9900_201212, consultada el 14 de julio de 2023.

111. Véase «Catholic Groups File Suit in DC Court Against HHS Mandate», comunicado de prensa, Catholic News Agency, 23 de octubre de 2013, https://www.catholicnewsagency.com/news/28302/catholic-groups-file-suit-in-dc-court-against-hhs-mandate, consultado el 12 de julio de 2023.

112. Entrevista del autor al padre Tom Bohlin, septiembre de 2023.

113. Véase lista de miembros del consejo, https://web.archive.org/web/20140216205948/http://www.cicdc.org:80/about/staff-and-board-of-directors/, consultada el 11 de julio de 2023.

114. Véase lista de miembros del consejo.

115. Mary Eberstadt, *The Last Homily: Conversations with Father Arne Panula*, Emmaus Road, Steubenville, 2018, p. 33.

116. *Ibid.*, p. 34.

117. *Ibid.*

118. Scalia dio una charla en octubre de 2012, según los papeles del exjuez, Biblioteca de la Facultad de Derecho de Harvard, https://hollisarchives.lib.har-

vard.edu/repositories/5/archival_objects/2954305, consultado el 12 de julio de 2023.

119. Scalia dio una charla en mayo de 2003, según los documentos del exjuez en la Biblioteca de la Facultad de Derecho de Harvard.

120. Scalia asistió al retiro de cuatro días en Longlea a finales de 2013, según los papeles del exjuez, Biblioteca de la Facultad de Derecho de Harvard.

121. «Antonin Scalia-A Justice in Full», *National Review*, 29 de febrero de 2016, https://www.nationalreview.com/2016/02/antonin-scalia-supreme-court-jus tice-remembrances/, consultado el 12 de julio de 2023.

122. Entrevista del autor a John Coverdale, febrero de 2023.

Capítulo 13. La carta Trump

1. Alan Blinder y Manny Fernandez, «Ranch Owner Recalls Finding Justice Antonin Scalia's Body», *The New York Times*, 14 de febrero de 2016, https://www.nytimes.com/2016/02/15/us/ranch-owner-recalls-finding-justice-antonin-scalias-body.html, consultado el 14 de agosto de 2023.

2. Molly Hennessy-Fiske, «Scalia's Last Moments on a Texas Ranch-Quail Hunting to Being Found in "Perfect Repose"», *Los Angeles Times*, 14 de febrero de 2016, https://www.latimes.com/local/lanow/la-na-scalia-ranch-20160214-story.html, consultado el 14 de agosto de 2023.

3. Valerie Edwards, «Inside the Luxury West Texas Ranch Where Scalia Died, Which Is Beloved by A-list Celebrities (and Randy Quaid Who R an up a $25,000 Unpaid Bill)», *Daily Mail*, 14 de febrero de 2023, https://www.dailymail.co.uk/news/article-3446321/Inside-30-000-acre-West-Texas-resort-Scalia-died-counts-Mick-Jagger-Bruce-Willis-Jerry-Hall-Julia-Roberts-previous-guests.html, consultado el 15 de agosto de 2023.

4. Amy Brittain y Sari Horwitz, «Justice Scalia Spent His Last Hours with Members of This Secretive Society of Elite Hunters», *The Washington Post*, 24 de febrero de 2016, https://www.washingtonpost.com/world/national-security/justice-scalia-spent-his-last-hours-with-members-of-this-secretive-society-of-elite-hunters/2016/02/24/1d77af38-db20-11e5-891a-4ed04f4213e8_story.html, consultado el 14 de agosto de 2023.

5. Jeffrey Toobin, *The Nine: Inside the Secret World of the Supreme Court*, Doubleday, Nueva York, 2007, p. 200.

6. Christopher Helman, «Fighting a Two-Front War», *Forbes*, 30 de septiembre de 2009, https://www.forbes.com/2009/09/30/poindexter-trucks-vietnam-entrepreneurs-medal.html?sh=73400e281ba1, consultado el 14 de agosto de 2023.

7. Hennessy-Fiske, «Scalia's Last Moments».

8. Blinder y Fernandez, «Ranch Owner Recalls Finding Justice».

452

9. Jackie Calmes, *Dissent: The Radicalization of the Republican Party and Its Capture of the Court*, Twelve, Nueva York, 2021, p. 150.

10. Scalia asistió al acto en 2007, 2008 y 2009, según los documentos del exjuez, Biblioteca de la Facultad de Derecho de Harvard, https://hollisarchives.lib.harvard.edu/repositories/5/archival_objects/2953305, https://hollisarchives.lib.harvard.edu/repositories/5/archival_objects/2953554; y https://hollisarchives.lib.harvard.edu/repositories/5/archival_objects/2953758, consultado el 14 de agosto de 2023.

11. Leo y Scalia fueron a pescar a Montana en agosto de 2014, según los papeles del exjuez, Biblioteca de la Facultad de Derecho de Harvard, https://hollisarchives.lib.harvard.edu/repositories/5/archival_objects/2953039, consultado el 14 de agosto de 2023.

12. Leo y Scalia fueron de caza a Colorado en octubre de 2006, según los papeles del exjuez, Biblioteca de la Facultad de Derecho de Harvard.

13. Calmes, *Dissent*, 150.

14. *Ibid.*, p. 150.

15. *Ibid.*, p. 151.

16. *Ibid.*, p. 151.

17. Debate presidencial republicano, *CBS News*, 13 de febrero de 2016, https://www.youtube.com/watch?v=w5FAskZH7n8, consultado el 14 de agosto de 2023.

18. Debate presidencial republicano.

19. Entrevista del autor a un agente político que conocía bien a Leo y su pensamiento por esa época, febrero de 2023.

20. Mark Pattison, «Thousands Pay Respects to Scalia at Supreme Court», *Catholic Herald*, 22 de febrero de 2016, https://catholicherald.org/news/nation-and-world/thousands-pay-respects-to-scalia-at-supreme-court/, consultado el 14 de agosto de 2023.

21. Robert A. Connor, «A Critique of Justice Scalia's Legal Philosophy», blog, 17 de febrero de 2016, https://robertaconnor.blogspot.com/2016/02/a-critique-of-justice-scalias-legal.html, consultado el 14 de agosto de 2023.

22. *Ibid.*

23. *Ibid.*

24. *Ibid.*

25. Robert A. Connor, «I Now Consider My Piece on Scalia's "Originalism" [Repeated Here] To Be Mistaken», blog, 16 de marzo de 2016, https://robertaconnor.blogspot.com/2016/03/i-now-consider-this-piece-on-scalias.html, consultado el 15 de agosto de 2023.

26. Roxanne Roberts, «Who Showed up at Scalia's Funeral - and Who Didn't», *The Washington Post*, 20 de febrero de 2016, https://www.washingtonpost.com/lifestyle/style/who-showed-up-at-scalias-funeral--and-who-didn't, consultado el 15 de agosto de 2023.

27. Misa del funeral del juez Antonin Scalia, vídeo, C-SPAN, 20 de febrero de 2016, https://www.c-span.org/video/?404962-1/justice-antonin-scalia-funeral-mass, consultado el 15 de agosto de 2023.

28. Evan Thomas, «Washington's Quiet Club», *Newsweek*, 8 de marzo de 2001, https://www.newsweek.com/washingtons-quiet-club-149005, consultado el 15 de agosto de 2023.

29. Carl Hulse, *Confirmation Bias: Inside Washington's War over the Supreme Court, from Scalia's Death to Justice Kavanaugh*, HarperCollins, Nueva York, 2019, pp. 50-55.

30. Katie Zezima, «Cruz Calls Trump's Sister a "Radical Pro-abortion Extremist" Judge», *The Washington Post*, 15 de febrero de 2016, https://www.washingtonpost.com/news/post-politics/wp/2016/02/15/cruz-calls-trumps-sister-a-radical-pro-abortion-extremist-judge/, consultado el 15 de agosto de 2023.

31. Calmes, *Dissent*, pp. 158-159.

32. *Ibid.*, p. 160.

33. *Ibid.*, p. 160.

34. Jenna Johnson, «Donald Trump to Release List of His Top Picks for the Supreme Court», *Washington Post*, 21 de marzo de 2016, https://www.washingtonpost.com/news/post-politics/wp/2016/03/21/donald-trump-to-release-list-of-his-top-picks-for-the-supreme-court/, consultado el 15 de agosto de 2023.

35. *Ibid.*

36. Véase la declaración de la renta del ejercicio que finalizó el 31 de diciembre de 2008 en https://projects.propublica.org/nonprofits/display_990/521576352/2009_12_EO%2F52-1576352_990_200812, consultada el 15 de agosto de 2023.

37. Véase la declaración de la renta de Catholic Association, Inc. correspondiente al ejercicio que finalizó el 31 de diciembre de 2012 en https://projects.propublica.org/nonprofits/display_990/208476893/2013_12_EO%2F20-8476893_990O_201212, consultada el 15 de agosto de 2023.

38. *Ibid.*

39. Véase la declaración de impuestos al IRS de Catholic Association Foundation, Inc., para el año que terminó el 31 de diciembre de 2012, https://projects.propublica.org/nonprofits/display_990/202387967/2013_12_EO%2F20-2387967_990_201212, consultado el 15 de agosto de 2023.

40. Véase la declaración de la renta de Catholic Voices, Inc. correspondiente al ejercicio que finalizó el 31 de diciembre de 2012 en, https://projects.propublica.org/nonprofits/display_990/454626789/2013_12_EO%2F45-4626789_990_201212, consultada el 15 de agosto de 2023.

41. El sacerdote era el padre Roger Landry; véase declaración al IRS.

42. Jay Michaelson, «The Secrets of Leonard Leo, the Man Behind Trump's Supreme Court Pick», *Daily Beast*, 9 de julio de 2018, https://www.thedailybeast.

com/the-secrets-of-leonard-leo-the-man-behind-trumps-supreme-court-pick, consultado el 15 de agosto de 2023.

43. Kenneth P. Vogel, John Bresnahan y Marin Cogan, «Justice Thomas's Wife Now Lobbyist», *Politico*, 4 de febrero de 2011, https://www.politico.com/story/2011/02/justice-thomass-wife-now-lobbyist-048812, consultado el 15 de agosto de 2023.

44. Joshua Kaplan, Justin Elliott y Alex Mierjeski, «Clarence Thomas and the Billionaire», *ProPublica*, 6 de abril de 2023, https://www.propublica.org/article/clarence-thomas-scotus-undisclosed-luxury-travel-gifts-crow, consultado el 15 de agosto de 2023.

45. Véase la declaración de la renta de Chicago Freedom Trust, Inc. correspondiente al ejercicio que finalizó el 31 de diciembre de 2011 en https://projects.propublica.org/nonprofits/display_990/264123223/2012_12_PF%2F26-4123223_990PF_201112, consultada el 15 de agosto de 2023.

46. Heidi Przybyla, «Leonard Leo Used Federalist Society Contact to Obtain $1.6B donation», *Politico*, 2 de mayo de 2023, https://www.politico.com/news/2023/05/02/leonard-leo-federalist-society-00094761, consultado el 15 de agosto de 2023.

47. *Ibid.*

48. Las donaciones a la Oakcrest School comenzaron en 2013. Véase la declaración de la renta de Chicago Freedom Trust, Inc. correspondiente al ejercicio que finalizó el 31 de diciembre de 2013 en https://projects.propublica.org/nonprofits/organizations/264123223/201430699349100408/full, consultada el 15 de agosto de 2023.

49. Michaelson, «Secrets of Leonard Leo».

50. Evan Vorpahl, «Leonard Leo's Court Capture Web Raised Nearly $600 Million Before Biden Won; Now It's Spending Untold Millions from Secret Sources to Attack Judge Ketanji Brown Jackson», *True North Research*, 22 de marzo de 2022, https://truenorthresearch.org/2022/03/leonard-leos-court-capture-web-raised-nearly-600-million-before-biden-won-now-its-spending-untold-millions-from-secret-sources-to-attack-judge-ketanji-brown-jackson/, consultado el 16 de agosto de 2023.

51. Heidi Przybyla, «Dark Money and Special Deals: How Leonard Leo and His Friends Benefited from His Judicial Activism», *Politico*, 1 de marzo de 2023, https://www.politico.com/news/2023/03/01/dark-money-leonard-leo-judicial-activism-00084864, consultado el 16 de agosto de 2023.

52. Vorpahl, «Leonard Leo's Court Capture».

53. La cotización del Banco Popular alcanzó un máximo de 13,83 euros en diciembre de 2006. En aquel momento, la Sindicatura de Accionistas del Banco Popular Español, participada al 100 % por fundaciones vinculadas al Opus Dei, poseía 83 millones de acciones del banco. Unión Europea de Inversiones, que en

aquel momento estaba participada en un 43 % por fundaciones vinculadas al Opus Dei, poseía casi 66 millones de acciones. Por tanto, podría decirse que aproximadamente 111 millones de acciones estaban vinculadas al Opus Dei en aquel momento, una participación valorada en algo más de 1.500 millones de euros. Véase el informe anual del Banco Popular Español correspondiente al ejercicio cerrado el 31 de diciembre de 2006, 65- 69, disponible en https://www.cnmv.es/portal/consultas/datosentidad.aspx?nif=A28000727>; véanse también informes anuales de UEI correspondientes a ese año. Disponible en https://www.cnmv.es/Portal/Consultas/DatosEntidad.aspx?nif=A-08149957 >

54. Una participación de 111 millones de acciones del Banco Popular habría generado algo más de cuarenta millones de euros en dividendos durante 2006. Véase el informe anual 2006 del Banco Popular Español.

55. Gareth Gore, «Spain Eyes Support from Banks», *International Financing Review*, 15 de junio de 2012, https://www.ifre.com/story/1227010/spain-eyes-support-from-banks-tmhyh6mfxf, consultado el 16 de agosto de 2023.

56. «Spanish Bank Audit Buys More Time for Rajoy», *International Financing Review*, 28 de septiembre de 2012, https://www.ifre.com/story/1242375/spanish-bank-audit-buys-more-time-for-rajoy-wmrxvwzyhw, consultado el 16 de agosto de 2023.

57. «Popular to Avoid Bailout with Rights», *International Financing Review*, 5 de octubre de 2012, https://www.ifre.com/story/1245205/spain-popular-to-avoid-bailout-with-rights-pl0dvlv9vw, consultado el 16 de agosto de 2023.

58. Véase el informe anual de Unión Europea de Inversiones (UEI) correspondiente al ejercicio cerrado el 31 de diciembre de 2012, 27-29, disponible en https://www.cnmv.es/Portal/Consultas/DatosEntidad.aspx?nif=A-08149957.

59. UEI debía realizar reembolsos de más de once millones de euros en 2014 y de casi 131 millones de euros al año siguiente. Véase el informe anual 2012 de EUI, p. 31.

60. Véase José García Abad, *Cómo se hundió el Banco Popular*, El Punto Prensa, Madrid, 2017, cap. 3.

61. *Ibid.*, cap. 3.

62. Véase la presentación regulatoria realizada por el Banco Popular el 11 de diciembre de 2013, https://www.cnmv.es/WebServices/VerDocumento/Ver?e=mkE9N1SD3%2bAY%2fByocdggE7ojc5caDaczWitwUsYwRmRQSRh0dt1K2vXNhAR3mLSV, consultado el 16 de agosto de 2023.

63. Véase la presentación regulatoria realizada por el Banco Popular el 19 de diciembre de 2013, https://www.cnmv.es/WebServices/VerDocumento/Ver?e=BqyUGk7K3EBAdbuMcuYGgbojc5caDaczWitwUsYwRmRQSRh0dt1K2vXNhAR3mLSV.

64. Gareth Gore, «ECB Knew of Financial Irregularities A head of Banco Popular Rights Issue», *International Financing Review*, 5 de abril de 2019, https://

www.ifre.com/story/1590298/ecb-knew-of-financial-irregularities-ahead-of-ban-co-popular-rights-issue-kq2kltd8nm, consultado el 16 de agosto de 2023.

65. Gore, «ECB Knew of Financial Irregularities».

66. Véase García Abad, *op. cit.*, cap. 5.

67. «Del Valle recurrió "al jefe del Opus Dei" para tomar el control de Banco Popular», *Vozpópuli*, 17 de marzo de 2018, https://www.vozpopuli.com/econo-mia_y_finanzas/empresas/del-valle-recurrio-jefe-opus-dei-tomar-control-ban-co-popular_0_1117989054.html, consultado el 16 de agosto de 2023.

68. Véase el informe anual de Viviendas y Oficinas correspondiente al ejerci-cio cerrado el 31 de diciembre de 2016.

69. José Luis Panero, «Popular y Opus Dei. La obsesión de Antonio del Va-lle por "desopusizar" el banco», *Hispanidad*, 11 de mayo de 2017, https://www.hispanidad.com/hemeroteca/confidencial/popular-y-opus-dei-la-obsesion-de-an-tonio-del-valle-por-desopusizar-el-banco_282072_102.html, consultado el 17 de agosto de 2023.

70. Philip Pullella, «Legionaries Founder Sexually Abused 60 boys, Reli-gious Order's Report Says», *Reuters*, 22 de diciembre de 2019, https://www.reu-ters.com/article/mexico-abuse-idINKBN1YQ02W, consultado el 17 de agosto de 2023.

71. *Ibid.*

72. Jason Berry, «Legion of Christ's Deception, Unearthed in New Docu-ments, Indicates Wider Cover-up», *National Catholic Reporter*, 18 de febrero de 2013, https://www.ncronline.org/news/accountability/legion-christs-deception-unearthed-new-documents-indicates-wider-cover, consultado el 17 de agosto de 2023.

73. Entrevista del autor a dicho miembro de la junta (que pidió permanecer en el anonimato), julio de 2023.

74. Entrevista del autor a un alto miembro del consejo que participó en las con-versaciones (y habló bajo condición de anonimato), julio de 2023.

75. Testimonio de Emilio Saracho ante el Parlamento español, 12 de julio de 2018, https://www.congreso.es/public_oficiales/L12/CONG/DS/CI/DSCD-12-CI-70.PDF, consultado el 17 de agosto de 2023.

76. *Ibid.*

77. *Ibid.*

78. Entrevista del autor a una persona que conocía su pensamiento (y habló bajo condición de anonimato), octubre de 2019.

79. Entrevista a una persona que conocía su pensamiento.

80. Declaración regulatoria presentada por el Banco Popular el 3 de abril de 2017, https://www.cnmv.es/WebServices/VerDocumento/Ver?e=Y%2fZ8Oxr-gypo6IaMBTqb21afqoTZheLsWaW8eg8EG1exQSRh0dt1K2vXNhAR3mLSV, consultado el 17 de agosto de 2023.

81. Declaración regulatoria presentada por el Banco Popular el 3 de abril de 2017, https://www.cnmv.es/WebServices/VerDocumento/Ver?e=kmEwH-jxa6YYMy6ZuJwbb%2fafqoTZheLsWaW8eg8EG1exQSRh0dt1K2vXNhAR-3mLSV, consultado el 17 de agosto de 2023.

82. «Greek Council Recommends 60 Euro Limit on ATM Withdrawals from Tuesday», *Reuters*, 28 de junio de 2015, https://www.reuters.com/article/us-euro-zone-greece-limits-idINKCN0P811A20150628, consultado el 17 de agosto de 2023.

83. Informe del Banco de España sobre la quiebra del Banco Popular, 8 de abril de 2019, p. 242.

84. «Fallece el obispo Javier Echevarría», *Romana*, 63, https://romana.org/en/63/bishop-javier-echevarria-passes-away/december-12-bishop-javier-echevarria-passes-away/, consultado el 18 de agosto de 2023.

85. Según el Opus Dei, 194 «fieles del Opus Dei» (unos 94 sacerdotes y cien laicos) participaron en todo el proceso. Sin embargo, esta cifra incluye a 38 mujeres que se reunieron separadas de los hombres un día antes, y a las que no se permitió votar en la elección propiamente dicha. Se limitaron a proponer posibles nombres para que los hombres los tuvieran en cuenta, aunque estos no estaban obligados a seguir ninguna de sus recomendaciones. Para más detalles sobre la elección, véase *Romana*, 64, https://romana.org/en/64/msgr-fernando-ocariz-prela-te-of-opus-dei/, consultado el 18 de agosto de 2023.

86. John Gehring, *The Francis Effect: A Radical Pope's Challenge to the American Catholic Church*, Rowman & Littlefield, Lanham, 2015, cap. 1.

87. Nuzzi, *Merchants in the Temple: Inside Pope Francis's Secret Battle Against Corruption in the Vatican*, Henry Holt, Nueva York, 2015.

88. Véase «Address of the Holy Father Pope Francis», Aula de Audiencias Pablo VI, 16 de marzo de 2013, https://www.vatican.va/content/francesco/en/speeches/2013/march/documents/papa-francesco_20130316_rappresentanti-me-dia.html, consultado el 19 de agosto de 2023.

89. Véase Gehring, *Francis Effect*, cap. 1.

90. *Ibid.*, cap. 1.

91. Colm Tóibín, «The Bergoglio Smile», *London Review of Books*, 21 de enero de 2021, https://www.lrb.co.uk/the-paper/v43/n02/colm-toibin/the-bergo-glio-smile, consultado el 6 de enero de 2024.

92. Tóibín, «Thee Bergoglio Smile».

93. Nuzzi, *Merchants in the Temple*, p. 8.

94. *Ibid.*, p. 24.

95. *Ibid.*, p. 28.

96. *Ibid.*, pp. 24-44.

97. Para una reseña biográfica de Mariano Fazio, véase https://opusdei.org/en-uk/article/mons-mariano-fazio/, consultado el 8 de septiembre de 2023.

98. Entrevista a un alto cargo del gobierno del Opus Dei de la época, junio de 2023.

99. Entrevista del autor a una persona que conocía la situación, noviembre de 2023.

100. Entrevista del autor a una persona que conocía el pensamiento del papa, noviembre de 2023.

101. Junno Arocho Esteves, «Pope Francis Establishes Commission to Gather Information on IOR», *Zenit*, 27 de junio de 2013, https://zenit.org/2013/06/27/pope-francis-establishes-commission-to-gather-information-on-ior/, consultado el 5 de enero de 2024.

102. John L. Allen Jr., «A Revolution Underway with Pope Francis», *National Catholic Reporter*, 5 de agosto de 2013, https://www.ncronline.org/news/vatican/revolution-underway-pope-francis, consultado el 5 de enero de 2024.

103. Véase Francesca Immacolata Chaouqui, *Nel nome di Pietro*, Sperling & Kupfer, Milán, 2017, prólogo.

104. Chris McGillion, «Pell, Opus Dei and Signs of a New Elitism», *Sydney Morning Herald*, 22 de enero de 2002, https://culteducation.com/group/1086-opus-dei/15672-pell-opus-dei-and-signs-of-a-new-elitism-.html, consultado el 5 de enero de 2024.

105. Alan Gill, «A Long-Serving Force in Opus Dei», *Sydney Morning Herald*, 31 de diciembre de 2003, https://www.smh.com.au/national/a-long-serving-force-in-opus-dei-20031231-gdi2ot.html, consultado el 5 de enero de 2024.

106. Véase cardenal George Pell, *Prison Journal: The Cardinal Makes His Appeal*, Ignatius Press, San Francisco, 2020, semana 7: «La perfección a través del sufrimiento».

107. *Ibid.*, semana 9: «Semana Santa».

108. Entrevista del autor a una persona directamente implicada, noviembre de 2024.

109. *Ibid.*

110. Elisabetta Povoledo, «Two Convicted of Conspiring to Leak Vatican Secrets in "Vatileaks 2"», *The New York Times*, 7 de julio de 2016, https://www.nytimes.com/2016/07/08/world/europe/two-convicted-of-conspiring-to-leak-vatican-secrets-in-vatileaks-2.html, consultado el 19 de agosto de 2023.

111. Comunicado de la Oficina de Comunicación de Roma de la Prelatura del Opus Dei, 2 de noviembre de 2015, https://opusdei.org/en-uk/article/press-release-2-november-2015-surprise-and-sadness/, consultado el 19 de agosto de 2023.

112. Comunicado de la Oficina de Comunicación de Roma.

113. Entrevista del autor a un alto cargo del Opus Dei cercano a Ocáriz, noviembre de 2023.

114. Philip Pullella, «Pope Says Trump "Not Christian" in Views, Plans over

Immigration», *Reuters*, 18 de febrero de 2016, https://www.reuters.com/article/us-usa-election-trump-pope-idUSKCN0VR277, consultado el 23 de agosto de 2023.

115. Calmes, *Dissent*, p. 163.

116. Robert P. George, George Weigel *et al.*, «An Appeal to Our Fellow Catholics», *National Review*, 7 de marzo de 2016, https://web.archive.org/web/20160323235004/http:/www.nationalreview.com/article/432437/donald-trump-catholic-opposition-statementk, consultado el 25 de septiembre de 2023.

117. Entrevista del autor a Jack Valero (portavoz del Opus Dei y cofundador de Catholic Voices), septiembre de 2023.

118. Kurt Jensen, «Bishop Olmsted Says Love of Christ Compels Him to Proclaim Gospel of Life at National Catholic Prayer Breakfast», *Catholic Sun*, 23 de abril de 2019, https://www.catholicsun.org/2019/04/23/national-catholic-prayer-breakfast/, consultado el 1 de marzo de 2024.

119. Justin Elliott, «Koch Lobbyists and Opus Dei - Who's Dropping in on Trump Budget Czar Mick Mulvaney?», *ProPublica*, 21 de noviembre de 2017, https://www.propublica.org/article/whos-dropping-in-on-trump-budget-czar mick-mulvaney, consultado el 1 de marzo de 2024.

120. *Ibid.*

121. *Leonard Leo: Becket's 2017 Canterbury Medalist*, vídeo, https://www.youtube.com/watch?v=5XhJNEQKthY, consultado el 22 de agosto de 2023.

122. Leonard Leo, discurso de aceptación, 2017 Canterbury Medal Gala, https://www.becketlaw.org/leonard-leo-speech-2017-canterbury-medal-gala/, consultado el 22 de agosto de 2023.

123. Véase Gehring, *Francis Direct*, cap. 1.

124. Michelle Caruso-Cabrera, «Pope's Sharp Words Make a Wealthy Donor Hesitate», Reportaje de CNBC, 30 de diciembre de 2013, https://www.cnbc.com/2013/12/30/pope-francis-wealthy-catholic-donors-upset-at-popes-rhetoric-about-rich.html, consultado el 22 de agosto de 2023.

125. Cardenal Timothy Dolan, «The Pope's Case for Virtuous Capitalism», *The Wall Street Journal*, 22 de mayo de 2014, https://www.wsj.com/articles/SB10001424052702304198504579572571508689630, consultado el 22 de agosto de 2023.

126. Angelo Stagnaro, «La fe y la ciudad: Opus Dei Assumes Responsibility for St. Agnes Church», *National Catholic Register*, 15 de junio de 2016, https://www.ncregister.com/news/faith-and-the-city-opus-dei-assumes-responsibility-for-st-agnes-church, consultado el 22 de agosto de 2023.

127. Véase Gehring, *Francis Effect*, cap. 1.

128. Según las declaraciones de impuestos al IRS de la Woodlawn Foundation, la Rosemoor Foundation y la Association for Cultural Interchange de esos años.

129. La declaración de impuestos al IRS para el año que termina 31 de diciembre de 2017, detalla más de 59 millones de dólares gastados por ACI en el proyecto Saxum en Jerusalén, https://projects.propublica.org/nonprofits/organizations/526054124/201833189349302328/full, consultado el 1 de marzo de 2024.

130. Véase la sentencia del Tribunal de Apelación de Amiens, 27 de julio de 2016, https://www.opus-info.org/images/8/82/SENTENCIA_CATHERINE_TISSIER_2016.pdf, consultada el 1 de marzo de 2024.

131. Dan Morris-Young, «Tim Busch, Conservative Activist-Philanthropist, Rejects Anti-Francis Label», *National Catholic Reporter*, 12 de junio de 2019, https://www.ncronline.org/news/tim-busch-conservative-activist-philanthropist-rejects-anti-francis-label, consultado el 1 de marzo de 2024.

132. Entrevista del autor a Tim Busch, octubre de 2023.

133. *Ibid*.

134. *Ibid*.

135. Harriet Ryan, «The Fight to Move the Catholic Church in America to the Right - and the Little-Known O.C. Lawyer Behind It», *Los Angeles Times*, 18 de diciembre de 2023, https://www.latimes.com/california/story/2023-12-18/this-o-c-lawyer-is-the-most-important-catholic-youve-never-heard-of, consultado el 1 de marzo de 2024.

136. John Gehring, «Napa Institute Expands to Fight the Culture War». *National Catholic Reporter*, 4 de agosto de 2021, https://www.ncronline.org/news/people/napa-institute-expands-fight-culture-war, consultado el 6 de enero de 2024.

137. «Tim Busch: ¿Es el catolicismo anticapitalista?», *Patrick Coffin Show*, https://www.patrickcoffin.media/tim-busch-is-catholicism-anti-capitalist/, consultado el 1 de marzo de 2024.

138. Véase «Pilgrimage to Mexico City», https://web.archive.org/web/20130311174318/http:/napa-institute.org/other-events/pilgrimage-to-mexico-city/, consultado el 6 de enero de 2024.

139. Véase «Pontifical University of the Holy Cross Foundation Sponsors the 2012 Napa Institute», https://web.archive.org/web/20120520041657/http:/www.napa-institute.org/latest-news/, consultado el 6 de enero de 2024.

140. Véase su biografía en https://cicdc.org/speakers/fr-charles-trullols/, consultada el 23 de agosto de 2023.

141. Mark Oppenheimer, «An Opus Dei Priest with a Magnetic Touch», *New York Times*, 12 de junio de 2015, https://www.nytimes.com/2015/06/13/us/rev-c-john-mccloskey-iii-an-opus-dei-priest-with-a-magnetic-touch.html, consultado el 23 de junio de 2023.

142. *Ibid*.

143. Michelle Boorstein, «Opus Dei Paid $977,000 to Settle Sexual Misconduct Claim Against Prominent Catholic Priest», *The Washington Post*, 7 de enero de 2019, https://www.washingtonpost.com/religion/2019/01/08/opus-dei-paid-se-

ttle-sexual-misconduct-claim-against-prominent-catholic-priest/, consultado el 23 de agosto de 2023.

144. Michelle Boorstein, «In Emotional Interview, Opus Dei Spokesman Said He "Hated" How Pominent Priest's Sexual Misconduct Case Was Handled», *The Washington Post*, 8 de enero de 2019, https://www.washingtonpost.com/local/social-issues/an-emotional-interview-opus-dei-spokesman-said-he-hated-how-prominent-priests-sexual-misconduct-case-was-handled/2019/01/08/4993575e-1397-11e9-90a8-136fa44b80ba_story.html, consultado el 23 de agosto de 2023.

145. «President Trump Observes National Day of Prayer», vídeo, C-SPAN, 2 de mayo de 2019, https://www.c-span.org/video/?460357-1/president-trump-observes-national-day-prayer, consultado el 23 de agosto de 2023.

146. «In New York», comunicado de prensa, 12 de julio de 2019, https://opusdei.org/en/article/the-prelate-arrives-in-new-york/, consultado el 23 de agosto de 2023.

147. Elizabeth Dias y Laurie Goodstein, «Letter Accusing Pope Leaves U.S. Catholics in Conflict», *The New York Times*, 27 de agosto de 2018, https://www.nytimes.com/2018/08/27/us/catholic-church-pope-francis-letter.html, consultado el 1 de marzo de 2024.

148. Heidi Schlumpf, «At "Authentic Reform", Conservative Catholics Rally to "Fix" Church Failures», *National Catholic Reporter*, 5 de octubre de 2018, https://www.ncronline.org/news/authentic-reform-conservative-catholics-rally-fix-church-failures, consultado el 10 de marzo de 2024.

CAPÍTULO 14. REVUELTA

1. Entrevista del autor a Lucía Giménez, junio de 2023.

2. Débora Rey, «Women in Argentina Claim Labor Exploitation by Opus Dei», *Associated Press*, 12 de noviembre de 2021, https://apnews.com/article/business-paraguay-europe-argentina-uruguay-43b48ed43c2f7ddebf05ec6203b12d8d, consultado el 6 de septiembre de 2023.

3. Entrevistas del autor a Lucía Giménez, junio de 2023 y septiembre de 2023.

4. *Ibid.*

5. *Ibid.*

6. *Ibid.*

7. Rey, «Women in Argentina Claim».

8. Entrevistas a Giménez.

9. *Ibid.*

10. Véase http://www.opuslibros.org/nuevaweb/modules.php?name=News&file=article&sid=28032, consultado el 23 de septiembre de 2023.

11. Para detalles biográficos de Sebastián Sal, véase https://www.sal-morchio.com.ar/staff/?lang=en y https://www.linkedin.com/in/sebastiansal/?original-Subdomain=ar, consultado el 7 de septiembre de 2023.

12. Entrevistas del autor a Sebastián Sal, enero de 2023, junio de 2023 y septiembre de 2023.

13. *Ibid.*

14. *Ibid.*

15. *Ibid.*

16. Correo electrónico de Claudia Carrero a Sebastián Sal, 12 de agosto de 2020.

17. Nicolás Cassese y Paula Bistagnino, «¿Servidoras de Dios? El calvario de 43 mujeres que enfrentan al Opus Dei», *La Nación*, 18 de mayo de 2021, https://www.lanacion.com.ar/sociedad/servidoras-de-dios-el-calvario-de-las-43-mujeres-que-enfrentan-al-opus-dei-nid17052021/, consultado el 8 de septiembre de 2023.

18. Véase «Comunicado sobre un caso de 1989 denunciado al Coordinador de protección de menores en el año 2020», 4 de abril de 2023, https://opusdei.org/es-ar/article/comunicado-sobre-un-caso-de-1989-denunciado-al-coordinador-de-proteccion-de-menores-en-el-2020/, consultado el 8 de septiembre de 2023.

19. Paula Bistagnino, «Francisco Ferro, víctima de pederastia del Opus Dei: "Desde hace 34 años encubren mi abuso sexual"», *El Diario*, 9 de abril de 2023, https://www.eldiario.es/sociedad/francisco-ferro-victima-pederastia-opus-dei-34-anos-encubren-abuso-sexual_1_10096420.html, consultado el 8 de septiembre de 2023.

20. Carta de Sebastián Sal al papa Francisco, 5 de marzo de 2021.

21. *Ibid.*

22. «Servants of God? A Cavalry of 43 Women Clashes with Opus Dei»: Cassese y Bistagnino, «¿Servidoras de Dios?».

23. Entrevista a Sal.

24. Véase «Comunicado de la Oficina de Comunicación del Opus Dei en Argentina», 18 de mayo de 2021, https://opusdei.org/es-ar/article/comunicado-de-la-oficina-de-comunicacion-del-opus-dei-en-argentina/, consultado el 8 de septiembre de 2023.

25. Entrevista del autor con una persona que conocía la reunión, enero de 2023.

26. Véase «Denuncia de Abusos de Poder y de Conciencia con ulterior sometimiento de las víctimas a situaciones de explotación personal», enviada al cardenal Luis Francisco Ladaria Ferrer, prefecto de la Congregación para la Doctrina de la Fe, Sección Abusos, con fecha 7 de septiembre de 2021.

27. *Ibid.*

28. *Ibid.*

29. Rey, «Women in Argentina Claim».

30. Devlin Barrett, «Steve Bannon Indicted After Refusal to Comply with Jan. 6 C ommittee Subpoena», *Washington Post*, 12 de noviembre de 2021; esta noticia apareció más o menos por la época en que desapareció la historia de Argentina, https://web.archive.org/web/20211112211632/https://www.washingtonpost.com/national-security/steve-bannon-indicted/2021/11/12/eebd4726-43fa-11ec-a3aa-0255edc02eb7_story.html, consultado el 13 de septiembre de 2023.

31. Véase https://cicdc.org/speakers/william-p-barr/, consultado el 25 de septiembre de 2023.

32. Bob Woodward y Robert Costa, «Virginia Thomas Urged White House Chief to Pursue Unrelenting Efforts to Overturn the 2020 Election, Texts Show», *The Washington Post*, 24 de marzo de 2022, h Woodward y Costa, «Virginia Thomas Urged», https://www.washingtonpost.com/politics/2022/03/24/virginia-thomas-mark-meadows-texts/, consultado el 14 de septiembre de 2023.

33. *Ibid.*

34. *Ibid.*

35. *Ibid.*

36. *Ibid.*

37. Entre 2014 y septiembre de 2020, la Judicial Crisis Network —anteriormente llamada Judicial Confirmation Network (Red de Confirmación Judicial)—, posteriormente rebautizada como Concord Fund, que desde mediados de la década de 2000 ha sido dirigida por Leonard Leo y sus amigos los Corkery, donó casi 1,6 millones de dólares al Rule of Law Defense Fund y casi once millones de dólares a su organización hermana, la Republican Attorney Generals Association. El Rule of Law Defense Fund fue uno de los principales organizadores de la protesta. Véase https://www.accountable.us/wp-content/uploads/2021/01/formatted_2021-01-14-Research-on-Capitol-Riot-Rally-Backers-FINAL-1.pdf, consultado el 14 de septiembre de 2023.

38. Courtney Mares, «Pope Francis Calls for "Culture of Care" in 2021 World Peace Day message», *Catholic News Agency*, 17 de diciembre de 2020, https://www.catholicnewsagency.com/news/46944/pope-francis-calls-for-culture-of-care-in-2021-world-peace-day-message, consultado el 14 de septiembre de 2023.

39. Para consultar la lista de actos posteriores a la investidura presidencial de enero de 2021, véase https://cicdc.org/events/list/?tribe_paged=3&tribe_event_display=list&tribe-bar-date=2021-01-01, consultado el 14 de septiembre de 2023.

40. David Rohde, «William Barr, Trump's Sword and Shield», *The New Yorker*, 13 de enero de 2020, https://www.newyorker.com/magazine/2020/01/20/william-barr-trumps-sword-and-shield, consultado el 14 de septiembre de 2023.

41. *Ibid.*

42. Véase «An Evening with William P. Barr, CIC 2021- 2022 St. Thomas More Chair», comunicado de prensa, 27 de abril de 2022, https://cicdc.org/event/saint-thomas-more-chair-barr/, consultado el 14 de septiembre de 2023.

43. *Ibid.*

44. *Ibid.*

45. Anthony Kennedy se retiró del tribunal en julio de 2018 y fue sustituido por Brett Kavanaugh. Ruth Bader Ginsburg falleció mientras ocupaba el cargo en septiembre de 2020 y fue sustituida por Amy Coney Barret.

46. Andrew Chung y Steve Holland, «Trump to Name Supreme Court Pick by Saturday as Democratic Hopes of Blocking Nomination Dim», *Reuters*, 21 de septiembre de 2020, https://www.reuters.com/article/uk-usa-court-ginsburg-idUKKCN26C2NA, consultado el 15 de septiembre de 2023.

47. Véase «Justice Clarence Thomas at the Federalist Society», vídeo, C-SPAN, 8 de septiembre de 2018, https://www.c-span.org/video/?450905-1/justice-clarence-thomas-federalist-society, consultado el 15 de septiembre de 2023.

48. *Ibid.*

49. Joan Biskupic, «Antonin Scalia's Legacy Looms over the Amy Coney Barrett Hearings», CNN, 13 de octubre de 2020, consultado el 15 de septiembre de 2023. https://edition.cnn.com/2020/10/12/politics/scalia-barrett-supreme-court-hearing/index.html.

50. Jackie Calmes, *Dissent: The Radicalization of the Republican Party and Its Capture of the Court,* Twelve, Nueva York, 2021, pp. 394-395.

51. Véase «Petition for a Writ of Certiorari», presentado ante el Tribunal Supremo, 15 de junio de 2020, https://www.supremecourt.gov/DocketPDF/19/19-1392/145658/20200615170733513_FINAL%20Petition.pdf, consultado el 15 de septiembre de 2023.

52. Calmes, *Dissent*, p. 395.

53. Véanse varias declaraciones de impuestos al IRS por la Federalist Society, https://projects.propublica.org/nonprofits/organizations/363235550, consultado el 15 de septiembre de 2023.

54. Véase https://heights.edu/admissions/tuition-grants-and-scholarships/ y https://www.oakcrest.org/admissions/affording-oakcrest para las tasas de matrícula, consultado el 15 de septiembre de 2023.

55. Jeffrey Toobin, «The Conservative Pipeline to the Supreme Court», *The New Yorker*, 10 de abril de 2017, https://www.newyorker.com/magazine/2017/04/17/the-conservative-pipeline-to-the-supreme-court, consultado el 15 de septiembre de 2023.

56. Heidi Przybyla, «Dark Money and Special Deals: How Leonard Leo and His friends Benefited from His Judicial Activism», *Politico*, 1 de marzo de 2023, https://www.politico.com/news/2023/03/01/dark-money-leonard-leo-judicial-activism-00084864, consultado el 15 de septiembre de 2023.

57. *Ibid.*

58. *Ibid.*

59. Jonathan Swan y Alayna Treene, «Leonard Leo to Shape New Conservative Network», *Axios*, 7 de enero de 2020, https://www.axios.com/2020/01/07/leonard-leo-crc-advisors-federalist-society, consultado el 15 de septiembre de 2023.

60. El 85 Fund pagó 12,1 millones de dólares en honorarios a CRC Advisors en 2020 y 21,7 millones de dólares a la misma empresa en 2021, según las declaraciones fiscales al IRS. Véase https://projects.propublica.org/nonprofits/organizations/202466871/202223199349301462/full, consultado el 15 de septiembre de 2023.

61. Esto según los registros de la propiedad del condado de Fairfax, que no se repiten aquí para respetar la privacidad de la familia.

62. Przybyla, «Dark Money and Special Deals».

63. Andy Kroll, Justin Elliott y Andrew Perez, «How a Billionaire's "Attack Philanthropy" Secretly Funded Climate Denialism and Right-Wing Causes», *ProPublica*, 6 de septiembre de 2022, https://www.propublica.org/article/barre-seid-heartland-institute-hillsdale-college-gmu, consultado el 15 de septiembre de 2023.

64. Heidi Przybyla, «Leonard Leo Used Federalist Society Contact to Obtain $1.6B Donation», *Politico*, 2 de mayo de 2023, https://www.politico.com/news/2023/05/02/leonard-leo-federalist-society-00094761, consultado el 15 de septiembre de 2023.

65. Kenneth P. Vogel y Shane Goldmacher, «An Unusual $1.6 Billion Donation Bolsters Conservatives», *The New York Times*, 22 de agosto de 2022, https://www.nytimes.com/2022/08/22/us/politics/republican-dark-money.html, consultado el 15 de septiembre de 2023.

66. Evan Vorpahl, «Leonard Leo's Court Capture Web Raised Nearly $600 Million Before Biden Won; Now It's Spending Untold Millions from Secret Sources to Attack Judge Ketanji Brown Jackson», *True North Research*, 22 de marzo de 2022, https://truenorthresearch.org/2022/03/leonard-leos-court-capture-web-raised-nearly-600-million-before-biden-won-now-its-spending-untold-millions-from-secret-sources-to-attack-judge-ketanji-brown-jackson/, consultado el 16 de agosto de 2023.

67. Según los archivos del IRS, la fundación de la Catholic Association donó más de un millón de dólares al Centro de Información Católica y otros cien mil dólares a su programa Leonine Forum entre 2019 y 2021, https://projects.propublica.org/nonprofits/organizations/208476893, consultado el 15 de septiembre de 2023. El CIC también recibió donaciones directamente de DonorsTrust.

68. Según la declaración de la renta de Fieler's Chiaroscuro Foundation, véase https://projects.propublica.org/nonprofits/organizations/205858767, consultado el 15 de septiembre de 2023.

69. Véase declaración fiscal al IRS, https://projects.propublica.org/nonprofits/organizations/461439784, consultado el 6 de enero de 2023.

70. Entrevista del autor a Luis Téllez, enero de 2024.

71. Véase la declaración de la renta correspondiente al ejercicio que finalizó el 31 de diciembre de 2021, https://projects.propublica.org/nonprofits/organizations/251113452/202223189349101212/IRS990PF, consultada el 6 de enero de 2024.

72. *Ibid.*

73. Véase «2023-24 Key Developments», informe de la Foundation for Excellence in Higher Education.

74. Entrevista a Téllez.

75. Aunque Tim Busch ya realizaba donaciones a iniciativas del Opus Dei en 2016, principalmente a sus operaciones locales en California, estas aumentaron sustancialmente poco después de que Leo se uniera a la junta, con donaciones a Murray Hill Place, el Leonine Foro, y, finalmente, al Centro de Información Católica. Véanse las declaraciones fiscales al IRS de la Napa Institute Support Foundation, https://projects.propublica.org/nonprofits/organizations/811190021, consultadas el 15 de septiembre de 2023.

76. Según el documento interno del Opus Dei titulado «Experiencias de las labores apostólicas», publicado en 2003, el vicario regional tiene que aprobar personalmente a cualquier nuevo cooperador.

77. Leigh Baldwin *et al.*, «How Pope Francis Became a Hate Figure for the Far Right», *OpenDemocracy*, 13 de abril de 2019, https://www.opendemocracy.net/en/5050/how-pope-francis-became-hate-figure-far-right/, consultado el 25 de septiembre de 2023.

78. *Ibid.*

79. Michael E. Hartmann, «A Conversation with Catholic Philanthropist Timothy R. Busch», 17 de mayo de 2023, https://capitalresearch.org/article/a-conversation-with-catholic-philanthropist-timothy-r-busch/, consultado el 4 de marzo de 2024.

80. «My interview to Philip Nielsen, Founder of Red Hat Report: FBI and CIA Will Help in a Better Election of Pope, an Interview by Jordi Picazo», publicación web, https://www.academia.edu/38458546/My_interview_to_Philip_Nielsen_Founder_of_Red_Hat_Report_FBI_AND_CIA_WILL_HELP_IN_A_BETTER_ELECTION_OF_POPE_-_an_interview_by_Jordi_Picazo, consultado el 6 de enero de 2024.

81. Heidi Schlumpf, «At 'Authentic Reform,' Conservative Catholics Rally to 'Fix' Church Failures», *National Catholic Reporter*, 5 de octubre de 2018, https://www.ncronline.org/news/authentic-reform-conservative-catholics-rally-fix-church-failures, consultado el 6 de enero de 2024.

82. Judy Roberts, «The "Red Had Report": Should Laypeople Investigate Cardinals?», *National Catholic Reporter*, 16 de octubre de 2018, https://www.ncre-

gister.com/news/the-red-hat-report-should-laypeople-investigate-cardinals, consultado el 6 de enero de 2024.

83. Morris-Young, «Tim Busch, Conservative Activist-Philanthropist».

84. Entrevista del autor a Thomas Bohlin, septiembre de 2023.

85. El autor lo confirmó durante una visita al CIC en febrero de 2023.

86. Entrevista a Bohlin.

87. Entrevista del autor a Austin Ruse, junio de 2023, durante la cual confirmó que era un miembro supernumerario del Opus Dei.

88. Véase Austin Ruse, *Littlest Suffering Souls: Children Whose Short Lives Point Us to Christ*, TAN Books, Charlotte, 2017, cap. 7.

89. Tuit de Austin Ruse, @austinruse, 21 de agosto de 2020, captura de pantalla en https://twitter.com/DaveHolmes/status/1296832000188284928, consultado el 4 de marzo de 2024.

90. Tuit de Austin Ruse, @austinruse, 17 de abril de 2020, captura de pantalla en https://twitter.com/jennycohn1/status/1763435533437657360, consultado el 4 de marzo de 2024.

91. Austin Ruse, «Letter from Moscow», *Catholic Thing*, 26 de julio de 2013, https://www.thecatholicthing.org/2013/07/26/letter-from-moscow/, consultado el 4 de marzo de 2024.

92. Brian Tashman, «Austin Ruse Says Left-Wing University Professors "Should All Be Taken Out And Shot"», *Right Wing Watch*, 12 de marzo de 2014, https://www.rightwingwatch.org/post/austin-ruse-says-left-wing-university-professors-should-all-be-taken-out-and-shot/, consultado el 4 de marzo de 2024.

93. Vídeo del CIC celebrando la concesión del premio a Leonard Leo, 28 de octubre de 2022, vídeo de YouTube, https://www.youtube.com/watch?v=7M8sPOrbVJU, consultado el 19 de septiembre de 2023.

94. Vídeo del CIC de las palabras pronunciadas por Leonard Leo en la cena, 30 de noviembre de 2022, vídeo de YouTube, https://www.youtube.com/watch?v=DtsXLstn77M, consultado el 19 de septiembre de 2023.

95. Entrevista del autor al padre Roger Landry (capellán del programa del Leonine Forum en Nueva York), febrero de 2022.

96. Véanse detalles del patrocinio de «Paul II New Evangelization Award Dinner, October 2022», https://web.archive.org/web/20220930094708/https://cicdc.org/jp2award/, consultado el 19 de septiembre de 2023.

97. Kenneth P. Vogel, «Leonard Leo Pushed the Courts Right. Now He's Aiming at American Society», *The New York Times*, 12 de octubre de 2022, https://www.nytimes.com/2022/10/12/us/politics/leonard-leo-courts-dark-money.html, consultado el 25 de septiembre de 2023.

98. Andy Kroll, Andrea Bernstein y Nick Surgey, «Inside the "Private and Confidential" Conservative Group That Promises to Crush Liberal Dominance»,

ProPublica, 9 de marzo de 2023, https://www.propublica.org/article/leonard-leo-te-neo-videos-documents, consultado el 19 de septiembre de 2023.

99. Kroll *et al.*, «Inside the "Private and Co fidential"».

100. Véase el sitio web de la Hawthorn Foundation, https://www.hawthorn-foundation.com/, consultado el 4 de marzo de 2024.

101. Hawthorn Foundation.

102. Véanse las declaraciones fiscales al IRS en https://projects.propublica.org/nonprofits/organizations/843042040/202323199349310807/full, consultadas el 4 de marzo de 2024.

103. Véase la ya desaparecida página web «Oak for Change», archivada en https://web.archive.org/web/20211218131145/http:/oakforchange.com/, consulta-do el 4 de marzo de 2024.

104. Entrevista a Téllez.

105. Véase https://excellenceinhighered.org/network/, consultado el 10 de marzo de 2024.

106. Entrevista a Téllez.

107. *Ibid*.

108. *Ibid*.

109. Véase «The Prelate Lands in Australia», 8 de agosto de 2023, comuni-cado de prensa, https://opusdei.org/en-au/article/the-prelate-lands-in-australia/, consultado el 20 de septiembre de 2023.

110. «Program of the Prelate of Opus Dei in Australia and New Zealand», comunicado de prensa, https://opusdei.org/en/article/program-of-the-prelate-of-opus-dei-in-australia-and-new-zealand/, consultado el 20 de septiembre de 2023.

111. «Pope to Holiday at Semi-Rural Australian Retreat: Report», *Sydney Morning Herald*, 6 de julio de 2008, https://www.smh.com.au/world/pope-to-holi-day-at-semirural-australian-retreat-report-20080706-32k8.html, consultado el 20 de septiembre de 2023.

112. La Education Development Association, la fundación del Opus Dei propietaria del centro de retiros, así como de varias residencias numerarias y uni-versitarias, recibieron 1,5 millones de dólares australianos de Fomento de Funda-ciones en 1993 para la construcción de Kenthurst. La Pared Foundation, una or-ganización independiente que gestiona colegios del Opus Dei en el país, recibió 1,6 millones de dólares australianos para financiar la construcción de dos colegios en Sídney aproximadamente en la misma época. Véase el informe Balance de Cooperación Internacional, con una exposición del gasto, a marzo de 1995, AHB-PE (sin catalogar).

113. Informe de Balance de Cooperación Internacional.

114. «Program of the Prelate of Opus Dei in Australia and New Zealand», comunicado de prensa, https://opusdei.org/en/article/program-of-the-prelate-of-opus-dei-in-australia-and-new-zealand/, consultado el 20 de septiembre de 2023.

115. Véase «Lettera Apostolica in Forma Di "Motu Proprio" Del Sommo Pontefice Francesco con La Quale Vengono Modificati i Cann, 295-296 Relativi Alle Prelature Personali», 8 de agosto de 2023, https://www.vatican.va/content/francesco/it/motu_proprio/documents/20230808-motu-proprio-prelature-perso-nali.html, consultado el 20 de septiembre de 2023.

116. «What the pope changed about prelatures», *El Pilar*, 9 de agosto de 2023, https://www.pillarcatholic.com/p/what-the-pope-changed-about-prelatu-res, consultado el 20 de septiembre de 2023.

117. Véase «Letter from the Prelate on the Motu Proprio Regarding Perso-nal Prelatures», 10 de agosto de 2023, https://opusdei.org/en/article/letter-from-the-prelate-on-the-motu-proprio-regarding-personal-prelatures/, consultado el 20 de septiembre de 2023.

118. *Ibid.*

119. Al Opus Dei se lo avisó con tres semanas de antelación sobre el primer *motu proprio* en julio de 2022, pero no recibió notificación sobre el segundo. En-trevista del autor a una persona con conocimiento directo de la situación, noviem-bre de 2023.

120. Decreto de Fernando Ocáriz, de 29 de septiembre de 2021, publicado en *Romana*, 73, https://romana.org/en/73/establishment-of-new-circumscriptions/establishment-of-the-circumscription-of-la-plata-u/, consultado el 20 de septiem-bre de 2023.

121. Entrevista a Sal, septiembre 2023.

122. Véase el artículo 117 del *Evangelium Praedicate*, 19 de marzo de 2022, https://www.vatican.va/content/francesco/en/apost_constitutions/documents/20220319-costituzione-ap-praedicate-evangelium.html, consultado el 20 de sep-tiembre de 2023.

123. «Comisión de escucha y estudio (2022)», 23 de junio de 2022, https://opusdei.org/es-ar/article/comunicado-de-la-oficina-de-comunicacion-del-opus-dei-en-argentina-23-de-junio-2022/, consultado el 20 de septiembre de 2023.

124. Entrevista a Sal.

125. Entrevista del autor a Juan Pablo Cannata (exportavoz del Opus Dei en Argentina), junio de 2023.

126. Véase «Apostolic Letter Issued "Motu Proprio" of the Supreme Pontiff Francis "Ad Charisma Tuendum"», 22 de julio de 2022, https://press.vatican.va/content/salastampa/en/bollettino/pubblico/2022/07/22/220722a.html, consultado el 21 de septiembre de 2023.

127. *Ibid.*, artículo 3.

128. *Ibid.*, artículo 2.

129. *Ibid.*, artículo 4.

130. *Ibid.*, artículo 4.

131. *Ibid.*

132. Jorge Fontevecchia, «Papa Francisco: "Se puede dialogar muy bien con la economía, no se puede dialogar con las finanzas"», *Perfil*, 11 de marzo de 2023, https://web.archive.org/web/20230314003941/https://www.perfil.com/noticias/periodismopuro/papa-francisco-se-puede-dialogar-muy-bien-con-la-economia-no-se-puede-dialogar-con-las-finanzas-por-jorge-fontevecchia.phtml, consultado el 21 de septiembre de 2023.

133. Vídeo titulado *Amén. Francisco responde*, dirigido por Marius Sánchez y Jordi Évole, Disney+, 2023, https://www.disneyplus.com/en-gb/video/cd6b11aa-85a8-4790-b879-5c7e5b6091a2, consultado el 21 de septiembre de 2023.

134. Nicole Winfield, «Pope Shocks Chile by Accusing Sex Abuse Victims of Slander», *Associated Press*, 19 de enero de 2018, https://apnews.com/article/77f4a7e9779940a48e2347c852516d3c, consultado el 6 de enero de 2024.

135. *Ibid.*

136. *Ibid.*

137. *Ibid.*

138. Véase "Información sobre denuncias de abusos en la Región del Plata», 12 de abril de 2023, https://opusdei.org/es-ar/article/informacion-sobre-denuncias-de-abusos-en-la-region-del-plata/, consultado el 21 de septiembre de 2023.

139. Entrevista del autor con una persona que conocía ambas reuniones, junio de 2023.

140. Véase «Querella Institucional contra el Opus Dei», firmada por Antonio Moya Somolinos *et al.*, 26 de junio de 2023.

141. José Manuel Vidal, «Ex miembros presentan una denuncia canónica por "fraude normativo institucional" contra el Opus Dei», *Religión Digital*, 3 de julio de 2023, https://www.religiondigital.org/espana/Opus-Dei-Denuncia-Escriva-Obra-espana-nunciatura-fraude_0_2574942485.html, consultado el 22 de septiembre de 2023.

142. «Querella institucional contra el Opus Dei».

143. *Ibid.*

144. Vidal, «Ex miembros presentan una denuncia canónica».

145. *Ibid.*

146. Caitlin Fitzsimmons, «Jeremy Was 16 and Depressed. A Psychiatrist Offered Therapy to Suppress His Attraction to Boys», *Sydney Morning Herald*, 19 de agosto de 2023, https://www.smh.com.au/politics/nsw/jeremy-was-16-and-depressed-a-psychiatrist-offered-therapy-to-suppress-his-attraction-to-boys-20230817-p5dxd9.html, consultado el 22 de septiembre de 2023.

147. Mateo 15:21-28.

148. Véase «2.000 Gather in Sydney to See the Father», comunicado de prensa, 21 de agosto de 2023, https://opusdei.org/en-au/article/2-000-gather-in-sydney-to-see-the-father/, consultado el 22 de septiembre de 2023.

149. Maureen Dettre, «Opus Dei S chools to Be Investigated», *Canberra Ti-*

mes, 30 de enero de 2023, https://www.canberratimes.com.au/story/8066101/opus-dei-schools-to-be-investigated/, consultado el 22 de septiembre de 2023.

150. Louise Milligan, Mary Fallon y Stephanie Zillman, «Power and Purity», *ABC*, 29 de enero de 2023, https://www.abc.net.au/news/2023-01-30/inside-sydney-opus-dei-affiliated-private-schools/101777060, consultado el 22 de septiembre de 2023.

151. Luke Costin, «Perrottet "Blessed with Great Opus Dei Education"», *Canberra Times*, 1 de febrero de 2023, https://www.canberratimes.com.au/story/8069937/perrottet-blessed-with-great-opus-dei-education/, consultado el 22 de septiembre de 2023.

152. Véase «Monsignor Fernando Ocariz, Prelate of Opus Dei, Visits the school», comunicado de prensa, 24 de agosto de 2023, https://news.redfield.nsw.edu.au/newscentre/monsignor-fernando-ocariz-prelate-of-opus-dei-visits-the-school-jtpmnkqrao/, consultado el 22 de septiembre de 2023.

153. Véase https://www.pared.edu.au/our-people/, consultado el 22 de septiembre de 2023.

154. Véase «Letter from the Prelate», 13 de septiembre de 2023, https://opusdei.org/en-uk/article/letter-from-the-prelate-13-september-2023/, consultado el 22 de septiembre de 2023.

155. Salvador Sostres, «Esto se ha llenado de patanes», *ABC*, 12 de agosto de 2023, https://www.abc.es/opinion/salvador-sostres-llenado-patanes-20230812161739-nt.html, consultado el 23 de septiembre de 2023.

156. Véase https://twitter.com/opusdei_es/status/1691332268764119040, consultado el 23 de septiembre de 2023.

157. Véase «Busquem l'ascensor social a través de l'èxit escolar i de la inserció laboral», https://opusdei.org/ca/article/josep-masabeu-braval-barcelona-exit-escolar-insercio-laboral/, consultado el 23 de septiembre de 2023.

158. Austin Ruse, «I'll Be Doing Opus Dei No Matter What», *Crisis*, 15 de septiembre de 2023, https://crisismagazine.com/opinion/ill-be-doing-opus-dei-no-matter-what, consultado el 23 de septiembre de 2023.

159. Harriet Ryan, «The Fight to Move the Catholic Church in America to the Right - and the Little-Known O.C. Lawyer Behind It», *Los Angeles Times*, 18 de diciembre de 2023, https://www.latimes.com/california/story/2023-12-18/this-o-c-lawyer-is-the-most-important-catholic-youve-never-heard-of, consultado el 1 de marzo de 2024.

160. Entrevista del autor a Tim Busch, octubre de 2024.

161. Véase «Comunicato stampa sul Castello di Urio», 14 de noviembre de 2023, https://opusdei.org/it-it/article/comunicato-stampa-sul-castello-di-urio/, consultado el 10 de marzo de 2024.

162. Eva Morletto, «LVMH and Its Belmond Hotel Group Acquire Castello di Urio on Lake Como, Italy», *Luxury Tribune*, 20 de noviembre de 2023, https://

www.luxurytribune.com/en/lvmh-and-its-belmond-hotel-group-acquire-castello-di-urio-on-lake-como-italy, 10 de marzo de 2024.

163. Véase https://www.christiesrealestate.com/sales/detail/170-l-775-2203180921381964/the-tiffany-ayer-mansion-louis-comfort-tiffanys-masterpiece-back-bay-boston-ma-02215, consultado el 10 de marzo de 2024.

164. Véase «Comunicato stampa sul Castello di Urio», 14 de noviembre de 2023, https://opusdei.org/it-it/article/comunicato-stampa-sul-castello-di-urio/, consultado el 10 de marzo de 2024.

Sumario

Sumario

Acerca del autor

GARETH GORE es un periodista y editor británico con dos décadas de experiencia. Ha cubierto la actualidad financiera desde más de 25 países, y su trabajo ha sido publicado en Bloomberg, Thomson Reuters e International Financing Review. Es el presentador de The Syndicate, un pódcast que relata los entresijos de los grandes acuerdos financieros de la historia reciente.

Este libro se acabó de imprimir
en octubre de 2024, coincidiendo
con el nonagésimo sexto aniversario
de la fundación del Opus Dei.

José María Escrivá ingresó en el seminario a los dieciséis años, donde su vanidad no tardó en provocar las burlas del resto de los alumnos. Le costaba hacer amigos y de vez en cuando se metía en peleas con otros seminaristas, que se mofaban de él llamándolo «el señorito».

En 1934, una vez ordenado sacerdote, Escrivá (*centro*) abrió una academia, la cual ofrecía clases a estudiantes de Derecho y Arquitectura y era una tapadera para reclutar en el Opus Dei a jóvenes impresionables. Escrivá perfeccionó sus técnicas y llegó a redactar un manual que sus seguidores debían utilizar para aislar a reclutas potenciales y atraerlos lentamente al movimiento.

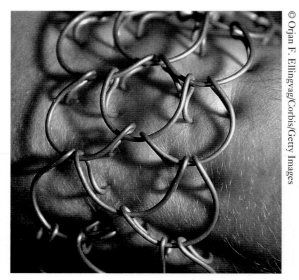

A los reclutas se les ordenaba seguir un plan de vida que incluía ponerse cada tarde un cilicio, una pequeña cadena con pinchos que se llevaba bajo la ropa alrededor del muslo. Esa práctica, junto con otros sacrificios como no beber agua durante largos períodos, supuestamente debía recordarles el sufrimiento de Cristo.

La mortificación corporal era parte esencial de la pertenencia al Opus Dei. Se pedía a los reclutas que se fustigaran con una disciplina como esta una vez a la semana. A Escrivá le gustaba añadir trozos de metal y cuchilla de afeitar para aumentar su sufrimiento, y a veces dejaba la habitación salpicada de sangre.

Escrivá (*centro*) se trasladó a Roma en 1946, donde presionó con éxito a las autoridades vaticanas para que reconocieran oficialmente al Opus Dei como instituto secular. Ese estatus dio a la organización legitimidad entre los católicos de a pie y ayudó a que sus campañas de reclutamiento fueran cada vez más eficaces.

En Roma, se trasladó a un antiguo palacio y lo convirtió en un gran complejo que incluía doce comedores y catorce capillas. Escrivá ordenó a sus reclutas en España que hicieran todo lo necesario para conseguir el dinero para sufragarlo. Muchos defraudaron al gobierno y a sus familias.

El Opus Dei floreció bajo el gobierno de Francisco Franco (*izquierda*), el brutal dictador español que conspiró con Adolf Hitler para colaborar en la campaña bélica nazi. Escrivá alimentó su relación con Franco e ideó varios planes para ayudar al Caudillo, que consideraba «muy leal» al fundador de la Obra.

El régimen franquista obligó a veinte mil presos políticos a perforar una montaña en el valle de Cuelgamuros para erigir una basílica, una abadía y una cruz en la cima. Muchos murieron en condiciones inhumanas. Al mismo tiempo, el Opus Dei se ofreció a colaborar estrechamente con Franco «para la completa restauración de un orden social más cristiano y más justo».

En 1969, los lazos entre el régimen de Franco y el Opus Dei eran tan estrechos que más de la mitad de los puestos de su Gobierno estaban ocupados por hombres que eran miembros de la organización.

Las relaciones del Opus Dei con el Vaticano eran más tensas, especialmente durante el mandato del papa Pablo VI (*izquierda*). En un momento dado, la Santa Sede abrió una investigación ante las afirmaciones de que el movimiento estaba desafiando abiertamente la autoridad papal. Escrivá barajó la posibilidad de trasladar el Opus Dei a la Iglesia ortodoxa griega.

Escrivá desarrolló una marcada arrogancia y se cambió el nombre de pila. En lugar de ser otro san José, quería ser el primer san Josemaría. También pidió a sus seguidores que coleccionaran objetos relacionados con su vida, que podrían ser venerados como reliquias después de su canonización.

También ordenó la construcción del gran santuario de Torreciudad, en Secastilla (Huesca). Escrivá dispuso que hubiera cuarenta confesionarios, tantos como en Lourdes, para los numerosos peregrinos que, según sus previsiones, visitarían el lugar cada año. No está claro de dónde salió el dinero para su edificación.

Los métodos de captación de estudiantes universitarios para el Opus Dei empezaron a fla-quear en los años setenta, lo cual desencadenó una serie de protestas contra la organización en Sídney, Nueva York y otras ciudades. En su lugar, la Obra se centró en la captación de niños a través de un ambicioso programa de construcción de escuelas.

Escrivá murió en 1975 y fue enterrado en la cripta situada bajo la sede del Opus Dei en Roma, en una tumba con las palabras «El Padre». Le sucedió Álvaro del Portillo, a quien Escrivá había pre-parado desde su época de estudiante y el cual se comprometió a no cambiar nada en la organización.

Luis Valls-Taberner formaba parte de un grupo de miembros del Opus Dei que se hicieron con el control del Banco Popular en los años cincuenta y transformaron la entidad española en un cajero automático para el movimiento, desviando cientos de millones de euros en las seis décadas posteriores.

El Banco Popular ayudó a financiar una red mundial de las denominadas escuelas vocacionales, destinadas a mujeres jóvenes, muchas de ellas todavía niñas y pertenecientes a entornos pobres, a las cuales sometían a una vida de servidumbre para el Opus Dei. Muchas fueron víctimas del tráfico de personas en todo el mundo para satisfacer las necesidades del movimiento.

El papa Juan Pablo II (*a la derecha, de blanco*) era cercano al Opus Dei y se reunía a menudo con Álvaro del Portillo, su líder. Veía en la organización un bastión conservador fundamental dentro de una Iglesia dividida, y la elevó a un nuevo estatus especial —el de prelatura personal— que le otorgaba un poder sin precedentes.

El nuevo estatus superior coincidió con la muerte del banquero italiano Roberto Calvi. Más tarde, su familia aseguró que, justo antes de su fallecimiento, Calvi había estado negociando con el Opus Dei para rescatar al Vaticano debido a un gran escándalo de blanqueo de dinero que implicaba a importantes figuras católicas.

El papa Juan Pablo II se apresuró a canonizar a Escrivá. Hoy es reverenciado como san Josemaría en la Iglesia católica. El Opus Dei se esforzó en desmentir las graves acusaciones lanzadas por antiguos miembros durante el proceso, y los testimonios de muchos de ellos nunca fueron escuchados.

Posteriormente, los restos de Escrivá fueron trasladados desde la cripta para ser expuestos bajo el altar de la capilla mayor de la sede del Opus Dei en Roma. Actualmente se celebra cada mediodía un ceremonia solemne en memoria del fundador del movimiento, que cuenta con más de noventa mil miembros en todo el mundo.

El Opus Dei ha intentado sacar provecho de la canonización de Escrivá ampliando su red, especialmente en Estados Unidos, donde ha conseguido apoyos entre la élite católica conservadora. A finales de los años noventa construyó esta sede nacional de casi setenta millones de euros en el corazón de Nueva York.

El trato dispensado por la organización a su clase más baja de miembros —las llamadas numerarias sirvientes— ha seguido manchando su reputación. La francesa Catherine Tissier fue una de ellas y demandó al Opus Dei por haberla explotado.

Tras la muerte de Álvaro del Portillo en 1994, la dirección del Opus Dei recayó en Javier Echevarría, que seguiría al frente durante veintidós años. Bajo su dirección, la organización haría nuevas incursiones en Estados Unidos, especialmente entre la élite conservadora adinerada.

Robert Hanssen, miembro supernumerario, entregó a los rusos valiosos secretos militares y de contraespionaje que pusieron innumerables vidas en peligro y llevaron a la ejecución de al menos tres agentes dobles. Su sacerdote del Opus Dei tuvo conocimiento de su traición veinte años antes de la detención de Hanssen y le dijo que guardara silencio.

El padre Tom Bohlin, que fue reclutado por el Opus Dei durante su estancia en la Universidad de Notre Dame, dirigió la organización en Estados Unidos durante las décadas de 2000 y 2010. Intentó contrarrestar la descripción poco halagadora que hizo *El código Da Vinci* del Opus Dei con varias apariciones en televisión, incluida esta en *Meet the Press*.

El papa Benedicto XVI se oponía a los poderes sin precedentes concedidos al Opus Dei por su predecesor. Tal era la influencia de la organización cuando Benedicto fue elegido pontífice —en la foto, una estatua de Escrivá erigida literalmente en los muros del Vaticano— que se sentía incapaz de revertir los cambios.

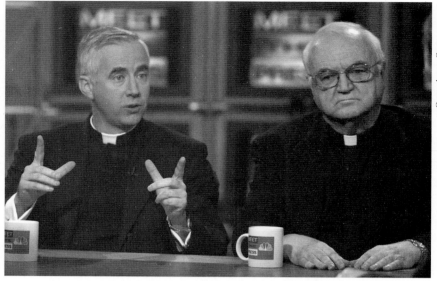

C. John McCloskey (*izquierda*), sacerdote del Opus Dei en el Centro de Información Católica de Washington D. C., convirtió a algunas de las figuras más poderosas de la ciudad. Huyó del país en 2003, poco después de ser acusado de agredir sexualmente a un miembro de su congregación. Las acusaciones se resolvieron con posterioridad por un millón de dólares.

El académico Robert P. George ayudó a crear un «puesto de avanzada» en la Universidad de Princeton para el catolicismo conservador impulsado por el Opus Dei, utilizando dinero proporcionado por la organización. Ese modelo se ha extendido desde entonces a más de una docena de universidades de Estados Unidos, como Harvard, Yale y Stanford.

El poderoso activista conservador Leonard Leo (*derecha*) apoya al Opus Dei a través de su red de organizaciones sin ánimo de lucro y su papel como director del Centro de Información Católica en Washington D. C., dirigido por el movimiento.

Leo ha sido una figura crucial en la remodelación del Tribunal Supremo de Estados Unidos. Participó en la nominación de los cinco jueces conservadores que se incorporaron al tribunal en la década de 2000 y es un viejo amigo de Clarence Thomas, el sexto juez conservador.

En 2021, 43 exnumerarias sirvientes de Argentina presentaron una denuncia ante el Vaticano detallando el abuso sistemático a las mujeres por parte del Opus Dei. El documento señalaba como cómplices al líder de la Obra, Fernando Ocáriz, y a su adjunto Mariano Fazio —en la foto, con el papa Francisco—. Desde entonces, el pontífice ha tomado una serie de medidas para frenar a la organización, incluyendo la emisión de dos decretos papales que degradan a la institución y la despojan de su autoridad sobre sus miembros. El Opus Dei ha tratado de eludir esas medidas y ha iniciado una gran batalla contra la Iglesia católica.